ESTUDOS DO CORPO

Dados Internacionais de Catalogação na Publicação (CIP)
(Câmara Brasileira do Livro, SP, Brasil)

DeMello, Margo
  Estudos do corpo / Margo DeMello ; tradução de José Maria Gomes de Souza Neto. – Petrópolis, RJ : Vozes, 2023.
  Título original: Body studies.
  Bibliografia.
  ISBN 978-85-326-6538-6
  1. Antropologia 2. Corpo – Imagem 3. Corpo humano – Antropologia 4. Corpo humano na comunicação de massa 5. Sociologia I. Título.

23-165092   CDD-301

Índices para catálogo sistemático:
1. Antropologia : Sociologia   301

Eliane de Freitas Leite – Bibliotecária – CRB 8/8415

Margo DeMello

ESTUDOS DO CORPO

Tradução de José Maria Gomes de Souza Neto

EDITORA VOZES

Petrópolis

© 2014 Margo DeMello.
Tradução autorizada da edição em língua inglesa, publicada pela Routledge, membro do Grupo Taylor & Francis.

Tradução do original em inglês intitulado *Body Studies – An Introduction*.

Direitos de publicação em língua portuguesa – Brasil:
2023, Editora Vozes Ltda.
Rua Frei Luís, 100
25689-900 Petrópolis, RJ
www.vozes.com.br
Brasil

Todos os direitos reservados. Nenhuma parte desta obra poderá ser reproduzida ou transmitida por qualquer forma e/ou quaisquer meios (eletrônico ou mecânico, incluindo fotocópia e gravação) ou arquivada em qualquer sistema ou banco de dados sem permissão escrita da editora.

CONSELHO EDITORIAL

Diretor
Volney J. Berkenbrock

Editores
Aline dos Santos Carneiro
Edrian Josué Pasini
Marilac Loraine Oleniki
Welder Lancieri Marchini

Conselheiros
Elói Dionísio Piva
Francisco Morás
Gilberto Gonçalves Garcia
Ludovico Garmus
Teobaldo Heidemann

Secretário executivo
Leonardo A.R.T. dos Santos

Diagramação: Sheilandre Desenv. Gráfico
Revisão gráfica: Nilton Braz da Rocha | Fernando Sergio Olivetti da Rocha
Capa: Ygor Moretti

ISBN 978-85-326-6538-6 (Brasil)
ISBN 978-0-415-69930-3 (Reino Unido)

Este livro foi composto e impresso pela Editora Vozes Ltda.

ESTUDOS DO CORPO

Recentemente, os estudos do corpo expandiram-se rapidamente, tornando-se um campo de pesquisa progressivamente popular no âmbito da antropologia, da sociologia e dos estudos culturais. Este livro revolucionário apropria-se dos tópicos e teorias dessas disciplinas e combina-os em um único livro-texto, facilmente acessível para estudantes.

Estudos do corpo é um livro-texto abrangente sobre usos e sentidos sociais e culturais do corpo, destinado aos cursos de graduação. Seus capítulos, objetivos e acessíveis, exploram, dentre outros temas:
- A medição e a classificação do corpo humano
- Doença e cura
- O corpo racializado
- O corpo genderizado
- Percepções culturais de beleza
- Novas tecnologias corporais

Este livro investiga como o poder desempenha um importante papel nos usos, visões e formatos dos corpos – e também como o corpo é investido de sentidos. *Estudos do corpo* oferece uma mancheia de elementos pedagógicos, destinados ao ensino e aprendizado facilitados: estudos de caso etnográficos, boxes contendo controvérsias contemporâneas, matérias jornalísticas e questões legislativas, bem como sumários de capítulos, indicações de leituras complementares e termos fundamentais. Ele se destina aos alunos e professores de Sociologia, Antropologia, Estudos Culturais, Estudos Femininos, Estudos de Gênero e Étnicos.

Margo DeMello é professora do Departamento de Comunicações, Humanidades e Ciências Sociais da Central New Mexico Community College. Entre seus livros, temos: *Bodies of inscription: A cultural history of the modern tattoo community*, *Encyclopedia of Body Adornment*, *Feet and footwear*, and *Faces around the world*.

SUMÁRIO

Lista de figuras, 13

Prefácio, 17

Parte I – Compreendendo o corpo a partir de uma perspectiva social e cultural, 21

   1 Introdução: teorizando o corpo, 23
      Uma introdução aos estudos do corpo, 25
      Corporificação, 29
      Inscrevendo a ordem social, 33
      Teorizando o corpo feminino, 37
      Contrainscrição, 41
      Termos fundamentais, 43
      Leituras complementares, 43

Parte II – O corpo científico e biomédico, 45

   2 Corpos sãos e corpos doentes, 47
      A construção social da saúde e da doença, 48
      Doenças e condições culturalmente específicas, 52
      Deficiência e o corpo normativo, 53
      Aberrações, monstruosidades e espetáculos grotescos, 57
      Gênero, morbidade e mortalidade, 59
      HIV/aids: um fenômeno corporal, social e cultural, 62
      A classe importa: doença e desigualdade, 66
      Termos fundamentais, 69
      Leituras complementares, 69

   3 Corpos que envelhecem, 70
      Como envelhecemos, 72
      A cultura da juventude, 74
      Problemas enfrentados pelos idosos, 77

Normas etárias, 80
Experiências de envelhecimento, 82
O envelhecimento da população carcerária, 84
Termos fundamentais, 86
Leituras complementares, 86

4 Corpos reprodutivos, 87
Menstruação, fertilidade e menopausa, 88
Contracepção, aborto e direitos reprodutivos, 91
Controle populacional, raça e a perda de escolha das mulheres, 96
Gravidez, parto e lactação, 100
Tecnologias de reprodução assistida, 104
Testes pré-natais e os riscos do bebê projetado, 108
Termos fundamentais, 109
Leituras complementares, 109

5 Corpos mortos, 110
Onde e como as pessoas morrem, 111
A morte organizada, 116
Como sabemos quando morremos?, 119
Tratando dos mortos, 122
Ritos funerários, 124
Outros métodos para dispor dos mortos, 130
Termos fundamentais, 132
Leituras complementares, 132

Parte III – Mapeando diferenças nos corpos, 133

6 Corpos racializados e colonizados, 135
O que é raça?, 136
O colonialismo e a emergência da raça, 139
Exibição e erotização de corpos racializados, 140
Mapeando e medindo corpos na era do racismo biológico, 146
Raça, saúde e pureza racial, 148
A animalização de corpos não brancos, 151
Termos fundamentais, 154
Leituras complementares, 155

7 Corpos genderizados, 156
O corpo genderizado, 157
Homens são instrumentais; mulheres, ornamentais, 160
Tornando-se homem ou mulher: circuncisão e clitoridectomia, 163

O cabelo importa, 167
Corpos femininos: quanto menor, melhor, 170
O problemático corpo masculino, 174
Masculino e feminino: corpos transgêneros, 175
Termos fundamentais, 178
Leituras complementares, 178

8 Corpos sexualizados, 179
Como o sexo é produzido, 180
Intersexualidade: há somente dois sexos?, 181
Mudando o sexo: transexualidade, 183
Sexualidades masculinas e femininas, 185
Gay, hétero, bi e...?: sexualidades diversas, 188
Body play, submissão e fetiches, 192
Sexo como arma: estupro e castração, 195
Termos fundamentais, 199
Leituras complementares, 199

9 Corpos classistas, 200
Como a classe modifica o corpo?, 201
Trabalhos sujos e trabalhos limpos, 204
Os corpos "do colarinho rosa" (*Pink Collar*), 206
Consumo, classe e corpo, 207
Ornamentando o corpo classista: as leis suntuárias, 211
A invisibilidade dos corpos pobres, 214
Termos fundamentais, 216
Leituras complementares, 216

Parte IV – Corpos e privilégio, 217

10 Corpos lindos, 219
A ciência da beleza, 220
A importância da beleza feminina, 223
A beleza compensa, 228
Homens lindos, 230
Padrões de beleza racializados e classistas, 231
Fabricando a beleza: cirurgia plástica, 234
Termos fundamentais, 237
Leituras complementares, 237

11 Corpos gordos e magros, 238
A epidemia da obesidade, 239

O impulso de perder peso, 243
Distúrbios alimentares, 248
Você está que é só pele e osso: a preferência pela gordura, 250
Preconceito com o peso, 252
Açúcar, *fast-food* e a dulcificação da comida mundial, 254
Termos fundamentais, 257
Leituras complementares, 257

Parte V – Corpos extraordinários, 259

  12 Corpos modificados, 261
    Do cru ao cozido, 262
    Modificações corporais em sociedades tradicionais, 262
    Modificações corporais em sociedades estatais, 265
    Modificações corporais contemporâneas, 266
    Tatuagem, gênero e sexualidade, 268
    Modificações corporais primitivo-modernas e não convencionais, 272
    Corpos subversivos, 275
    Termos fundamentais, 278
    Leituras complementares, 278

  13 Corpos religiosos, 279
    O véu, 280
    Poluição e o corpo feminino, 283
    Denegar o corpo: jejum, abstinência e autoflagelação, 286
    Religião e sexo, 290
    A divisão corpo/alma, 292
    Práticas corporais, 293
    Possessão espiritual, estigmas e ressurreição: milagres dos fiéis, 296
    Termos fundamentais, 300
    Leituras complementares, 300

Parte VI – Regulação estatal e corporativa do corpo, 301

  14 Corpos torturados, punidos e condenados, 303
    Sinalizando o desvio: marcação, castração e tatuagem, 304
    Tortura, estupro e outras formas de punição corporal, 308
    Pena capital, 311
    A ascensão das prisões e o confinamento dos criminosos, 313
    Marcas do desvio: identificando os criminosos, 314
    Termos fundamentais, 318
    Leituras complementares, 318

15 Corpos mercantilizados, 319
   A escravidão e a posse de seres humanos, 320
   Prostituição, tráfico sexual, turismo sexual, 323
   Vendendo amor: encomendando noivas pelo correio, 328
   Corpos pornográficos, 329
   Quanto valem os corpos? E as suas partes?, 333
   A quem pertencem nossos corpos?, 338
   Termos fundamentais, 338
   Leituras complementares, 338
16 Corpos animais, 339
   Parentesco humano-animal: elos evolutivos, 340
   Domesticação e cruzamento seletivo: a criação dos corpos animais, 342
   Alterando corpos animais, 346
   Controle corporal, 351
   Um tipo diferente de híbrido, 355
   Parentesco humano-animal: reunindo-se, 358
   Termos fundamentais, 361
   Leituras complementares, 361

Parte VII – Corpos do futuro, 363
   17 Conclusão: corpos do futuro, 365
      Corpos ciborgues, 366
      Corpos virtuais, 370
      Corpos híbridos, 371
      Corpos digitais, 375
      Termos fundamentais, 377
      Leituras complementares, 377

Bibliografia, 379

Índice remissivo, 403

LISTA DE FIGURAS

Figura 1.1 – Ação do Alien 001 da Revoltech, 24

Figura 1.2 – "Threads": corpos podem ser utilizados para representar uma porção de coisas, 27

Figura 1.3 – Vestindo um manequim, 38

Figura 2.1 – Anthony McDaniel, fuzileiro naval dos Estados Unidos, 54

Figura 2.2 – "Chang" e "Eng", gêmeos xifópagos mundialmente conhecidos, 56

Figura 2.3 – Dois homens examinando os pés de um garoto, 63

Figura 3.1 – Damien Velasquez, 71

Figura 3.2 – Diversos produtos antienvelhecimento, 75

Figura 3.3 – À medida que envelhecem, muitos idosos perdem sua mobilidade, a saúde piora e ficam isolados, solitários, deprimidos, 78

Figura 4.1 – Projeto Defending Life (Em Defesa da Vida), uma organização antiaborto localizada ao lado de uma clínica da Planned Parenthood, que realiza abortos, em Albuquerque, Novo México, 94

Figura 4.2 – *Concerning Race Suicide*, de S.D. Erhart, 96

Figura 4.3 – Lisa Brown aos nove meses de gravidez, 103

Figura 5.1 – Túmulo em um cemitério espanhol, 115

Figura 5.2 – Trabalhadores escravos no campo de concentração de Buchenwald, 118

Figura 5.3 – Criptas no "Corredor dos Milionários" do Cemitério Mountain View Cemetery, Oakland, CA, 126

Figura 6.1 – Garotas Padaung do sul do Estado de Xá (Birmânia), 1887-1890, 142

Figura 6.2 – A Chinatown de Oakland, 150

Figura 6.3 – Uma comparação entre afro-americanos e macacos, 152

Figura 7.1 – Sapatos de salto alto, 161

Figura 7.2 – Mulheres chinesas com pés pequenos, 171

Figura 7.3 – Duas imagens de torsos femininos, 172

Figura 7.4 – We-Wa, transexual Zuni tecendo, 177

Figura 8.1 – Hellen Madok (também conhecida como Pâmela Soares) vencedora do concurso Miss Brasil Transexual 2007, 184

Figura 8.2 – Casamentos *gays* estão se tornando mais e mais comuns nos Estados Unidos, 190

Figura 8.2 – A Marcha das Vadias (*SlutWalk*) em Toronto, 198

Figura 9.1 – Homens desabrigados em Robinson Park, Albuquerque, 202

Figura 9.2 – Refeição da Taco Bell, 210

Figura 9.2 – Estrela de Davi amarela, distintivo chamado "*Judenstern*", 212

Figura 10.1 – Cartaz anunciando produtos capilares, 226

Figura 10.2 – Todo mês, mulheres magras, lindas e *photoshopadas* povoam as capas de dezenas de revistas dedicadas aos públicos masculino e feminino, 227

Figura 10.3 – Setor de maquiagem numa loja, 229

Figura 10.4 – Manequins masculinos em Paris, 230

Figura 10.5 – Mulheres utilizam grande variedade de acessórios para se embelezarem, 233

Figura 11.1 – A foto dessa garota foi tirada em 2006, em um McDonald's, como ilustração da obesidade infantil, 242

Figura 11.2 – Fotografia de diversos produtos emagrecedores numa loja, 246

Figura 11.3 – *Outdoor* anunciando cirurgia bariátrica, 247

Figura 12.1 – Kenowun, mulher Nunivak usando um adorno no nariz e um labret com contas em seu lábio inferior, 263

Figura 12.2 – Tatuagem peitoral do Día de los muertos, 267

Figura 12.3 – Larkin Cypher, artista, 276

Figura 13.1 – Samina Sundas, ativista dos direitos civis e fundadora executiva da organização The American Muslim Voice, 281

Figura 13.2 – Estátua de uma santa no Cementiri de Montjuïc, Barcelona, 284

Figura 13.3 – Maria segurando Jesus após a crucificação, 294

Figura 14.1 – Sam Rosenzweig, sobrevivente de Auschwitz, mostra sua tatuagem de identificação, 305

Figura 14.2 – Uma das formas de punição na China – um prisioneiro Boxer, 306

Figura 14.3 – Sala de injeção letal na Prisão Estadual de San Quentin, 312

Figura 15.1 – Esta fotografia tirada em 1863 mostra Peter, um ex-escravizado e as cicatrizes das chicotadas que levou dos seus feitores, 321

Figura 15.2 – Uma prostituta de Tijuana, 325

Figura 15.3 – "Elisabeth". Há milhares de anos, homens gostam de olhar para corpos femininos nus, 330

Figura 15.4 – Execução de William Burke, notório assassino que fornecia cadáveres ao Dr. Knox, 335

Figura 16.1 – Pepe, um chihuahua de três quilos, ilustra algumas das características mais extremas da neotenia, 345

Figura 16.2 – Num processo chamado debicagem, pintinhos têm parte de seus bicos cortada numa lâmina quente, 351

Figura 16.3 – Marca tatuada do Project 269, 352

Figura 16.4 – Olivia Montgomery brinca de pegar com Sheba, 359

Figura 17.1 – Neil Harbisson, primeiro ciborgue oficial do mundo, 370

Figura 17.2 – Corpo humano plastinado na exposição *Body Worlds*, 374

PREFÁCIO

Para muitas mulheres ocidentais (e para não poucos homens), a boneca Barbie desempenhou um significativo papel em nossas infâncias. Inicialmente lançada em 1959, mais de um bilhão delas foi vendido ao longo de cinco décadas, representando um papel fundamental na socialização de milhões de meninas e meninos, ensinando-os sobre relacionamentos, compras, roupas e, de acordo com muitos críticos, dando-lhes também uma imagem distorcida do corpo.

As medidas corporais impossíveis da boneca – fosse uma mulher de verdade, teria cerca de 1,96 de altura; pesaria menos de 50 quilos; suas medidas seriam 35-20-33; e calçaria número 17 (Urla, & Swedlund, 1995) – combinadas à sua identidade heterossexual e caucasiana oferecem às meninas (e aos meninos) uma visão muito estreita do que é ser mulher. Para muitas delas, que não se identificam com ou não podem alcançar o tipo de feminilidade da Barbie, a resultante é desapontamento e, eventualmente, ódio ao corpo.

Em tempos recentes, a Mattel tem tentado criar novas Barbies, com aparências mais realistas, como a linha *So in style black Barbie*, de 2009, com corpos mais curvilíneos, rostos mais cheios, variados tons de pele e, em alguns modelos, cabelo crespo. Embora este lançamento tenha sido um sucesso entre muitos consumidores afro-americanos, satisfeitos em finalmente encontrar uma boneca com a qual podiam se identificar, o brinquedo gerou críticas: o *kit* de penteado que poderia ser adquirido para alisar os cabelos crespos, em especial, foi visto como mais uma condenação ao cabelo natural das mulheres negras.

Por que uma boneca que custa menos de vinte dólares é tão importante em relação ao modo como nos enxergamos? A Barbie é considerada de tal maneira relevante em termos de autoimagem e autoestima das crianças que mais tarde, em 2011, formou-se um movimento na internet para encorajar a Mattel a criar uma Barbie careca, para ajudar as crianças com câncer a se sentirem melhor consigo mesmas.

Seja como for, por que despendemos tanto tempo pensando sobre (e às vezes até nos tornamos obsessivos) nossa aparência? É possível que cinco milhões de norte-americanos sofram de transtorno dismórfico corporal (TDC), diagnóstico psiquiátrico no qual um indivíduo é eternamente insatisfeito com seu próprio corpo e frequentemente o entende de um modo completamente desconexo da realidade. As altas taxas de ocorrência do TDC podem estar ligadas à prática crescente dos anunciantes usarem o Photoshop no corpo de seus modelos, tornando-os artificialmente perfeitos, algo que pode resultar também no aumento das cirurgias plásticas (entre aqueles que podem pagar por tais procedimentos), quando pessoas transformam a aparência dos seus corpos e faces para se aproximar dessas expectativas antinaturais e, não raro, inatingíveis.

Cursos sobre o estudo dos corpos proliferam nos *campi* universitários do mundo inteiro – se você está lendo essas linhas é provável que já tenha cursado um deles! As disciplinas dedicadas a lançar luz sobre as complexidades da experiência humana (como a antropologia, a sociologia e os estudos culturais) há anos se interessam pelo tema.

Estudos do corpo: uma introdução dedica-se à questão dos corpos: magros, gordos, doentes, genderizados, racializados, sexualizados, globalizados, saudáveis e até os vivos e os mortos. Discute como nós, como indivíduos e sociedades, lidamos com eles, os representamos e entendemos. Este livro aborda o assim chamado corpo "natural"; a construção social e cultural do corpo; corpos em contextos históricos; e as várias metáforas do corpo. Oferece aos estudantes universitários uma fonte abrangente e acessível que pode ser usada em cursos de antropologia, sociologia e estudos culturais. Dirige o olhar aos corpos de uma perspectiva histórica e transcultural, considera as marcas sociais e culturais nos corpos, e como as ideias sobre os corpos mudaram ao longo do tempo.

Quero agradecer a Gerhard Boomgarden, da editora Routledge, que deu o sinal verde para este livro e percebeu que o mercado carecia de um livro-texto sobre o tema. Emily Briggs, da mesma editora, prestou assistência e apoio no decorrer do processo.

Presto meus agradecimentos aos seguintes colegas e amigos que forneceram fotografias e demais materiais que incluí neste livro: Ian Elwood,

Jeff Hayes, Lisa Brown, Teja Brooks Prebac, David Brooks, Larkin Cypher, Alex Boojor, Tamir Bar Yehuda, Nick Sanchez, Tom Young, Damien Velasquez, Bill Velasquez, Robin Montgomery, Bob Mitchell, Randy Huff, Janet Kazimir, Emily Fitzgerald, Laurence Nixon, Mary Johnson, Leigh Johnson, Samina Faheem, e Mercy for Animals por suas contribuições generosas. Obrigado também a Jennifer Cray, Kit Jagoda e Judith Pierce por me colocarem em contato com pessoas que contribuíram com fotografias. Agradeço também às seguintes agências públicas: o Department of Defense, a Biblioteca do Congresso, a National Library of Medicine, a Força Aérea Norte-Americana, o California Department of Corrections and Rehabilitation, e os National Archives and Records Administration. Muitas das imagens neste livro vieram de arquivos públicos mantidos por essas organizações.

Por fim, sou pessoalmente agradecida pelo apoio, amor e encorajamento dos meus pais, Robin Montgomery e Bill DeMello, que sempre incentivaram meus esforços; do meu marido Tom Young, que aguentou meus níveis crescentes de loucura à medida que os prazos se tornavam mais exíguos; e pela amizade de Laura Allen, que me ajudou com uma revisão de última hora antes da entrega final.

PARTE I

COMPREENDENDO O CORPO A PARTIR DE UMA PERSPECTIVA SOCIAL E CULTURAL

1
INTRODUÇÃO: TEORIZANDO O CORPO

Um dos filmes de terror mais bem-sucedidos da década de 1950, uma era em que o gênero fez enorme sucesso nos Estados Unidos, foi *Vampiros de almas* [*Invasion of the body snatchers*] (1956), que explora um mundo no qual seres espaciais invadem a Terra e substituem os humanos por novos corpos, idênticos a eles, mas desprovidos de qualquer emoção. Nos dias de hoje, isso é tipicamente interpretado como uma alegoria da Guerra Fria, seja sobre a ameaça do macarthismo nos Estados Unidos, ou dos perigos apresentados pela perda da individualidade na União Soviética. Vinte anos depois, outro desses filmes, *Esposas em conflito* [*The stepford wives*] (1975) deu um passo adiante nessa ideia da substituição corporal: Stepford, uma "idílica" comunidade suburbana de Connecticut, é perfeita apenas na aparência, pois os maridos da localidade têm assassinado suas esposas e as substituído por robôs idênticos, só que perfeitamente submissos, tornando-se assim (na perspectiva masculina) esposas perfeitas. Rodado no contexto da ascensão do **feminismo** nos Estados Unidos, é uma óbvia afirmação do temor masculino perante a liberação feminina. Ao longo das décadas, diversas outras produções também exibiram seres humanos dominados ou assimilados por outras formas de vida, e em todos os casos o foco recaiu diretamente no corpo.

De fato, uma vista ligeira na história dos filmes de terror é suficiente para notar que boa parte deles focam no corpo – corpos que não são o que parecem (*A coisa*), corpos que aumentam ou diminuem graças à exposição a toxinas (*O ataque da mulher de quinze metros*), corpos que se transformam em animais (*Um lobisomem americano em Londres*) ou monstros (*A experiência*), corpos que contêm alienígenas (*Alien*) ou demônios (*O bebê de Rosemary*) crescendo dentro deles, e corpos que se alimentam dos vivos (*A noite dos mortos vivos*).

Figura 1.1 – Ação do Alien 001 da Revoltech. Cortesia de Toru Watanabe, via Wikimedia Commons.

Mesmo naqueles filmes em que o vilão é um *serial killer* "normal", sem monstros verdadeiros, o foco recai no corpo. Das produções *slasher* da década de 1970 à tortura pornô dos anos 2000, muito do prazer e do horror nesses títulos vem de assistir corpos sendo literalmente destroçados. Os anos 1980 assistiram à emergência de um novo gênero do terror, o Body Horror, centrado na destruição, decomposição e mutações do corpo humano: *A hora dos mortos-vivos*, *A mosca*, *Corrosão – Ameaça em seu corpo*, *Videodrome: A síndrome do vídeo*, *Splice – A nova espécie*, *Nasce um monstro*, *Viagens alucinantes*, *Vagina dentada* e *Leviathan* não são mais do que alguns exemplos de filmes nos quais o corpo é, literalmente, o monstro.

Mas por que o corpo? Nesses filmes corpos são despedaçados, transformados, apodrecidos, virados pelo avesso. Não é de surpreender que desde a década de 1950 a maior audiência das produções desse tipo são adolescentes, que estão experimentando, e se angustiando, com suas próprias transformações físicas e sexuais. Mas há também muitos adultos que os apreciam, pois sua incomparável visceralidade mexem conosco de modo que outras produções não conseguem: ao assisti-los ficamos tensos, suamos, fechamos os olhos, viramos a vista, pulamos do assento. A experiência de assistir filmes de terror é, pois, **corporificada**, da mesma forma que o corpo representa um elemento central de suas narrativas. Como escreveu o antropólogo John Burton, "nossos corpos são o meio perpétuo de tudo o que transpira de nossa existência, do nascimento à morte" (2001, p. 3). É esse o caso dos filmes de terror, mas também da sociedade como um todo.

Uma introdução aos estudos do corpo

Mas o que é, verdadeiramente, o corpo? Pode parecer uma pergunta óbvia, mas a resposta é bem mais complexa do que você imagina. Trata-se, claro, de uma coleção de células, combinadas em órgãos que, por sua vez, operam em sistemas (o cardiovascular, o nervoso ou o reprodutivo, por exemplo) e que, ao final, compõem o corpo como um todo. Nos humanos, este corpo normalmente tem a forma de duas pernas, dois braços, um torso e uma cabeça.

Mas será que corpos são somente isso? É realmente possível falar deles sem mencionar também sociedades e culturas? Dito de outra forma, existe algo como um corpo universal, descontextualizado? Uma simples *tabula rasa* à espera das inscrições da cultura? A resposta é: não. Corpos são moldados numa miríade de formas pela cultura, pela sociedade e pelas experiências compartilhadas em contextos socioculturais. Além disso, são historicamente transformados e, como tal, estão em perpétua mudança, bem como nossas ideias a seu respeito. Corpos são contingentes: moldados por favores externos a si mesmos e posteriormente internalizados no próprio eu físico – ao que damos o nome de abordagem construtivista do corpo. O **construtivismo**, perspectiva usada neste livro, sugere que beleza, peso, sexualidade ou raça não resultam, simplesmente, de uma coleção de genes herdados dos pais. Antes, tais características físicas só tomam o significado que possuem (aquela mulher é linda! Aquele homem é gordo) em contextos societários, históricos e culturais. Claro, alguém pode ter certo conjunto de traços faciais, pesar tal quantitativo de quilos (ou libras), mas o modo como consideramos esses aspectos (eles nos atraem ou nos repelem?) advém do tempo e do lugar em que vivemos.

Além disso, esses significados ocorrem no âmbito de um conjunto de relações de poder culturalmente construído e que sugere, por exemplo, que uma mulher deve ser atraente para que seja valorizada. Esse processo não se dá ao "entrarmos" numa dada cultura, mas sim imediatamente: nascemos em uma pele específica, com um tipo específico de cabelo, olhos, nariz e boca específicos. A interpretação de tais aspectos será, pois, ordenada conforme a cultura, mas os elementos em si já estão todos presentes.

Uma das razões porque essa abordagem teórica é, muitas vezes, difícil para a compreensão dos estudantes é: como os fenômenos "beleza", "obesidade", "raça", dentre outros, são expressos no corpo, eles parecem naturais, quando, em verdade, sempre que algo assume um significado cultural torna-se **naturalizado**. Pensamos que as coisas são como são porque sempre foram assim – naturais, portanto. Não percebemos que significados desse tipo foram criados e podem ser modificados, e que não há nada de natural, por exemplo, na crença popular de muitas culturas ocidentais de que o cabelo liso é mais atraente que o crespo ou cacheado. Mesmo algo que parece estar tão enraizado no corpo, como as deficiências, é parcialmente um construto social: há pessoas sem os braços que usam seus pés para cozinhar, vestir-se ou dirigir. É uma realidade biológica. Já a maneira como as consideramos (anormais ou mesmo grotescas) provém da cultura – não há nada de *inerentemente* anormal na realidade dessas pessoas.

Outro bom exemplo é a raça. A cada dez anos, desde 1790, os Estados Unidos têm pedido aos seus cidadãos que respondam ao censo, utilizado para reorganizar distritos eleitorais, instruir decisões de políticas sociais e atender a uma série de exigências legislativas. Até agora, nunca houve dois desses recenseamentos que utilizassem as mesmas categorias sociais; pelo contrário, cada um deles lança mão de um conjunto distinto de termos – mestiço (*quadroon*), mulato, chinês, mexicano ou hindu –, demonstrando quão arbitrária essa terminologia verdadeiramente é. No capítulo 6, exploraremos mais a noção de raça como construção social.

Tudo isso difere do que pode ser chamado uma visão essencialista do corpo. Essencialismo significa que os corpos são, total ou majoritariamen-

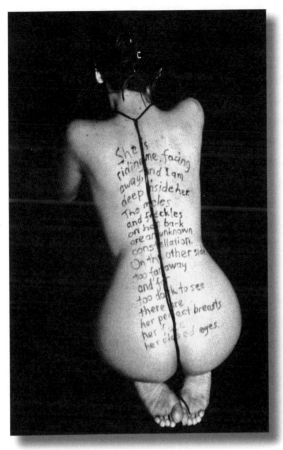

Figura 1.2 – "*Threads*": corpos podem ser utilizados para representar uma porção de coisas. Cortesia de David Brooks.

te, definidos por seu arcabouço físico – ossos, músculos, hormônios etc. – e que muito do comportamento humano pode igualmente ser reduzido a tais funções biológicas, algo a que muitos cientistas sociais chamam **reducionismo**, ou seja, a ideia de que comportamentos humanos complexos podem ser reduzidos a algo tão simples como, digamos, hormônios.

Claro, a testosterona é responsável por, entre outras coisas, conduzir o comportamento sexual em homens e mulheres, e aqueles possuem mais desse hormônio em seus corpos que estas. Mas será que somente isso dá conta do fato de que os homens são, em diversas culturas, encorajados a serem sexualmente agressivos, enquanto as mulheres são instadas a serem sexualmente passivas, e que o estupro está entre os crimes mais comuns contra mulheres em diversas culturas do planeta? Cientistas sociais argumentariam que seria reducionista restringir comportamentos sexuais agressivos de muitos homens à testosterona, ignorando o papel que a socialização, os meios de comunicação de massa e a glorificação da violência (inclusive a sexual) desempenham nesses mesmos comportamentos.

Este livro, partindo de uma perspectiva construtivista, ajudará a desconstruir muitas das categorias corporais que até agora te pareceram normais – das mais banais (saúde e doença) às mais aterrorizantes (tortura e morte) – tudo no intuito de te permitir compreender como os corpos são moldados pela cultura e pela sociedade, e como categorias como sexualidade ou raça são construídas vis-à-vis outras categorias no âmbito de sistemas de poder. Por exemplo, como a política, o direito, o sistema de saúde e os meios de comunicação de massa, dentre outras instituições, formam tanto as percepções de nossos próprios corpos, quanto o acesso que temos à assistência médica, à alimentação nutritiva ou a condições seguras de trabalho? E o que significa que algumas pessoas (pela graça de seu gênero, raça, classe ou nacionalidade) tenham maior acesso a tais coisas, enquanto outras têm menos?

Segundo o teórico Michel Thevóz (1984, p. 7), "não há outro corpo senão o pintado", pois o corpo precisa sempre estar estampado com a marca da cultura e da sociedade. Sem essa demarcação, ele é incapaz de mover-se em meio aos canais das trocas culturais. Claro, pintamos literalmente o corpo usando pintura corporal, tatuagens, cosméticos, joias, mas os corpos humanos nunca estão "em branco" ou não marcados, ainda quando não estão explicitamente assinalados por adornos ou modificações. Eles podem ser gordos ou magros, escuros ou claros, masculinos ou femininos, jovens ou velhos, doentes ou saudáveis. É também dessas formas que a posição social e a cultura são imprimidas nos corpos de todas as sociedades – mesmo quando nus.

Além disso, as tecnologias mudam, e assim também os corpos. Da cirurgia plástica ao transplante de órgãos, das técnicas de reprodução alternativas às várias práticas e procedimentos encontrados no âmbito do termo "cyber", hoje em dia eles estão sendo moldados pela tecnologia em um sem-número de maneiras. E estão igualmente sendo modificados graças a percepções cambiantes sobre beleza, magreza e muscularidade, alimentadas pelos meios de comunicação de massa e pela emergência de novas doenças, práticas e obsessões.

Questões interessantes: o blog Born this way

Entre aqueles que se dedicam ao estudo da orientação sexual não há consenso sobre como ela se desenvolve ou é produzida. Parece não haver relação com a parentalidade, dado que gays e lésbicas são quase totalmente criados por pais e mães heterossexuais, enquanto pais e mães homossexuais têm, em sua maioria, filhos heterossexuais. E embora as pesquisas que buscam encontrar evidência do "gene gay", ou alguma indicação de hormônios ou estruturas cerebrais que "causem" homossexualidade, tenham sido, até agora, inconclusivas, ao menos em algumas culturas parece haver alguma evidência episódica demonstrando que a orientação sexual se desenvolve muito cedo na vida e que não se trata de uma "escolha" (no capítulo 8, contudo, discutiremos as maneiras como a cultura exerce influência em como a sexualidade se expressa). Em 2011, o DJ Paul V começou um blog chamado *Born This Way*, que apresentava fotografias de gays e lésbicas enquanto crianças, muitas das quais acompanhadas por histórias. Essas fotografias mostravam meninos em posturas efeminadas e meninas com aspectos masculinizados e todas as postagens incluíam declarações indicando que aqueles que haviam enviado as fotos sabiam ser "diferentes" desde tenra idade; quer soubessem o que era ser gay, quer não, simplesmente sabiam que não eram iguais às outras crianças. O objetivo declarado de Paul com o seu blog era tanto mostrar que ser gay não era uma escolha quanto criar um espaço em que gays e lésbicas se sentissem livres para compartilhar suas histórias e onde pudessem ter orgulho de si mesmos. Segundo suas próprias palavras, "se meu blog impedir que ao menos uma pessoa LGBTQIAP+ tire sua própria vida, ou sinta-se mal, envergonhado ou desamado, sinto que terei atingido meu objetivo". Uma das críticas ao blog é que mistura orientação sexual e não conformidade de gênero, ou seja, os homens e mulheres que enviaram suas fotos sugerem que o jeito como se vestiam ou se comportavam desafiava as normas dos seus gêneros, "provando", portanto, que eram gays. Homossexualidade e não conformidade de gênero, contudo, nem sempre andam de mãos dadas, e muitas pessoas transgênero enfatizam, em verdade, que a identidade de gênero pode ser ambígua, fluida, ao invés de fixa ou imutável.

Corporificação

Como observado na introdução, este livro adotará a posição de que os corpos são, em boa medida, socialmente construídos. O que não significa que não sejam organismos biológicos sujeitos a leis naturais. Significa apenas que não podemos compreender o organismo biológico sem primeiro entender o contexto sociocultural e histórico no qual existe. A bióloga norte-americana Anne Fausto-Sterling (2005), por exemplo, nos ensina que mesmo nossos componentes biológicos (ossos, sangue, órgãos) são moldados por uma complexa relação entre a biologia e o meio ambiente físico-social em que vivemos, ou seja, nossa saúde e nosso comportamento são criados tanto pela biologia quanto pela história. Ela observa que também os biólogos, aquelas pessoas cujas análises científicas do corpo são hoje criticadas por muitos teóricos pós-modernos, são, de fato, seres socialmente construídos (como somos todos nós), com seus próprios interesses e agendas. Também a ciência é, ao menos parcialmente, socialmente construída.

Esse desenvolvimento teórico, contudo, é relativamente recente, pois durante boa parte da história da filosofia o corpo manteve-se intocado por tais reflexões. Era, isso sim, um objeto biológico, tipicamente apartado da mente ou da alma, geralmente entendidos como entidades distintas e sujeitas a leis distintas, algo a que se deu o nome de **dualismo corpo/mente**. Comumente, o corpo era visto como um ser físico separado da, e inferior à, mente. Além disso, durante muito tempo as mulheres foram mais associadas ao corpo que os homens, historicamente considerados seres mais racionais – ou seja, mais proximamente alinhados à mente, enquanto as mulheres seriam mais ligadas ao corpo. Graças à teoria feminista, surgida nos anos 1970, tal estado de coisas foi confrontado, mas até recentemente o próprio corpo só era compreendido dentro dos limites da pesquisa biológica.

Como vivemos em nossos corpos e como experimentamos o mundo através deles é uma temática explorada nos campos das pesquisas filosófica e psicológica conhecidos como fenomenologia. Em seu ensaio revolucionário (1962), o filósofo Maurice Merleau-Ponty analisou o corpo no contexto da experiência vivida no dia a dia: não *temos* corpos somente, nós *somos* corpos. A deficiência, por exemplo, não é um ataque externo ao corpo, mas sim experienciada subjetivamente e refletida em nossa identidade. Numa série de ensaios escritos pela cientista política Iris Marion Young, ela escreve como o gênero desempenha um grande papel nesse tipo de experiências vividas: em *On female body experience: "Throwing like a girl" and other essays* (1977), cita estudos que sugerem que não apenas garotos e garotas jogam bola diferentemente, mas que garotas e mulheres raramente se esforçam quando inseridas em esportes ou outras atividades físicas. Talvez porque espere-se delas serem objetos a serem admirados, não sujeitos engajados em atividades físicas. Em outras palavras, não é a questão de elas serem mais fracas que os homens que as impede de alcançar, ou frequentemente nem sequer tentar, o mesmo desempenho que eles. Tal fato provém das normas genderizadas associadas à feminilidade, as quais socializamos. É igualmente válido apontar que jogar qualquer coisa, seja por um homem ou por uma mulher, é um comportamento aprendido, fato esse bem documentado em um vídeo produzido pelo cinegrafista argentino Juan Etchegaray, um curta intitulado *Men throwing rocks with the other hand* (http://vimeo.com/34678147) em que homens são filmados atirando pedras com suas mãos não dominantes e o fazendo muito mal, demonstrando que esse ato é uma habilidade que vem com a prática – prática essa a qual muitas mulheres não se dedicam.

Um outro exemplo de como as normas de masculinidade e feminilidade moldam não apenas comportamentos, mas também as percepções públicas, tem a ver com a halterofilista olímpica Holley Mangold. Embora seus mais de 156 quilos a ajudassem a se tornar uma atleta de nível mundial em sua modalidade, ela foi duramente criticada durante os Jogos Olímpicos de verão de 2012. Comentaristas reclamaram abertamente de sua aparência e questionaram se era possível que ela pesasse tanto e continuasse sendo uma atleta. Mangold respondeu: "não digo que qualquer um possa ser um atleta, mas sim que atletas podem ter qualquer tamanho". Seus feitos certamente provaram que estava certa, mas muita gente, concentrada em seu tamanho corporal, permaneceu descrente, acreditando que somente pessoas magras podem ser atléticas.

Atualmente, compreender a corporificação é uma tarefa para sociólogos, antropólogos, especialistas em estudos culturais e pesquisadores interessados em sexo, gênero, sexualidade, saúde e doença, deficiência e raça. Em todos esses casos, eles desafiam o reducionismo biológico (a ideia de que nossos sentimentos e comportamentos podem ser reduzidos aos nossos componentes biológicos) e promovem, ao invés, abordagens que levam em consideração nossos seres físicos e como eles foram moldados pela cultura, história e sociedade.

Questões interessantes: apotemnofilia

A apotemnofilia é uma desordem psicológica na qual a pessoa possui um desejo opressivo por remover um membro sadio. Em alguns casos é considerada um fetiche sexual, ainda que para muitos não tenha nada a ver com o sexo. Muitas pessoas que têm essa condição experimentam uma vontade ardente, frequentemente surgida durante a infância, de ter um braço ou perna amputados, e sabem perfeitamente qual membro deverá ser removido para que se sintam satisfeitos, normais e completos. Dos homens e mulheres atingidos por essa condição, alguns efetivamente convenceram médicos a realizar cirurgias, mas a maioria dos profissionais não admite efetuá-las (embora haja um punhado de médicos clandestinos que aceitam realizar tais procedimentos). Não obstante, diversos apotemnofílicos intencionalmente ferem seus membros de modo a que estes não tenham mais conserto e precisem ser cirurgicamente removidos. Muitos amputam seus próprios membros (em geral um pequeno apêndice, como um dedo da mão ou do pé), outros convencem amigos a fazê-lo. Às vezes viajam para outros países, onde os custos são mais acessíveis e os médicos estão submetidos a legislações menos severas: em 1998, um homem de Nova York morreu de gangrena após ter sua perna amputada por um médico clandestino na Cidade do México. Outros, por sua vez, não chegam a amputar, e permanecem o que a comunidade chama de "wannabes" (aspirantes), os quais, não raro, fazem de conta que tiveram seu membro removido, usando uma tipoia ou envolvendo o membro, seja em público ou privadamente. Já os "pretenders" (fingidores) são aqueles que não desejam a remoção, mas que fingem ser deficientes, seja escondendo um membro ou usando cadeira de rodas, aparelhos ou muletas no intuito de chamar a atenção ou obter alguma satisfação psicológica. Por fim, há os fetichistas da amputação, chamados "devotees" (devotos), os sexualmente atraídos por amputados. Ampulove é um site em que amputados, wannabes e devotees compartilham histórias, fotos e experiências. Pessoas com apotemnofilia resistem a aceitar que se trate de uma desordem. Pelo contrário, como aqueles que sentem necessitar de uma redução de nariz ou um aumento das mamas, ou, no caso dos transexuais, que mudar o sexo tornará suas personas *exteriores mais consistentes com o que sentem internamente, apotemnofílicos sentem que sem a amputação não conseguirão alcançar seu verdadeiro eu. Tal questão, certamente estranha para a maioria das pessoas, é verdadeiramente mais uma dentre as muitas presentes neste livro. O que é um corpo normal? Como defini-*

mos o que é normal, e a quem cabe essa decisão? Qual o papel que a medicina desempenha na normalização dos corpos e a natureza da identidade?

Inscrevendo a ordem social

Como vimos, uma das abordagens teóricas mais importantes sobre o corpo tem a ver com o fato deste ser marcado pela cultura e pela sociedade: o antropólogo Terence Turner cunhou o termo "pele social" para se referir às maneiras pelas quais categorias sociais são inscritas no corpo físico. Por meio da pele social, o corpo transforma-se no palco simbólico onde são encenados os dramas da sociedade (1980, p. 112).

A antropóloga Mary Douglas (1966, 1973) foi, talvez, a primeira a tornar central no seu trabalho a análise cultural do corpo, de modo que sua influência nos estudos contemporâneos sobre o tema é significativa. Atendo-se primariamente a sociedades tradicionais, preocupou-se com a ansiedade humana universal sobre transtornos, e escreveu que tais sociedades respondiam a ocorrências desse tipo classificando as coisas, tanto as naturais quanto as sociais. Com a criação dessas categorias (puro e impuro, por exemplo) e das regras que as acompanhavam, conseguiam conter os transtornos e restaurar a ordem na sociedade. Para Douglas, o corpo é símbolo e meio mais natural para tais classificações, de forma que as regras associadas ao seu domínio emergem como poderosos meios de controle social. O corpo serve, assim, como modelo para o corpo social, de tal maneira que os riscos aos limites do corpo físico ameaçam igualmente o corpo social e precisam ser rigidamente manejados. Sistemas simbólicos, escreveu Douglas, baseiam-se em processos corporais, mas recebem seus significados da experiência social, e ela propõe uma rigorosa homologia pela qual gente que havia criado um universo altamente estruturado investiria, da mesma forma, grande significado na postura corporal e descobriria nela estruturas. Em tais sociedades, esse controle seria fundamental porque cada contração estaria repleta de significados. Além disso, ela descobriu que sociedades com limites sociais estritos considerariam as fronteiras com extrema cautela, incluídas aí, claro, as fronteiras corporais, o dentro e o fora, o que provém do corpo (sangue, sêmen). Ocorre uma troca constante de sentidos entre os dois tipos de experiências corporais – o físico e o social – de modo que um reforça o outro.

Na sociologia, muito se escreveu sobre como o corpo funciona como símbolo e foco do controle. O sociólogo Nobert Elias afirma que durante o que ele chamou de "processo civilizatório" (1978), entre os séculos XIV e XVII, os europeus começaram a internalizar muitas das formas externas de controle social, com sentimentos como a vergonha e o constrangimento ocupando o lugar que antes ocupavam e passando a controlar os comportamentos a partir de dentro. Por exemplo, internalizaram a ideia de modos à mesa, para que ninguém precisasse ordená-los a comer com garfo e faca e assoar o nariz com um lenço. Outro sociólogo, Erving Goffman (1959), desenvolveu a **teoria dramatúrgica**, sugerindo que somos todos, o tempo todo, atores em um palco e que muito daquilo que fazemos relaciona-se à **manipulação de impressão**, durante o que monitoramos e ajustamos nosso próprio comportamento conforme nosso desejo da percepção alheia. Ele também percebeu que o corpo é um "veículo de indícios" através do qual comunicamos aos demais informações a nosso respeito.

Três sociólogos cujos trabalhos fundamentaram boa parte dos estudos sobre o corpo na atualidade são Bryan S. Turner, John O'Neill e Mike Featherstone. Turner, em especial, reuniu as perspectivas de muitos teóricos da sociologia clássica, como Durkheim, Weber, Parsons, Elias e Goffman, às dos pensadores pós-estruturalistas como Foucault (discutido mais adiante), junto com Nietzsche, Marx e as teóricas feministas, para criar uma teoria social do corpo centrada nas necessidades sociais de produzir, reproduzir e consumir. Para O'Neill existem cinco corpos com os quais precisamos nos ocupar (o global, o social, o político, o consumidor e o médico) graças à maneira como estes são moldados pelas instituições sociais mais importantes. Também Featherstone parte da crítica marxista à sociedade de consumo e das posições do corpo no âmbito do mundo pós-industrial (em que os corpos, e sua manutenção, servem de novo veículo para a expansão da cultura do consumo e o capitalismo), centrando sua crítica especialmente na modificação corporal.

O filósofo Michel Foucault (1979, 1980a, 1980b) também se ocupou do corpo físico e das maneiras de controlá-lo. O corpo não é tão somente um texto a ser lido, mas sim um meio de controle social, mas para Foucault os modernos corpos ocidentais não estão sujeitos aos mesmos tipos de controle social a que Douglas descreveu nas sociedades tribais. Pelo contrário, são disciplinados por meio de diversos mecanismos de controle situados ao longo do corpo social, tais como a medicina, a psiquiatria, a educação, a lei e as políticas sociais, ao que podemos chamar de **corpo político**. Em seu ensaio *Corpo/poder* (1980a), Foucault observou que, a partir do século XIX, o corpo social precisou de maior proteção, alcançada por meio da segregação dos enfermos, doentes mentais e criminosos em novas instituições criadas para estes fins. Da mesma forma, o corpo físico também demandava vigilância, e por meio dessas novas instituições corpos rebeldes seriam vigiados, disciplinados, e, por fim, tornados dóceis. Mas o poder não se restringe a essas instituições – antes é parte de todas as relações sociais. Além disso, o corpo não é tão somente o alvo do poder, mas também a sua fonte, pois, como Foucault demonstrou, com a multitude de agências regulatórias disponíveis na sociedade, os corpos começaram a disciplinar-se a si mesmos e aos demais.

Uma das suas maiores contribuições ao campo diz respeito à sexualidade. Para Foucault, a sexualidade é um construto histórico e social no âmbito das relações de poder, logo não se pode falar de algo inerente ou essencial, pois os humanos criam discursos sobre o sexo, os quais, por sua vez, moldam sua compreensão a respeito do ato. Ele também demonstrou como a Era Vitoriana, ainda que se mostrasse repressiva ao tema, foi, em verdade, um momento de explosão de interesse em, e de discursos sobre o sexo. Durante essa época, ele percebeu a ascensão de uma variada gama de fetiches, como os relativos aos pés, bem como a erupção do interesse em pornografia. Foucault também observou que o controle sobre o corpo, e especificamente sobre a sexualidade, pode ser perigoso, pois engendra a intensificação do desejo: a revolta do corpo sexual é o efeito reverso do exercício desse poder e a resposta, por parte do poder, tem sido a exploração econômica da erotização, para que o corpo não seja mais controlado pela repressão, mas sim pelo estímulo. A obra foucaultiana tem sido consideravelmente expandida e reelaborada pelo trabalho de muitos teóricos, dentre os quais particularmente feministas e *queer*.

Sua contribuição para uma compreensão do corpo na cultura foi e é imensa, como pode ser percebido em muitos dos trabalhos intelectuais sobre o tema (Polhemus, 1978; Turner, 1984; Armstrong, 1985; O'Neill, 1985; Berger, 1987; Featherstone *et al.*, 1991). Outros autores (Grosz, 1990; Mascia-Lees, & Sharpe, 1992) acompanham-no também ao demonstrar que o corpo é uma tela na qual padrões significativos são inscritos e contrainscritos: Mascia-Lees e Sharpe, por exemplo, literalizaram essa noção em seu debate sobre como as tatuagens são um exemplo visceral de como a cultura escreve no corpo. Para eles, o corpo também serve como alegoria para a cultura graças à sua factualidade: serve-se dele para emprestar uma aura de realidade a restrições culturais sempre que há crise na sociedade. Em seu ensaio *The mindful body* (1987), os antropólogos Nancy Scheper-Hughes e Margaret Lock reúnem muitas das peças que discutimos até agora: o corpo vivido individual, o corpo social e representacional, e o corpo político, controlado e disciplinado.

Outro ramo da pesquisa sobre o corpo na cultura centrou sua atenção no corpo e a classe, e Pierre Bourdieu é o pensador mais importante nessa perspectiva, especialmente em seu livro *A distinção: Crítica social do julgamento*, de 1984, no qual utiliza um conceito chamado *habitus*, desenvolvido pelo sociólogo Marcel Mauss, que se refere às maneiras como o estilo de vida, os valores e os gostos de um grupo social são adquiridos por meio da experiência e se refletem na forma de hábitos do corpo. Como escreveu Mauss, "o corpo é o primeiro e mais natural instrumento do homem" (1979, p. 104). Bourdieu também nos fornece as noções de **capital cultural** (experiências, conhecimentos, habilidades e até mesmo modos de falar que podem ser diferencialmente valorizados pela cultura em torno) e **capital físico** (tom de pele, forma do corpo, beleza, elegância, aspectos esses que, uma vez mais, podem ser diferencialmente valorizados pela sociedade em geral).

Os antropólogos médicos Philippe Bourgois e Jeff Schonberg partiram do conceito de *habitus*, de Mauss e Bourdieu, mas usaram-no de forma ligeiramente diversa, que eles chamaram "*habitus* étnico", para explorar o comportamento dos viciados em heroína que viviam nas ruas de San Francisco (2007). Eles descobriram que viciados brancos e negros tinham maneiras diferentes de lidar com um dos problemas dos usuários crônicos dessa substância: a dificuldade em encontrar veias apropriadas para as injeções. Quando não era mais possível encontrá-las, os usuários brancos voltaram-se para injeções intramusculares ou subcutâneas, enquanto os negros passavam mais tempo buscando uma boa veia. Esse esforço e o tempo despendido valiam a pena porque a experiência da injeção intravenosa traz maior satisfação do que a intramuscular. Essas diferentes técnicas corporais resultaram em diferentes efeitos, e foram resultantes de diferentes valores e crenças.

Outro teórico que utiliza o conceito de *habitus* é o sociólogo Loïc Wacquant, que escreveu sobre boxeadores amadores afro-americanos em

Chicago. Ele chamou de "*habitus* pugilista" a uma "máquina de socos, mas uma máquina inteligente e criativa, capaz de se autorregular, enquanto inova dentro de uma gama fixa e relativamente restrita de movimentos, em função instantânea das ações do oponente" (2004, p. 95). O próprio Wacquant, no decorrer do seu trabalho de campo, adquiriu o *habitus* e chegou a lutar no torneio Chicago Golden Gloves.

Para além das contribuições de Bourdieu, o filósofo russo Mikhail Bakhtin (1984) também influenciou o trabalho de diversos estudos contemporâneos que lidam com as diferenças entre os corpos das classes de baixa renda e os corpos das classes de renda elevada (Stallybrass, & White, 1986; Fiske, 1989; Kipnis, 1992). Bakhtin escreveu sua tese de doutorado sobre o escritor renascentista francês François Rabelais e sua obra, *Gargântua e Pantagruel*, discutindo a instituição do carnaval e o realismo grotesco do texto. O que fez desse trabalho algo tão importante para os teóricos dos estudos do corpo é como ele descreveu o uso do corpo, em especial seu foco no corpo grotesco. Segundo a leitura que Bakhtin fez de Rabelais, o corpo grotesco é aberto, protuberante, enlarguecido, secretor, em oposição ao corpo clássico, estático, fechado, suave. O corpo grotesco dá à luz, acumula gordura, envelhece e morre. É precisamente este corpo o associado às classes de baixa renda, enquanto as altas adotam o corpo imutável, que permanece jovem, belo e impecável.

Teorizando o corpo feminino

Muitos estudos recentes sobre o corpo centram sua atenção no corpo genderizado (Russo, 1985; Martin, 1987; Gallop, 1988; Jaggar, & Bordo, 1989; Bordo, 1990; Butler, 1990; Mascia-Lees, & Sharpe, 1992). Eles lidam com tópicos como: o papel desempenhado pela moda na construção do corpo feminino (Silverman, 1986; Wilson, 1987; Gaines, 1990); como a experiência das mulheres com seus próprios corpos é formada em parte pelo fato de estarem sujeitas ao "*male gaze*", o olhar masculino (Mulvey, 1975); ou como o corpo feminino é construído por meio do discurso científico (Martin, 1987; Jaggar, & Bordo, 1989; Bordo, 1990). Estudos desse tipo, em geral, observam como as mulheres moldam e controlam seus próprios corpos (ou, usando linguagem foucaultiana, disciplinam-nos) no intuito de atender às normas sociais obrigatórias, mas também como, em certos casos, elas obtêm prazer dessa disciplina e policiamento. Além disso,

Figura 1.3 – Vestindo um manequim. Cortesia de Tom Young.

para autores como Judith Butler, tais práticas não apenas reforçam normas genderizadas como, em verdade, *criam-nas*.

O trabalho de Emily Martin, por exemplo, que tratou das construções médicas do corpo feminino (1987), observa como o controle social sobre o corpo moveu-se do terreno legal das punições corporais (como disse Foucault) para o campo da ciência: ela afirma que os corpos femininos estão agora fragmentados em partes tanto graças à sexualização quanto às práticas médicas.

Jane Gaines, em seu trabalho sobre moda (1990), sugeriu que, frequentemente, as mulheres são completamente definidas pelas roupas que usam – uma mulher é aquilo que veste. Algo que provém, ao menos em parte, do fato delas precisarem, nas palavras de Gaines, "carregar o olhar do espelho em sua mente" (1990, p. 4), pois sabem que estão, o tempo todo, em exposição, tanto a partir de suas próprias experiências de serem constantemente observadas quanto por enxergar imagens de outras mulheres na mídia. A moda é paradoxal porque enquanto as mulheres se vestem e embelezam, roupas e maquiagens também podem ser entendidas como indícios da escravização feminina. Seja como for, a moda delineia o corpo nu, o qual, por sua vez, dá existência à roupa, dado que "é impossível conceber um vestido sem um corpo" (1990, p. 4). Parafraseando Kaja Silverman (1986), Entwistle e Wilson escreveram: "as roupas fazem o corpo culturalmente visível" (2001, p. 82).

Por outro lado, a nudez pode ser tão importante para algumas culturas tradicionais quanto o vestir-se é para a nossa. Entre os Nuba, um grupo pastoral do Sudão, exibir elaboradas pinturas corporais é um sinal de realizações sociais e culturais, de modo que os homens precisam estar nus para ostentar sua masculinidade, força e virilidade – entre os Nuba, só os doentes se vestem (Faris, 1972).

A filósofa feminista Susan Bordo salienta que como as mulheres devem passar tanto tempo administrando seus corpos no intuito de atingir o ideal feminino artificial, elas se afastam de outras preocupações mais importantes, resultando daí "corpos cujas forças e energias estão habituadas à regulação externa, à sujeição, à transformação, à 'melhoria" (1993, p. 166). As atividades diárias normais de uma mulher voltam-se para a dieta, moda, maquiagem e outras formas de autoaperfeiçoamento, resultando num sentimento de derrota enquanto mulher, posto que é impossível ser boa o bastante – da mesma forma, tem-se igualmente um corpo dócil e facilmente controlável. Para Bordo, bem como para outras intelectuais feministas, o corpo é um contínuo e importante campo de batalha, pois por meio dele as mulheres podem resistir à dominação de gênero.

É possível dizer que, nos últimos anos, as feministas desempenharam o papel preponderante na definição dos estudos do corpo. Essa dedicação faz todo sentido, dadas as formas pelas quais as mulheres foram, histórica e presentemente, definidas pelos seus corpos. Seja quando nos voltamos para um tempo em que elas foram encorajadas a abandonar a educação superior (porque o cérebro feminino sugaria recursos valiosos do útero, tornando-as incapazes de gerar filhos), ou quando observamos como as realizações de mulheres contemporâneas permanecem ocupando o segundo plano em relação à sua aparência física, não é de se estranhar que as intelectuais feministas tendam a resistir e desafiar qualquer forma de determinismo biológico. Na verdade, nos dias de hoje, virtualmente todo o debate de políticas voltadas para mulheres no mundo ocidental ainda está centrado, de um jeito ou de outro, em seus corpos e, muito particularmente, em sua capacidade reprodutiva. As mulheres devem ter acesso ao controle de natalidade e ao aborto? Elas devem servir nas Forças Armadas e devem lutar ao lado dos homens? Uma mulher pode ser presidente dos Estados Unidos, especialmente se ela for mãe/estiver menstruada/tiver entrado na menopausa?

Hoje, as intelectuais feministas não negam a importância do corpo em termos de dar forma às experiências das mulheres. Elas reconhecem que os mesmos fatores que antes as restringiam (e que continuam a fazê-lo em boa parte do mundo) – menstruação, gravidez, dar à luz e amamentar – resultam igualmente em experiências vividas bastante diferentes das dos homens. Seja porque as mulheres devem constantemente monitorar sua própria aparência e comportamento no intuito de dar prazer aos homens, sob cujo olhar elas devem atuar continuamente, ou porque precisam levar em consideração os modos pelos quais suas habilidades reprodutivas influenciam as atividades nas quais se envolvem, elas precisam estar sempre atentas aos próprios corpos, de um modo que os homens não precisam.

Por exemplo, a filósofa feminista Judith Butler (1990) aponta como até os aspectos corporais mais fundamentais (hormônios, órgãos, genes) são imediatamente inseridos num discurso sobre esses mesmos aspectos, e que esse discurso é modelado por ideias preexistentes sobre gênero, sexo e poder. Ela observa que a materialidade corporal é construída por meio daquilo que ela chama "matriz genderizada", segundo a qual a mulher baseia-se mais na natureza e na materialidade que o homem. A matéria, o corpo *per se*, é desde sempre moldada pelo gênero e jamais poderá ser vista objetivamente – em outras palavras, não há realidade biológica separada dos significados sociais.

Outras teóricas feministas seguem a perspectiva de que os corpos das mulheres não são problemáticos; suas capacidades reprodutivas, usadas tanto para definir as mulheres como para oprimi-las, deveriam ser, inversamente, vistas como fonte de força, poder e orgulho. Essa perspectiva, compartilhada por autoras como Adrienne Rich e Audre Lord, sugere que as mulheres são "naturalmente" mais acolhedoras, e tem sido abraçada por ecofeministas, pacifistas etc. Visões desse tipo, contudo, podem ser percebidas como tão reducionistas quanto aquelas que sugerem que as mulheres não têm condições de alcançar certos objetivos por causa dos seus corpos. Luce Irigaray, outra intelectual que estuda as diferenças entre corpos masculinos e femininos, propõe que essas podem estar vinculadas a diferentes padrões mentais entre homens e mulheres. Conceitos dessa natureza são conhecidos como "**teorias de diferenciação sexual**" porque sugerem que a corporificação feminina e a masculina são experiências qualitativamente diversas, com resultantes bastante diferentes e que precisam ser consideradas, não negadas. Um dos pontos centrais nesse discurso, uma vez mais, é destacar o fato de que, historicamente, os corpos masculinos, e as experiências masculinas, têm sido vistas como a norma, prática essa que precisa ser superada.

Contrainscrição

Tanto Mary Douglas quanto Michel Foucault perceberam que o corpo pode igualmente ser um campo de resistência, ou contrainscrição, já que as pessoas podem, como de fato o fazem, marcar seus próprios corpos de formas que ameacem a ordem social existente, algo que se tornou foco importante de boa parte da pesquisa acadêmica sobre o tema.

Muitos dos estudiosos do corpo nas décadas de 1970 e 1980, por exemplo, observaram subculturas como os *punks* e os *mods* e argumentaram que roupas, cabelos e maquiagem poderiam ser usados como formas de resistência à opressão social, o que Dick Hebdige chamou de "ornamentação como ofensa social".

Nessas abordagens, práticas como anorexia, obesidade e *tightlacing* (uso de espartilhos) são exemplos que podem ser entendidos como autodestrutivas, mas também como afirmações de recusa à conformidade das normas corporais. Outros trabalhos recentes enfatizaram a luta constante pelo controle do corpo feminino, com as mulheres desafiando, através dos seus próprios corpos, as noções dominantes de beleza, feminilidade e respeitabilidade. Mary Russo (1985), por exemplo, trabalhou corpos femininos que desafiavam noções convencionais de beleza e adequação, corpos que através de marcas autoinfligidas eram percebidos como "subversivos" ou "fora dos limites". Russo apropriou-se do conceito de grotesco proposto por Bakhtin, aplicando-o às mulheres; discute eventuais exposições e como elas representam um risco excepcionalmente feminino. Quando algo assim sucede com um homem, tende a ser um ato deliberado, enquanto que para as mulheres é involuntário e envolve uma perda de limites (coxas gordas, a alça do sutiã aparecendo, voz alta, maquiagem pesada). Russo observa que as mulheres, desde já marginalizadas, são associadas ao perigo (o que explica por que seus fluidos corporais seriam tão poluentes), de modo que seus corpos são, desde sempre, transgressores. Em meu trabalho sobre mulheres tatuadas (1985) utilizo este mesmo argumento para sugerir que mulheres muito tatuadas fazem algo semelhante: ao tomarem as tatuagens dos homens, tornam seus corpos em um símbolo masculino e relativamente ofensivo, desafiando a noção dominante de feminilidade à qual todas deveriam submeter-se.

De fato, a vasta maioria dos corpos tratados neste livro pode ser considerada subversiva ou desviante. Seja feminino, gordo, não branco, deficiente, velho, anoréxico, pobre, tatuado, coberto pelo véu ou pornográfico – a sociedade, ou certos elementos dentro dela, pode considerá-los problemáticos, submetendo-os assim a níveis maiores de controle social. Ao mesmo tempo, alguns desses mesmos corpos podem responder contra-atacando numa variedade de formas de desafio corporal: novos usos do corpo irreverentes ao controle do Estado, da Igreja, da sociedade, da família.

Mas temos de nos lembrar também que um corpo que foi subversivo num dado tempo ou lugar pode não o ser noutro contexto. Categorias sociais são, por definição, socialmente construídas, de modo que um "pervertido", por exemplo, nada mais é que uma categoria social que não existia antes do século XIX (da mesma forma que a pornografia não existia como tal antes desse mesmo período). Como escreveu o filósofo Ian Hacking em seu ensaio *Making up people*, "as pessoas vêm, espontaneamente, encaixar-se em suas categorias" (1995, p. 101): à medida que essas categorias são criadas, buscam acomodar-se nelas.

Foucault (1980) observa, contudo, que à medida que os corpos resistem ao controle, o poder responde com outra forma de controle inteiramente nova, e assim a luta continua. Por exemplo, mesmo que *rappers* dos centros urbanos, *punks* das periferias ou latinos vestindo ternos *zoot* usem tais práticas indumentárias para desafiar as regras burguesas e das classes altas, essas mesmas práticas são, não raro, incorporadas pela indústria da moda e transformadas em ativos comerciais. Conforme Kaja Silverman, contudo, ainda que estilos desviantes sejam frequentemente absorvidos pela indústria da moda, isso não significa que "absorção seja igual a recuperação ou neutralização". Antes, ela sugere que mesmo quando uma prática cultura é mercantilizada, ainda assim pode representar uma vitória, pois "lograr uma transformação na moda dominante não é algo banal" (1986, p. 149).

Hoje em dia não se encara mais o corpo como mero modelo ou gabarito para a cultura ou a organização social. Graças ao trabalho das teóricas feministas e outros pensadores pós-modernos, sem falar no trabalho de campo dos *punks*, das *Riot grrls* e tantos outros subversivos, ele tornou-se um espaço em franca disputa. E como veremos nos capítulos a seguir, as maneiras como os corpos são usados e contestados, e seus sentidos disputados, indicam que os caminhos nos significados corporais permanecerão em imparável mudança, não raro de modos interessantes e incômodos.

Termos fundamentais

Body Horror
capital físico
capital cultural
construtivismo
corpo político
corporificação
dualismo corpo/mente
essencialismo
feminismo

fenomenologia
habitus
manipulação de impressão
male gaze
naturalização
reducionismo
teorias de diferenciação sexual
teoria dramatúrgica

Leituras complementares

Bakhtin, M. (2010). *A cultura popular na Idade Média e no Renascimento: o contexto de François Rabelais*. Hucitec.

Bordo, S. (1993). *Unbearable weight: Feminism, Western culture, and the body*. University of California Press.

Bourdieu, P. (2011). *A distinção: Crítica social do julgamento*. Zouk.

Butler, J. (2003). *Problemas de gênero: Feminismo e subversão da identidade*. Civilização Brasileira.

Douglas, M. (1973). *Natural symbols: Explorations in cosmology*. Vintage.

Douglas, M. (1966). *Purity and danger: An analysis of concepts of pollution and taboo*. Praeger.

Foucault, M. (2020). *História da Sexualidade*. Vol. 1: A vontade de saber. Paz & Terra.

Foucault, M. (1980a). *Power/knowledge: Selected interviews and other writings. 1972-77*. Harvester.

Gaines, J., & Herzog, C. (orgs.). (1990). *Fabrications: Costume and the female body.* Routledge.

Martin, E. (1987). *The woman in the body: A cultural analysis of reproduction.* Beacon.

Russo, M. (1985). *Female grotesques: Carnival and theory.* Center for Twentieth Century Studies, University of Wisconsin-Milwaukee.

Young, I. M. (2005). *On female body experience: "Throwing like a girl" and other essays.* Oxford University Press.

PARTE II

O CORPO CIENTÍFICO E BIOMÉDICO

2
CORPOS SÃOS E CORPOS DOENTES

Em 2010, após meses de debates acirrados, o Congresso norte-americano aprovou duas importantes leis relativas à saúde: o Patient Protection and Affordable Care Act (PPACA ou Lei de Proteção e Cuidado Acessível ao Paciente) e o Health Care and Education Reconciliation Act (Lei de Reconciliação da Educação e da Saúde), que juntas são chamadas, pelos seus oponentes, de *Obamacare*. Sua função era tornar a saúde mais acessível aos cidadãos norte-americanos e reduzir o número de pessoas sem cobertura de saúde (cerca de 48,9 milhões em 2012), e incluía: dispositivos para expandir a admissibilidade ao *Medicaid* (programa de saúde para pessoas e famílias de baixa renda); subsídios para os planos de saúde da classe média; incentivos para empresas que oferecessem assistência médica aos funcionários; a obrigatoriedade da aquisição de planos de saúde para todos os norte-americanos; e a proibição às companhias seguradoras de negarem cobertura ou limitações aos clientes com doenças preexistentes. Enquanto os Democratas eram majoritariamente favoráveis à legislação (embora muitos deles preferissem uma única cobertura universal e paga), os Republicanos se colocavam maciçamente contrários, desejando vê-la rejeitada e substituída por soluções com base nas leis de mercado.

O debate sobre a assistência à saúde, e se ela deve ser considerada um direito de todos os cidadãos (como ocorre em boa parte dos países ocidentais) ou um privilégio para quem puder custeá-la, permanece aceso nos Estados Unidos e alimentado por algumas questões, tais como o aborto e o controle de natalidade – devem fazer parte da assistência médica das mulheres, garantidos em seus planos públicos ou privados? Finalmente, o que, em geral, deve ser entendido como assistência à saúde?

Tais discussões não podem ser levadas adiante sem que primeiro se defina o que são 'saúde' e 'doença', pois quando lidamos com esses conceitos a maioria de nós tende a compreendê-los em termos biológicos, científicos ou médicos. Embora pareçam ser condições objetivas – ou se está saudável ou não – ambas dependem, em grande medida, de como uma dada sociedade, em um dado momento, define o que é estar saudável. Além disso, "estar são" para uma pessoa pode ser indicação de doença para outra.

A construção social da saúde e da doença

A partir de uma perspectiva médica ou biológica, doença é a condição de baixa saúde física, emocional ou mental. Contudo, para que uma tal condição seja percebida como doença há que ser primeiramente definida pela cultura. O tipo e a incidência das doenças variam entre as sociedades, e as culturas interpretam diferentemente suas ameaças: por exemplo, aquilo que uma cultura entende como doença (falar com Deus, algo que no Ocidente indicaria uma doença mental) outra cultura pode interpretar como chamado divino.

Nos Estados Unidos temos visto recentemente a emergência de novas doenças, como a síndrome pré-menstrual, stress pós-traumático, depressão pós-parto, a síndrome das pernas inquietas, transtorno do déficit de atenção, desordem obsessivo-compulsiva e ansiedades sociais. Embora muitas dessas condições sejam atualmente reconhecidas como condições médicas sérias, o fato de terem emergido em tempos recentes (às vezes por intermédio da companhia farmacêutica que criou o remédio para tratá-las) é um indício de que muitas doenças são, ao menos em parte, socialmente construídas. A homossexualidade, por exemplo, já foi considerada uma desordem mental, mas deixou de ser assim classificada pela Associação Americana de Psiquiatria em 1973.

Outro indicativo de que doenças são culturalmente construídas é que sua disseminação, tratamento e prevenção são, amiúde, instruídos por valores e práticas culturais, bem como pela condição socioeconômica do paciente. No Japão, graças ao conceito de *gotai* (ideal de manutenção da integridade corporal), as pessoas não furam as orelhas, muito raramente se dispõem a passar por cirurgias eletivas e tendem a não doar seus órgãos após a morte. Há, também, uma doença chamada *kikomori*, a "síndrome da recusa da escola", que afeta primordialmente rapazes, os quais deixam de ir às aulas e começam a se isolar socialmente, passando, por fim, meses trancados em suas casas. Embora possa parecer com agorafobia, e tenha sido comparada a condições como o autismo, pesquisadores supõem que esteja ligada a condições sociais exclusivamente encontradas no Japão, como a pressão intensa sobre os japoneses para que sejam bem-sucedidos e o suporte financeiro que as famílias de classe média daquele país destinam aos seus filhos.

Já nos Estados Unidos, a agorafobia é uma doença majoritariamente feminina, que historicamente tende a aparecer em momentos em que as mulheres são submetidas a níveis extremos de controle social, como no século XIX ou na década de 1950. A filósofa feminista Susan Bordo (1989) entende tanto a agorafobia quanto a anorexia como respostas das mulheres à domesticidade forçada e à dependência como ideal do feminino.

Em diversas culturas, a doença não é apenas a ruptura da saúde física, mas também da social. Em diversas culturas os doentes ocupam o que é chamado "**papel do doente**", em que precisam passar o tempo sendo alegres e agradáveis, certificando-se assim de que não causam desconforto àqueles em seu entorno. Barbara Ehrenreich, em seu texto sobre câncer de mama, observa que especificamente as pacientes dessa doença precisam se esforçar para parecerem bem e positivas diante dos outros, e a comunidade do câncer de mama, fortalecida como é pelos patrocinadores corporativos, desempenha um importante papel, encorajando as mulheres a se guiar pela mensagem positiva: "a alegria é, mais ou menos, obrigatória, e a discordância uma espécie de traição. Dentro desse universo estreitamente unido, as atitudes são sutilmente ajustadas, e aqueles com dúvidas são, gentilmente, trazidos de volta ao rebanho" (2007, p. 409).

A doença, e o tempo durante o qual se está doente, é um espaço **liminal**: não se está nem aqui nem ali, a vida está em suspenso. Mesmo os hospitais são organizados como um espaço marginal, separado da sociedade exterior; o paciente é desprovido de toda identidade e *status* e forçado a ficar bem. Segundo a crítica da cultura Susan Sontag (1991, p. 3), todos temos dupla cidadania no "reino dos sãos e no reino dos enfermos", e em algum momento de nossas vidas precisamos trocar de passaporte, passando de um para o outro.

Para muitas culturas tradicionais, a raiz da doença reside nas violações da ordem e como, por meio dela, é perturbada a ordem social. É, igualmente, um distúrbio da ordem natural, em especial aquelas enfermidades trazidas pela intrusão de um objeto externo no corpo. Muitas culturas também acreditam que os pacientes provocaram suas próprias doenças, e que se não melhorarem a culpa só cabe a eles mesmos. Mesmo em nossa cultura, a ideia de que as doenças possuem um componente moralista (perceptível muito particularmente no caso do HIV/aids) ou que são uma forma de punição divina permanece viva – o televangelista norte-americano Jerry Falwell chegou a dizer certa vez que a aids é "o julgamento de Deus sobre uma sociedade que não vive sob suas regras". Corolário essa crença, tem-se a noção de que, digamos, aqueles que superaram o câncer são, de alguma forma, heróis ou particularmente merecedores do adiamento da morte.

Nos Estados Unidos, graças ao poder e à influência da indústria farmacêutica, tem-se a tendência de perceber a maior parte das condições e comportamentos como problemas médicos que podem ser tratados com remédios, prática essa referida pelo termo "**medicalização**". Tão logo uma condição seja definida em termos médicos (ou psiquiátricos), e que alguma droga tenha sido prescrita para tratá-la, as pessoas tenderão a desenvolver tal condição, reforçando-a, reificando-a e levando-a a se espalhar pela sociedade. Especialmente hoje, com a ubiquidade (nos Estados Unidos) das propagandas de medicamentos na televisão, na internet e nas revistas, à medida que o público vê comerciais para remédios que tratam da síndrome das pernas inquietas, a ideia de que a síndrome das pernas inquietas é uma condição médica comum torna-se não só mais normativa, mas, de fato, mais comum entre a população. Este conceito ajuda a explicar o crescimento de certas doenças e até mesmo de epidemias historicamente documentadas, como a expansão da "histeria" entre as mulheres do século XIX, ou a popularidade crescente dos diagnósticos de transtorno do déficit de atenção hoje em dia. A propósito, por meio da histeria mulheres vitorianas das classes média e alta eram diagnosticadas como temperamentais, nervosas, emotivas e frígidas, de modo que não deveria nos surpreender que a raiz da palavra "histeria" é a mesma de "histerectomia"[1], e que a remoção do útero era frequentemente tida como a cura para a condição.

O transtorno de ansiedade é outro bom exemplo desse cenário. Em tempos idos, pessoas que se sentiam desconfortáveis em reuniões com estranhos, ou falando em público, eram simplesmente consideradas tímidas. Já hoje em dia, comportamentos assim são sintomáticos de transtorno de ansiedade social, uma condição mental que pode ser tratada via antidepressivos. Não surpreende que diante de tal diagnóstico, e da disponibilidade

---

1. Do grego ὑστέρα (hystéra), útero [N.T.].

de drogas desenvolvidas para tratá-lo, cada vez mais cidadãos norte-americanos passaram a ser diagnosticados com o transtorno, levando medicações como o Citalopram a se tornarem tremendamente populares.

Um dos resultados da medicalização é a prescrição exagerada de medicamentos, além da prática crescente de pessoas diagnosticando suas próprias doenças via internet e comprando as drogas "apropriadas". Mas há ainda uma outra abordagem: alguns dos sintomas medicamente interpretados (o estresse e a ansiedade, hoje indícios de condições psiquiátricas) poderiam muito bem ser socialmente compreendidos. Ou por outra, e se o que vemos como aumento dos casos de transtorno de ansiedade for indicativo de um sistema social que produz estresse em demasia? Nas sociedades ocidentais contemporâneas trabalhamos mais horas do que nunca, levamos trabalho para casa, respondemos e-mails de trabalho a qualquer hora do dia ou da noite e assumimos multitarefas num ritmo que nossos pais considerariam absurdo. É de se espantar que estejamos tão estressados? Ao medicarmos esses sintomas, ao invés de lidar com eles em um nível social, estamos simplesmente encobrindo-os – os problemas subjacentes não foram resolvidos.

Questões interessantes: esquizofrenia na Irlanda

Em 1977, a antropóloga-médica Nancy Scheper-Hughes escreveu um livro chamado Saints, Scholars and Schizophrenics: Mental Illness in Rural Ireland, *que abordava algumas das causas culturais das doenças mentais, destacando diversas condições culturais no interior de comunidades rurais isoladas (a imigração dos jovens, o rompimento da estrutura familiar estendida, a falta de intimidade entre homens e mulheres) bem como as mudanças globais que tornavam pequenas propriedades familiares como as encontradas naquela comunidade economicamente improdutivas. A confluência desses fatores, diz Scheper-Hughes, além do processo de socialização que coagia e humilhava filhos caçulas, era parcialmente responsável pelas altas taxas de depressão, suicídio e esquizofrenia, em especial entre os camponeses solteiros, que ficavam inteiramente responsáveis por herdar a terra da família e cuidar dos pais idosos. Até então, pensava-se que a esquizofrenia fosse uma doença psíquica prioritariamente interna, de modo que a análise de Scheper-Hughes, que a situava no contexto socioeconômico e cultural circundante, foi revolucionária. Embora o livro tenha sido escrito em 1977, os temas discutidos permanecem relevantes hoje, quando nos esforçamos para entender até que ponto a cultura intervém nas doenças físicas e mentais.*

Doenças e condições culturalmente específicas

As **etnoetiologias** são variações transculturais de explicações causais para doenças. Cada cultura tem sua própria etnoetiologia: algumas trabalham com a **teoria da doença naturalística** para explicar as enfermidades. Nesse caso, elas seriam causadas por uma força impessoal, externa, tais como bactérias ou vírus, e corpo e mente são encarados como entidades distintas. É essa a abordagem encontrada na **biomedicina** ocidental, segundo a qual apenas o corpo é tratado, isolando-o da mente, do meio ambiente e das relações sociais. Profissionais de saúde treinados tratam dos pacientes conforme esse sistema, usando um corpo padronizado (normalmente masculino e de classe média) como norma, focando primordialmente nos sintomas e usando uma combinação de drogas e intervenções cirúrgicas. Nessa abordagem, o corpo é tipicamente visto como uma máquina, enquanto o doutor é um mecânico que a conserta.

Em outras culturas, diferentes teorias tendem a prevalecer. Muitas, por exemplo, apresentam o que se chama **teoria das doenças personalistas**, nas quais agentes como bruxas, espíritos ancestrais ou feiticeiros são causadores das enfermidades. Embora sejam, como as bactérias e os vírus, agentes exteriores, eles são pessoais – um feiticeiro só causará o mal em alguém se tiver algo contra essa vítima. Nesse sistema, o tratamento envolve descobrir quem gerou o problema social provador da enfermidade e garantir que o paciente o resolva. Às vezes, alguma forma de contrafeitiço pode ser prescrita, e a pessoa usará amuletos ou talismãs para proteger-se da magia nociva. Outro exemplo dessa ideia, encontrado em algumas culturas asiáticas, é que uma criança nasce com uma deficiência graças a um comportamento pecaminoso dos pais. Onde crenças dessa natureza prevaleçam, os agentes da cura não são profissionais médicos treinados, mas sim práticos religiosos com experiência em diagnósticos (em geral via **divinação**) e tratamento de doenças com fundo sobrenatural.

Outra das teorias se chama **teoria da doença emocional**, na qual uma pessoa cai doente por causa de uma dada experiência emocional que vivenciou, de que é exemplo um mal latino-americano chamado *susto*. Nela, a vítima é traumatizada por uma coisa qualquer que faz o corpo separar-se da alma, resultando assim numa doença. Mulheres e crianças são mais propícias a terem susto, que se manifesta através de insônia, anorexia, apatia e desassossego. Essa doença é tratada via *curanderos*, curadores nativos que pedem às vítimas para recontar a experiência aterrorizante enquanto a benzem com ervas especiais e proferem rezas. Susto é um exemplo do que chamamos **somatização** – quando o corpo absorve estresse que se manifesta através de enfermidade física. Outro exemplo de uma condição similar é o *nervoso*: a antropóloga Nancy Scheper-Hughes (1993) descreveu a prevalência dessa condição entre os moradores de favelas do Brasil como uma resposta natural às condições de violência, carência e pobreza em que viviam. Ela observa que embora a *fome* não seja um tema abertamente discutido em regiões claramente empobrecidas como as favelas, nas quais a cura (ou seja, a comida) não está acessível, o nervoso é, sim, um tópico para debates, pois os medicamentos estão, agora, facilmente acessíveis graças ao Sistema Único de Saúde brasileiro. Desse modo, o *nervoso* é interpretado mais como crise nervosa do que como fome, tratado com medicamentos e o sistema desigual e injusto permanece intacto.

Por fim, temos as **teorias da desarmonia**, encontradas primordialmente na Ásia e que sugerem que as doenças são causadas pela disrupção do equilíbrio natural do corpo. Tomemos como exemplo a acupuntura, uma técnica terapêutica oriental que envolve a inserção de agulhas em pontos específicos espalhados pelo corpo. A teoria que lhe dá sentido afirma que o corpo possui uma corrente energética que corre por dentro dele, o Qi, e inclui elementos espirituais, emocionais, físicos e mentais. O Qi viaja pelo corpo seguindo caminhos especiais, os meridianos, e se estiver fraco ou desequilibrado, ou se seu trajeto for prejudicado, a enfermidade pode advir. Ao ser reequilibrado, o paciente pode ser curado.

Deficiência e o corpo normativo

Também as deficiências físicas são, ao menos parcialmente, um construto social. A noção em si só faz sentido dentro de um contexto em que o corpo "padrão", ou normal, já tenha sido previamente definido: se essa normalidade é composta por dois braços e duas pernas plenamente funcionais, por exemplo, então qualquer um que careça desses elementos será considerado deficiente.

Os sociólogos consideram a deficiência como um *status* **mestre**, pois para os deficientes essa condição não é uma mera questão física, e sim sua condição de estar no mundo. Pessoas que se tornam deficientes vivenciam uma significativa queda em seu *status* social e em sua autoconfiança, adquirindo o que os sociólogos chamam de **identidade em conflito**, na qual o sentido de quem e do que a pessoa é não está mais dominado pelos atributos sociais passados, mas sim pelos defeitos atuais. Da mesma forma que os corpos dos deficientes são permanentemente comprometidos, assim também são seus *status* sociais, de tal forma que há muitos que sequer os olham, eles se tornam **socialmente invisíveis**.

Figura 2.1 – Anthony McDaniel, fuzileiro naval dos Estados Unidos.
Em 23 de abril de 2012, Anthony McDaniel, cabo dos fuzileiros navais dos Estados Unidos, corre pela pista durante os treinamentos para os *Warrior games*. Em 2010, McDaniel teve as pernas e uma das mãos amputadas por um dispositivo explosivo improvisado no Afeganistão. Ele compete na corrida e no basquete em cadeira de rodas. Cortesia do Departamento de Defesa.

Em seu livro *The silent body* (1990), o antropólogo Robert Murphy relatou sua jornada na deficiência após ser diagnosticado com um tumor na espinha cervical. Ele escreveu que ser deficiente representa ter a humanidade reduzida ao mínimo; não é uma simples enfermidade física, e sim uma enfermidade social. A pessoa saudável tem seu próprio corpo como garantido, o que não é mais possível quando se está doente, pois este tornou-se um estorvo. Em seu texto emocionante e eloquente, Murphy observa que o corpo é a fundação sobre a qual erigimos nosso senso do que e de quem somos, e o instrumento pelo qual lidamos com e criamos a realidade. O deficiente recente vivencia não apenas um corpo alterado, mas também uma consciência alterada, resultado de um eu danificado. Segundo este modelo, eles podem ser entendidos como subversores do ideal norte-americano, que exige movimento, corpos capazes e conquistas, da mesma forma que os pobres são traidores do sonho americano. Ao se afastarem desse ideal, os deficientes tornam-se feios e repulsivos para os fisicamente aptos. Graças à própria deficiência, Murphy escreve a respeito do estrago ao ego que ele viveu, como sentiu uma queda vertiginosa em seu *status* social e em sua autoafirmação, bem como as mudanças nas relações com seus ex-colegas e até mesmo com sua esposa, que de cônjuge passou a cuidadora.

Muitos deficientes e seus defensores afirmam que o problema não é a deficiência em si, mas a resposta a ela. Poderíamos, por exemplo, entendê-la como parte inevitável da vida: a maioria de nós, se vivermos o bastante, experimentará queda no desempenho em alguma, ou muitas, partes do corpo: podemos perder a visão, a audição, ou a habilidade de andar. Em algum momento, a menos que morra jovem, toda pessoa fisicamente apta também se tornará deficiente, e esta é uma das razões por que os deficientes são tão estigmatizados: eles nos recordam de nossa própria vulnerabilidade. Partindo dessa perspectiva, chamada **modelo social da deficiência**, poderíamos focar no papel que as sociedades desempenham na estigmatização dos deficientes, ou como poderiam, se quisessem, oferecer-lhes maior acesso aos serviços e recursos. Claramente, as dificuldades advindas de se viver com alguma deficiência seriam grandemente reduzidas ao viver numa sociedade que oferece acesso equânime a todos e que não discrimina nem estigmatiza corpos não normativos.

Outra maneira de se entender a deficiência seria afastar-se da noção de que todos os corpos precisam ser iguais e trabalhar do mesmo modo. Sabemos que existe grande diversidade em termos de capacidades físicas e mentais entre os seres humanos, e nesse sentido, os Jogos Paraolímpicos de 2012, que contaram com a participação do atleta sul-africano duplamente amputado Oscar Pistorius, podem ter contribuído para mudar a opinião pública a respeito dos deficientes, pois se vamos respeitar a diversidade, eles devem sentir-se mais incluídos e não sujeitados a discriminações e desprezo.

Homens e mulheres com deficiências não são estigmatizados apenas porque seus corpos são diferentes, mas também porque descobrem que seus corpos desafiam **ideais normativos de gênero**, algo que deixa as sociedades ainda mais intolerantes em relação a eles. Em muitas delas, por exemplo, espera-se dos homens que sejam fortes, independentes e autossuficientes, enquanto os deficientes são frequentemente percebidos como menos homens ao não serem necessariamente autônomos e por seus corpos não serem necessariamente fortes. Das mulheres, por sua vez, não se espera autonomia ou força – na verdade, nelas a dependência é percebida como vantagem – mas sim que sejam sexualmente atraentes, e por serem tão violentamente definidas por sua aparência física, ter um corpo que não atinge as normas de beleza é um fardo penoso para carregar. As deficiências, portanto, podem emascular os homens e desfeminilizar as mulheres. Além disso, não raro deficientes são infantilizados, ou seja, tratados como crianças por estranhos bem-intencionados.

Figura 2.2 – "Chang" e "Eng", gêmeos xifópagos mundialmente conhecidos. Retrato dos gêmeos ao centro com nove vinhetas nas bordas retratando-os em atividades tais como caçar, remar, arar um campo, e com suas respectivas famílias. Nova York: Currier & Ives, 1860. Cortesia da National Library of Medicine.

Mas a falta de acesso aos serviços públicos não foi o único sofrimento das pessoas com deficiência. No passado, elas tornavam-se alvos de profissionais médicos e líderes políticos que não desejavam vê-las incorporadas à sociedade: nos Estados Unidos, por exemplo, deficientes físicos e mentais eram submetidos a programas de esterilização obrigatória: entre as décadas de 1900 e 1970, dezenas de milhares de indivíduos (mulheres em sua maioria) passaram por procedimentos para evitar que gerassem crianças deficientes. O mesmo ocorreu na Alemanha e na Suécia, onde centenas de milhares foram esterilizados entre os anos de 1930 e 1940. Esse projeto de castração em massa era parte de um movimento **eugênico** mais amplo, no qual a esterilização e a reprodução seletiva eram encorajadas para minimizar "genes defeituosos".

Ainda que a esterilização mandatória não seja mais legalmente aceita nos Estados Unidos, a perspectiva de dar à luz um bebê com defeitos permanece sendo uma das mais importantes razões para os **abortos terapêuticos**. A amniocentese é rotineiramente recomendada às mulheres grávidas (em especial aquelas com idade mais avançada) no intuito de detectar condições como a Síndrome de Down. Mulheres com fetos nessas condições têm a opção de encerrar a gravidez. Assuntos como esses serão mais bem discutidos no capítulo 4.

Há um motivo bastante palpável para que, durante os últimos 400 anos (e até bem poucas décadas atrás), pessoas com deficiência fossem uma das atrações mais populares em circos e parques de diversões itinerantes: por causa de suas diferenças corpóreas extremas, as aberrações humanas ajudaram a definir e construir a "normalidade" para suas audiências. Ao exibirem os então chamados garotas-cachorro, garotos-lagosta, torsos humanos e gêmeos siameses, aqueles espetáculos permitiam que sua audiência se sentisse confortável em sua posição de normal, ideal, enquanto transformavam os corpos deficientes em atrações. A deficiência incomoda tanto porque, segundo Rosemarie Garland-Thomson, professora que trabalha com estudos da deficiência e teoria feminista, é "a heterodoxia encarnada e que recusa ser normalizada, neutralizada ou homogeneizada" (1997, p. 24).

Aberrações, monstruosidades e espetáculos grotescos

No Ocidente, deficientes eram exibidos em tavernas, estalagens e feiras por toda a Europa Medieval. A primeira dessas aberrações a aparecer nos Estados Unidos foi srta. Emma Leach, exibida em Boston, 1771. No século XIX vieram os irmãos Cheng e Eng, gêmeos xifópagos expostos a partir de 1829. Por volta de 1840, esquisitices humanas foram reunidas no que se conhece agora como "espetáculos grotescos" (*freak shows*), graças especialmente ao trabalho de P. T. Barnum, que em 1842 estabeleceu o American Museum.

Quando exibidos em espetáculos, as aberrações são aquilo que o locutor, o gerente ou o dono do espetáculo quiserem. Raramente os deficientes, chamados aberrações de nascença, estavam no comando de suas carreiras ou destinos; na verdade, juntavam-se a circos ou feiras itinerantes por ser esta a única maneira de ganharem a vida. A apresentação "exótica" era uma forma de exibi-los, apelando ao interesse popular pelo inexplicável e o bizarro. Por exemplo, Tom Thumb foi apresentado como um garoto inglês de 11 anos, quando era na verdade um menino norte-americano de 4 anos, e os *Wild men of Borneo* [Os selvagens do Bornéu] nada mais eram que quatro irmãos deficientes mentais vindos de Ohio.

As anormalidades humanas eram cientificamente explicadas por um certo número de teorias, incluindo a ideia de que se uma mulher grávida tomasse um susto, seu filho poderia nascer com alguma anormalidade relacionada àquilo que a assustara. No século XVIII, desenvolveu-se a ciência da **teratologia**, ou o estudo científico dos monstros, o que levou a uma nova compreensão das aberrações, entendendo-as como parte da ordem natural divina, crença essa que, posteriormente, foi descartada em prol da teoria do elo perdido, desenvolvida após o darwinismo e que as tomava por criaturas literalmente meio-humanas e meio-animais, dando origem aos espetáculos conhecidos como "homem selvagem".

No século XX, com a redescoberta da genética mendeliana e a ascensão da ciência moderna, as aberrações de nascença começaram a ser estudadas a partir de uma perspectiva biológica e cultural, levando a uma mudança na audiência dos espetáculos grotescos. Noções de piedade, impulsos humanistas e o desejo de trancafiar todos os indesejáveis levou ao declínio desses *shows*. O uso de deficientes em espetáculos desse gênero foi finalmente encerrado nos anos 1960, quando a União das Liberdades Civis dos Estados Unidos (American Civil Liberties Union, ACLU) levantou a opinião pública norte-americana contra esses espetáculos, causando assim sua derrocada. Hoje em dia, muitos estados norte-americanos proíbem a exibição de deficientes com fins de entretenimento.

Na Alemanha, graças à ascensão do movimento eugênico, os espetáculos grotescos foram limitados ou banidos já por volta de 1911, e mais especialmente após a Primeira Guerra Mundial, quando *shows* com belas vedetes surgiram como forma de entretenimento. Algumas aberrações fugiram para o exterior, enquanto outras foram eutanasiadas como parte do programa nazista para limpar os hospitais do país: entre 1939 e 1941, cerca de 70.000 deficientes físicos e mentais foram mortos, assassinatos chamados de *Gnadentod*, "morte misericordiosa".

Nos dias de hoje, conquanto a deficiência não tenha desaparecido e o deficiente como objeto performático já não seja mais tão popular, a ideia de que a deficiência é algo fora das normas e limites sociais persiste entre nós, por intermédio da noção de que deve ser curada através de cirurgias que "normalizariam" seus portadores. Não obstante, o extraordinariamente deficiente permanece como objeto do fascínio público: histórias de gêmeos xifópagos separados cirurgicamente, por exemplo, ganham manchetes internacionais (em 2012 o canal TLC começou a transmitir um programa de televisão com Abby e Brittany Hensel, duas dessas irmãs). Continuamos a estigmatizar e discriminar os deficientes: o termo "**capacitismo**" se refere às várias maneiras pelas quais a sociedade é construída em favor dos fisicamente aptos e marginalizando os deficientes. Mesmo eventos bem-intencionados como as Paraolimpíadas colocam-nos à parte, fora das normas sociais aceitáveis, ainda que contribuindo (ao menos teoricamente) para a maior aceitação da sociedade de mulheres e homens com deficiência.

Gênero, morbidade e mortalidade

A saúde, como muitas outras instituições sociais, está genderizada. O modo como homens e mulheres adoecem depende, em larga medida, dos seus respectivos papéis sociais.

No mundo todo, as mulheres vivem mais do que os homens graças a uma combinação de fatores biológicos e sociais. Eles envolvem-se em atividades mais arriscadas, o que leva a mais mortes por homicídio, acidentes automobilísticos, armas, e assim por diante. Eles tendem mais a ter personalidades agressivas do tipo-A e a sufocar mais as próprias emoções, contribuindo para doenças cardíacas. Graças a expectativas comportamentais diferenciadas, vão ao médico com menor frequência, enquanto as mulheres se consultam por si mesmas e pelas crianças, e sua vida reprodutiva está sob maior escrutínio médico que a masculina. Além disso, para os homens buscar ajuda médica é comumente visto como um sinal de fraqueza. Diversas práticas prejudiciais à saúde, como ingerir álcool, comer *fast-food* ou fumar, são mais comuns entre eles. Por fim, homens são menos propensos a buscar apoio mental ou emocional, acarretando riscos maiores de depressão ou suicídio.

Homens pobres, negros e pardos são os que vivem menos. Trabalhadores braçais atuam em condições mais perigosas que a maioria das mulheres (e dos homens de classe média), aumentando sua exposição a toxinas e o risco de acidentes laborais. Desproporcionalmente pobres, homens negros e pardos tendem a viver e trabalhar em condições insalubres e/ou em ambientes perigosos, a ser vítimas de crimes, não ter bom acesso à assistência médica e levar um estilo de vida doentio (essas questões serão mais bem discutidas adiante neste mesmo capítulo).

Quando o ciclista olímpico Lance Armstrong foi diagnosticado com câncer testicular em 1996, isso significou um sinal de alerta para muitos homens, pois a maioria deles não cuida da própria saúde. Questões envolvendo a genitália são, ainda por cima, as menos discutidas, graças à atitude moralista associada a elas. Após Armstrong ter publicizado sua sobrevivência ao diagnóstico (e ganhado ainda mais medalhas), muitos homens passaram a ver a doença com outros olhos, e os diagnósticos começaram a crescer. Obviamente, o fato de o atleta ter admitido, em 2013, que havia usado drogas para melhorar seu desempenho levantou dúvidas sobre até que ponto suas virtudes "heroicas" eram produto do *doping*.

Mas ainda que as mulheres vivam mais que os homens, elas são comparativamente mais doentes que eles, e mais uma vez as razões para tal fato tendem a ser tanto biológicas quanto sociológicas, já que existem diversas condições que impactam os corpos femininos e que raramente, ou mesmo nunca, afetam os masculinos, tais como a obesidade e questões de medidas, isso sem falar na saúde reprodutiva. Só as mulheres vivenciam gravidez, menstruação, menopausa e o parto, e tudo isso vem acompanhado de certo número de complicadores para a saúde. As demandas por apresentar uma certa aparência deixam-nas mais suscetíveis a alguns problemas, como transtornos alimentares, questões relacionadas a cirurgias cosméticas e problemas ligados a outros artifícios usados com fins estéticos, como o uso de saltos altos ou de espartilhos. Via de regra, práticas embelezadoras voltadas para o público feminino sempre tiveram repercussões na saúde, dos pés enfaixados ao clareamento da pele entre as negras e pardas e o bronzeamento entre as brancas. Práticas desse tipo, genderizadas e racializadas, serão mais aprofundadas nos capítulos 6, 7 e 10.

As mulheres pobres, como os homens pobres, encontram-se em desvantagem graças às suas condições de vida, trabalho e falta de acesso à assistência médica. E em sendo desproporcionalmente mais pobres, elas têm menor acesso a planos de saúde e são, no geral, menos saudáveis. Trabalhadoras estão mais expostas a perigos maiores que seus colegas masculinos, dado que os ambientes de trabalho onde atuam (confecções, por exemplo) são historicamente menos seguros que os masculinos. Mulheres morrem ou são seriamente feridas com maior frequência no local de trabalho, seja por estarem mais sujeitas aos destemperos de clientes e empregadores violentos, seja porque são assassinadas ou feridas pelos seus próprios parceiros.

Por fim, em diversas culturas meninas recebem menos alimento que os meninos, o que leva à desnutrição feminina crônica em países em desenvolvimento, algo que prossegue vida adulta adentro, pois em muitas sociedades os homens comem primeiro, deixando para mulheres e meninas apenas restos, algo que as torna menos saudáveis. Além disso, em algumas partes do mundo, as recém-nascidas têm menor chance de chegar à vida adulta que os recém-nascidos por causa da preferência quase universal por meninos e da prática do **infanticídio feminino** e do abandono seletivo. Da mesma forma, o número de meninas geradas é menor do que o daquelas efetivamente nascidas por causa da prática do aborto seletivo de fetos femininos (chamado **feticídio feminino**) pós-amniocentese, que ocorre em países como a Índia e a China, além da prática disseminada de selecionar fetos femininos encontrada em todo mundo, inclusive no Ocidente.

Uma doença que afeta desproporcionalmente as mulheres é o câncer de mama. A jornalista Barbara Ehrenreich (2007) escreveu sobre a mercantilização dessa patologia nos Estados Unidos e a proliferação de organizações com e sem fins lucrativos que – embora estimulem as mulheres a combater a doença – também ignoram as suas causas. Como demonstrou, aquilo que chamou de "mercado da fitinha cor-de-rosa", a oferta de milhares de produtos rosados infantiliza as vítimas do câncer desses tumores e, ao mesmo tempo, minimiza ou simplesmente ignora uma das causas mais prováveis para o seu surgimento: a carcinogênese ambiental, causada pela poluição corporativa. Como muitas companhias do setor da beleza financiam a pesquisa sobre a doença, mas também contribuem para a poluição, a indústria do câncer de mama não pode se dar ao luxo de chamar a atenção para o problema. Como resultado, bilhões de dólares continuaram a ser investidos, nos Estados Unidos e em outros países ocidentais, para lidar com os cânceres, enquanto não se destina nenhum centavo para tentar encontrar – e mitigar – suas causas. É possível que isso se dê pelo fato de não haver retorno financeiro na prevenção, nem para as companhias farmacêuticas nem para os hospitais – afinal de contas, são precisamente os doentes que geram lucros para a indústria da saúde.

HIV/aids: um fenômeno corporal, social e cultural

Desde os anos 1980, o HIV/aids tornou-se uma das epidemias mais mortais dos últimos séculos. Esse vírus destrói o sistema imunológico, deixando o corpo vulnerável a uma série de infecções oportunistas e cânceres potencialmente fatais. Ele se espalha por meio de fluidos corporais, como sêmen, sangue e secreções vaginais, e é transmitido via contato sexual, troca sanguínea e também da mãe contaminada para o filho, na gestação, durante o parto ou por meio do leite materno.

O HIV é particularmente perigoso porque, após uma gripe leve ou uma infecção, ele tende a entrar em dormência. Com um período de incubação que dura cerca de 11 meses, muitos são infectados e nem se apercebem, e se mantiverem relações sexuais sem a devida proteção podem transmiti-lo para inúmeras outras pessoas. Sem o devido tratamento eventualmente arruinará o sistema imunológico do paciente, quando então surgem os sintomas completos da aids.

A aids está em sexto lugar dentre as causas de mortes entre jovens nos Estados Unidos e continua infectando cerca de 50.000 pessoas anualmente naquele país. Em todo o mundo, 25 milhões morreram com a doença desde a década de 1980, e aproximadamente 34 milhões vivem com o vírus. Há quase 3 milhões de novos infectados a cada ano, e cerca de 2 milhões morrem da doença todo ano.

Desde os anos 1990, quando a aids surgiu como uma ameaça à saúde, os cientistas vêm descobrindo muito sobre sua transmissão e sintomas, e desenvolveram medicações, chamadas **drogas antirretrovirais**, capazes de manter o vírus sob controle e prevenir o desenvolvimento da doença. Ainda assim, continua sem haver uma cura: enquanto escrevo esse texto, a aids permanece sendo uma condição fatal, sem vacinação disponível.

Sociólogos e antropólogos também têm estudado a aids, não do ponto de vista médico, mas sim social e cultural, e partindo dessa perspectiva têm sido capazes de desvendar muitos dos fatores socioculturais que ajudam na sua disseminação e fornecer informações que ajudam a combatê-la.

A África Subsaariana é, hoje, a parte do mundo com maior número de novas infecções, mortes, pessoas vivendo com a doença e, talvez o mais trágico de tudo, crianças órfãs (mais de 11 milhões) graças à aids. 68% de todas as pessoas vivendo com a doença estão na África do Sul, que concentra 76% de todas as mortes. Por que essa região específica está ligada a números tão altos?

Diferentemente dos Estados Unidos, na África a maioria das transmissões ocorre através do sexo heterossexual, com as mulheres recebendo o maior impacto: 59% de todas as vítimas. As razões para tanto são complexas, mas têm a ver com certos padrões culturais e econômicos, tanto antigos quanto modernos. Por exemplo, a **poliginia** (casamento de um homem com múltiplas esposas) já foi a prática marital mais comum na África, e mesmo onde se pratica a monogamia os homens continuam ten-

Figura 2.3 – Dois homens examinando os pés de um garoto. A bouba é uma doença da pobreza e da miséria, cujas primeiras vítimas são sempre as crianças. Foto da Organização Mundial da Saúde/Paul Almasy, cedida pela National Library of Medicine.

do diversas parceiras sexuais, contribuindo assim para uma alta taxa de infecções sexualmente transmissíveis. Em anos recentes, muitos homens deixaram suas vilas em busca de trabalho e passaram a recorrer ao sexo com prostitutas, também esse um importante fator na disseminação da doença – primeiro os homens que pagam pelo sexo, depois suas esposas em casa.

O gênero desempenha mais uma importante função na disseminação da aids na África: dado o diferencial de poder genderizado, os homens dominam as mulheres nas relações sexuais, forçando-as ao sexo mesmo quando não querem. Além disso, muitas delas não podem pedir aos seus parceiros que usem preservativos, pois fazê-lo significaria que ele (ou ela) fora infiel, e apresentar tal acusação, implicitamente que seja, poderia custar-lhe uma surra. Como muitas mulheres são economicamente dependentes dos cônjuges, não podem correr o risco de perder seus parceiros denegando-lhes sexo. Por fim, o uso dos preservativos, mais importante forma de prevenção (além da abstinência), não é exequível para as mulheres, de quem se espera que engravidem e deem filhos ao marido.

Uma outra faceta da dominação masculina na África do Sul se manifesta através da violência sexual, que também desempenha um significativo papel na disseminação da aids. Muito especialmente, quando crianças são estupradas, a probabilidade de que desenvolvam a doença aumenta – em verdade, o estupro infantil não raro é a forma preferida de prática sexual na região, graças à crença de que a relação com uma virgem é capaz de curar a aids. Outro equívoco comum sobre a doença é que seja causada por bruxaria ou feitiçaria. Ideias dessa natureza ajudam ainda mais a disseminar o mal.

Sejam quais forem as crenças sobre a aids, estar contaminado com o vírus, ou mesmo a mera suspeita, faz com que muitos africanos vivenciem alto grau de discriminação. Graças à falta de informação sobre causas e métodos de transmissão, homens, mulheres e crianças contaminados são ostracizados, podendo até ser expulsos de suas casas ou vilas. Esse estigma evita que muitos busquem fazer testes para descobrir a doença, permitindo que ela se espalhe ainda mais.

Por último, a pobreza é o fator principal da disseminação da aids na África. Quando se está lutando pelo pão de cada dia, o cuidado com a saúde não fica em primeiro lugar. Além disso, gente desesperada envolve-se mais facilmente em comportamentos facilitadores do contágio – como vender seus corpos por dinheiro. E como os retrovirais, capazes de impedir o desenvolvimento da doença, são muito caros, sem a ação governamental sua aquisição pelo cidadão africano médio está inviabilizada.

A partir do conhecimento produzido pelos cientistas sociais, fica claro que a simples promoção da abstinência, ou mesmo dos preservativos, para lutar contra a aids, é inexequível na África. Ao invés disso, têm maior chance de sucesso programas focados no empoderamento feminino, na redução da pobreza e da violência sexual, no combate à estigmatização e na oferta de informação sobre a doença.

Vale salientar que a estigmatização associada à aids não se restringe à África: uma das razões por que demorou tanto tempo para surgirem tratamentos efetivos para a doença nos Estados Unidos, entre os anos 1980 e 1990, é que se enxergava a epidemia por lentes mais morais do que, efetivamente, médicas. Vista como uma "enfermidade *gay*" e associada a comportamentos que muitos cidadãos norte-americanos rejeitavam (sexo homem-homem, sem proteção e/ou fora do matrimônio, além do uso de drogas intravenosas), muitos políticos não consideraram a luta contra o mal uma prioridade. Só quando a crise sanitária ficou insustentável, e o panorama político dos Estados Unidos se transformou, é que se passou a focar menos nos aspectos morais da doença e mais em como seria possível interromper sua propagação. Ainda hoje, muitos jovens heterossexuais continuam a não praticar sexo seguro por pensarem que as mensagens sobre prevenção à aids se aplicam aos "outros", isto é, *gays* ou usuários de drogas injetáveis, e muitos dos responsáveis pela educação das crianças não aceitam oferecer preservativos ou informação sobre sexo seguro por considerarem que tais ações seriam um incentivo à promiscuidade.

O fato é que seja na África Subsaariana, ponto fulcral da epidemia contemporânea, ou nos Estados Unidos, onde se originou e onde, por volta de 2009, 1.200.000 pessoas continuam a viver com a doença, práticas sociais e pessoais continuam a moldar a disseminação da aids, da mesma forma que os valores culturais permanecem desempenhando um importante papel em sua contenção.

Nos Estados Unidos, trabalhadores do sexo, usuários de drogas intravenosas, homens que fazem sexo com homens (HSH), mulheres que fazem sexo heterossexual sem proteção e cidadãos afro-americanos, todos permanecem sob alto risco de contágio. Pobreza, sexo sem proteção, falta de conhecimento sobre a doença, parceiros sexuais múltiplos, baixa testagem e a desigualdade nos relacionamentos sexuais são fatores contribuintes para o avanço da doença naquele país.

A classe importa: doença e desigualdade

Como vimos em nossa discussão sobre o HIV na África, fatores econômicos como a pobreza desempenham papel significativo em moldar a saúde de uma população. É certo que os sociólogos conhecem, desde há muito, as ligações entre doenças e desigualdade, o que podemos chamar de **determinantes sociais da saúde**, fatores demográficos como raça e classe que definem nossa saúde, doença e até mesmo a morte.

Muitas culturas compreendem esses vínculos, percebendo em suas enfermidades a presença de forças estruturais mais abrangentes a provocá-las. Por exemplo, *sufriendo del agua* (sofrendo da água em espanhol) é uma doença definida e vivenciada por camponeses mexicanos pobres que não têm acesso a água potável para beber, cozinhar e banhar-se. Isso significa que pessoas têm problemas de saúde por causa da falta de acesso à água limpa e, ainda por cima, ficam ansiosos e nervosos, gerando assim mais outros problemas.

Num sentido mais amplo, sabemos que países ricos sofrem com doenças diferentes daquelas dos países pobres, como problemas cardíacos e câncer, dentre outras questões relacionadas à prosperidade, à poluição, à obesidade e ao envelhecimento. Os países pobres, por sua vez, padecem com enfermidades relacionadas à miséria e às más condições sanitárias, de modo que doenças infecciosas como tuberculose, malária e aids são as principais causas de mortes nessas nações, junto com a violência e a desnutrição – ambas causadas ou exacerbadas pela miséria.

Ainda que os Estados Unidos invistam mais dinheiro na assistência médica (inclusos aí planos de saúde, reembolsos e programas governamentais como Medicare e Medicaid) que qualquer outro país do mundo, sua expectativa de vida está caindo, quando comparada à de outras nações industrializadas. Isso se dá porque os pobres tendem a ter hábitos pessoais menos saudáveis (fumo, ingestão excessiva de álcool, má alimentação, uso de drogas) que a classe média ou os ricos e a viver em ambientes mais insalubres, tóxicos e perigosos. A diabetes, por exemplo, nos Estados Unidos está associada a dietas baratas e de baixa qualidade consumidas pelos mais pobres, enquanto a asma é encontrada mais comumente em comunidades com baixa qualidade do ar. Observa-se o envenenamento pelo chumbo predominantemente em comunidades carentes, onde vivem os pobres. Por fim, quanto menor a renda de um cidadão norte-americano, tanto menor será a probabilidade dele se exercitar. Não surpreende, portanto, que o sul dos Estados Unidos apresente as taxas mais altas de obesidade, pobreza e morte do país, e como são mais doentios, os pobres tendem a faltar mais à escola quando jovens e ao trabalho quando adultos, impactando assim suas oportunidades escolares e de renda.

Da mesma forma, trabalhadores com baixo retorno financeiro tendem a ter muito pouco controle sobre os seus ofícios – ou sobre sua própria vida. Os influentes **Estudos Whitehall**, da Grã-Bretanha, demonstraram que a falta de controle sobre a própria vida, independentemente do acesso à cobertura de saúde, está associada a níveis mais altos de estresse, que por sua vez relaciona-se a ocorrências mais altas de infartos e AVCs. Um outro estudo, publicado nos *Archives of Internal Medicine* em 2012, demonstra que pessoas sem emprego, mesmo que por pouco tempo, têm risco mais alto de infarto que a população geral.

É igualmente mais provável que os pobres não tenham assistência à saúde (em verdade, 4,8 milhões de cidadãos norte-americanos não dispõem de nenhuma cobertura), logo vão aos médicos com menor frequência. Sem acesso à medicina preventiva, quando finalmente vão se consultar enfrentam clínicas ou emergências lotadas, onde dificilmente terão tratamento de qualidade. A falta de cuidados pré-natais entre os pobres dos Estados Unidos é associada às altas taxas de mortalidade infantil em comunidades carentes: Memphis, no Tennessee, é um bom exemplo, por apresentar as mais altas taxas de mortalidade infantil do país. O governo da cidade tem um cemitério chamado "Babyland", no qual os enterros de bebês negros e pobres são bancados pelo erário público, dado que suas mães não têm condições de custear os funerais.

Como a saúde bucal não é oferecida nas emergências, milhões de norte-americanos sem cobertura de saúde (e bilhões ao redor do mundo) ou tiram do próprio bolso os tratamentos, ou, no caso dos pobres, simplesmente não os realizam. Como resultado, bocas banguelas ou com dentes apodrecidos são cada vez mais comuns – uma marca perceptível da miséria. Infelizmente, dentes ruins significam mais do que um sorriso feio: indicam também menor chance de conseguir um trabalho em que a boa aparência seja um requisito, menor capacidade de comer frutas e vegetais, e levam ao consumo de álcool e drogas para aliviar as dores de dente.

Como os custos da saúde são proibitivos, as contas médicas são hoje em dia a principal causa de falência nos Estados Unidos. E ainda assim, enquanto escrevo esse texto (2014) a Suprema Corte analisa uma ação contra a Lei de Proteção e Cuidado Acessível ao Paciente, e milhões de norte-americanos se opõem a qualquer tipo de regulamentação governamental da saúde: a indústria dos seguros de saúde norte-americana está entre as mais lucrativas do mundo, e à medida que os custos aumentam, seus lucros sobem junto. Apesar disso, os norte-americanos permanecem de tal maneira devotos das ideias de iniciativa privada e livre-escolha que votarão contra qualquer legislação que lhes garanta melhor cobertura de saúde e vidas mais longas.

No capítulo 3, seguiremos para uma outra questão ligada à saúde, o envelhecimento, e veremos que, como saúde e doença, velhice e juventude são construtos sociais. Observaremos também que a maneira como certos corpos (como os fisicamente aptos) são privilegiados, e como este fato impacta todos aqueles que não têm, ou que deixaram de ter, corpos assim.

Questões interessantes: homem assalta banco para conseguir assistência médica

No verão de 2011, um caminhoneiro desempregado de 59 anos chamado Richard James Verone entrou em um banco da Carolina do Norte, entregou uma nota a um caixa dizendo estar armado e exigindo um dólar, sentou-se numa cadeira e esperou pela chegada da polícia. Ele planejou o assalto de modo a ser preso e condenado por um certo período, durante o qual conseguiria tratamento para hérnia de disco, um tumor no peito, um pé machucado e artrite. Desempregado e sem plano de saúde, não tinha recursos para ir ao médico, e considerou que conseguir tratamento na prisão era a única opção que lhe restava. Como ele só havia exigido um dólar e não estava armado, foi apenas acusado de furto, não de assalto à mão armada, e muito provavelmente não pegará a sentença de três anos de reclusão que pretendia. Agora, Verone planeja usar o julgamento para lançar luz às péssimas condições do sistema de saúde norte-americano.

Termos fundamentais

abortos terapêuticos
biomedicina
capacitismo
determinantes sociais da saúde
divinação
drogas antirretrovirais
etnoetiologias
eugenia
feticídio feminino
ideais normativos de gênero
identidade em conflito
infanticídio feminino
invisibilidade social

liminalidade (espaço liminal)
medicalização
modelo social da deficiência
papel do doente
poliginia
somatização
status mestre
teoria da doença emocional
teoria da doença naturalística
teoria das doenças personalistas
teorias da desarmonia
teratologia

Leituras complementares

Bogdan, R. (1988). *Freak show*. University of Chicago Press.

Ehrenreich, B. (2007). Welcome to Cancerland. *Feminist Frontiers*, 35-37.

Fan, H. (2013). *AIDS: Science and society*. Jones & Bartlett Learning.

Garland Thompson, R. (org.) (1996). *Freakery: Cultural Spectacles of the extraordinary body*. New York University Press.

Murphy, R. F. (1987/1990). *The body silent*. Henry Holt; W.W. Norton.

Nettleton, S. (2013). *The sociology of health and illness*. Polity.

Scheper-Hughes, N. (1993). *Death without weeping: The violence of everyday life in Brazil*. University of California Press.

3
CORPOS QUE ENVELHECEM

Em 2 de setembro de 1945, após a rendição japonesa aos Estados Unidos que encerrou a Segunda Guerra Mundial, centenas de milhares de soldados norte-americanos retornaram ao lar, reencontrando suas esposas e namoradas. Graças à Lei de Reajustes Militares (Servicemen's Readjustment Act, comumente chamada G.I. Bill), que lhes concedeu acesso à educação superior e empréstimos imobiliários a baixo custo (os quais, por causa das políticas segregacionistas, estavam disponíveis somente para brancos), ocorreu a maior explosão populacional (*Baby Boom*) que aquela nação já conhecera: 77,3 milhões de crianças nasceram entre 1946 e 1964. Atualmente, os mais velhos dessa geração se aproximam da aposentadoria e, graças a melhorias na expectativa de vida advindas dos avanços médicos, estão vivendo mais do que nunca. Esses chamados **Baby Boomers** impactam a cultura e a economia dos Estados Unidos das mais variadas maneiras.

Do ponto de vista econômico, essa geração aumenta a carga do Sistema de Seguridade Social, um problema que os políticos já discutem: como os benefícios dos aposentados são custeados pelos empregados atuais, à medida que os *Baby Boomers* envelhecem, e menos crianças (logo, menos futuros trabalhadores) nascem nos Estados Unidos, haverá cada vez menos recursos para bancar as aposentadorias, tanto dos Boomers quanto das gerações seguintes, fato a que se dá o nome de **Proporção da Dependência dos Idosos** (a relação entre idosos e adultos em idade produtiva) e que permanece a aumentar. Neste momento, a Administração da Seguridade Social norte-americana espera que o Fundo Social da Seguridade Social esteja esgotado por volta de 2041, enquanto o Escritório Congressional de Orçamento estima que isso ocorrerá em 2052. Seja como for, algo precisa mudar para que o sistema permaneça com solvência, pois segundo o Instituto de Políticas Econômicas a previdência social é a maior fonte de renda de 60% de todos os aposentados norte-americanos (uma mudança relativamente simples seria aplicar um imposto sobre todas as rendas acima de 106.800 dólares, valor onde atualmente cessa a cobrança; ou seja, os ricos pagam impostos para a seguridade social sobre uma percentagem mínima de sua renda; se toda a renda fosse taxada, o fundo cresceria imensamente).

Figura 3.1 – Damien Velasquez. Os humanos vivemos mais do que muitas espécies, e o passar dos anos é visível em nossas faces. Cortesia de Bill Velasquez.

De uma perspectiva cultural, o envelhecimento dos *Baby Boomers* é fascinante de se acompanhar graças, simplesmente, à sua invisibilidade. Diferentemente de todas as gerações anteriores, eles se esforçaram diligentemente para negar que envelheciam. Das cirurgias cosméticas às roupas joviais, exercícios, dieta e maquiagens, os norte-americanos mais velhos de hoje estão rejeitando a maturidade como jamais visto, algo que resulta da, e contribui para, **cultura norte-americana da juventude**.

Além disso, o medo de envelhecer e as preocupações com aquilo que os políticos chamam de crise da Seguridade Social culpabilizam os idosos por, de alguma forma, "tirarem" dinheiro dos cidadãos "esforçados" e produtivos, quando, na verdade, os velhos de hoje usufruem dos recursos depositados no Fundo Social da Seguridade Social. Como, no entanto, nossa sociedade centra sua atenção nos assalariados do presente, em oposição àqueles do passado, e nos jovens, em oposição aos futuros idosos, fica difícil para nós reconhecer que todos nós eventualmente não apenas envelheceremos, mas também precisaremos de recursos especificamente reservados para esse momento.

Como envelhecemos

Todas as criaturas vivas envelhecem, mas os humanos somos uma das espécies de vida mais longa. À parte algumas espécies de tartarugas, peixes, baleias e papagaios (alguns dos quais chegam a viver mais de 200 anos), temos uma existência relativamente longa. O que nos torna ainda mais incomuns é que as fêmeas humanas continuam a viver muito tempo após o término de seu ciclo reprodutivo, algo extremamente atípico. Em nosso caso, podemos até parar de nos reproduzirmos mais cedo, para que possamos ajudar a criar nossos filhos até a vida adulta e posteriormente nossos netos. É possível que para as mulheres os anos pós-reprodutivos sejam aqueles em que se torna possível focar em outras importantes atividades sociais e culturais, sem se preocupar mais com os filhos.

Seja como for, os humanos envelhecem como todos os outros animais, e os sinais da passagem do tempo ficam marcados em nossos corpos e em nossos rostos. Mas a maneira como lidamos com esses sinais diferem entre si, sendo cultural e historicamente específicos. Somos considerados "velhos" em diferentes momentos em diferentes culturas: nos Estados Unidos, por exemplo, o marco típico para o início da velhice são os 65 anos, idade da aposentadoria. Mas muito antes disso nossos corpos já envelhecem, e muito desse processo fica visível em nossas faces.

Os sinais do envelhecimento incluem rugas, manchas, pálpebras e linha do maxilar caídas, pele ressecada e pescoço pelancudo. Muito disso é causado pelas mudanças no tônus e na textura cutâneos à medida que perde colágeno durante o envelhecimento, o que leva à perda de elasticidade. Além disso, a gordura facial começa a se deslocar, deixando vazios na face que são exacerbados pelas perdas ósseas.

Os sinais do envelhecimento aparecem em diferentes momentos para diferentes grupos étnicos. Tezes escuras, por exemplo, apresentam descoloração associada ao envelhecimento e linhas de expressão após as mais claras. As marcas do envelhecimento serão mais severas em peles excessivamente expostas ao sol do que naquelas protegidas durante a juventude. O mesmo vale para o fumo: a pele dos fumantes envelhece mais rápido que a dos não fumantes.

Nos Estados Unidos o envelhecimento é visto por muitos como algo a ser evitado, em especial pelas mulheres, que por serem particularmente valorizadas por sua aparência têm a percepção mais negativa do processo. Sua presença na televisão, no cinema e demais meios de comunicação de massa diminui à medida que envelhecem: nos Estados Unidos, em 2012, com 47% da população acima dos 40 anos, 71% das mulheres na televisão tinham menos de 30 anos. As feministas e os estudiosos das mídias chamam este fenômeno de **aniquilação simbólica**, ou seja, a sub-representação ou eliminação de um dado grupo demográfico dos meios de comunicação, resultando na distorção da compreensão do público daquele grupo específico – nesse caso, as mulheres envelhecendo.

Essa injustiça com relação à idade não é universal, encontrando-se mais no Ocidente que em outras culturas. Uma das razões para tal fato é que, desde o século XIX, os médicos começaram a gerenciar doença e saúde, bem como as mudanças nos ciclos vitais. Nascimento, adolescência e envelhecimento passaram todos a ser organizados por profissionais de saúde e crescentemente medicalizados. Isso significa que o envelhecer, ou a menopausa no caso das mulheres, passou a ser considerado um estado doentio, dado que se considerou o corpo jovem, pré-menopausa, o padrão de normalidade, e para atingi-lo (ou assemelhar-se a ele) prescreveu-se um regime de técnicas cirúrgicas e medicamentos.

Muitas outras culturas, porém, valorizam o envelhecimento, em homens como nas mulheres, pois a idade traz sabedoria e, com ela, *status* e respeitabilidade. No Japão, por exemplo, a reverência e o respeito pelos mais velhos é o comum, de modo que o processo é muito menos marcado pela ansiedade do que nos Estados Unidos. Em verdade, na maioria das sociedades agrícolas mais tradicionais, homens e mulheres envelhecem naturalmente, aplicando pouca ou nenhuma maquiagem para esconder suas rugas. Envelhecer é visto como um processo natural, normal, e os idosos são reverenciados por terem vivido tanto e pelo conhecimento que adquiriram.

Mesmo nos Estados Unidos os padrões de envelhecimento diferem. No sul, por exemplo, senhoras sulistas "bem-criadas" mantêm um padrão mais alto de beleza do que as mulheres de outras partes do país, padrão esse que não cede com a passagem do tempo. Espera-se das senhoras mais velhas que mantenham seus cabelos arrumados e coloridos, que maquiem suas faces e que mantenham o cuidado e o padrão cosmético mesmo quando já bem idosas.

A cultura da juventude

Nos Estados Unidos, e no Ocidente como um todo, a juventude é valorizada, estimada, adorada, mas em todas as culturas ela é considerada linda. Muitos dos sinais da beleza feminina são, em verdade, marcas da juventude: olhos grandes, grossos e rubros lábios, bochechas rosadas, cabeleira cheia e pele clara são indicadores da juventude das garotas. Os garotos têm esse mesmo tipo de beleza quando são jovens, e ambos perdem tais características à medida que envelhecem – mas somente das mulheres espera-se que se mantenham eternamente jovens.

Mesmo em culturas em que se respeita o envelhecimento, também se valoriza a juventude, razão pela qual em muitas delas as garotas casam bem jovens, entre 12 e 15 anos, justamente quando suas juventude e fertilidade estão no auge mais visível. Nos Estados Unidos, à medida que os homens ficam mais velhos, ricos e poderosos, frequentemente deixam a primeira esposa e trocam-na por outra mais nova. Na média, entre os homens que se divorciam e casam novamente, cada matrimônio subsequente envolve uma mulher mais jovem, algo chamado **hipergamia**, ou o processo pelo qual as mulheres oferecem sua juventude e beleza para homens mais velhos, os quais, em troca, concedem sua riqueza pela juventude e fertilidade de suas novas esposas. Donald Trump, Hugh Hefner e um bom número de reis, príncipes e demais cabeças coroadas são exemplos dessa prática, que resulta numa gama de opções para relacionamento bem mais ampla para os homens do que para as mulheres.

Nas culturas em que se pratica a **poliginia** (casamento entre um homem e várias mulheres) ocorre o mesmo processo, só que sem o divórcio. Homens casam-se com mulheres geralmente pouco mais novas do que eles, dado que elas entram na idade núbil logo após a primeira menstruação, enquanto eles precisam amealhar um patrimônio suficiente para pagar o **dote** à família dela. Depois de alguns anos casados, após adquirir alguma propriedade ou riqueza, ele pode casar-se com uma segunda mulher, mais jovem do que a primeira. Daí em diante, cada nova esposa subsequente será mais nova do que a anterior, e quanto mais rico o homem, mais numerosas, e jovens, serão suas esposas.

Especificamente nos Estados Unidos, a juventude é o padrão ao qual todas deveriam aspirar. Não é de surpreender, portanto, que as supermodelos mais famosas desde os anos 1980 tenham sido descobertas e iniciado suas carreiras quando eram pré-adolescentes: a modelo brasileira Adriana foi descoberta com apenas 13 anos de idade, enquanto Kate Moss e Gisele Bündchen começaram a desfilar aos 14. Graças à sua juventude, essas garotas portavam todos os sinais da beleza, jovialidade e fertilidade que a maior parte das culturas aprecia, e estavam então no auge de seu valor mercadológico. Lamentavelmente, daí em diante é uma descida, para elas como para todas as outras mulheres: suas cútises perdem o frescor, seus olhos já não parecem mais tão grandes, os lábios começam a perder a voluptuosidade e o cabelo fica menos volumoso. Envelhecer, conquanto vivamos o bastante, é um dos dois universais ao qual estamos todos sujeitos, sendo o outro a morte. Felizmente, contamos com uma indústria multibilionária dedicada a restaurar aquilo que a natureza levou.

Figura 3.2 – Diversos produtos antienvelhecimento. Cortesia da autora.

Em países como os Estados Unidos existe um enormemente lucrativo mercado cosmético, farmacêutico e cirúrgico dedicado a reverter ou amenizar os sinais do envelhecimento nos corpos e nas faces. Os produtos antienvelhecimento mais populares são, de longe, os cosméticos e as cirurgias plásticas. Os primeiros incluem loções, cremes e óleos criados para rejuvenescer a pele e reduzir as marcas da passagem do tempo. Dentre as cirurgias temos *lifting* da face e das pálpebras, injeções de botox, lipoaspiração facial, *peeling* químico, laserterapia, levantamento das bochechas, preenchimento labial e injeções de colágeno ou outras substâncias para preencher as rugas ou vazios da face. Outros procedimentos incluem injeções de hormônio e suplementos nutricionais. Em sua maioria, são as mulheres que utilizam essas intervenções, enquanto aos homens se permite que envelheçam "naturalmente". Da mesma forma que a maquiagem e demais formas de ocultação do processo de envelhecimento, os procedimentos cosméticos não conseguem verdadeiramente reverter a passagem do tempo, nem contribuem para uma vida mais longa: apenas e tão somente camuflam seus sinais externos. (A propósito, é bom que os mais ricos dentre nós não sejam capazes de comprar a imortalidade; você pode imaginar o que aconteceria se alguns de nós vivessem para sempre? Vivenciaríamos falta de alimentos, água, moradia e remédios; o desemprego chegaria a níveis estratosféricos, e os sistemas de seguridade social e saúde pública colapsariam. Não obstante, os muito ricos podem, de fato, comprar vidas mais longas e saudáveis, e as disparidades na morte que hoje testemunhamos muito provavelmente aumentarão no futuro.)

Os homens, por sua vez, normalmente não temem tanto as marcas do tempo em seus rostos, mas sim a perda da potência e da virilidade que frequentemente acompanha o avanço da idade. Em diversas culturas eles ganham poder ao envelhecerem (chamamos tais sociedades de **gerontocracias**). Eis a razão por que a disfunção erétil (ou "impotência", um termo carregado de significados morais raramente usado hoje em dia) é tão assustadora para muitos homens, porque indica a perda do poder sexual. Por isso também que muitos reclames para medicamentos voltados para a disfunção erétil, como Viagra e Cialis, não mostram homens velhos ou imagens associadas ao envelhecimento. Pelo contrário, apresentam homens viris, de aparência saudável, cercados por ícones da masculinidade, como carros, belas mulheres, equipamentos atléticos e bebidas alcoólicas. Os esportes são particularmente o tema mais frequente desses comerciais, porque sugerem aptidão física, saúde e masculinidade, ao invés de doença, envelhecimento ou perda.

Questões interessantes: a loba

A loba (em inglês cougar, *a puma*) é um termo surgido nos últimos anos para se referir a mulheres mais velhas que namoram homens mais novos. Implícita está não apenas a ideia de que elas namoram ou preferem homens mais novos, mais sim que os caçam, como feras perigosas. Quando a atriz Demi Moore foi casada com o ator Ashton Kutcher, quinze anos mais novo, foi chamada de "loba", e até agora pelo menos dois reality shows mostraram "lobas" competindo com mulheres mais jovens pela atenção romântica de homens mais jovens (Age of Love) ou, no caso de The Cougar, 20 rapazes competiram para ganhar os favores de uma loba de 40 anos. Existe um site de relacionamentos chamado CougarLife que se afirma como um meio para os jovens (chamados cubs, "filhotes") ficarem com mulheres mais velhas. Enquanto algumas mulheres abraçam o conceito e consideram-no libertador (por que não alimentar a ideia de que as mulheres mais velhas continuam sendo criaturas sexuais?), outras o consideram degradante, observando que a prática é abertamente ridicularizada na cultura popular, em que as mulheres são representadas não apenas como predadoras, mas também desesperadas (já os homens nunca parecem estar desesperados quando namoram mulheres mais jovens). No reality show Age of Love, por exemplo, um tenista de 30 anos chamado Mark Philippoussis pôde escolher dentre um grupo de "gatinhas" na casa dos 20 anos e de outro grupo de "lobas" entre os 30 e os 40. Embora estivesse mais próximo destas últimas, Philippoussis acabou escolhendo uma novinha como vencedora.

Problemas enfrentados pelos idosos

Ainda que os idosos tenham considerável poder de voto e influência política nos Estados Unidos, individualmente é comum que suportem certos fardos que os mais novos não precisam aguentar. Com a crise econômica mundial da década de 2010, aposentar-se tornou-se cada vez mais difícil para muitos deles, que perderam parte significativa de suas reservas previdenciárias – alguns até mesmo suas casas – e descobriram que precisariam continuar a trabalhar para além da idade em que esperavam já ter se aposentado. Além disso, embora a previdência social esteja acessível para a maior parte dos trabalhadores norte-americanos, o montante dos benefícios recebidos depende da renda durante os anos de atividade, de modo que trabalhadores de baixa renda recebem pensões menores do que as das categorias mais bem pagas. As idosas encontram-se em dupla desvantagem: aquelas que não entraram no mercado de trabalho, permanecendo em casa e sobrevivendo do salário dos maridos, só recebem metade dos benefícios após a viuvez.

Ao mesmo tempo, em diversas partes do Ocidente os idosos são percebidos como menos competentes e mais problemáticos do que os jovens trabalhadores, ainda que alguns estudos (como James, McKechnie, Swanberg, 2008) demonstrem o contrário. Por causa disso, eles têm mais dificuldade para conseguir um emprego do que os jovens. Além disso, têm mais problemas de saúde, sendo assim mais caros para as firmas e as empresas de planos de saúde. Em 2005, veio a público um memorando interno do grupo Walmart e nele os gerentes eram desencorajados a contratar cidadãos idosos para que os gastos com saúde fossem reduzidos – muito embora o grupo só garanta cobertura para menos da metade dos seus empregados.

Figura 3.3 – À medida que envelhecem, muitos idosos perdem sua mobilidade, a saúde piora e ficam isolados, solitários, deprimidos. Ter um animal como companhia pode ajudá-los a permanecerem saudáveis e com o moral alto. Foto de Lea Johnson e Koko. Cortesia de Gina Georgousis.

Há idosos que permanecem ativos no mercado de trabalho, mas as empresas, que por força da lei norte-americana são proibidas de demiti-los, podem encorajá-los a se demitir mudando seus turnos para horários menos desejáveis, rebaixando-os ou exigindo maior carga de trabalho. E sabemos bem que, quando um trabalhador com mais de 55 anos perde seu emprego, demora mais a conseguir outra ocupação do que seus colegas abaixo dessa idade. Alguns idosos são empurrados à aposentadoria precoce por não conseguirem encontrar trabalho, mas o problema é que se suas reservas previdenciárias não forem suficientes para sustentá-los, provavelmente eles não têm condições de aposentarem-se tão cedo. Vale a pena mencionar que, quando a seguridade social foi instituída nos Estados Unidos, em 1935, os trabalhadores viviam em média apenas mais dois anos após aposentar-se; hoje, esse número subiu para quinze anos, significando que os benefícios previdenciários, e os investimentos financeiros que eventualmente possuam, precisam durar bem mais do que antes.

A cobertura de saúde é uma das maiores preocupações para os idosos, pois eles experimentam uma gama de problemas de saúde maior do que qualquer outro grupo etário. O lado bom é: de maneira geral, os norte-americanos idosos são mais saudáveis do que costumavam ser, e seus períodos mais doentios concentram-se nos seus últimos anos de vida, um fenômeno chamado **compressão da morbidade**. Não obstante, quando adoecem os custos são bem altos. Nos Estados Unidos, como discutido no capítulo 2, atenção à saúde não é um direito, e sim um privilégio, e o acesso à saúde é determinado por fatores sociais como classe, renda, profissão, raça, dentre outros. Além disso, a cada ano os planos de saúde tornam-se mais e mais caros, devorando uma percentagem maior da renda do país como um todo, dos indivíduos e dos empregadores. Os idosos, pelo menos, têm acesso a um programa federal chamado **Medicare**, que cobre muito dos seus custos com saúde. Na verdade, graças a esse programa, instituído em 1965, o quantitativo de idosos vivendo na pobreza caiu de 33% em 1967 para apenas 11% em 2010, segundo o Pew Research Center.

Ainda assim, o Medicare tem vários problemas. Com os *Baby Boomers* envelhecendo, o próprio sistema tem sido submetido a uma carga cada vez mais pesada, mesmo sem cobrir todos os custos com saúde e os medicamentos prescritos. O pagamento dado aos médicos que atendem pacientes Medicare são muito baixos, desestimulando o seu atendimento. Uma das razões pelas quais os custos subiram tanto é que conforme a Lei de Modernização do Medicare, de 2005, o governo federal não pode negociar descontos nos preços dos remédios com as companhias farmacêuticas, de modo que o governo norte-americano gasta mais com essas empresas do que qualquer outro país (essa lei foi proposta e defendida pelo Deputado Billy Tauzin, que se aposentou imediatamente após a sua aprovação, assumindo o cargo de presidente do *lobby* das indústrias farmacêuticas, a Pharmaceutical Research and Manufacturers Association, que lhe rende um salário anual de dois milhões de dólares). Um outro fator para o aumento dos custos é a caríssima tecnologia médica disponível nos Estados Unidos.

Outro problema que os idosos enfrentam nos Estados Unidos é que à medida que vivem mais, é menos comum que as famílias cuidem de seus parentes envelhecidos, deixando-os em instituições nos últimos anos de vida. O custo de viver numa casa de saúde é alto, logo inacessível para os mais velhos, e em algumas dessas casas o padrão de tratamento é, no mínimo, questionável. Além disso, o sociólogo Philip Cohen (2011) escreveu sobre o que chamou de **vácuos de tratamento**, referindo-se ao recente fechamento de grande número dessas casas em comunidades pobres e de minorias, dificultando ainda mais as pessoas não brancas a encontrar um lugar para os seus entes queridos idosos ou visitá-los quando se encontram em tratamentos de longo prazo. Da mesma forma, para muitos idosos viver em uma dessas casas é menos uma solução e mais uma maldição: a simples ideia de que morrerão abandonados, longe da família e dos amigos, é mais assustadora do que a própria morte. Para outros, contudo, o cuidado físico que encontram nas casas de saúde, combinado com a vida social advinda da convivência com outras pessoas do mesmo grupo etário, pode ser profundamente satisfatória.

Normas etárias

Chamamos de **normas etárias** as expectativas e diretrizes socialmente construídas a respeito do que pessoas de um dado grupo etário podem ou não fazer. Elas determinam como devemos nos vestir, o comprimento do nosso cabelo, quão sexualizados devemos ser, quais os tipos apropriados de diversão e até mesmo se devemos dançar em público, e quanto mais velhos ficamos, mais limitadas tornam-se nossas escolhas no que tange a todos esses comportamentos. É comum que as normas etárias se baseiem em estereótipos e concepções errôneas sobre os idosos, que podem ou não ter alguma base na realidade e que certamente podem não ser compartilhados pelos sujeitos dessas expectativas – os próprios idosos. De fato, para muitos destes, envelhecer chega como uma surpresa: como disse a escritora feminista Simone de Beauvoir, "como é o Outro em nós que envelheceu, é natural que a revelação de nossa idade chegue até nós do mundo exterior – dos outros" (1970, p. 288).

Ao longo de nossas vidas somos classificados a partir da nossa idade, ou seja, tendemos a conviver com pessoas do nosso grupo etário. Jovens e velhos raramente compartilham tempo juntos, de modo que o conhecimento que aqueles têm destes é frequentemente limitado e baseado em estereótipos. Além disso, como no Ocidente as pessoas pensam que os velhos são lentos, estúpidos e inúteis (há websites inteiros dedicados a mostrar como é engraçado gente velha caindo ou fazendo coisas erradas: para ter uma ideia, visite www.oldpeoplearefunny.com) é assim que eles são tratados, e muitos idosos, por sua vez, acabam por enxergar-se da mesma forma. Outros, porém, resistem a serem chamados de "velhos" (ou de qualquer um dos muitos termos pejorativos usados para referir-se a eles, como velhote, caduco ou coroca), não aceitam absolutamente o rótulo de incompetente ou lerdo e se esforçam em manter-se envolvidos e ativos na sociedade. O **etarismo** (ou **ageísmo**) refere-se ao preconceito ou discriminação contra pessoas mais velhas por causa de sua idade.

Atualmente, para os norte-americanos de classe média e rica, envelhecer tem se tornado uma experiência bem diversa do que era uma geração atrás. As normas etárias têm se transformado – e rapidamente. Em 2012, Madonna, uma das maiores estrelas de sua geração, tinha 54 anos, mas continuava a se vestir com o mesmo estilo dos anos 1980, meias-arrastão, sutiãs com cones, espartilhos e botas stiletto com saltos altíssimos. Ela claramente está na vanguarda da ampliação das fronteiras daquilo que uma "mulher de meia-idade" deve fazer. Neste mesmo ano, num *show* na Turquia, ela puxou o sutiã e expôs seu mamilo para a audiência majoritariamente muçulmana, algo que chocou muitos expectadores, mas também levantou a questão: quem decide quais comportamentos são apropriados para cada idade? Sugerir que uma mulher na faixa dos 50 anos não deve usar cabelo longo, minissaias ou, no caso de Madonna, mostrar seu seio durante uma *performance* artística constitui etarismo? Mesmo aqueles idosos que não usam minissaias nem frequentam *shows* de *punk* ainda assim vivem suas vidas de um jeito que idosos poucas gerações anteriores sequer sonhariam.

Questões interessantes: o biquíni de Helen Mirren

Em 2008, um paparazzi fotografou a atriz britânica Hellen Mirren durante suas férias na Itália. O notável dessa foto é que Mirren, então com 62 anos, usava um biquíni vermelho vivo que, segundo a opinião geral, caía-lhe muito bem. A foto repercutiu bastante na imprensa e levantou grandes debates sobre se era "certo" se sentir sexualmente atraído por uma mulher daquela idade. Mirren encarou a publicidade do seu próprio jeito, afirmando que a fotografia a assombraria para o resto da vida, pois jamais esperaria estar à sua altura. Em 2011, porém, ela leiloou a peça para levantar fundos para a instituição de caridade britânica Age UK e a campanha Spread the Warmth, que fornece cobertores, comida e aquecedores para idosos. "Amei a ideia", disse ela, "que essa minúscula bobagem de veraneio ajudasse idosos a se manter aquecidos, confortáveis e quentinhos durante o inverno". Dessa forma, o biquíni que deu início a uma discussão internacional sobre se uma mulher na casa dos 60 anos poderia ser sexy agora ajuda idosos a se manterem aquecidos!

Experiências de envelhecimento

Uma gama de fatores molda as experiências de envelhecimento, dentre as quais gênero, classe, raça e etnia. Por exemplo, como os homens morrem mais cedo do que as mulheres na maioria dos países, as velhas são mais numerosas do que os velhos, de modo que é mais provável que enviúvem e vivam sozinhas. Além disso, dada a importância da juventude para a beleza feminina, elas são desqualificadas enquanto ser sexual (com algum valor, portanto) décadas antes dos homens. Pensemos em Hugh Hefner, por exemplo, que aos 86 anos (em 2014) vivia com sua namorada de 26. A crítica literária Susan Sontag escreveu um ensaio chamado *The double standard of aging* (1978) em que discutia o fato de os homens norte-americanos terem dois padrões de atratividade – o garoto e o homem – enquanto as mulheres só tinham uma – a garota. Como resultado, tem-se uma vida de incansáveis pressões sobre as mulheres para que mantenham a aparência jovial a qualquer custo, sejam financeiros (alguns cremes podem custar centenas de dólares) ou emocionais. Como nenhum cosmético, injeção ou cirurgia plástica tem o poder de verdadeiramente fazer voltar o relógio e torná-las jovens novamente, à medida que envelhecem aumentam suas ansiedades, inseguranças e sensação de fracasso. Enquanto se permite aos garotos crescerem, tornarem-se homens e, posteriormente, homens velhos, às mulheres só cabe crescer tentando permanecer garotas, e quanto mais velhas ficam, mais desesperados são seus esforços para tanto.

Como as minorias raciais têm uma expectativa de vida mais baixa do que os brancos, estes, em média, vivem mais do que aqueles pelo menos cinco anos. Além disso, os idosos daquelas minorias têm maior probabilidade de serem pobres. O Serviço de Previdência Social norte-americano responde por boa parte dos benefícios dos cidadãos mais pobres daquele país, que recebem em média 13.406,40 dólares por ano. Esse valor, porém, não se aplica àqueles que, por exemplo, receberam salário-mínimo a vida inteira; estes recebem uma quantia ainda mais baixa e vivem com ainda menos recursos. Por outro lado, as pessoas não brancas dos Estados Unidos estão se tornando mais longevas, a diversidade entre os idosos está aumentando e crescerá ainda mais no futuro.

Existem duas perspectivas antagônicas sobre o tratamento de idosos das minorias nos Estados Unidos. Uma sugere que eles vivem em dupla desvantagem: continuam a sofrer discriminação por causa de sua condição racial e passam a sofrer discriminação relativa à idade. A outra, por sua vez, propõe que, à medida que envelhecemos, fatores como o racismo tendem a abrandar – envelhecer agiria, assim, como um grande equalizador –, e é possível que isto esteja se tornando mais comum atualmente.

Outro fator que molda diferentes experiências de envelhecimento tem a ver com quão conectados, ou desconectados, os indivíduos estão com os papéis sociais que costumavam ocupar em suas vidas, e os sociólogos elaboraram um certo número de hipóteses para dar conta dessas diferenças. A **teoria do desengajamento**, por exemplo, sugere que à medida que envelhecem as pessoas tendem a se retirar de seus papéis e atividades prévios e, ao mesmo tempo, são isentos de suas responsabilidades sociais. Essa retirada é entendida como funcional tanto para o indivíduo quanto para a sociedade, pois abre caminho para que os mais jovens ocupem os espaços deixados em aberto. A **teoria da atividade**, por sua vez, afirma que quanto mais ativos e envolvidos na sociedade forem os idosos, mais provavelmente se sentirão satisfeitos com o processo de envelhecimento, e que o desengajamento das ocupações lhes faz mal e contribui para seu isolamento social e depressão. Por fim, a **teoria da continuidade** propõe que os idosos estarão melhor se puderem continuar a participar em muitas das atividades que costumavam exercer.

Para muitos idosos, não há outra escolha senão deixar as atividades que realizavam quando mais jovens. Muitos são forçados a se aposentar, os filhos crescem e se mudam. Mas nada disso significa que eles não possam permanecer ativamente envolvidos com suas famílias (considerando que seus filhos e netos os querem presentes em suas vidas) ou que não devam se engajar como voluntários numa organização sem fins lucrativos em sua comunidade. Não raro eles conseguem atingir uma vida mais plena precisamente após a aposentadoria, quando então conseguem se concentrar em ações que são social e pessoalmente mais significativas. Muitas minorias nos Estados Unidos descobrem ser mais fácil para elas que para os brancos manter os laços familiares ao envelhecerem, pois a proximidade com o grupo familiar estendido entre os não brancos costuma ser mais forte, de modo que os idosos tendem a permanecer mais estreitamente ligados à família.

Um problema é que enquanto o amadurecimento é preenchido, em diversas culturas, por **ritos de passagem** – que marcam a transição de um estágio da vida para outro – o envelhecimento é caracteristicamente marcado pela ausência de tais cerimônias. Há poucas celebrações vinculadas a essa etapa e poucas oportunidades para aprender novas informações e ocupar novos espaços – muito pelo contrário, os idosos são amiúde simplesmente forçados a um ininterrupto estado medicalizado, ocupando o papel do permanentemente doente. Além disso, o fato de estarem mais próximos da morte que o resto da sociedade contribui ainda mais para o seu isolamento, dado o medo generalizado da morte e, no Ocidente, o pavor do envelhecimento que alimentamos.

O envelhecimento da população carcerária

Há uma população nos Estados Unidos que, embora também esteja envelhecendo, atrai pouca atenção: a carcerária. Embora a maioria dos crimes seja cometida por jovens, aqueles homens (a população dos presídios é majoritariamente masculina) condenados à prisão perpétua envelhecerão e morrerão nas prisões, transformando-as assim em casas de saúde *de facto*. Em 2012, a revista *Mother Jones* relatou que um em cada doze presidiários norte-americanos (ou seja, cerca de 125.000 pessoas) tem 55 anos ou mais, e que se espera que esses números continuem a crescer, posto que muitos dos prisioneiros sentenciados sob as novas diretrizes mandatórias mínimas implementadas por Ronald Reagan nos anos 1980 começaram a envelhecer. Por volta de 2030, deverá haver 400.000 presos em prisões estaduais e federais, acima dos 55 anos. A organização Human Rights Watch observou em 2012 que o número de prisioneiros acima dos 65 anos aumentou em 63% entre 2007 e 2010, enquanto a população carcerária geral dos Estados Unidos cresceu apenas 1%. Igual ao restante da população, cuidar dos idosos é mais caro que cuidar dos jovens – na Lousiana, por exemplo, o gasto anual de cada um desses presidiários chega a 80.000 dólares, tudo bancado pelo Estado. Além disso, as prisões não foram pensadas para lidar com deficiências, e à medida que mais pessoas se tornam deficientes, graças ao processo de envelhecimento, será necessário construir adaptações nos edifícios e nas celas para acomodá-las.

Será que prisioneiros muito velhos ou enfermos não deveriam ser libertados por questões humanitárias? Essa ação aliviaria o sistema prisional do fardo de ter de cuidar desses prisioneiros em condição delicada, além de garantir-lhes a oportunidade de morrer no ambiente que bem escolhessem. Contudo, e se o crime cometido for hediondo? Em 2009 a Escócia libertou Abdelbaset Al Megrahi do presídio onde estava desde 1988 pelo atentado terrorista ao voo 103 da Pan Am que ia de Londres a Nova York, mas explodiu sobre Lockerbie, na Escócia, matando 270 pessoas, entre passageiros, tripulação e pessoas no solo. Al Megrahi tinha câncer de próstata e uma expectativa de vida de três meses, então seus advogados de defesa requereram sua libertação por questões humanitárias, ainda que ele só tivesse cumprido oito anos e meio de sua pena de prisão perpétua. A decisão em libertá-lo provocou revolta nos Estados Unidos (de onde vinha a maioria das vítimas) especialmente porque após o seu retorno à Líbia ele acabou vivendo mais três anos em uma casa em Trípoli.

Seja como for, como muitos crimes são cometidos por jovens, é improvável que prisioneiros envelhecidos representem perigo à sociedade: quando libertados, esses idosos apresentam um baixíssimo **índice de reincidência**. Também os condenados à morte estão envelhecendo. Tal e qual os demais presos, estes muito provavelmente também cometeram seus crimes enquanto jovens, mas como pode demorar até quinze anos para que um condenado seja executado, eles ficam muito mais velhos do que eram quando do ato. De fato, a idade média dos presos nesses casos é de 27 anos, enquanto a idade média dos executados é de 43. Ainda que alguém com 43 anos não seja, de modo algum, um idoso (e ninguém defende que um prisioneiro dessa idade seja libertado por questões humanitárias), o fato apresenta questionamentos interessantes a respeito da função da pena de morte. Se ela serve para trazer paz e um desfecho para a família da vítima e vingança para o crime, a idade em que o prisioneiro morre não importa. Mas se seu objetivo for simplesmente eliminar criminosos perigosos, então mantê-los enjaulados até que a velhice os retire do estágio violento de suas vidas pode ter o mesmo efeito de matá-los quando já estiverem velhos.

No capítulo 14 voltaremos à questão sobre os presidiários e a maneira como devem ser tratados, mas nesse momento seguiremos para o capítulo 4, em que observaremos um outro "fenômeno natural", a reprodução, e trataremos das muitas maneiras pelas quais a cultura e a sociedade lhe dão forma.

> **Termos fundamentais**
>
> aniquilação simbólica
> *Baby Boomers*
> compressão da morbidade
> cultura da juventude (nos Estados Unidos)
> dote matrimonial
> etarismo (ageísmo)
> gerontocracias
> hipergamia
> índice de reincidência
> Lei de Reajustes Militares (G.I. Bill)
> lobas (*cougars*)
> Medicare
> normas etárias
> poliginia
> Proporção da Dependência dos Idosos
> ritos de passagem
> teoria da atividade
> teoria da continuidade
> teoria do desengajamento
> vácuos de tratamento

Leituras complementares

Bass, S. A., Kutza, E. A., & Torres-Gil, F. M. (orgs.) (1990). *Diversity in aging*. Scott, Foresman.

Lock, M. (1993). *Encounters with aging: Mythologies of menopause in Japan and North America*. University of California Press.

Sontag, S. (1979). The double standard of aging. In J. H. Williams (org.), *Psychology of women* (p. 462-478). W.W. Norton.

4
CORPOS REPRODUTIVOS

Foi somente em 25 de julho de 1978 que Louise Brown, o primeiro **bebê de proveta**, nasceu em um hospital em Oldham no Reino Unido, após ter sido concebida numa placa de Petri do laboratório hospitalar. Sua concepção foi acompanhada por dois cientistas, Patrick Steptoe e Robert Edwards, seus pais, Leslie e John, e o médico dela, todos igualmente presentes ao nascimento. Quando da escrita desse livro (2014) Brown tem 34 anos e o número de bebês gerados via **fertilização *in vitro*** no mundo inteiro já passa dos cinco milhões. À medida que mais mulheres atrasam a gravidez no intuito de buscar educação e sucesso profissional, que lésbicas e *gays* começaram a criar famílias e que mais casais se encontram às voltas com infertilidade, mudanças tecnológicas e culturais criaram novas oportunidades para a geração de crianças.

De todos os tópicos discutidos neste livro, a reprodução é, talvez, o melhor exemplo de um conceito biológico profundamente construído culturalmente. As modernas tecnologias reprodutivas trazem consigo uma imensidão de transformações culturais, mas também ilustram como a reprodução não é algo tão simples quanto se possa pensar. Além disso, não custa lembrar que se trata de um processo amplamente genderizado, pois não apenas homens e mulheres desempenham papéis diversos (tanto biológicos quanto culturais) como suas vidas reprodutivas são moldadas e controladas de maneiras muito diversas pelas realidades sociais, econômicas, culturais e políticas. O determinismo biológico, tratado no capítulo 1, refere-se ao fato de que nossos corpos frequentemente determinam o curso de nossas vidas pessoais e sociais – e como veremos neste capítulo, isto é especialmente verdadeiro para as mulheres.

Menstruação, fertilidade e menopausa

As mulheres são amplamente definidas pelas suas habilidades reprodutivas. Sem meias-palavras, para a bióloga Lynda Birke a definição primordial de uma mulher é "um útero com pernas" (1999, p. 12). Sua fertilidade (ou a falta desta) é uma fonte de discussão e preocupação para os membros de suas famílias, a comunidade, a Igreja e, algumas vezes, até para o Estado. Judith Butler (1993) observa que uma das razões por que os corpos femininos são associados a 'material' tem a ver com a origem latina da palavra, *mater* e *matrix*, mãe e matriz, respectivamente. Para as mulheres, as cerca de três décadas entre menstruação e menopausa compõem o período no qual outras pessoas e instituições frequentemente exercem algum tipo de influência em sua vida reprodutiva.

Antes da menstruação, meninas no mundo todo desfrutam de grande liberdade, mas após a menarca frequentemente passam por cerimônias menstruais que as isolam das comunidades e as tratam, e às suas funções corporais, como impurezas. **Tabus menstruais** demandam que uma mulher menstruada, por exemplo, evite cozinhar, fazer limpeza, pratique sexo ou até se aproxime dos homens. A **cabana menstrual**, onde muitas sociedades escondem suas mulheres durante os mênstruos, é uma das maneiras mais visíveis de marcá-las como "poluídas". Um dos motivos por que a menstruação traz consigo conotações culturais tão intensas pode estar na evolução da nossa espécie. Ainda que outras primatas menstruem, nenhuma o faz como as humanas – de fato, ainda que estas ocultem sua ovulação (não entram no cio como a maioria das mamíferas) e, portanto, possam ter relações sexuais estando ou não férteis, a menstruação pode ser um sinal bastante claro da fertilidade feminina – principalmente em sociedades que utilizam cabanas menstruais. Tem-se, então, uma das razões por que a sociedade sente ser necessário esconder as mulheres menstruadas.

A menstruação e a menopausa representam o começo e o fim da vida reprodutiva da mulher, e como tal são marcadas por uma grande carga simbólica. Culturas ocidentais modernas podem até não ter os tabus menstruais de outras culturas (embora alguns homens se recusem a fazer sexo com mulheres menstruadas por considerarem uma prática imunda), mas mesmo assim a menstruação e a menopausa ainda são percebidas como fenômenos amplamente negativos.

Além disso, até mesmo a fertilidade e a concepção são amiúde compreendidas de forma a que a contribuição feminina seja majoritariamente marginalizada. A antropóloga Emily Martin, em seu revolucionário livro *A mulher no corpo* (originalmente publicado em 1987) bem como em seu ensaio *The egg and the sperm: How science has constructed a romance based on stereotypical male-female roles* (1991), analisa a compreensão ocidental, científica, dos processos reprodutivos femininos e encontra preconceitos atávicos mesmo nos discursos científicos.

Martin analisou manuais e atentou, primeiramente, para como tais publicações discutem o óvulo e o esperma. Quando os homens produzem esperma, a **espermatogênese**, todo o processo é descrito em termos amplamente percebidos como ativos e heroicos, enquanto a produção do óvulo é vista como passiva e relativamente enfadonha. Durante o ato sexual, quando ocorre a fertilização, o processo é contato a partir da perspectiva do espermatozoide ambicioso, heroico, que nada bravamente até chegar ao óvulo, gordo, inchado e preguiçoso. Estereótipos culturais sobre o homem e a mulher, o masculino e o feminino, são, pois, levados ao nível celular e definem como pensamos a respeito desses importantes processos.

Mas outras culturas também minimizam o papel desempenhado pela mulher na fertilidade. Em seu livro *The seed and the soil: Gender and cosmology in Turkish village society* (1991), a antropóloga Carol Delaney observa que, em muitas culturas, supõe-se que são os homens os maiores, quando não os únicos, responsáveis pela criação das crianças. Na comunidade turca em que ela trabalhou, os homens provêm a semente, a chama da vida, para a criança, enquanto as mulheres fornecem o solo, a matéria nutritiva que simplesmente a mantém. Isso também se relaciona à sua noção de sexualidade, genderizada de modo semelhante. Diz Delaney: "em sendo solo, as mulheres são o campo onde ocorrem os jogos da sexualidade masculina" (p. 41).

Outra maneira pela qual os preconceitos culturais influenciam nossa compreensão da biologia está presente na análise que Emily Martin faz da menstruação, geralmente vista como desperdício. As mulheres não só não produzem óvulos ao longo da vida (eles "amadurecem" a cada mês durante a ovulação, mas já foram produzidos antes ao nascimento) como, mensalmente, se ela não engravidar, o óvulo é descartado como "lixo" menstrual. A produtividade da produção do esperma é vista como maravilhosa, fabulosa, enquanto a descida dos óvulos seria triste, um desaproveitamento. Por que não ver os bilhões de espermatozoides produzidos pelo homem (dos quais apenas uma pequena minoria é efetivamente "utilizada" no tempo de vida) como um desperdício, ao invés de uma maravilha?

A feminista Gloria Steinem perguntou-se uma vez o que aconteceria se os homens pudessem menstruar e as mulheres, não. Em um artigo já clássico (1978), sugeriu que se somente eles pudessem menstruar, a menstruação seria vista como um invejável e maravilhoso sinal de poder e potência. Os homens se vangloriariam do tempo que tinham sangrado e da quantidade do fluxo, as culturas marcariam a chegada dos mênstruos com rituais e cerimônias, e nos Estados Unidos o "Congresso estabeleceria o Instituto Nacional das Cólicas Menstruais, para ajudar a diminuir os desconfortos mensais. Absorventes seriam gratuitos, e bancados pelo tesouro federal". O ponto proposto por Steinem é: tudo o que os homens fazem deve ser celebrado, enquanto tudo o que tem a ver com as mulheres é indigno de tal celebração. Ainda que seu artigo fosse uma ironia, ele realmente indicou os modos pelos quais os fenômenos associados ao feminino são aviltados, enquanto aqueles vinculados ao masculino são festejados.

Com o fim das menstruações vem a "menopausa", termo inventado na década de 1880 por um médico chamado C. P. L. de Gardanne. Até então, outros indicadores eram usados para demarcar este novo estágio da vida feminina, como tornar-se avó. Com essa nova definição veio o foco no fim do período reprodutivo, e não é de surpreender que, no Ocidente, este passasse a ser visto como patologia. Os textos biológicos descrevem-no largamente como um rompimento, uma perda, uma deficiência, como se o corpo não mais respondesse aos comandos hormonais normais. Se a menopausa é entendida como doença, não é de se estranhar que muitos médicos ocidentais prescrevam remédios para tratá-la: a **terapia de reposição hormonal**.

Vale salientar que muitas das transformações físicas e emocionais que acompanham o fim da menstruação diferem de sociedade para sociedade, indicando que são, ao menos parcialmente, culturalmente construídas. Por exemplo, a antropóloga da medicina Margaret Lock (1993) demonstrou que as mulheres japonesas vivenciam o fim das menstruações diferentemente das norte-americanas. Nos Estados Unidos não apenas a menopausa é patologizada, em linha com o valor da "juventude acima de tudo" daquele país, como é vista como um perigo, um risco para as mulheres mais velhas. No Japão, descreve Lock, ela não é medicalizada, e as idosas são valorizadas em termos do cuidado que prestam aos membros jovens de suas famílias estendidas. O modo como a menopausa é assumida no Japão é moldado *tanto* pela biologia quanto pela cultura, não apenas por uma ou outra. A rigor, as japonesas têm calores bem menos severos do que as norte-americanas, e algumas nem sequer chegam a senti-los.

Além disso, em diversas culturas a menopausa vem associada a um nível de liberdade desconhecido desde a infância. Muitos dos controles sociais que as mulheres em idade fértil conhecem – que servem não apenas para que assumam o papel de mães, mas também para que gerem apenas filhos legítimos – afrouxam-se após a menopausa, e em muitas culturas elas podem viajar mais livremente, engajar-se na política, ter maior independência para contar piadas, falar palavrões, fumar ou beber – em suma, exibir comportamentos genderizados não normativos. Da mesma forma, mulheres no climatério tendem a ter maior poder político ou decisório que as mais jovens. Liberdades desse tipo, porém, não parecem estar presentes nos Estados Unidos, onde, pelo contrário, descobrimos que ao cessarem as menstruações, novos constrangimentos advêm, associados aos sintomas da menopausa (em especial a necessidade de esconder os calores) e o crescente esforço em recuperar a juventude perdida.

Contracepção, aborto e direitos reprodutivos

Embora muitas mulheres vinculem os direitos reprodutivos à contracepção e ao aborto, eles se referem tanto ao direito de a mulher ter filhos como de *não* os ter. Como pontuamos em nossa introdução, a vida reprodutiva feminina é grandemente controlada pelas pessoas e instituições mais do que pelas próprias mulheres: família, maridos, comunidades, igrejas e o Estado participam da regulação daquilo que elas podem ou devem fazer com seus corpos, processo esse geralmente centrado no controle de natalidade.

O controle de natalidade, incluídos aí a contracepção (que evita a gravidez) e o aborto (que a interrompe), tem sido praticado há milhares de anos no mundo inteiro. Os métodos mais primitivos foram, provavelmente, os contraceptivos de barreira, nos quais as mulheres inserem substâncias (como fezes de crocodilo!) em suas vaginas, os quais atuavam como diafragmas e impediam o esperma de entrar no colo do útero. Outros métodos antigos incluem chás abortivos para encerrar gravidezes indesejadas e, a partir do século XV, preservativos feitos de couro. Tornados populares a partir do século XVIII, eles não eram originalmente destinados à contracepção, mas sim para evitar que os homens contraíssem doenças sexualmente transmissíveis.

Até os anos 1960, porém, não existia nenhum método contraceptivo que fosse confiável e estivesse sob inteiro controle da mulher. Na verdade, para muitos homens e mulheres ocidentais, o **coito interrompido** permanecia o método contraceptivo mais popular. Embora os preservativos, quando usados corretamente, sejam relativamente confiáveis (sua taxa de sucesso chega a 98%, quando usados apropriadamente, mas o número mais comum é de 82%, segundo a organização Planned Parenthood), sua utilização depende da vontade do homem. Para muitas mulheres, induzir um homem usar uma camisinha é algo mais fácil de falar do que de fazer. Com o desenvolvimento da pílula anticoncepcional hormonal, aprovada nos Estados Unidos em 1960 e que evita a ovulação, as mulheres tiveram, pela primeira vez, um método que era tanto confiável quanto sob seu próprio arbítrio.

Infelizmente, a pílula não era absolutamente segura, e no início do seu uso causou AVCs e outros terríveis problemas de saúde a muitas de suas usuárias. Hoje em dia elas são bem mais confiáveis, muito embora ainda possam representar alguns riscos. Esse é o curso da ironia: as mulheres pagam o preço de uma gravidez indesejada, logo garantir que os métodos contraceptivos lhes sejam acessíveis é um grande objetivo do movimento dos direitos reprodutivos. Mas se esses métodos são usados pelas mulheres, são igualmente elas que sofrerão quaisquer eventuais problemas de saúde. Por anos os cientistas têm trabalhado em pílulas contraceptivas masculinas, e é possível que estejam disponíveis dentro de alguns anos, mas dados os potenciais problemas de saúde associados a qualquer nova droga desse gênero, muitos homens preferem não a usar. Da mesma forma, como são as mulheres que arcam com o maior peso das gestações indesejadas, muitas delas podem não confiar que seus parceiros estejam usando a medicação.

Controlar a natalidade vai muito além de simplesmente prevenir nascimentos. O tema é eivado de tensões e controvérsias sociais no mundo inteiro, posto que grande número de pessoas e instituições continuam a debater sobre quais direitos cabem às mulheres no que tange às suas vidas reprodutivas. Muitos jovens dos Estados Unidos, por exemplo, não têm consciência de que antes da década de 1960 não apenas não existia nenhum meio efetivo para o controle da natalidade que estivesse sob o poder das mulheres como também, em diversos estados, era ilegal usar qualquer tipo de método contraceptivo. Muitos deles possuíam **Leis Comstock**, que tornavam ilegal comprar, vender ou usar contraceptivos e que chegavam a criminalizar a mera discussão sobre o controle de natalidade. Margaret Sanger, pioneira neste campo e uma das fundadoras da organização Planned Parenthood, foi presa diversas vezes ao longo da vida por desafiar essas leis. Qual o resultado das Leis Comstock? Milhões de mulheres foram forçadas a gestar e criar filhos, e muitos homens foram forçados a sustentá-los, enquanto outros nem sequer chegaram a fazê-lo.

Conquanto o controle de natalidade, aborto incluído, seja hoje legal nos Estados Unidos, isso não significa que esteja facilmente acessível. Até a aprovação da Lei de Proteção e Cuidado Acessível ao Paciente (Affordable Care Act (ACA) em 2012, os planos de saúde de muitas mulheres não cobriam medicamentos contraceptivos, e durante os debates sobre a nova legislação defensores do controle de natalidade eram assediados e ameaçados graças às suas tentativas de assegurar que a contracepção tivesse a mesma cobertura de qualquer outro aspecto da saúde (como, por exemplo, o Viagra). Em 2012, o rádio-locutor conservador Rush Limbaugh chamou a estudante Sandra Fluke, ativista do controle de natalidade que exigia a cobertura da contracepção pelo plano de saúde de sua universidade, de vagabunda e prostituta, afirmando que ela desejava que suas atividades sexuais fossem custeadas pelos contribuintes (e foi mais além: exigiu que ela, e todas as mulheres, postassem vídeos dos seus atos sexuais on-line, para que assim todos os que "pagaram por eles" pudessem aproveitar). A realidade é que não são os impostos que bancam os contraceptivos das mulheres, e sim elas mesmas, através dos seus planos de saúde. Além disso, se uma mulher faz uso de contraceptivos para evitar a gravidez, isso significa que, por definição, está tendo sexo com um homem, e ainda assim nenhum deles é responsável por pagar pelas pílulas anticoncepcionais.

Debates desse tipo continuam a grassar nos Estados Unidos do século XXI e ilustram o pouco controle que as mulheres permanecem tendo sobre seus próprios corpos. Não apenas se permite às companhias de seguro que neguem cobertura para os contraceptivos como quatro estados têm o que se chama leis de consciência, que autorizam farmacêuticos a negarem medicamentos contraceptivos a pacientes, mesmo que portando prescrições médicas.

Atualmente, a Associação de Obstetras e Ginecologistas dos Estados Unidos (American College of Obstetricians and Gynecologists) advoga que as pílulas anticoncepcionais sejam vendidas livremente, o que melhoraria o acesso das mulheres ao controle de natalidade e diminuiria gestações indesejadas que custam aos contribuintes, segundo a associação, 11 bilhões de dólares ao ano.

Figura 4.1 – Projeto Defending Life (Em Defesa da Vida), uma organização antiaborto localizada ao lado de uma clínica da Planned Parenthood, que realiza abortos, em Albuquerque, Novo México. Cortesia de Tom Young.

O aborto, legalizado pela Suprema Corte norte-americana em 1973 no julgamento do **Caso Roe *vs*. Wade**[2], tem estado sob crescentes níveis de ataque em anos recentes. A maioria dos estados tem, hoje, legislações que das formas mais variadas conseguem restringi-lo: impondo de períodos de espera mandatórios, exigindo consentimento parental para adolescentes e aconselhamento, criando *gag rules* (que proíbem discussões legislativas sobre a temática), proibindo a cobertura do seguro e requerendo a obrigatoriedade de ultrassons vaginais (que fazem os fetos parecerem-se menos como fetos dependentes de uma mulher e mais como bebês). Alguns estados tentaram, inclusive, banir completamente o aborto, em oposição à lei federal. Em 2011, por exemplo, 60 leis estaduais restringindo a prática foram aprovadas em todo o país, e em meados do ano seguinte outras 40 haviam entrado em vigor. Também a

---

2. Esta jurisprudência foi derrubada em 2022 [N.T.].

contracepção de emergência, disponibilizada em 2006, tem sido submetida a imensa pressão por parte dos políticos conservadores e da direita religiosa. A prática, que previne a ovulação quando executada imediatamente após o ato sexual sem proteção, é encarada como uma forma de aborto pelos seus opositores, e tal posição (além da preocupação de que deixaria as mulheres promíscuas) levou o FDA, a agência federal norte-americana responsável por alimentos e medicamentos, a impedir seu acesso ao público repetidas vezes.

A despeito de toda essa celeuma, percebe-se claramente que o acesso ao controle de natalidade – nos Estados Unidos na década de 1960 e a seguir no resto do mundo – transformou radicalmente a vida das mulheres, proporcionando-as não apenas liberdade sexual, mas também autonomia para planejar suas famílias, ir à faculdade, trabalhar fora e tornar-se economicamente independentes. Sem o controle sobre suas próprias vidas reprodutivas nada disso estaria acessível.

Ainda hoje, e apesar da disponibilidade dos mais diversos métodos contraceptivos, as pobres ainda têm mais gestações não planejadas do que qualquer outro grupo populacional. Elas têm quatro vezes mais chances de engravidar involuntariamente do que outras mulheres, e como resultado têm mais filhos não planejados e praticam mais abortos. Uma razão para tal estado de coisas é que, quando os programas de saúde pública sofrem cortes, o acesso das mulheres ao controle de natalidade os acompanha. Além disso, o foco norte-americano na educação para a abstinência sexual resulta em falta de educação sobre a contracepção. É possível perceber algo semelhante em outros países: as mulheres europeias de hoje têm em média 1.4 filhos, enquanto as do Oriente Médio e do Mediterrâneo têm 4.3 cada, graças em parte à pobreza, à falta de acesso ao controle de natalidade, à falta de educação e a crenças religiosas.

Questões interessantes: o Project Prevention

O Project Prevention [Projeto Prevenção] é uma organização norte-americana que paga a mulheres drogadictas para que sejam esterilizadas ou entrem em programas de controle de natalidade de longo prazo. É apenas uma das organizações que se dedicam às mulheres pobres e incapazes de cuidar dos seus próprios filhos. Cada uma delas que aceita fazer uma ligadura tubária, implantar um DIU, tomar injeções de acetato de medroxiprogesterona [Depo Provera] ou receber um implante contraceptivo recebe 300 dólares. Eventualmente, o grupo também pode custear vasectomias em homens. O Project Prevention e seus congêneres fazem propaganda em comunidades carentes, normalmente usando outdoors. Ele tem recebido pesadas críticas dos seus oponentes, que sugerem ser uma forma moderna de eugenia, que alveja em mulheres pobres não brancas e de outras populações que o grupo considere ser desqualificadas para a reprodução e as paga em dinheiro vivo para que encerrem sua vida reprodutiva. A fundadora do grupo Barbara Harris refere-se às drogadictas como tendo "ninhadas" de filhos, comparando-as a cachorras, e um dos seus mais controversos outdoors dizia: "não deixe a gravidez se colocar no caminho do seu vício em crack".

Controle populacional, raça e a perda de escolha das mulheres

Estados-nação preocupam-se muito com as taxas de fertilidade de suas populações e com a demografia, algo que impacta também os corpos femininos. É comum, por exemplo, vermos sociedades restringindo os direitos das mulheres ao controle de natalidade (encorajando-as, portanto,

Figura 4.2 – *Concerning race suicide*, de S.D. Erhart. A ilustração mostra visões contrastantes sobre o crescimento populacional: a "Cegonha Preguiçosa" à esquerda tem pouco a fazer, pois as classes superiores optam por não terem bebês, enquanto a "Cegonha Esforçada" se mata de trabalhar graças à explosão populacional das classes de baixa renda. In: *Puck*, vol. 53, num. 1361 (1º de abril de 1903), pôster central. Cortesia da Biblioteca do Congresso.

a ter mais filhos) quando cresce a demanda por mão de obra – era essa a tendência nos séculos XIX e XX, quando os Estados Unidos se tornavam progressivamente mais industrializados. Onde quer que a prosperidade de uma nação esteja ligada a uma grande população de trabalhadores, espera-se que as mulheres sejam mães. No século XXI, por sua vez, já não há mais necessidade de uma enorme força de trabalho, dado que nossa economia se desindustrializou e milhões estão sem emprego. As taxas de fertilidade estão baixas, e as mulheres de classe média retardam as gestações.

O termo "controle populacional" se refere a práticas e políticas estatais que visam a restrição dos números populacionais de uma dada nação, de que é exemplo a infame **Política do filho único** chinesa, que pune os pais por terem mais de um filho. Em sua maioria, elas são dirigidas às mulheres, seja restringindo o número de nascimentos que podem ter, como na China, ou através da esterilização forçada.

Quem está dando à luz as crianças é, também, um motivo de preocupação. Em países marcados pelo racismo ou pelos conflitos étnicos há políticas estatais que restringem o acesso ao controle de natalidade para o grupo étnico dominante e o encorajam para o grupo minoritário. Noutras palavras, o **natalismo** é estimulado no grupo dominante, para que as mulheres tenham muitos filhos, enquanto políticas eugênicas são frequentemente implementadas contra os grupos minoritários, chegando, nos casos mais extremos, à oferta, ou obrigação, de esterilização das mulheres. Por que as mulheres, e não os homens, são o alvo de tais políticas? Elas reproduzem não apenas crianças, mas grupos étnicos; dessa forma, suas vidas reprodutivas precisam ser controladas.

Como vimos no capítulo 2, durante a primeira metade do século XX programas de esterilização compulsória foram instituídos em diversos países ao redor do mundo, em geral como parte de políticas eugenistas, mas eventualmente também no âmbito de esforços mais amplos de controle populacional. Os Estados Unidos, que iniciou os testes com métodos de esterilização com mulheres de Porto Rico, aplicava tais políticas em 33 estados, visando mulheres "retardadas mentais", deficientes físicas, epiléticas e surdas (a esterilização permanece sendo o método de controle de natalidade mais popular em Porto Rico). Mulheres afro-americanas pobres e indígenas muitas vezes foram esterilizadas sem o seu consentimento ou conhecimento, algo a que as presidiárias também estavam sujeitas. Mesmo lideranças feministas e defensoras do controle de natalidade dessa época, como Margaret Sanger e Marie Stopes, apoiaram políticas eugenistas e desejavam controlar a capacidade reprodutiva das "incapacitadas". Na verdade, quando do desenvolvimento da pílula anticoncepcional nos Estados Unidos, muitas ativistas afro-americanas desestimularam sua utilização, afirmando que se tratava de uma forma de genocídio contra os negros.

Até 1985, a esterilização forçada de "retardadas mentais" era permitida em 19 estados.

Ainda pior, os nazistas infertilizaram milhares de homens e mulheres retardados, cegos, surdos, mentalmente deficientes ou mesmo alcoólatras por meio de um programa chamado Aktion T4. Antes mesmo da **Solução Final**, que enviava os judeus para a morte, milhares de judeus, ciganos, *gays*, dentre outros considerados indesejáveis, sofreram o mesmo processo conforme a Lei para a Prevenção de descendentes hereditariamente doentes, aprovada em 1933. Ao mesmo tempo, as mulheres arianas eram encorajadas a ter filhos, e o acesso aos métodos de controle de natalidade lhes era dificultado.

Atualmente, Israel realiza aquilo que alguns observadores chamam de uma "corrida demográfica" com os palestinos. As mulheres Asquenazes são estimuladas a terem mais filhos, em parte para compensar os números dos judeus mortos no Holocausto, e recebem gratuitamente dois tratamentos de fertilização *in vitro* destinados a casais inférteis. Por outro lado, as palestinas recebem contraceptivos de graça, e judias etíopes são encorajadas a usar acetato de medroxiprogesterona (Depo Provera), um contraceptivo injetável que faz efeito por três meses. A França é um outro exemplo de país europeu em que imigrantes muçulmanos estão se reproduzindo muito mais rapidamente do que os franceses étnicos, algo que provoca grande consternação aos políticos, à imprensa e ao público.

Nos Estados Unidos, alguns brancos preocupam-se que, ao final do século XXI, os latinos deixem-nos para trás e se tornem o grupo étnico dominante no sudoeste do país. Além disso, muito depois do final do movimento eugenista, a ameaça dos pobres não brancos tendo filhos não desapareceu do país, mas assumiu uma nova roupagem. Nos anos 1980, no auge da ameaça da epidemia do *crack* e da cocaína, os políticos e a mídia começaram a falar sobre os "bebês do *crack*", nenês com problemas desenvolvimentais nascidos de mães viciadas nessa substância. Embora posteriormente os sociólogos tenham descoberto que muitas dessas crianças era, simplesmente, "filhas da pobreza", e que seu baixo peso ao nascer e outras questões eram, primordialmente, indicativos de falta de cuidado pré-natal, nutrição maternal de baixa qualidade além de outros problemas associados à miséria, ainda assim muitos estados aprovaram leis criminalizando o uso de drogas por mulheres grávidas.

Ao fim e ao cabo, todos esses debates são parte de um movimento mais amplo chamado Justiça Reprodutiva, ou o Movimento dos Direitos Reprodutivos, que desafia a dicotomia entre pró-vida e pró-aborto e procura focar em prover verdadeiros direitos reprodutivos – ou seja, o direito a ter ou não filhos – a todas as mulheres, sem distinção de raça, nacionalidade ou cor.

Questões interessantes: a Política do filho único na China

Em 1978, dado o problema da China com sua superpopulação, o governo daquele país instituiu o que se tornou conhecido como Política do filho único, segundo a qual só era permitido a cada casal chinês, salvo exceções, ter um único filho. Infelizmente, a China é uma sociedade patrilinear e patrilocal, ou seja, a descendência e a herança seguem pela via masculina, e os homens permanecem com suas famílias não só para herdar qualquer eventual patrimônio familiar, mas também para tomar conta dos pais idosos. Isso significa que se uma família tem uma única filha, não há ninguém disponível para dar seguimento ao nome familiar, herdar o patrimônio ou cuidar dos velhos, pois espera-se que ela se case e vá viver na casa do marido. Devido a essas realidades socioeconômicas, a Política do filho único tem sido particularmente desastrosa para famílias rurais e resultou em inúmeras famílias abandonando ou mesmo matando suas primogênitas, na esperança de que na segunda tentativa conseguissem ter um filho. Alguns pais fazem ultrassons para detectar o sexo do feto e, em sendo feminino, realizam o aborto. As famílias cujo primeiro filho é uma mulher e que optam por mantê-la, mas tentam um segundo filho, precisam pagar uma pesada multa, algo fora das condições dos mais pobres. O resultado é o desequilíbrio de gênero na China, com 117 garotos para cada 100 garotas; por volta de 2020, pode haver 30 milhões a mais de homens do que mulheres, deixando muitos deles sem esposas ou famílias. Além disso, milhares de meninas vivem hoje em orfanatos e aguardam serem adotadas no exterior. Hoje, graças a esses resultados negativos, essa política tem sido relaxada para famílias rurais, que podem requerer do governo a autorização para ter mais um filho se o primeiro tiver sido uma menina, para evitar que elas sejam abandonadas ou mortas. Se o primogênito tiver alguma deficiência, os pais também podem ter um segundo filho. Outra exceção foi aberta em 2008, quando, após muitas famílias perderem seus filhos no terremoto de Szechuan, foi-lhes permitido ter uma reposição. Nas áreas urbanas, contudo, onde a propriedade da terra não é um problema, a política permanece em prática. Além do desequilíbrio de gênero e da perda de milhares de vidas femininas (às vezes através de abortos forçados), um outro resultado dessa política é o fenômeno dos "pequenos imperadores", filhos únicos criados com tudo o que possam querer, tornando-se assim mimados e, muitas vezes, gordos.

Gravidez, parto e lactação

No período entre a menstruação e a menopausa, a sociedade espera que as mulheres cumpram seu "destino biológico", engravidem e deem à luz crianças. Para algumas culturas, esse destino só estará verdadeiramente cumprido se ela tiver um filho homem. Ao tornar-se mãe, a mulher é, finalmente, uma adulta.

O processo de gravidez, parto e lactação também é intensa e culturalmente construído e, não precisa nem dizer, intensamente genderizado. Não importa quão natural esse processo possa parecer: como acontece, como é percebido e qual a importância que recebe depende fundamentalmente do contexto sociocultural.

Por outro lado, mesmo a gravidez está associada a tabus. Eles existem em grande número e dizem respeito principalmente a atividades nas quais as grávidas devem ou não se envolver para que o bebê não seja posto em risco. Algumas culturas isolam a mulher do restante da comunidade após o parto por causa dos riscos associados a ela, e não raro considera-se a placenta como particularmente perigosa. Muitas culturas têm **tabus sexuais pós-parto**, que restringem o contato sexual com os homens. Em sendo o nascimento uma atividade liminal, que transita entre as fronteiras da vida e da morte, faz sentido que esteja marcada com tal perigo. Em algumas culturas, considera-se que as mulheres que sentem dor durante o parto fizeram algo de errado durante a gestação, ou podem ser suspeitas de adultério.

A gestação é controlada de perto pelo Estado e pela sociedade em geral, de modo que mulheres grávidas frequentemente descobrem que suas vidas não mais lhes pertencem quando estão carregando um filho. No Ocidente desfrutamos de uma série de direitos sobre nossos corpos e integridade corporal, e é principalmente por isso que não podemos forçar doentes mentais a tomar remédios contra a própria vontade, mesmo que seja para proteger aqueles à sua volta. Mas mesmo hoje, as gestantes têm menos direitos que outras pessoas. Legislações antiaborto, aprovadas ano após ano em diversos estados, garantem mais direitos aos fetos e embriões do que às mulheres adultas: as **leis de proteção fetal** podem levar para a cadeia mulheres que dão à luz crianças com drogas em seus corpos, mas não há nenhuma lei que lhes forneça reabilitação – somente a pena de prisão. A própria noção de **direitos fetais** (os direitos de um feto não nascido devem ser protegidos por meio da restrição dos direitos de uma mulher grávida) é extremamente controversa e coloca a sociedade contra as gestantes, que são chamadas de irresponsáveis se escolhem beber, usar drogas, fumar ou trabalhar em ofícios perigosos durante a gravidez. Quando os filhos nascem, contudo, eles não têm direito a cobertura de saúde, moradia segura, nutrição apropriada ou boas escolas. Somente enquanto estiverem no útero a sociedade se preocupa em lhes garantir cuidado e proteção.

Conquanto a gravidez seja claramente genderizada (afinal de contas, só mulheres e homens trans são capazes de gestar filhos) há algumas culturas em que os homens simbolicamente compartilham parte do peso da gravidez com suas esposas. Em comunidades na Rússia, na Tailândia, na China, dentre outras, eles envolvem-se naquilo que os antropólogos chamam de **couvade**: futuros pais vivenciam os mesmos tabus das esposas, eventualmente isolando-se da sociedade durante a gravidez e chegando até a sentir os mesmos sinais de desconforto físico que elas. Jeffrey e Karen Paige (1981) dizem que esse ritual funciona como uma forma de permitir aos homens que requeiram a paternidade sobre seus filhos, ao mesmo tempo em que controla a sexualidade das esposas.

Mesmo nos Estados Unidos, muitos homens têm medo de fazer sexo com mulheres grávidas, indicando que mesmo por lá ainda persiste a noção de que a gravidez é impura. Recentemente, muitas mulheres vêm desafiando o costume de esconder o corpo grávido sob batinhas maternais, optando por exibi-lo em roupas bem cortadas, enquanto algumas, nuas ou seminuas, mostram suas "barriguinhas" em fotografias.

Em tempos recentes, o nascimento tem sido crescentemente medicalizado no Ocidente. Embora o parto jamais tenha sido um fenômeno completamente "natural" (dado que o modo como as mulheres dão à luz é inteiramente determinado pelos valores e práticas de sua cultura), hoje em dia voltou-se inteiramente para o campo da ciência. A maioria dos partos no Ocidente ocorre em hospitais, onde os corpos das mulheres estão majoritariamente sob o controle de médicos, enfermeiros e máquinas. A socióloga Robbie Davis-Floyd (1992) descreveu o *"American way of birthing"*, segundo o qual o corpo das grávidas é entendido como defeituoso e incapaz de suportar aquilo que bilhões de mulheres têm experimentado ao longo da história. Hoje em dia, considera-se que máquinas criadas por mãos humanas são mais aptas a lidar com os partos.

Davis-Floyd descreve o nascimento como um rito de passagem que demarca três novos seres: a criança, a mãe e o pai. Mas é especialmente a mãe que passa pela maior transformação. As manifestações simbólicas de sua condição liminal incluem o fato de estar presa a uma cadeira de rodas como uma deficiente, confinada a uma cama de hospital como doente, com um soro intravenoso enfiado no braço e inteiramente dependente das máquinas que monitoram suas funções e as do filho em sua barriga. Davis-Floyd observa que o objetivo é um bebê saudável, o produto bem-sucedido, e que a experiência da mãe durante o parto é colocada em segundo plano. O processo é todo controlado segundo o partograma (a Curva de Friedman), curva sinusoidal padrão que representa os estágios pelos quais as mulher deve passar durante o trabalho de parto e quando eles devem ocorrer. Quando se demora demais para atravessar um desses estágios, empregam-se remédios ou cirurgia para que seu corpo obedeça à norma.

Atualmente, quase um terço dos partos nos Estados Unidos ocorrem via cesariana, seja por necessidade médica ou por outros motivos. Algumas mulheres das classes média e alta desejam programar seus partos, enquanto outras têm medo das dores ou da deformação dos seus corpos durante um parto normal. Em certos casos, médicos e hospitais encorajam as cesarianas por serem de mais fácil controle e mais baratas para um hospital do que um longo trabalho de parto. Na Irlanda da década de 1950, mulheres que apresentavam complicações não faziam cesarianas, mas tinham suas pélvis partidas, um procedimento chamado **sinfisiotomia**. Num país profundamente católico, acreditava-se que essa cirurgia alargava em definitivo a pélvis, permitindo assim infinitos futuros partos vaginais, enquanto considerava-se que as cesarianas limitavam a fertilidade futura das mulheres. A socióloga Davis-Floyd sugere que, como só as mulheres têm bebês, o modo como a sociedade lida com a gestação e o parto mostra como ela verdadeiramente trata as mulheres.

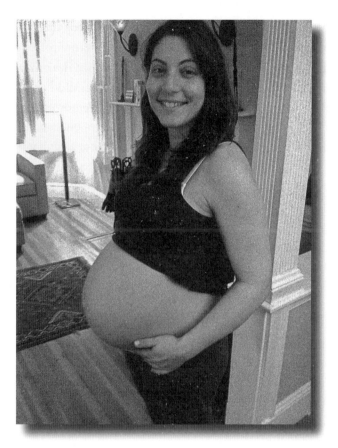

Figura 4.3 – Lisa Brown aos nove meses de gravidez. Ela deu à luz o seu filho doze dias após tirar essa fotografia. Foto: cortesia de Lisa Brown

A lactação é uma outra atividade "perigosa" associada às mulheres. Na Inglaterra Vitoriana, mulheres de classe alta eram desencorajadas a amamentar seus filhos logo após o nascimento, porque considerava-se que o colostro era perigoso. Assim sendo, muitas mães usavam cachorros para mamar seus seios, aliviando assim a pressão do leite, enquanto outras apelavam para **amas-secas** – geralmente mulheres pobres, eventualmente negras, contratadas para alimentar os bebês de famílias ricas. Outra preocupação é que a mãe, ou a ama-seca, transmitissem suas ansiedades, ou "paixões", para os bebês via o leite, de modo que as emoções de quem quer que estivesse amamentando precisavam ser estritamente controladas.

Hoje em dia, recomenda-se que as mães amamentem seus filhos, por ser mais saudável para as crianças e por ajudar a criar laços entre ambos.

A lactação, contudo, é moldada por diversos fatores culturais, dentre os quais nacionalidade e classe.

Em países não ocidentais, décadas de propaganda de companhias norte-americanas como a Nestlé fizeram com que muitas mulheres de países em desenvolvimento considerassem o leite em pó o melhor para os seus bebês, evitando dar-lhes o peito. Além disso, mães pobres que amamentam precisam ficar com os bebês, o que as impede de trabalhar e ganhar dinheiro para comprar comida para si e para os demais filhos. Dessa forma, a amamentação é frequentemente incompatível com mães trabalhadoras, ou pobres e subnutridas, em especial para aquelas que trabalham em excesso e comem abaixo do necessário – nesse caso, dar de mamar pode até ser um risco.

No Ocidente, a amamentação tornou-se tão valorizada e encorajada que a mulher que se nega a fazê-la é geralmente estigmatizada. Além disso, como amamentar é positivamente vinculado à classe social (noutras palavras, quanto mais alta a classe mais provável será a amamentação), escolher não amamentar acabou se tornando um sinal de falta de educação e classe. Para reforçar ainda mais essa distinção classista, mulheres de classe média e alta provavelmente têm mais oportunidades de conseguir empregos onde podem dispor de pausas no trabalho e salas reservadas para bombear leite dos seios com privacidade, além de uma renda compatível com cuidados infantis de alta qualidade. Para outras trabalhadoras, contudo, tirar o leite durante o trabalho é difícil, quando não impraticável.

Mesmo quando as mulheres levam os filhos consigo, nem sempre é fácil amamentá-los. Dados os tabus associados aos seios femininos e à amamentação, elas têm dificuldade para encontrar um canto onde possam dar de mamar em público, mesmo quando estão de folga. Em alguns países, como na Austrália, há permissão explícita para a amamentação em público, enquanto em outros, como a China, considera-se um tabu embaraçoso. Nos Estados Unidos, as leis sobre lactação diferem de estado para estado, de região para região, embora a tendência geral seja de permiti-la em público. Ainda assim, graças a todas essas razões, mulheres trabalhadoras (de todas as classes) continuam a ter problemas para dar de mamar aos seus filhos.

Tecnologias de reprodução assistida

Hoje em dia, em parte porque muitas mulheres ocidentais têm retardado a procriação, os números de casos de infertilidade subiram assustadoramente, com aproximadamente um em cada seis casais norte-americanos vivenciando problemas dessa natureza e, junto com eles, o uso de tecnologias de reprodução assistida (TRA). Outros as utilizam por não poderem, ou por terem escolhido não ter filhos do modo convencional, como é o caso de casais *gays* ou lésbicos. Um em cada sete casais nos Estados Unidos buscam tratamento para a infertilidade ou usam as TRAs. Se antes a infertilidade era vista como um fracasso pessoal, um reflexo da falta de qualidades maternas nas mulheres ou na falta de virilidade dos homens, hoje esses tipos de julgamentos morais quase desapareceram, e a infertilidade se tornou progressivamente medicalizada.

Há toda uma variedade de tratamentos disponíveis para tratar a infertilidade ou para produzir uma criança sem a reprodução sexual, dentre os quais a inseminação artificial com sêmen doado se o parceiro é infértil, se for uma mulher solteira ou um casal lésbico; a fertilização *in vitro* (FIV), em que o óvulo e o esperma são fertilizados numa placa de petri e o embrião é colocado dentro do útero da mãe; fertilização *in vitro* ou artificial com o recurso a um útero de substituição (popularmente conhecido como barriga de aluguel); transferência intratubária de gametas (TIG); em que óvulo e esperma são misturados em um tubo de ensaio e posteriormente colocados nas trompas de falópio para fertilizar; e a injeção intracitoplasmática de espermatozoide (ICSI), que injeta o esperma diretamente no óvulo. Todos esses procedimentos, e muitos outros, podem utilizar o óvulo da mãe ou de uma doadora, e o esperma do pai ou de um banco de esperma. Nos Estados Unidos, em 2006, 55.000 bebês nasceram graças às tecnologias de reprodução assistida.

Essas técnicas têm sido uma bênção para muitos casais e indivíduos, que não teriam condições de conceber ou gerar uma criança naturalmente, mas elas também criaram todo um novo conjunto de questões sociais, éticas e econômicas. Além disso, o próprio conceito de pai e mãe transformou-se pelo uso dessas novas tecnologias, que frequentemente produz distinções entre pais e mães sociais e biológicos.

É importante salientar que tudo isso custa caro. Nos Estados Unidos, um único ciclo de fertilização *in vitro* pode chegar a 30.000 dólares, e geralmente são necessários dois ou três para produzir uma gravidez viável. A maioria dos planos de saúde não cobre esses procedimentos, de modo que eles estão disponíveis apenas para os muito ricos. Da mesma forma, como a FIV geralmente resulta em nascimentos múltiplos (porque os médicos implantam vários embriões de uma vez só), os partos são correntemente prematuros, e os bebês requerem cuidados hospitalares caros antes de poderem ir para casa.

Essa questão chamou a atenção do público em 2009, quando Nadya Suleman, conhecida como a Octomãe, deu à luz óctuplos concebidos via FIV. Mãe solteira que já tinha seis outros filhos, vivia da assistência social e a maneira como custeou o tratamento não foi esclarecida. Da mesma forma, como o médico que a atendia desconsiderou as normas referentes à transferência de embriões (que recomendava a implantação de apenas dois nas pacientes), transferiu nada menos que doze embriões para Suleman, dos quais oito sobreviveram. Posteriormente, o profissional perdeu sua licença médica graças a esse procedimento. Os bebês nasceram nove semanas antes do normal e para que sobrevivessem precisaram de um tratamento que custou milhões de dólares, bancados pelo programa Medicare.

Há, igualmente, outras implicações econômicas e de classe. Nos Estados Unidos, as trabalhadoras podem vender seus óvulos por milhares de dólares a mulheres das classes média e alta que estiverem precisando. Homens das classes de baixa renda, por outro lado, não conseguem vender seu esperma pros bancos de esperma, pois quem busca por esse serviço exige "material de alta qualidade", definido como oriundo de homens de "boa procedência" (os mais procurados são os altos, brancos com pós-graduação). Hoje em dia, óvulos, esperma e até mesmo bebês são produtos à disposição dos consumidores/pais.

Os úteros de substituição também estão sujeitos a questionamentos econômicos. Algumas mulheres são pagas pelo serviço, outras não, mas no primeiro caso pode haver questões éticas envolvendo o pagamento a mulheres pobres para que gestem filhos para mulheres ricas (e homens). Atualmente, essa desigualdade de classe encontrada nas barrigas de aluguel foi globalizada, com mulheres indianas alugando seus úteros para casais ricos do exterior, indústria que gera nesse país uma renda de mais de dois bilhões de dólares anuais. Além disso, essa prática levanta a questão do limite daquilo que a mulher pode fazer com seu próprio corpo, e o quanto ela deveria ser forçada a fazer. Uma mãe de aluguel pode realizar o aborto de um feto que não esteja saudável? E por que a barriga de aluguel é legal enquanto a prostituição não é? Trata-se de uma espécie de contrato de trabalho muito interessante, em que aquilo que está sendo pago (gestar e parir o bebê) é um tipo muito particular de serviço, que envolve outras formas de acordos legais. Por meio das barrigas de aluguel, os corpos das mulheres, como os das prostitutas, estão sendo comercializados como quaisquer outros produtos à venda. Uma das questões advindas dessa prática é se as mães, especialmente aquelas que não são simplesmente gestacionais (ou seja, geram o embrião de outras pessoas), mas sim carregam seus próprios filhos biológicos, os estão vendendo para outras pessoas. Vender crianças é ilegal, mas aparentemente isso não se aplica para casos envolvendo úteros de substituição.

Outra aplicação interessante dessas tecnologias é a separação entre sexo e reprodução: agora, bebês são concebidos graças às habilidades e equipamentos de especialistas médicos, e o momento da concepção pode ocorrer no útero (através da inseminação artificial) ou numa placa de petri (FIV). Quando, então, tem início a vida? E o que fazer com os milhões de embriões que sobram dos processos de fertilização, atualmente esperando nos *freezers* de médicos do mundo todo? Questões como essas confundem especialistas em ética médica, teólogos e militantes tanto anti quanto pró-aborto.

Outras questões dizem respeito a quem pode usar de tais tecnologias para ter filhos. Mulheres muito velhas deveriam poder engravidar e ter bebês? Podem os médicos negar tratamentos para *gays* e lésbicas? O número de embriões implantados deve ser restringido, e os médicos deveriam forçar as mulheres a abortar embriões "excedentes"? Atualmente, alguns países começaram a regular alguns desses assuntos, enquanto outros mantêm tudo liberado. Diz-se que uma companhia dinamarquesa oferecerá em breve "cruzeiros da fertilidade" em águas internacionais, que permitirão a cidadãos de países como a Inglaterra, onde essas tecnologias são estreitamente reguladas, realizar quaisquer procedimentos que desejem.

Por fim, tecnologias de reprodução assistida nos desafiam a pensar o que há de "natural" no que tange a algo como a concepção ou a gravidez. É mais natural desejar uma criança a quem você mesmo deu a vida, mesmo se ela não tiver os seus genes? Ou será ter um filho que efetivamente tenha os genes dos pais, mas que tenha sido gerado em um útero alugado? Será mais natural ter um filho com os genes dos pais, mas gerado em outra barriga, ou adotar uma criança? E o que dizer das implicações e ações no corpo das mulheres? Como observou Gena Corea (1985), todos os métodos de reprodução assistida que usamos atualmente foram originalmente desenvolvidos para a pecuária. Do desenvolvimento de formas mais eficazes para fazer as fêmeas criar mais animais para o consumo, vieram novas técnicas pensadas para fazer fêmeas humanas produzir bebês.

Testes pré-natais e os riscos do bebê projetado

Outro desenvolvimento nas novas tecnologias de reprodução é o exame pré-natal. Ainda que certas práticas já existam há um certo tempo, como a amniocentese, outras são bastante mais novas. O diagnóstico pré-natal é utilizado para detectar anormalidades e doenças no feto, enquanto a triagem pré-natal para procedimentos eletivos, como a escolha do sexo. Em todos os casos, contudo, a tecnologia permite aos pais e aos médicos ter um controle sobre os resultados do parto maior do que jamais se teve.

No caso do diagnóstico pré-natal, os pais podem optar por descobrir se seu feto apresenta alguma condição que possa ser cirúrgica ou clinicamente tratada antes mesmo do nascimento, ou se existe algo intratável. Neste caso, os pais podem escolher entre o aborto ou dar à luz a um bebê com necessidades especiais, ou que virá a morrer pouco depois de nascer.

A antropóloga Rayna Rapp (1999) estudou os exames pré-natais via amniocentese e encontrou uma série de interessantes questões éticas envolvendo o procedimento. Baseada em suas entrevistas com os pais, ela encontrou toda uma gama de motivações entre aqueles que optam por abortar bebês com defeitos físicos, ou que entram num dilema diante de tal situação. Enquanto mulheres de classe média, por exemplo, sentiam-se culpadas por serem tão "egoístas" a ponto de não desejarem criar uma criança com, digamos, Síndrome de Down, as imigrantes preocupavam-se se uma criança com deficiências poderia ser assimilada na cultura, enquanto as latinas com o possível sofrimento futuro dos filhos. Pais de classe média estavam mais preocupados em saber se seus filhos seriam capazes de realizar os planos que haviam imaginado para eles, enquanto trabalhadores com o impacto da criança nas necessidades e aspirações do restante da família.

Uma das formas mais modernas de diagnóstico pré-natal é o diagnóstico genético pré-implantacional (DGPI): durante uma fertilização *in vitro*, o embrião é avaliado antes de sua implantação no útero. Nesse caso, os pais podem optar por implantar somente embriões saudáveis, ou escolher o sexo deles. O método também tem sido utilizado para escolher uma deficiência, como a surdez, para que o filho compartilhe a condição com os pais. Esse tipo de testagem genética traz em si uma multitude de questões éticas: no futuro, os pais poderão escolher características raciais? E a sexualidade? Como começar a definir "deficiência", e quais os tipos de defeitos serão abortados futuramente? Bebês *gays*? Narigudos? Com genes que os predisponham a serem gordos?

Neste capítulo, abordamos o começo da vida – o nascimento – e encerramos tratando muito levemente das questões éticas que envolvem quais fetos merecem viver ou morrer, com base nas condições genéticas que eventualmente possuam. No capítulo 5, voltamo-nos para a morte e começaremos a responder algumas das questões que dizem respeito aos nossos corpos quando falecemos.

Termos fundamentais

ama-seca
bebê de proveta
cabana menstrual
caso Roe *vs*. Wade
coito interrompido
couvade
direitos fetais
espermatogênese
fertilização *in vitro*
Justiça Reprodutiva (Movimento dos Direitos Reprodutivos)
Leis Comstock

leis de consciência
leis de proteção fetal
natalismo
partograma (Curva de Friedman)
Política do filho único
sinfisiotomia
Solução Final
tabus menstruais
tabus pós-parto
tecnologias de reprodução assistida
terapia de reposição hormonal
úteros de substituição

Leituras complementares

Becker, G. (2000). *The elusive embryo: How men and women approach new reproductive technologies.* University of California Press.

Davis-Floyd, R. (1992). *Birth as an American rite of passage.* University of California Press.

Delaney, J. (1988). *The curse: A cultural history of menstruation.* University of Illinois Press.

Franklin, S. (1997). *Embodied progress: A cultural account of assisted conception.* Routledge.

Franklin, S., & Helene, R. (orgs.). (1988). *Reproducing reproduction: Kinship, power and technological innovation.* University of Pennsylvania Press.

Martin, E. (2006). *A mulher no corpo.* Garamond.

Rapp, R. (1999). *Testing women, testing the fetus: The social impact of amniocentesis in America.* Routledge.

Reilly, P. R. (1991). *The surgical solution: A history of involuntary sterilization in the United States.* Johns Hopkins University Press.

5
CORPOS MORTOS

Madrugada dos mortos [*Dawn of the dead*] (2004), uma refilmagem de *Despertar dos mortos* (1978) do diretor George Romero, tem início com uma enfermeira chamada Ana, interpretada por Sarah Polley, que descobre ao acordar que seu marido fora morto pela filha dos vizinhos. Menos de um minuto após o brutal assassinato, ele fica de pé, reanimado, e começa a atacá-la, que eventualmente consegue escapar pela janela do banheiro. Tudo isso ocorre em menos de três minutos e prepara o cenário para o que muitos consideram ser o melhor filme de zumbis de todos os tempos. Afora o banho de sangue (Vivian, a garotinha, tem a boca arrancada e sua face está toda ensanguentada, enquanto Luís, o marido, tem a garganta dilacerada e morre soluçando numa poça do seu próprio sangue), o que torna essa cena tão irresistível é o fato de Ana ser ameaçada por duas pessoas que ela conhecia, confiava e amava, mas que já não se comportavam mais como elas mesmas. Ao invés de um marido amoroso e de uma vizinha adorável, eram monstros agora. Outro aspecto que faz de filmes como esse algo tão assustador é que um dos fatos sobre os quais consideramos estar mais seguros é que, quando alguém morre, não importando o quanto foi amado ou quão terrível era, morto vai permanecer.

Os filmes de zumbi viraram essa compreensão singela de cabeça para baixo: neles, os seus entes queridos podem até manter a aparência reconhecível (noves-fora o sangue), mas agora são assassinos descerebrados, e a morte não é mais uma condição permanente. Algo pode ser mais assustador?

Hoje em dia os zumbis são um grande negócio. Muito embora o primeiro exemplo moderno desses filmes, *A noite dos mortos-vivos* [*Night of the living dead*], do mesmo George Romero, tenha sido lançado em 1968, os anos 2000 foram, em verdade, a década do gênero, com mais de 300 títulos lançados entre 2000 e 2009. Desde então, vieram dezenas de outros filmes, além de uma das séries mais populares da rede de televisão norte-americana AMC, *The walking dead*, situada num apocalipse zumbi. Por que esses monstros se tornaram tão populares ultimamente?

O professor de Inglês e especialista em zumbis Kyle William Bishop (2010) observou que uma das razões de eles serem tão assustadores é que, embora tenham sido humanos, já não têm mais nenhuma ligação real com a humanidade para além da forma física. Além disso, corporificam um dos nossos maiores temores: o da nossa própria morte. Ao assistirmos com os nossos próprios olhos um ente querido morrer, e posteriormente reanimar-se, temos diante de nós nossa própria mortalidade.

Se a morte é a coisa que os humanos mais temem, é igualmente a coisa que todos eles, em um momento ou outro, irão vivenciar. É o grande universal. E ainda que os filmes de zumbis sejam fantasia, a noção de que a morte pode não ser algo tão simples como normalmente consideramos não é. Neste capítulo nos voltaremos para a morte: como e onde as pessoas morrem, como lidamos com os mortos e os rituais que marcam a morte. Ainda que morrer seja claramente um fenômeno biológico, comum a todos os humanos, as condições nas quais morremos e as atitudes e rituais associados são, como outros assuntos tratados neste livro, socialmente construídos.

Onde e como as pessoas morrem

Segundo a Organização Mundial da Saúde, cerca de 57 milhões de pessoas morreram em 2008. Mais interessante, porém, do que o total de mortos é a maneira como morreram, e como os métodos diferem conforme o país, a renda, dentre outros fatores demográficos.

Países pobres, por exemplo, não apenas apresentam taxas de mortalidade mais altas do que os ricos (com Botsuana na liderança, com uma média anual de 29 mortes por 1.000 habitantes), mas lá as causas dos óbitos tendem a ser incomuns. Nos países em desenvolvimento, uma em cada meio milhão de pessoas morre todo ano de malária, tuberculose e diarreia, por exemplo. Mortes por doenças infectocontagiosas são exacerbadas pela carência de saneamento básico, superlotação e falta de vacinas. Outras advêm da falta de acesso aos antibióticos – mais de um milhão de pessoas morre anualmente por causa de infecções respiratórias agudas tratáveis – e problemas associados ao parto levam a vida de 750.000 mulheres e crianças todo ano. Outro grande assassino atuante nos países pobres é a aids, pois na ausência de ferramentas preventivas e educação é capaz de se espalhar facilmente, não há testagem disponibilizada, carrega consigo estigma e vergonha e o tratamento é caro e inacessível.

Em Mianmar (antiga Birmânia), por exemplo, como em diversos outros países pobres, não há remédios suficientes contra a aids para todos os que deles precisam: enquanto a Organização Mundial da Saúde recomenda que pessoas com contagem de CD4 (tipo de célula sanguínea que combate infecções) abaixo de 350 iniciem o tratamento com drogas antirretrovirais (nos Estados Unidos, pessoas infectadas, e que podem pagar pelos medicamentos, começam a tomá-los imediatamente após o diagnóstico positivo, qualquer que seja a contagem), em Mianmar só é possível ter acesso aos remédios quando o CD4 de um paciente está abaixo de 150, nível em que já se encontra mortalmente doente. Como resultado, mais da metade dos doentes do país (estimados em 240.000) não recebe o tratamento a tempo, e 18.000 deles morrem todo ano.

Também as crianças morrem com mais frequência nos países pobres, graças à falta de comida, saneamento básico e acesso aos cuidados médicos. Em países com alta *renda per capita*, a mortalidade infantil fica por volta de 2 a cada 1.000, enquanto na África esse número chega a 30 por 1.000. Em lugares onde as crianças morrem com tanta facilidade, as mães podem não responder às mortes exatamente da maneira como se espera, como a antropóloga Nancy Scheper-Hughes mostrou em seu livro *Death without weeping: The violence of everyday life in Brazil* (1993). Nas favelas onde trabalhou, a mortalidade infantil era tão alta que as mães aprenderam a se distanciar emocionalmente dos seus bebês, um desapego encorajado pelos médicos, pela Igreja e pelo restante da sociedade. Também as pessoas na idade mais produtiva morrem em maior número nos países pobres: na África, morrem quatro vezes mais adultos economicamente ativos do que nos países ricos, o que significa que a economia geral desses países é bastante prejudicada.

Já nos países de alta renda *per capita*, a maior parte dessas condições não mais existe. Na verdade, como observamos no capítulo 2, nas nações ricas a morte geralmente advém das condições prósperas em que se vive. Como essas pessoas vivem bem mais do que aquelas dos países pobres (em países ricos 71% dos habitantes passa dos 70 anos, enquanto entre os pobres esse número fica em 17%) e dispõem de uma dieta mais abundante (e gorda), morre-se de doenças crônicas associadas ao fim da vida:

cardiovasculares, pulmonares, vários tipos de câncer, diabetes e demências. No Japão existe uma causa de morte chamada *karoshi*, ou "morte por excesso de trabalho", associada a empresários que frequentemente trabalham por mais de 12 horas ao dia, e muito embora a causa imediata do óbito seja ataque cardíaco, este é claramente provocado pela cultura japonesa que exige infindáveis horas extras e pouco tempo livre. Todos esses são exemplos de como a morte é socialmente construída: não morremos das mesmas causas nem dos mesmos jeitos. Tampouco, como veremos, ela chega da mesma forma.

Compreender como e por que as pessoas morrem ao redor do mundo nos informa não apenas sobre a eficácia dos sistemas de saúde desses países, mas também sobre a desigualdade: quem tem mais sofre menos. Acesso desigual à cobertura de saúde é um grande fator para as taxas de mortalidade e morbidade em todo mundo, mas também o é o acesso desigual a alimentação nutritiva, água limpa, condições seguras de moradia e educação. Por exemplo, não deveria causar surpresa a ninguém que pessoas que vivem em favelas como as que existem em Manila, nas Filipinas, têm uma expectativa de vida décadas inferior à média norte-americana. Nelas, os pobres vivem em "casas" construídas com papelão, pano e tábuas recolhidas nos cemitérios, em tumbas que jamais estariam acessíveis a esses favelados depois de mortos.

Mesmo nos Estados Unidos, os pobres morrem mais cedo e com maior frequência do que os ricos, e não raro por razões bem diversas. Mulheres abaixo da linha da pobreza morrem de doenças cardíacas e diabetes a taxas muito mais altas do que aquelas que vivem acima da linha. Homens sem formação universitária, por exemplo, estão mais propensos a morrerem de traumatismos, doenças contagiosas ou crônicas do que aqueles com educação superior. Afro-americanos, que têm maior probabilidade de serem pobres que outros grupos étnicos, morrem de câncer, diabetes, aids, violência, doenças hepáticas ou cardíacas mais do que os brancos. Na verdade, os norte-americanos mais pobres têm expectativas de vida muito semelhante às encontradas na Índia ou na África, ainda que esses muito pobres tenham rendas muito superiores àqueles dos países em desenvolvimento.

Outro fator importante para as altas taxas de mortes por doenças circulatórias entre os afro-americanos é o racismo, que deve contribuir também para que os indígenas americanos cometam três vezes mais suicídios que a média nacional, e que a morbidade associada ao álcool entre eles seja dezessete vezes mais alta do que no restante da população. Discutiremos mais esses assuntos no capítulo 6.

Por fim, não é somente a pobreza relativa que contribui, nos Estados Unidos, para as altas taxas de mortalidade dos pobres do país. Estudos demonstraram que quanto maior o fosso separando ricos e pobres, menor será a expectativa de vida, algo que explica por que os Estados Unidos, a mais rica nação do planeta, mas também a quarta mais desigual (atrás do México, Polônia e Turquia), ocupa o modesto 38º lugar nesse quesito. Um estudo publicado no *British Medical Journey* em 2009 afirmou que ocorrem nos Estados Unidos 884.000 mortes "evitáveis", todas atribuídas à desigualdade de renda. Qual seria a razão? O epidemiologista R. G. Wilkinson sugere que em países de altas renda e desigualdade, os ricos têm menos chance de pagar impostos que financiem infraestrutura voltada para os pobres, como hospitais, escolas e outros serviços públicos. Além disso, sociedades como a norte-americana também podem apresentar um grau inferior de coesão social: não confiam uns nos outros, raramente participam de organizações e atividades comunitárias que beneficiam a todos. Da mesma forma, os homicídios são tanto mais prevalentes quanto maior for a desigualdade. Ao fim e ao cabo, podemos dizer que o maior assassino do mundo é a pobreza.

Vale a pena ressaltar que, quando o *Titanic* afundou, em 1912, dos 1.308 passageiros e tripulantes, 406 sobreviveram. Destes, 60% vieram da primeira classe, 40% da segunda e 25% da terceira. Claro, as diferentes classes representam as quantias pelas passagens, que cobriam as acomodações, a alimentação e a experiência geral do cruzeiro. Uma das razões para o diferencial nas taxas de sobrevivência e morte teve a ver com o fato de os passageiros da terceira classe ocuparem cômodos bem abaixo do deque, enquanto os da primeira classe estavam mais próximos ao topo do navio, logo, com acesso mais fácil aos botes salva-vidas. Da mesma forma, quando o furacão Katrina atingiu Nova Orleans em 2005, destruindo os diques de contenção, o maior número de baixas ocorreu nos bairros pobres, situados abaixo da linha d'água. Assim sendo, onde se vive também afeta como se morre.

Durante boa parte da história humana, a não ser nos casos de mortes acidentais, as pessoas morreram em casa, cercadas por seus entes queridos. Hoje em dia, ao menos no Ocidente, essa situação mudou radicalmente, e a maior parte dos ocidentais, e cidadãos de outras sociedades com acesso à cobertura de saúde e onde os hospitais são comuns, morrem em hospitais

Figura 5.1 – Túmulo em um cemitério espanhol. Cortesia de Jeff Hayes.

ou casas de saúde. É previsto que em 2030 apenas um em cada dez brasileiros morrerá em seu lar. Infelizmente, quando questionadas, a maioria das pessoas diz preferir morrer em casa, e aqueles que efetivamente morrem assim têm qualidade de vida perceptivelmente melhor em seus dias finais do que aqueles que falecem em instituições. Muitos idosos são levados para casas de saúde, hospitais e, às vezes, outros estabelecimentos, o que torna suas mortes menos confortáveis. Lamentavelmente, quando provocada por doenças crônicas, a morte em casa só é realmente possível para aqueles que podem pagar enfermeiros, equipamento médico especializado e, claro, apoio social para torná-la viável. Onde se morre é, portanto, definido por fatores tanto econômicos quanto sociais.

Noutros casos, morrer em casa não é motivo para celebração. Muitos idosos norte-americanos morrem sozinhos em seus lares, e às vezes passam-se dias até que seus corpos sejam encontrados. Essa situação aponta para o crescente isolamento dos idosos naquele país, descrito pelo sociólogo Eric Klinenberg em 2001. Ele descobriu que muitos velhos, especialmente aqueles com poucos recursos econômicos, vivem isolados, com medo, e têm pouca disposição para sair de casa para ir ao médico ou encontrar amigos ou familiares. Como resultado, morrem solitários e apavorados.

A morte organizada

Como discutimos, a morte não acontece aleatoriamente, mas sim é definida por uma variedade de fatores sociais, dentre os quais o mais importante é o acesso a recursos financeiros. Mas claro, ela pode ser bem mais intencional: quando alguém é assassinado, por exemplo, sua morte foi pensada e tornada possível por quem o matou. Da mesma forma, houve momentos ao longo da história nos quais a morte não foi apenas intencional e previsível, mas também disseminada e organizada.

No século XX, a maioria dos norte-americanos tem o Holocausto como o melhor exemplo desse tipo clínico, intencional e sistemático de morte. A mortes desse tipo chamamos **genocídios** – a eliminação sistemática de um grupo étnico por outro. No caso do Holocausto, o partido Nazista alemão, liderado por Adolf Hitler, matou pelo menos seis milhões de judeus, além de muitos milhares de ciganos (Roma, em sua própria língua), *gays*, lésbicas, comunistas, deficientes físicos e mentais e prisioneiros políticos, num total que pode chegar a 17 milhões de pessoas. Ao final da Segunda Guerra Mundial, quando as forças aliadas derrotaram os alemães, dois de cada três judeus europeus tinham perdido a vida. Muito embora os assassinatos do Holocausto tenham começado um tanto informalmente, ao fim do conflito os alemães haviam criado o mais organizado sistema de morte já visto na história da humanidade.

Depois de anos de leis discriminatórias antijudaicas (os nazistas culpavam os judeus pelas perdas na Primeira Guerra Mundial), com a ascensão do **III Reich** hitlerista, em 1933, judeus e outros "inimigos raciais" do Estado, como os ciganos, foram vítimas de esterilização forçada, proibição de casamentos com arianos e, em algumas áreas como na Polônia, colocados em guetos, onde morreram aos milhares por excesso de trabalho, enfermidades e fome. Por volta da década de 1930, judeus começaram a ser enviados aos novos campos de concentração construídos na Alemanha e na Polônia, onde até mais de 50% dos prisioneiros morriam de excesso de trabalho, tortura ou doenças. Os assassinatos sistemáticos começaram em 1939, quando grupos específicos de judeus e outros foram selecionados e mortos por paramilitares alemães, bem como por civis, e em 1942 os verdadeiros campos de extermínio foram inaugurados, quando os alemães concordaram no que ficou conhecido como Solução Final.

Esses campos de extermínio eram estruturas criadas com um único propósito, processar e matar judeus, e recebiam suporte de toda uma infraestrutura da sociedade alemã, que incluía as igrejas, os correios, companhias privadas, escolas, o setor de transportes, os meios de comunicação de massa e o setor financeiro. Quando atirar nas vítimas se revelou demorado e trabalhoso demais, os alemães desenvolveram novas maneiras de implementar assassinatos em massa, como o uso de vans equipadas com gases venenosos, que, ao final, levaram ao uso das câmaras de gás nos campos da morte, que permitiram o assassinato de milhões de homens, mulheres e crianças em um tempo relativamente curto. No campo de Treblinka, por exemplo, essas câmaras podiam matar duas mil pessoas de uma única vez. Os nazistas dispunham do altíssimo número de corpos enterrando-os em valas comuns ou incinerando-os nos fornos dos campos da morte. Esta foi a primeira vez na história humana que o massacre de um grupo específico ocorreu numa escala tão grande, e com tamanho apoio social e institucional.

Ainda que o Holocausto tenha sido único tanto no número de mortes quanto no processo sistemático como foram realizadas, a história está repleta de guerras e genocídios que mataram muitos milhões. Os britânicos, por exemplo, têm um longo histórico de subjugação, racialização e assassinato de grupos via colonização: primeiramente os irlandeses, no século XVI, considerados selvagens (o que justificava a tomada de suas terras e a morte do povo), depois os indígenas norte-americanos, e por fim australianos, tasmanianos e os Maori da Nova Zelândia nos séculos XVIII e XIX. Como os britânicos, europeus ou norte-americanos brancos desejavam as terras povoadas por essas gentes, logo era preciso dominá-las, removê-las e, eventualmente, exterminá-las. Mesmo nos Estados Unidos, onde algumas populações nativas foram "civilizadas" com sucesso, como os Cherokee, quando os britânicos (e posteriormente os norte-americanos) precisavam de suas terras, sua assimilação à cultura ocidental, línguas e práticas, não eram boas o suficiente, e mais uma vez eram removidos à força, como durante a chamada **Trilha**

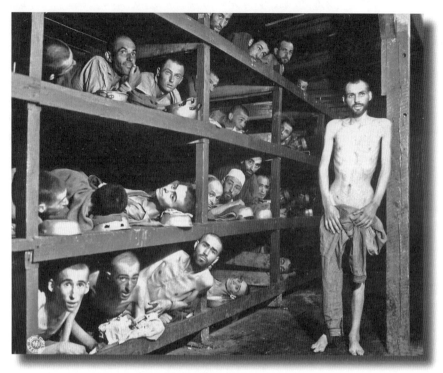

Figura 5.2 – Estes são trabalhadores escravos no campo de concentração de Buchenwald; muitos morreram de desnutrição quando as tropas americanas da 80ª Divisão entraram no campo em 16 de abril de 1945. Foto cedida pela National Archives and Records Administration.

das Lágrimas (Trail of Tears), que resultou nas mortes de 4.000 Cherokees além de inúmeros elementos de outras tribos. O **Indian Removal Act (Lei de Remoção dos Indígenas)**, aprovado pelo Congresso dos Estados Unidos em 1830, permitiu a realocação forçada de todos os indígenas a leste do rio Mississippi, que deveriam seguir para uma área conhecida como Território Indígena (atual Oklahoma). Claro, essa lei foi apenas o começo, pois os norte-americanos brancos continuaram a expandir-se na direção oeste, usando como desculpa o **Destino Manifesto**, a empurrar as populações indígenas para cada vez mais longe e assassinar muitas delas durante o percurso, às vezes em massacres organizados, como o ocorrido em Wounded Knee. Como colocou a antropóloga Mary Douglas, "sujeira é matéria fora do lugar": como os indígenas eram vistos como sujos e contaminantes, ficava fácil para os brancos norte-americanos justificar sua remoção a qualquer custo. Além disso, pelo mesmo motivo suas mulheres podiam ser violentadas sem nenhuma preocupação.

O século XX testemunhou ainda mais eventos genocidas, como o cometido pelos turcos contra os armênios (1915-1923) e os perpetrados na Bósnia e em Ruanda, ambos nos anos 1990. E ainda que uma das razões para que continuemos a ensinar o Holocausto nas escolas seja para que, relembrando a história, ela nunca mais se repita, o fato é que assassinatos em massa de populações específicas continuam ocorrendo até hoje. Os massacres realizados em Darfur pelo governo sudanês e as milícias Janjawid são considerados, por muitos observadores internacionais, como um genocídio. Aparentemente, continuamos a repetir a história.

Questões interessantes: os Campos da Morte cambojanos

Os Campos da Morte referem-se a um grande número de valas comuns encontradas no Camboja e que datam dos anos 1970, quando o regime do Khmer Vermelho comandou o país. Entre 1975 e 1979, ao menos 1,5 milhão de pessoas morreu vítima de fome, doenças ou trabalhos forçados, ou foi simplesmente assassinado pelas forças do Khmer. Bem mais de um milhão de corpos foi enterrado em milhares de valas comuns espalhadas pelo país. Liderado por Pol Pot, o Khmer ascendeu ao poder após o fim da Guerra Civil Cambojana, em 1975, e instituiu uma série de políticas destinadas a criar uma utopia comunista e nacionalista, que resultaram em fome em massa, mortes por doenças tratáveis como malária e, à medida que a oposição política se organizava, tortura e execução de dissidentes, intelectuais, artistas, minorias étnicas, cristãos e muçulmanos. Como não houvesse munição suficiente, após as torturas as vítimas eram surradas ou retalhadas até a morte e posteriormente enterradas em uma das 20.000 covas sem qualquer identificação. Hoje, essas mortes e torturas foram memorializadas no Museu do Genocídio Tuol Sleng, uma escola transformada em prisão e utilizada pelas forças de segurança do Khmer em Phnom Penh, e nos Campos da Morte de Choeng Ek, que reúne uma coleção de 129 valas comuns nas vizinhanças de Phnom Penh, nas quais estão enterrados cerca de 20.000 corpos.

Como sabemos quando morremos?

Abrimos este capítulo com uma cena de um filme de zumbis que demonstra que, ao menos em Hollywood, às vezes não fica claro se alguém está vivo ou morto. O fato de um zumbi, ou um vampiro, que seja, poder estar vivo, morrer e posteriormente retornar como um "morto vivo" pode não ser assim tão fantástico. Como podemos verdadeiramente saber que alguém morreu?

No passado, o aspecto definidor da morte podia ser o coração (se parava de bater, a pessoa estava morta) ou a respiração (idem se não mais respirasse). No entanto, graças ao desenvolvimento do conhecimento e da tecnologia médica, pacientes podem ser revividos mesmo após seus batimentos cardíacos ou seu fôlego terem cessado. Alguém pode passar minutos morto e, ainda assim, ser revivido. No dia 6 de novembro de 2012, num local de votação nos subúrbios de Detroit, um idoso parou de respirar enquanto votava durante a eleição presidencial. Um enfermeiro presente descobriu que seu coração havia parado, mas após breve massagem cardíaca conseguiu reviver o homem que, após voltar à vida, perguntou: "eu votei?" (ele queria ter certeza de que cumprira seu dever cívico antes de seguir para o hospital). Se o enfermeiro não estivesse lá, possivelmente o homem teria morrido. Respiradores mecânicos, transplantes de órgãos, pulmões artificiais, dentre outras tecnologias médicas, são capazes de sustentar a vida para muito além do momento em que a pessoa efetivamente morreria.

Mesmo antes do desenvolvimento de tais tecnologias, nem sempre a parada dos batimentos cardíacos ou da respiração eram prova definitiva da morte. Pessoas conseguiam reviver após terem sido declaradas mortas, às vezes mesmo depois do enterro ou imediatamente antes do embalsamamento. Tratava-se de algo relativamente tão comum (ou ao menos o temor disso acontecer era tão presente) que no século XIX alguns caixões e ataúdes possuíam mecanismos de escape que permitiam aos vivos fugir. Outros eram dotados de sinos ou outros artifícios que permitissem a eventual notificação de um enterro acidental.

No Ocidente atual, utiliza-se o conceito científico de **morte cerebral** para determinar a morte: quando a atividade cerebral, mesurável através de uma eletroencefalografia, cessou. Ainda assim existem complicadores, porque se alguém for diagnosticado com morte cerebral, o resto do seu corpo pode ser mantido vivo para que haja tempo de retirar órgãos e enviá-los para doação. Da mesma forma, mulheres grávidas podem ser mantidas vivas mecanicamente para que os bebês completem a formação. Situações como essas criam cenários interessantes e complicados, nos quais uma pessoa pode estar, a depender do indicador utilizado, viva *e* morta.

Um dos casos mais famosos que desafiou essa noção foi o de Terry Schiavo, uma mulher de 27 anos que desmaiou em sua casa, na Flórida, vítima de uma parada cardíaca. Eventualmente, foi declarada em um estado vegetativo continuado, advindo da falta de sangue em seu cérebro enquanto estava inconsciente. Esperando pela sua recuperação, seu marido e família passaram anos e gastaram uma fortuna tentando revivê-la. O caso veio a público em 1998, quando o marido desejou que o tubo que a alimentava, e a mantinha viva, fosse removido (embora não conseguisse se alimentar, ela era capaz de respirar sozinha). Seus sogros, contudo, não aceitaram a petição, afirmando que a filha estava consciente, logo, viva. Apesar da eletroencefalografia de Schiavo mostrar que não havia mais atividade cerebral e da tomografia exibir extensiva atrofia dos seus neurônios, os médicos se posicionaram ao lado dos pais, por considerarem que ela possuía um mínimo de consciência. O caso percorreu os tribunais durante sete anos, mas em 2005 a vontade do marido finalmente prevaleceu, o tubo alimentar foi removido e ela faleceu duas semanas depois. O caso foi extremamente controverso, e os norte-americanos partidários de ambos os lados ponderaram se Schiavo estava tecnicamente morta ou viva, e quem (se o marido ou os pais) deveria ter a palavra final sobre seu destino. Mesmo o governador da Flórida, Jeb Bush, e o Presidente George W. Bush emitiram opiniões.

O Caso Terry Schiavo contribuiu para levantar o debate sobre o **Movimento do Direito à Morte**, cujos defensores propõem que seja permitido aos pacientes escolher o momento e o modo de suas mortes, ao invés de permanecerem sofrendo com doenças crônicas e incuráveis, ou em estado vegetativo, quando já não há mais esperança de recuperação. Nos Países Baixos, por exemplo, desde 2001 a **eutanásia voluntária** (quando um médico pode encerrar a vida de um paciente em caso de sofrimento insuportável) está legalizada, e em alguns estados norte-americanos (Oregon, Washington, Montana) o **suicídio assistido** (no qual um médico provê medicação para que pacientes terminais se matem) é igualmente legal. Para os defensores do direito à morte, a quantidade da vida não importa, mas sim sua qualidade e a qualidade da morte. Antes do Caso Terry Schiavo houve o de Karen Quinlan, que estimulou a aprovação da primeira lei de testamento vital nos Estados Unidos. Como Schiavo, Quinlan também se encontrava num estado vegetativo continuado, mas quando seus pais quiseram removê-la do ventilador que a mantinha viva, o hospital se recusou, dando início a uma batalha judicial que, em último caso, resultou em ganho de causa para os pais e na morte da paciente.

Há muito se diz que não se permite a ninguém morrer dentro de propriedades da Disney – ou seja, quando alguém colapsa na Disneyworld da Flórida ou na Disneylândia da Califórnia, não pode ser declarado morto até que a ambulância que o carrega tenha deixado a propriedade. A razão para essa suposta regra ser seguida é que nos Estados Unidos uma pessoa não está verdadeiramente morta até que o momento do falecimento seja declarado por um profissional médico e um atestado de óbito seja emitido. No caso das mortes ocorridas na Disney, os médicos realizam massagens cardíacas nos pacientes no local e no caminho até o hospital, onde poderão, finalmente, ser declarados mortos. Desse modo, a empresa pode continuar a afirmar que "ninguém jamais morreu no lugar mais feliz do planeta".

Além disso, existem certos lugares na face da Terra onde morrer é ilegal. Geralmente, leis desse tipo foram aprovadas como resposta a legislações que baniam o desenvolvimento de novos cemitérios, mas às vezes elas são usadas para proteger um local sagrado das qualidades contaminantes da morte. No Japão, uma ilha chamada Itsukushima é considerada sagrada para os praticantes do xintoísmo: após a Batalha de Miyajima, em 1555, ocorrida na ilha, os cadáveres e o solo encharcado de sangue foram removidos para o Japão. Hoje em dia, exige-se que idosos, doentes terminais e mulheres grávidas deixem a ilha, para evitar que morram por lá.

Tratando dos mortos

O que acontece após a morte é tão social e culturalmente construído quanto a maneira como se morre. Todas as culturas humanas (e algumas espécies animais) cuidam dos seus mortos de alguma forma, seja enterrando, incinerando, embalsamando ou de outro modo qualquer. Da mesma forma, todas choram seus mortos de alguma maneira, por meio de algum tipo de evento cultural ou cerimônia pensada para se despedir deles.

Na **tradição católica**, os moribundos recebem os **sacramentos finais**, que incluem a extrema-unção e a atribuição de penitências por um padre imediatamente antes da morte, algo que prepara a alma para a vida eterna e purifica a pessoa dos seus pecados. Para aqueles que morrem em hospitais, porém, geralmente as pessoas à sua volta na hora da morte são médicos, frequentemente menos qualificados a lidar com os últimos desejos de um moribundo.

Na Europa, até por volta do século XIX, após os falecimentos entrava em ação o mensageiro da morte, alguém que viajava pela vila anunciando aos moradores o ocorrido e os convidando para virem ao funeral. Às vezes eles badalavam um sino durante o processo. Esses mensageiros eram usualmente pagos com base na distância que tinham de percorrer. Outro profissional contratado para rituais funerários eram as carpideiras, mulheres que, sem ter nenhuma relação com o morto, recebiam para chorar e lamentar, um modo de demonstrar a importância do falecido e de encorajar os demais participantes ao pranto. Esses profissionais continuam a ser comumente empregados na China e nas comunidades chinesas da diáspora em todo o mundo, e ajudam o finado a entrar na vida após a morte mais rapidamente.

Ocorrida a morte, o cadáver é tratado das mais variadas formas. Às vezes é preservado utilizando-se embalsamamento ou mumificação – os antigos egípcios, por exemplo, preservavam os corpos removendo os órgãos internos e fluidos corporais e colocando-os em vasos, onde poderiam ser reunidos ao morto na vida após a morte. Embalsamados, os corpos seriam mumificados, o que os preservava para a eternidade. Muitas famílias realizavam o mesmo procedimento com seus gatos de estimação, na esperança de que também eles fossem reunidos na outra vida. Gatos e outros animais sagrados também eram mumificados porque acreditava-se serem encarnações dos deuses, de modo que recebiam funerais apropriadamente respeitáveis. Uns eram sacrificados aos deuses, mumificados e enterrados, enquanto outros passavam pelo mesmo processo para servirem de alimento aos humanos no além-morte.

Hoje em dia, no Ocidente, ainda se usa embalsamar os mortos como preparação para o enterro, mas não mais a mumificação. Exceções a essa prática encontram-se entre judeus e muçulmanos, que não embalsamam seus mortos, mas sim tentam enterrá-los o mais rápido possível.

No embalsamamento, os fluidos corporais são removidos e substituídos por formol, uma prática que teve início no Ocidente para quando as pessoas morriam longe de casa. O processo preserva os corpos, impedindo sua decomposição, de modo a poderem voltar para o lar e receberem os funerais. (às vezes esse processo não consegue conservar o corpo por tempo suficiente: em julho de 2012, o ator Sherman Hemsley, que atuou na série *The Jeffersons*, faleceu, mas devido a uma disputa sobre o seu testamento, seu corpo foi embalsamado e congelado numa casa funerária em El Paso. Após quatro meses de disputas legais, o caso foi finalmente resolvido e seu corpo, enterrado). Atualmente, também se usa o embalsamamento para permitir velórios com caixões abertos, eventualmente realizados muitos dias após o falecimento. Ao embalsamar o corpo, e ornamentá-lo com diversas formas de cosméticos, assistentes funerários auxiliam as famílias a verem seus entes queridos após a morte. Quando a morte ocorreu por meios violentos é comum que a face precise ser reconstruída, para esconder o dano causado pela violência.

Em certos casos os corpos são embalsamados, mas não enterrados. Tanto Vladimir Lenin quanto Josef Stalin, por exemplo, receberam esse tratamento para que ficassem permanentemente expostos. Lenin ainda pode ser visto em Moscou, mas Stalin acabou sendo enterrado em 1961.

Em outras culturas, os mortos recebem uma máscara após a morte. Entre os Inuit e outros povos indígenas do noroeste do Pacífico e do Ártico, as máscaras funerárias eram comuns e especialmente utilizadas por xamãs falecidos. Com olhos de osso incrustados e decorados com penas, cabelos e outros elementos, elas eram colocadas sobre as faces dos mortos para evitar que espíritos entrassem nos corpos e os reanimassem. Considerava-se cobrir os olhos particularmente importante, tanto para afastar os espíritos quanto, talvez, para ajudar o falecido a enxergar seu caminho no além-vida.

Em países ocidentais, se alguém morre sob circunstâncias suspeitas, seu corpo pode ser sujeitado a uma autópsia, um procedimento médico no qual um patologista abre o cadáver e o examina, para determinar a causa da morte.

Ritos funerários

Em culturas do mundo inteiro, frequentemente o repouso final de um corpo é o enterro. Enterrar é uma maneira de levar um corpo em decomposição para longe das vistas e tratá-lo com respeito, protegendo-o, por exemplo, de animais carniceiros. Segundo os arqueólogos, os primeiros enterramentos humanos conhecidos ocorreram antes mesmo dos seres humanos modernos: nossos ancestrais, os *Homo sapiens* arcaicos, não apenas enterravam seus mortos em covas há pelo menos 130.000 anos, como também adicionavam certos bens a eles (que seriam presumivelmente utilizados no além-vida). Também os neandertais, nossos parentes próximos, enterravam seus mortos há pelo menos 50.000 anos, colocando em seus túmulos objetos como patas de pantera e flores.

Em geral, corpos são enterrados em caixões ou ataúdes, que retardam o processo de decomposição e fornecem uma "casca" formal para o cadáver descer ao solo. Em diversas culturas esses objetos podem ser extremamente elaborados: em Gana, por exemplo, as pessoas são enterradas em caixões entalhados e pintados para parecerem peixes gigantes, garrafas de Coca-Cola, carros ou pássaros. Com cores vibrantes e produzidos por artistas, podem custar o mesmo que um ano de salário, mas são uma maneira estilosa de enviar os entes queridos para a outra vida. Atualmente, porém, em alguns países ocidentais, os "enterros naturais" têm se tornado populares, de modo que os cadáveres podem ser enterrados sem caixões, apressando assim sua decomposição.

Enquanto judeus e muçulmanos enterram seus mortos imediatamente após a morte (geralmente no intervalo de 24 horas), outros grupos esperam bem mais. Os Toraja, um grupo étnico indígena das ilhas Sulawesi (Indonésia), esperam meses para enterrar um ente querido, algo que ocorre porque a cerimônia fúnebre é o evento mais caro da vida da maioria das pessoas, e quanto maior for o *status* do falecido, mais custoso será o seu enterro. Por serem tão custosos, uma família pode levar meses, ou até mesmo anos, para reunir os recursos suficientes para realizá-los. Durante esse tempo, os cadáveres são envolvidos em pano e mantidos em casa, e a alma permanece junto até que a cerimônia seja completada. Durante o ritual, um búfalo d'água (ou eventualmente um grande número deles) é sacrificado para que possa auxiliar o falecido a encontrar o seu caminho até Puya, a vida após a morte. Após a cerimônia, o corpo é posto dentro de um caixão e colocado numa caverna ou cova.

A ideia de que os mortos precisam de animais que os acompanhem no além-túmulo é comum a diversas culturas. No zoroastrismo, a religião da antiga Pérsia, os cães eram intermediários entre os reinos do profano e do sagrado, e particularmente importantes nos rituais que se seguiam à morte. Quando alguém morria, por exemplo, eles eram trazidos para testemunhar o corpo, e desempenhavam um papel também nos rituais, pois após a morte dois deles acompanhavam a alma até a vida após a morte. Diversas

Figura 5.3 – Criptas no "Corredor dos Milionários" do Cemitério Mountain View Cemetery, Oakland, CA. Cortesia de Ian Elwood.

culturas da Mesoamérica (Olmecas, Toltecas, Maias e Astecas) consideravam os xoloitzcuintle, cachorros pelados, como guardiães dos mortos. Eles costumavam acompanhar as almas dos mortos até o submundo; por essa razão alguns deles eram mumificados e enterrados nas tumbas preparadas para os mortos em toda a região.

Corpos não podem ser enterrados em qualquer lugar. Eles geralmente são levados para cemitérios – lugares reservados pela cidade ou estado como uma área exclusiva para enterros. Em algumas culturas, porém, podem ocorrer até mesmo dentro das casas, como em algumas partes da África e na Grécia antiga. Nos países cristãos, estes locais de descanso final são frequentemente associados a igrejas (e nesse caso são chamados de campos santos), pois até certo tempo os corpos precisavam ser enterrados em solo consagrado. Hoje, eles até ainda podem estar associados a templos, mas também podem ser totalmente independentes e seculares. Na verdade, atualmente é mais comum encontrar cemitérios situados fora dos limites urbanos: por causa das inúmeras pragas ocorridas ao longo da história europeia, considerou-se mais seguro manter os mortos longe dos vivos. Noutros casos, optou-se por tal localização porque os terrenos dentro das cidades eram valorizados demais para serem destinados aos mortos. Foi esse o caso de San Francisco, que em 1900 proibiu a construção de qualquer cemitério. Desse ponto em diante, os mortos da cidade eram levados para o sul, uma cidadezinha chamada Colma que, atualmente, possui uma população de 1.792 pessoas, mas que graças aos seus muitos cemitérios abriga uma "população" de mais de 100.000 mortos.

Outra razão para os cemitérios estarem geralmente situados fora dos limites urbanos tem a ver com tabus e superstições relativas à morte. Não é de se estranhar que em muitas culturas a casta mais baixa seja formada por aqueles responsáveis por lidar com os mortos – enterrando-os, cuidando deles, incinerando-os ou cavando suas covas. Pela mesma razão, a terra dos cemitérios é simbolicamente poderosa e é utilizada em inúmeras formas de feitiçaria. Até mesmo os viúvos e viúvas são eventualmente isolados da sociedade, por carregarem em si o estigma da morte e de sua impureza. Em algumas culturas, como os Tuaregues do deserto do Saara, quando ocorre um falecimento, o acampamento se desloca para outra paragem e não se chama mais o morto pelo nome, para que assim fazendo se distanciem da morte. A pobreza, por outro lado, tem o poder de reduzir esse medo: na capital do Egito, centenas de milhares de egípcios vivem e trabalham em mausoléus da Necrópole do Cairo, um imenso cemitério conhecido como a Cidade dos Mortos.

Assim como morremos, como somos enterrados também reflete nossa posição social em vida. Aqueles com grandes recursos podem ser sepultados em criptas elaboradas ou mausoléus, enquanto os pobres mal podem garantir um funeral com uma pequena lápide. Os membros mais pobres da sociedade podem ser incinerados, enterrados em caixotes de madeira em cemitérios para miseráveis, ou até mesmo em valas comuns. Algumas vezes, como na Europa Renascentista, criminosos eram executados publicamente e suas cabeças (às vezes seus corpos inteiros) eram exibidos como um aviso aos demais.

Antigamente, os cemitérios eram divididos por religião e/ou por raça: nos Estados Unidos, afro-americanos, sino-americanos e outras minorias eram enterrados separados dos brancos, em cemitérios diferentes ou em partes reservadas para eles. O monumento funerário pode ser uma simples cruz de madeira, enquanto aqueles com amplos recursos têm lápides sobre as covas, talhadas por profissionais especializados e que contêm não apenas o nome do defunto, mas também os detalhes mais importantes de sua vida. Esses mortos ricos podem ter também estátuas decorando suas sepulturas. Em idos tempos, famílias norte-americanas demarcavam seus túmulos em lotes cercados, uma prática conhecida também na Rússia. Em cemitérios no mundo inteiro, as famílias continuam a trazer flores e outros objetos para os jazigos dos seus entes queridos. Alguns cemitérios, contudo, padronizaram tanto o tipo de lápide permitida (alguns só autorizam pequenas placas ao nível do solo) como o tipo de decoração: flores artificiais, ursinhos de pelúcia, dentre outros objetos, são proibidos, no intuito de manter uma aparência mais uniforme.

Em geral, as culturas que usam enterrar os mortos realizam funerais antes do enterramento, que podem incluir velórios com caixão aberto, para que os enlutados possam olhar para o seu morto antes ou durante os funerais oficiados por algum tipo de liderança religiosa. Após o funeral, que ocorre frequentemente em igrejas, vem o enterramento propriamente dito, que acontece no cemitério, e em seguida muitas culturas realizam uma reunião ou oferecem uma refeição na casa dos parentes mais próximos. Estes eventos são oportunidades para os sobreviventes refletirem sobre a vida do falecido e celebrá-la, além de reforçar a noção cultural de vida após a morte. Eles têm características diversas, a depender da cultura e da religião, bem como da posição socioeconômica do falecido.

Em Nova Orleans, os afro-americanos têm práticas funerárias que são exclusivas daquela região e daquela cultura. Conhecidos como funerais do *jazz*, neles a família e os amigos do falecido marcham desde casa até o cemitério, enquanto a banda toca uma música fúnebre conhecida como *dirge*. Uma vez terminado o funeral, os enlutados e a banda retornam a casa, onde acontece uma festa, com música alegre e os participantes, incluindo espectadores, dançando juntos para celebrar a vida do finado.

Em muitas áreas do mundo, as pessoas não são relembradas apenas nos cemitérios, mas também nos locais em que morreram. Esses **memoriais de beira de estrada**, conhecidos como *descansos* em zonas de fala hispânica, são geralmente compostos por cruzes e decorados pelos sobreviventes com itens que recordam os mortos. Às vezes são mais informais, e contam somente com alguns objetos empilhados no chão. Eles são usualmente encontrados em estradas onde ocorreram acidentes automobilísticos com vítimas fatais, servindo, portanto, como lembretes da direção segura. Em certos estados dos Estados Unidos, bicicletas fantasmas (*ghost bikes*) – bicicletas pintadas de branco – são colocadas para relembrar um ciclista morto por atropelamento.

Como muitas pessoas amam seus bichos de estimação, hoje em dia os cemitérios para esses animais de companhia têm se tornado uma forma crescentemente popular de lidar com a morte deles. O Hartsdale Pet Cemetery and Crematory, fundado na cidade de Hartsdale, Estado de Nova York, em 1896, foi o primeiro cemitério desse gênero nos Estados Unidos e guarda os restos mortais de mais de 75.000 animais. O que o torna tão notável é que, até então, os animais não possuíam um local específico para seu repouso final. Não importando o quanto fossem amados, aquela sociedade ainda não havia produzido uma forma de honrá-los e relembrá-los após a morte. Os animais mortos, fossem de criação, carga ou estimação, eram geralmente tratados como lixo e lançados fora junto com os refugos urbanos. Com a ascensão da indústria dos cemitérios para bichos, não apenas criou-se um modo das pessoas lidarem com os corpos dos seus companheiros mortos (um problema para os habitantes das cidades que não podiam simplesmente enterrar um cachorro no jardim), mas também um modo para que eles fossem relembrados.

Nesses cemitérios, a pessoa enlutada pode convidar família e amigos para o funeral e lá, cercada por aqueles que conheceram o animal, relembrá-lo e, para aqueles com sentimentos religiosos, contar com a presença de um clérigo para comandar orações. O monumento funerário é uma outra forma concreta de preservar a memória do amigo especial. Em uma lápide de Hartsdale, erigida para um animal chamado Grumpy, é possível ler: "4 de agosto de 1915 – 20 de setembro de 1926. Seu amor solidário e compreensivo enriqueceu nossas vidas. Ele espera por nós". O sentimento e a dor da família de Grumpy chegam a ser palpáveis nessa mensagem, assim como é a ideia, seguida por muitos ainda hoje, de que humanos e animais compartilham juntos a vida após a morte. Diferentemente da maioria dos cemitérios, em Hartsdale humanos podem optar por ser enterrados junto aos seus bichos, e de fato o cemitério guarda os restos de centenas de pessoas que querem permanecer junto de seus companheiros após a morte.

Outros métodos para dispor dos mortos

Atualmente, no Ocidente, a cremação se tornou uma opção crescentemente popular para aqueles que não desejam onerar seus entes queridos com os custos dos funerais, ou que não se agradam da ideia de ter seus restos apodrecendo no solo. No Ocidente esse processo é realizado nos crematórios, nos quais os corpos, alojados em caixões simples de madeira ou papelão, são cremados em fornalhas. Posteriormente, os entes queridos recebem as **cinzas da cremação,** fragmentos ósseos pulverizados, que podem exibir em casa, dentro de uma urna ou caixa, guardar em um jazigo (usualmente associado a um cemitério) ou, obedecendo aos limites legais, espalhá-las. No Japão, por sua vez, os pedaços de ossos não são fragmentados, e sim guardados com a família. Em 2012, as cinzas de James Doohan, ator que interpretou o papel de Scotty na série de televisão *Star Trek* durante a década de 1960, foram enviadas ao espaço no foguete SpaceX Falcon 9. Doohan, junto com outros 300 fãs do espaço, enviou seus restos mortais (ao custo de 3.000 dólares cada) ao foguete para que pudessem orbitar em torno da Terra até finalmente serem destruídos durante a reentrada no planeta.

Muito embora diversas religiões (judaísmo, cristianismo oriental, Islã) proíbam a cremação, para outras tantas ela é uma prática importante. Quase todos os hindus, por exemplo, cremam seus mortos, e lançam os restos no Rio Ganges. Cabe aos *dálits* (intocáveis) lidar com os corpos, mas é responsabilidade do filho mais velho acender a pira funerária, algo que ocorre ao céu aberto nas margens do rio. Antigamente, esperava-se que as viúvas se lançassem ao fogo para morrer junto com seus maridos, uma prática conhecida como *sati*. Outras religiões indianas (jainismo, sikhismo, budismo) também praticam a cremação, encarada como a melhor maneira para permitir ao espírito se desligar do corpo. Entre os Ianomâmi da América do Sul, os mortos costumavam ser cremados, e as cinzas resultantes eram misturadas com banana e ingeridas.

No Tibet, cadáveres são abandonados no alto das montanhas: conhecido como "**enterro celestial**", nele permite-se que aves de rapina devorem as carnes (o *jhator*, ou "dar esmolas aos pássaros"). Práticas desse tipo são encontradas em diversas outras sociedades, como algumas indígenas americanas. Entre os Masai da África Oriental somente os líderes mais importantes das aldeias eram enterrados: todos os demais eram deixados fora dos limites da comunidade para que fossem devorados pelos animais, e seus nomes jamais seriam pronunciados novamente.

No Ocidente atual há pessoas que doam seus corpos para a ciência, fazendo da necessidade de dispor dos cadáveres um modo de auxiliar o progresso científico. Para aqueles que se opõem aos testes em animais, é também uma maneira de garantir que os estudantes de medicina possam praticar técnicas cirúrgicas ou estudar anatomia em cadáveres de verdade. Discutiremos questões relativas ao tráfico de corpos e partes corporais no capítulo 15, e o fato destas últimas provirem de corpos não brancos e não ocidentais. No próximo capítulo veremos os modos pelos quais raça e etnicidade moldam os corpos – tanto os vivos quanto os mortos.

Questões interessantes: o escândalo do Tri-State Crematory da Geórgia (Estados Unidos)

O Tri-State Crematory era um crematório privado situado em Noble, Geórgia, um negócio familiar que oferecia serviços de cremação para casas funerárias na região triestadual da Geórgia, Alabama e Tennessee. Em 2002, alguns corpos foram descobertos dentro da propriedade do crematório onde vivia a família Marsh, dona do negócio. Investigadores conseguiram encontrar 339 corpos em decomposição que jamais haviam sido incinerados, abandonados em diversos lugares para que apodrecessem. Brent Marsh, dono da empresa, relatou às autoridades que a fornalha estava quebrada (muito embora estivesse plenamente operacional), de modo que não foi encontrada uma explicação para o fato. As famílias dos falecidos jamais perceberam que havia problemas porque recebiam "cinzas" dos seus entes queridos (que nada mais eram que pó de concreto). Marsh foi condenado a doze anos de prisão, muito menos do que pedia a acusação, pois descobriu-se que os mortos não tinham nenhum valor monetário. Mas ele também foi processado pelas famílias e pelas casas funerárias para quem prestava serviço. Essas ações foram resolvidas por meio do seguro de Marsh.

> **Termos fundamentais**
> bicicletas fantasmas (*ghost bikes*)
> células CD4
> cinzas da cremação
> Destino Manifesto
> enterro celestial
> Estudos Whitehall
> eutanásia voluntária
> genocídio
> III Reich
> Indian Removal Act (Lei de Remoção dos Indígenas, 1830)
> memoriais de beira de estrada (descansos)
> morte cerebral
> Movimento do Direito à Morte
> sacramentos finais
> suicídio assistido
> testamento vital
> Trilha das Lágrimas

Leituras complementares

Bishop, K. W. (2010). *American zombie gothic: The rise and fall (and rise) of the walking dead in popular culture.* McFarland.

Kastenbaum, R. (2001). *Death, society, and human experience.* Allyn & Bacon.

Roach, M. (2015). *Curiosidade mórbida: A ciência e a vida secreta dos cadáveres.* Paralela.

Scheper-Hughes, N. (1993). *Death without weeping: The violence of everyday life in Brazil.* University of California Press.

PARTE III

MAPEANDO DIFERENÇAS NOS CORPOS

6
CORPOS RACIALIZADOS E COLONIZADOS

Em 2008, os Estados Unidos elegeram seu primeiro presidente afro-americano, Barack Obama (que, na verdade, é birracial, mas conforme o sistema de classificação racial norte-americano, que discutiremos neste capítulo, ele é considerado negro, ou afro-americano). Muitos observadores e comentaristas consideraram que sua eleição abriria as portas para uma era pós-racial nos Estados Unidos, em que a história do país seria marcada pelo declínio do racismo e pelo distanciamento do conceito de raça.

Infelizmente, não foi isso que aconteceu. Durante as eleições de 2008, surgiu grande número de imagens e piadas racistas, equiparando Obama e sua esposa a macacos ou associando-os a melancias, frango frito[3], seguro-desemprego, dentre outros estereótipos relacionados aos afro-americanos. Após as eleições, grupos de monitoramento de discursos de ódio observaram um aumento nos grupos supremacistas brancos operando em todo os Estados Unidos. No pleito de 2012 a questão da raça permaneceu presente, com apoiadores do candidato republicano Mitt Romney vistos usando camisetas com os dizeres "coloque os brancos de volta na Casa Branca" ou "Don't Re-Nig in 2012" ("não [vote] novamente [no] crioulo em 2012"). Vieram a público fotografias de bonecos com o rosto do presidente sendo linchados em jardins, e celebridades como Donald Trump continuaram afirmando que Obama não era nem cidadão norte-americano nem cristão, sugerindo que seria um muçulmano africano (o que demonstra igualmente como conceitos diversos, tais como raça, cultura e religião, são frequentemente confundidos e misturados nas cabeças de muitos norte-americanos). Historicamente, ataques e acusações dessa natureza jamais haviam sido dirigidos a outros presidentes, mas mesmo se tais elementos não ti-

---

3. Nos Estados Unidos, muito especialmente no sul, ambos os alimentos são pejorativamente relacionados às pessoas negras [N.T.].

vessem aparecido, certamente o racismo e a raça não estariam extintos nos Estados Unidos.

Como o autor e jornalista norte-americano Ta-Nehisi Coates escreveu na revista *Atlantic* (2012), o Presidente Obama precisava ser "duas vezes melhor e 50% menos negro", indicando que para atrair os cidadãos brancos tinha de trabalhar duro e ser duplamente mais bem-sucedido que todo o resto, mas também aparentar ser o menos negro possível, para que aqueles mesmos brancos não se sentissem ameaçados. Como disse o hoje Presidente Joe Biden durante as primárias de 2008, "você tem o tipo do afro-americano convencional, articulado, brilhante e limpo" – se Obama não fosse tão "brilhante e limpo", certamente não teria sido eleito. Apesar disso tudo, sua negritude permanece sendo uma grande ameaça para muitos norte-americanos.

Um estudo recente demonstrou que homens de negócios afro-americanos bem-sucedidos tendem a ter "caras de bebê", ou seja, traços faciais menores do que outros homens da mesma raça, conformação essa que os fazia parecer mais acolhedores e menos hostis e contribuía para seu sucesso. Esse fato demonstra que, para muitos brancos, os afro-americanos continuam a ser perigosos, e que somente quando suas aparências são "menos africanas" eles têm condições de crescer na vida. E embora o Presidente Obama tenha elementos da face relativamente pequenos, sua relativa negritude o torna um sinal de ameaça para não poucos norte-americanos.

A verdade é que nos Estados Unidos, como em outras partes do mundo, a raça importa. Ela está entre os aspectos mais salientes que percebemos em alguém e, mais importante, atribuímos sentido à nossa compreensão de raça. Conquanto antropólogos, sociólogos e demais especialistas saibam hoje que a raça é um construto social, mais do que um fato biológico, nas mentes de muita gente ela permanece viva como um elemento da biologia. Assim sendo, nenhum exercício de compreensão do corpo na sociedade estará completo sem observar como a raça é corporificada, e como essa corporificação é encarada no nível social.

O que é raça?

A maior parte das pessoas pensa nas raças como divisões biológicas, ou subespécies, da humanidade, algo como as raças caninas. A maioria dos cientistas sociais e naturais, porém, atualmente considera-a como um construto social, mais do que algo existente na natureza. Ou seja, ainda que nossa aparência seja diversa, essas diferenças não se traduzem em subgrupos humanos raciais – são nada mais, nada menos do que diferenças superficiais.

Raças são categorias artificiais que separam as pessoas com base em critérios arbitrários, como a cor da pele ou dos olhos. Posteriormente, esses grupos são hierarquicamente ranqueados: aqueles no topo (nos países ocidentais, os descendentes de norte-europeus) desfrutam de mais privilégios e oportunidades que os situados na base da hierarquia. A raça é, portanto, um sistema social, econômico e político de divisão e inequalidade.

Sabemos que as categorias raciais são artificiais porque a cada ano em que o censo foi realizado nos Estados Unidos (uma vez a cada dez anos desde 1790), jamais um levantamento utilizou os mesmos termos raciais dos anteriores. Cada um usou termos diferentes, demonstrando que nem mesmo o governo daquele país tem como afirmar quais seriam os critérios corretos.

Mas embora discutamos a raça como um construto social, ela efetivamente tem sua origem nos corpos e na má compreensão das diferenças corporais. Os seres humanos têm aparências distintas porque nossos antepassados evoluíram em regiões com diferentes condições ambientais, que os levaram a desenvolver diversos aspectos físicos mais bem-adaptados a essas condições. A cor da pele, por exemplo, foi criada por meio de uma combinação de genes e meio ambiente: variações nas tonalidades são primordialmente determinadas pela quantidade de **melanina** nas células epiteliais. Essa substância protege a pele de boa parte da radiação ultravioleta, de modo que aqueles cujos ancestrais provêm de ambientes ensolarados possuem tezes mais escuras do que aqueles cujos antepassados vieram de regiões com baixa exposição aos raios solares. Igualmente, os traços faciais desenvolveram-se em populações específicas como respostas às condições ambientais em que viviam. Por exemplo, narizes compridos desenvolveram-se em áreas onde o clima é mais frio e seco, enquanto os mais curtos onde a temperatura é mais alta e há mais umidade. O epicanto (ou dobra epicântica) da pálpebra surgiu em regiões setentrionais, como o Ártico eurasiático, porque protege os olhos da luz solar direta e do frio.

Mas o fato dos nossos antepassados terem nos legado aspectos que nos tornaram diferentes uns dos outros não significa que podemos ser divididos em subgrupos que têm por base essas diferenças. E mais: não é porque parecemos diferentes que efetivamente somos diferentes – em especial a ponto de formar subdivisões. Elementos "raciais" são superficiais, não se relacionam ao quanto alguém é inteligente, se possui aptidão musical ou capacidade atlética. Além disso, não há como dizer que toda uma população que compartilha de certo número de características físicas partilha também aspectos emocionais ou intelectuais. Simplesmente não existe conexão entre traços físicos externos e outras características. Não obstante, por causa dos estereótipos raciais e da discriminação, quando se começa a acreditar que determinadas pessoas são mais inteligentes graças à cor de suas peles, tais percepções podem se tornar autorreforçáveis na medida em que elementos de tez mais clara serão contratados e promovidos com maior frequência, o que leva a haver mais pessoas de pele clara em posições de poder e autoridade.

Se do ponto de vista biológico a raça não é uma realidade, como esse conceito se desenvolveu? E por que permanece tão presente no pensamento social de nossos dias?

Questões interessantes: o assassinato à mão armada de Trayvon Martin

Trayvon Martin era um garoto afro-americano de 17 anos que em 2012 foi morto a tiros por George Zimmerman, chefe de vigilância de uma comunidade fechada da Flórida. Usando um capuz, Martin acompanhava a noiva de seu pai de uma loja de conveniência (onde havia comprado uma bebida de frutas e um pacote de Skittles) até em casa quando foi visto por Zimmerman, que, considerando-o suspeito, ligou para a polícia, denunciou o comportamento do jovem e informou que iria segui-lo, algo que o atendente do 911 o desencorajou a fazer. Em algum ponto da perseguição, houve uma altercação física; desarmado, Martin atingiu Zimmerman, que respondeu atingindo-o no peito com um tiro. Graças à Lei do Stand-your-ground ("defenda seu território") da Flórida, pela qual é possível atirar em alguém, sem necessidade de recuar, se se percebe risco à propriedade, Zimmerman não foi indiciado pelo crime. O caso provocou comoção nacional por envolver um jovem negro morto a tiros por um homem adulto de origem hispânica que nem sequer chegou a ser processado pelo assassinato. Defensores de Zimmerman afirmam que ele agiu em legítima defesa, enquanto os de Martin argumentam que a lei abria espaço para que qualquer pessoa negra usando um capuz fosse gratuitamente assassinada à bala. Eles organizaram uma série de "Marchas dos Milhões de Capuzes" em homenagem ao rapaz, e até o Presidente Obama expressou seu pesar, dizendo que se tivesse um filho ele seria parecido com Trayvon. O repórter Geraldo Rivera, por seu turno, acusou o próprio jovem pela sua morte, culpando sua "roupa de marginal". Eventualmente, Zimmerman foi acusado por assassinato em segundo grau (quando há intenção, mas não planejamento ou premeditação), por supostamente ter efetuado perfilamento racial e atirado em Martin, que estava desarmado. Em julho de 2013, após um julgamento que durou 19 dias e no qual o júri poderia tê-lo condenado por assassinato em segundo grau ou mesmo por homicídio culposo, Zimmerman foi inocentado de todas as acusações.

O colonialismo e a emergência da raça

A raça emerge como conceito durante a era de expansão colonial, que colocou os europeus em contato, e eventualmente ao domínio, de populações das Américas, África, Ásia e Oceania. Quando os grandes poderes da Europa (portugueses, espanhóis, ingleses, franceses, dentre outros) começaram a estabelecer colônias no mundo inteiro e muito especialmente com o surgimento do comércio de escravizados africanos, adveio a noção de que os não europeus eram não apenas cultural, mas também biologicamente diversos. Dentre os muitos produtos do colonialismo com potencial para alterar o mundo, temos o nascimento do sistema de racialização, pelo qual grupos humanos eram caracterizados e ranqueados conforme um novo conceito conhecido como "raça".

No decorrer dos séculos de expansão colonial europeia, povos asiáticos, africanos e americanos não foram meramente dominados (suas terras, recursos e trabalhos espoliados), mas também alocados a determinadas posições no âmbito de uma nova hierarquia social, em cujo topo situavam-se os europeus. Diferentes sistemas de classificação emergiram, no esforço de categorizar a diversidade humana do planeta – em especial aqueles sob domínio europeu – conforme a cor da pele e os traços faciais, bem como pela religião, idioma e cultura. Ao superestimar as similaridades entre esses grupos e desprezar suas diferenças, considerou-se que formavam "raças" coesas e inferiores. A partir de então, seus traços físicos foram correlacionados ao que se pensavam ser as características intelectuais e culturais de cada grupo, formando assim a base para o sistema racial de classificação que herdamos: a ideia de que é possível prever o comportamento humano a partir de algo tão banal quanto a cor da pele ou a forma dos olhos.

O tráfico transatlântico de escravizados foi outro dos grandes estímulos ao desenvolvimento do pensamento racial. Nos Estados Unidos, a noção de criar uma categoria permanente de pessoas escravizadas era incompatível com a ideologia da igualdade para todos que os pais fundadores apregoavam. Não obstante, o sistema de pensamento racial, segundo o qual certos grupos são biologicamente inferiores a outros, forneceu uma isenção conveniente para aquela ideologia. Se os africanos eram verdadeiramente inferiores aos brancos, não poderiam receber o mesmo tratamento que eles; desse modo, seguindo tal raciocínio, a escravidão (que tal e qual o colonialismo desenvolveu-se para ampliar os ganhos econômicos dos colonizadores) não era inconsistente com os ideais fundadores. Emergiu, assim, um sistema de desigualdade racial que justificava um sistema de ganância econômica e reconciliava a prática da desigualdade com uma filosofia de igualdade para todos.

A artificialidade (e o patético) do conceito de raça fica especialmente visível em termos como **hipodescente** (ou "regra da gota única"), que designa o modo de classificação dos filhos de casais etnicamente diversos. Conforme tal sistema, atribui-se a essas crianças a raça do genitor socialmente subordinado, ou seja, negro. Esse esquema surgiu para manter as progênies das escravas e dos seus senhores como negras – logo, cativas –, uma regra que permitiu aos homens brancos terem relações sexuais com mulheres negras (nesse caso, o inverso não era permitido) sem que a dominação branca fosse ameaçada. Isso explica por que celebridades como Barack Obama, Tiger Woods e Halle Berry são todas consideradas negras, ainda que tenham genitores etnicamente diversos.

Ao fim, as diferenças físicas às quais chamamos raça representam, do ponto de vista biológico, muito pouco. Cultural e socialmente, contudo, elas têm grande importância.

Exibição e erotização de corpos racializados

O colonialismo e o racismo foram igualmente fortalecidos pelas **Feiras mundiais**, criadas no século XIX e utilizadas para exibir ao mundo as novidades tecnológicas e culturais do Ocidente.

Uma das maiores atrações desses festivais eram os pavilhões nacionais, montados pelos países participantes para servir de vitrine às audiências internacionais do que de melhor tinham a oferecer em termos de cultura, gastronomia, música, dança e arte. Relacionados a esses estandes, mas relativamente diferentes em termos de objetivos, eram os zoológicos humanos, exposições em que o público podia observar pessoas oriundas dos países colonizados em recriações de suas vilas e aldeias. Dentre os grandes promotores dessas "atrações" estavam o empresário circense P. T. Barnum, que as propagandeava como estranhezas anatômicas e culturais, e Robert Ripley, fundador dos espetáculos *Acredite se quiser [Believe it or not]*. Também Carl Hagenbeck, traficante de animais e fundador de zoológicos, desempenhou um importante papel ao encontrar e posteriormente exibir pessoas nativas em condições semelhantes às coleções de animais para públicos pagantes. Estas exposições chegaram a ser montadas em zoológicos de verdade: Hagenbeck exibiu sua coleção de pessoas Inuit no Zoo de Hamburgo; Geoffrey de Saint-Hilaire expôs Núbios, Zulus e Sás (então chamados Bosquímanos) no Zoo de Paris, e em 1896 uma centena de Sioux vivia no Zoo de Cincinnati. Em 1904, o Zoo do Bronx, em Nova York, exibia um jovem Mbuti (pigmeu congolês) chamado Ota Benga junto aos chimpanzés. Apresentado como o "elo perdido" entre símios e seres humanos, sua liberdade foi finalmente alcançada graças aos protestos da comunidade negra local.

Na Exposição do Centenário da Independência dos Estados Unidos, ocorrida na Filadélfia em 1876, povos nativos foram exibidos pela primeira vez nos Estados Unidos, na chamada "exibição etnográfica". Houve "aldeias negras" nas feiras de 1878 e 1889, em Paris, e a Exposição de Chicago (1893) exibiu Argelinos, Apaches, Navajos, Samoanos, Japoneses e Javaneses. Em 1900, a Exposition Universelle de Paris tinha um diorama vivo com nativos de Madagascar; a Exposição Pan-Americana de Nova York (1901) apresentava as exposições *Old Plantations* (a vida feliz dos escravizados) e *Darkest Africa* (uma aldeia africana). Em 1904, na Feira Mundial de Saint Louis, havia mostras de populações recentemente conquistadas, oriundas de Guam e das Filipinas (indivíduos Igorot).

A aparência e o comportamento exóticos desses nativos serviam para atrair público pagante. Os Igorot filipinos, por exemplo, eram tatuados e comiam carne de cachorro. Embora em casa esse alimento só fosse consumido em ocasiões cerimoniais, os organizadores da feira serviam-lhe diariamente, para que os cidadãos norte-americanos pudessem apreciar o espetáculo. Os zoológicos humanos, e demais exposições nativas, contrastavam com as notáveis realizações das sociedades ocidentais, e tanto acentuavam o primitivismo dos nativos quanto enfatizavam a cividade ocidental. Tais exibições refletiam, e contribuíam para, a ideologia colonialista e eram igualmente influentes na construção da narrativa da selvageria dos povos nativos e de sua inferioridade racial. E não só promoviam uma agenda colonial como ajudavam a implementá-la – missionários cristãos, por exemplo, visitavam as feiras para aprender mais sobre as culturas que pretendiam "civilizar".

Ainda que esses espetáculos tenham, em sua maioria, desaparecido até a década de 1960, um exemplo ainda ocorre na Tailândia, com indivíduos Padaung refugiados da guerra civil no país vizinho, Mianmar. Os campos onde vivem são organizados como zoológicos humanos, nos quais os turistas podem pagar ao governo tailandês para tirar fotos com as mulheres Padaung, conhecidas por usarem anéis de cobre nos pescoços. Outro exemplo ocorre nas Ilhas Adaman, território indiano no Oceano Índico,

Figura 6.1 – Garotas Padaung do sul do Estado de Xã (Birmânia), 1887-1890.
Cortesia da Biblioteca do Congresso.

onde mulheres do grupo étnico Jarawa dançam para visitantes que (conforme pelo menos um relato) lhes atiram bananas e biscoitos.

Fora do mundo das grandes exposições internacionais, mulheres e homens nativos foram exibidos como atrações secundárias em parques, *dime museums* (coleções de curiosidades voltadas para classes trabalhadoras dos Estados Unidos) e circos. Um dos casos mais tristes e notórios foi o de Saartjie Baartman, uma mulher Khoi San sul-africana com esteatopigia (condição na qual uma grande quantidade de gordura acumula-se nas nádegas) e lábios vaginais alongados, ambos aspectos comumente encontrados entre os indivíduos femininos de sua etnia. Escravizada, pertencia a fazendeiros holandeses e foi apresentada em toda a Europa, onde a chamavam "Vênus Hotentote". Entre 1810 e 1811, em Londres, foi exibida dentro de uma jaula e os visitantes eram convidados a beliscar suas nádegas; posteriormente, foi vendida para um treinador de animais francês que a expôs na França. Após a sua morte, em 1815, o anatomista Georges Cuvier dissecou seu corpo, com especial atenção para seus lábios genitais, e preservou algumas partes para compará-las às das mulheres brancas. Até 1974, seu esqueleto, junto com o cérebro e genitália preservados, eram exibidos em um museu francês. Em 2002, seus restos mortais finalmente retornaram à África do Sul, onde foram enterrados.

A noção de que pessoas não brancas são mais sexuais do que as brancas possui uma longa história. Nas colônias escravocratas do Novo Mundo, os negros eram vistos como hipersexuais, perigosos, mantidos afastados das mulheres brancas por questão de segurança. Do mesmo modo, os homens asiáticos eram percebidos como sexualmente ameaçadores: em finais do século XIX, o uso do ópio foi criminalizado em diversas localidades dos Estados Unidos porque dizia-se que chineses atraíam mulheres brancas para as bocas de fumo, onde eram violadas. Já as mulheres negras eram entendidas como objetos sexuais perfeitos para o uso dos homens brancos, por já estarem degradadas e constantemente disponíveis. Além disso, na maioria das colônias havia poucas mulheres brancas (elas eram encorajadas a permanecer na segurança dos lares, na Europa), de modo que os homens brancos dispunham sexualmente de suas escravas negras, em especial no Caribe, onde as tomavam como concubinas. A antropóloga Verena Martinez-Alier (1974) chamou este arranjo de **sistema marital dual**, segundo o qual mesmo após a chegada das mulheres brancas ao Caribe, os homens mantinham uma esposa branca e uma concubina negra.

A suposta ameaça representada pelos homens negros era controlada, dentre outros modos, pelos espancamentos, e após o fim do sistema escravista pelos linchamentos: entre 1882 e 1946, estima-se que cerca de 5.000 homens negros morreram linchados, muitos dos quais haviam sido acusados de estuprar, abordar ou (no caso de Emmett Till, um adolescente de 14 anos morto em 1955) assoviar para mulheres brancas. Mesmo hoje, a ideia de que homens negros representam particular risco para as mulheres permanece notavelmente presente. A integridade das mulheres negras, contudo, não é igualmente protegida: durante o período da escravidão, elas podiam ser legalmente estupradas pelos seus senhores. Em outras palavras, esse sistema racializado e sexualizado possui dois polos iguais e opostos: um, a exploração sexual de mulheres negras por homens brancos; o outro, a preocupação extrema com a pureza da mulher branca, ameaçada pelos homens negros.

Mesmo hoje, frequentemente considera-se mulheres não brancas como sendo mais sexuais, eróticas e exóticas do que as brancas. Em especial, as negras são representadas nas propagandas, pornografia e arte como mais primitivas, selvagens e sensuais do que outras mulheres. Algo semelhante ocorre com as latinas e as asiáticas. A indústria do turismo sexual internacional foi construída sobre os estereótipos das mulheres de várias culturas. Os homens, em geral dos países ocidentais, viajam ao Caribe, à América Latina e à Ásia para satisfazer fantasias com mulheres hipersexuais e exóticas, um contraste com as mulheres contidas que têm em casa. Em lugares como Bangkok, onde a pobreza e o desespero (bem como o tráfico de pessoas) forçam moças jovens à prostituição, os turistas dizem para si mesmos que elas estão "a fim de sexo" e que são naturalmente mais sexuais do que as mulheres dos seus próprios países. O negócio das noivas por encomenda é igualmente fundado sobre estereótipos de mulheres estrangeiras: asiáticas seriam, sim, mais sexuais, mas também esposas obedientes para maridos norte-americanos cansados do feminismo das mulheres ocidentais. Também se considera que os homens negros são mais sexualizados do que os brancos – a bem da verdade, no geral as pessoas negras continuam a ser mais definidas pelos seus corpos (são "atletas natos", ou "dançarinos natos"), enquanto as brancas o são pelos seus intelectos.

No século XXI, o termo "*bootylicious*" ("bundeliciosa") tem sido usado para se referir a mulheres brancas ou latinas com corpos curvilíneos e nádegas volumosas. Este modelo feminino, representado por celebridades como Jennifer Lopez, Beyoncé e Kim Kardashian, tem sido fetichizado em nossa cultura, cobiçado pelos homens e visto com inveja, temor e, talvez, aversão pelas mulheres. Também se considera que o fato de as mulheres não brancas serem mais hipersexuais do que as brancas é confirmado pelas taxas mais altas de gravidez na adolescência entre esses grupos, e pelo modo como essas mulheres, geralmente pobres, são apresentadas em programas televisivos populares, tipo *Jerry Springer*, nos quais sua sexualidade é transformada em espetáculo público.

Questões interessantes: o cabelo bom

A raça também representa um papel fundamental naquilo que diferentes culturas consideram belo. Em especial naquelas regiões do mundo que experimentaram a colonização europeia e/ou a escravidão, pessoas com cabelos e traços faciais caucasianos são vistas como mais atraentes do que aquelas com aspectos associados aos africanos. Para os afro-americanos de hoje, o cabelo permanece sendo uma área em que os padrões de beleza e aceitabilidade são fortemente racializados. Nos Estados Unidos, cabelos compridos, lisos e sedosos são considerados, desde há muito, não apenas mais bonitos, mas também mais femininos, deixando as afro-americanas, que normalmente têm cabeleiras crespas ou cacheadas, automaticamente fora desses padrões. Provém disso a importância e a proliferação de alisantes capilares (um mercado anual de 45 milhões de dólares) dirigidos especificamente para elas. São mercadorias caras, que tomam muito tempo e que não raro causam sofrimento, pois os produtos químicos que contêm frequentemente queimam o couro cabeludo. Mas o cabelo crespo *versus* o liso ("cabelo bom") não é uma mera questão estética para muitas afro-americanas, mas sim uma questão de aceitação em uma sociedade ainda dominada por pessoas brancas e por valores brancos. No filme *Good hair* (2009), escrito por Chris Rock, o comediante Paul Mooney disse: "if your hair is relaxed, white people are relaxed; if your hair is nappy, they're not happy" (se seu cabelo for relaxado, os brancos estão relaxados. Mas se for encaracolado, eles não estão felizes"). Hoje, muitas afro-americanas optam por usar apliques lisos, às vezes feitos de cabelos humanos (vindos de mulheres indianas pobres) para camuflar seu próprio cabelo. Oprah Winfrey, uma das mulheres mais poderosas do mundo, só veio usar o cabelo "natural" na capa de sua própria revista em 2012. Em todas as outras edições, das 150 em que apareceu, ou o tinha alisado ou usava peruca. Mas há também muitas afro-americanas que assumem penteados que celebram sua identidade étnica (nós de tranças, tranças nagô ou afros), ainda que em muitos espaços (em especial em locais de trabalho) esses estilos possam ser considerados "excessivamente étnicos" e ameaçadores para as pessoas brancas.

Mapeando e medindo corpos na era do racismo biológico

Com o surgimento da biologia como ciência no século XVII, teorias científicas foram apropriadas pelo novo pensamento racial, levando à emergência do racismo científico e ao fortalecimento do pensamento racial no Ocidente.

Por exemplo, Carl Lineu, a quem se atribui a criação do sistema taxonômico usado até hoje para catalogar cientificamente espécies de plantas e animais, elaborou a ideia de que haveria cinco raças biológicas, cada qual com suas características físicas e intelectuais próprias. Já o naturalista Georges Cuvier, por sua vez, acreditava na existência de três raças. E claro, tanto um quanto o outro situaram os europeus no ápice de suas recém-criadas hierarquias raciais científicas. Todos os outros cientistas, durante todo o século XIX, concordaram com esses dois pensadores e viam os europeus como biologicamente superiores. O debate centrou-se primordialmente em como as raças haviam se desenvolvido e qual (se os indígenas americanos ou os africanos) ocuparia a posição mais baixa. Em todos esses casos, a noção de superioridade ou inferioridade raciais era um dado usado para justificar a escravidão, posto que, afinal de contas, considerava-se que os africanos fossem biologicamente adaptados ao cativeiro. Com o fim do sistema escravista, teorias raciais científicas continuaram a ser usadas para denegar direitos aos não brancos, nos Estados Unidos e no resto do mundo colonial e pós-colonial.

Pseudociências foram desenvolvidas e usadas para comprovar a superioridade ou inferioridade de determinadas raças. Por exemplo, Petrus Camper, um anatomista holandês do século XVIII, afirmava que as raças podiam ser distinguidas pelo ângulo que a testa faz em relação ao nariz e à mandíbula: brancos apresentavam o mais refinado, enquanto os africanos, com um ângulo próximo ao dos macacos, demonstravam sua inferioridade evolutiva.

Outro ramo era chamado **fisiognomonia**, que afirmava ser possível distinguir o caráter de alguém a partir de seus traços faciais ou corporais.

Um médico italiano chamado Cesare Lombroso era um defensor dessa abordagem, e no século XIX examinou os corpos de centenas de criminosos no intuito de determinar quais características físicas eram compartilhadas por todos eles e por aquilo que chamava de "homem primitivo". Ele descobriu que os tais traços primitivos eram mais comumente encontrados entre africanos, um grupo que ele considerava inferior aos brancos. Um outro teórico oitocentista que subscrevia essa teoria foi Francis Galton, que era também, não por acaso, um importante eugenista. Fossem os sujeitos do estudo italianos, irlandeses, judeus ou afro-americanos, o resultado era sempre o mesmo – os grupos considerados etnicamente diferentes eram tidos pelos cientistas como racialmente inferiores em caráter, inteligência e moralidade.

A fisiognomonia também foi praticada no século XX: os nazistas, por exemplo, usavam compassos de calibre para medir os traços faciais dos judeus e dos suspeitos de serem judeus, por considerarem que eles possuíam traços mais largos, animalescos, de modo que o tamanho do nariz, das orelhas ou das sobrancelhas de alguém poderia significar vida ou morte. Eles defendiam a **biologia criminal**, baseada nas teorias lombrosianas, e usavam-na para descobrir quem possuía mais tendência a se tornar um criminoso a partir dos seus traços da face. Ensinavam a "matéria" junto aos cursos de higiene racial, manipulando dados para demonstrar que judeus tinham maior propensão a se tornar bandidos ou assassinos do que os arianos – a ironia, claro, é que os verdadeiros assassinos eram os nazistas.

Mais recentemente, o psicólogo evolucionista Satoshi Kanazawa reviveu as teorias lombrosianas e afirmou que a criminalidade podia efetivamente ser detectada por meio dos traços da face. Como no século XIX, a fisiognomonia vincula-se ao racismo, e muitos de seus proponentes (como o próprio Kanazawa) continuando a achar em características não brancas evidências de criminalidade, agressão e mau caráter.

Outra abordagem científica do racismo foi a **craniometria**, promovida pelo antropólogo Samuel Morton e baseada na comparação entre crânios humanos. Morton comparou crânios de norte-americanos de origem indígena, africana e europeia para demonstrar qual grupo possuía a maior capacidade craniana – logo, os maiores cérebros –, sendo assim os mais inteligentes. Não é de se estranhar que sua pesquisa tenha demonstrado que os europeus eram os mais inteligentes, seguidos pelos indígenas e, finalmente, pelos africanos. Seu trabalho foi usado para provar a teoria da

poligenia, ou seja, que as raças haviam sido criadas separadamente. No século XX, contudo, o biólogo Stephen Jay Gould (1996) demonstrou que Morton havia usado dados incorretos para comprovar sua tese. Um dos resultados do seu trabalho, e de outros como ele, é que os museus de história natural dos Estados Unidos estiveram, no passado, repletos de crânios, ossos e artefatos de indígenas. Na verdade, era perfeitamente legal escavar túmulos indígenas e usar os restos humanos lá encontrados para propósitos científicos ou exposições. Foi somente com a aprovação da Lei de Proteção e Repatriação de Sepulturas de Nativos Americanos [Native American Graves Protection and Repatriation Act], em 1990, que os restos humanos foram devolvidos e que a pilhagem dos cemitérios, proibida.

Raça, saúde e pureza racial

Em culturas racializadas como os Estados Unidos, em todas os índices referentes a saúde e mortalidade (incluindo expectativa de vida, mortalidade infantil, mortalidade materna, cuidados pré-natais, peso dos recém-nascidos, dentre outros), os brancos estão mais saudáveis e têm melhores chances de sobrevivência do que outros estratos sociais.

Discrepâncias como essas devem-se a diferentes estilos de vida entre os grupos raciais: o fato de os não brancos serem desproporcionalmente mais pobres, logo sem acesso a planos de saúde e assistência médica de qualidade; de suas vidas e condições de trabalho serem menos saudáveis; de suas comunidades vivenciarem taxas de criminalidade violenta mais altas e de sofrerem discriminação racial por parte dos profissionais de saúde.

Como historicamente os afro-americanos têm tido mais problemas de saúde e índices de mortalidade mais altos do que os brancos, graças aos horrores da escravidão e às desigualdades vivenciadas pelos negros após a abolição, alguns tomaram esses dados como prova de sua natural inferioridade. Por outro lado, durante a vigência do sistema escravista, acreditava-se que eles sofriam menos do que os brancos com doenças como a febre amarela, uma crença usada para justificar a escravização, pois os brancos seriam teoricamente mais afetados pelo trabalho em pântanos quentes, nos quais esse tipo de enfermidade vicejava.

Um processo similar ocorreu com os sino-americanos. Dizia-se que as Chinatowns, bairros onde chineses viviam nos Estados Unidos, eram criadouros de imundície, crime, superpopulação e doenças. Animais eram criados junto com as pessoas e abatidos a céu aberto, nas ruas. Mas esses lugares existiam não por vontade dos imigrantes – eles foram, sim, criados pelos brancos para servir de espaço segregado no qual os chineses tinham de viver e trabalhar, excluídos da vida e das atividades laborais das comunidades brancas. Da mesma forma, quando os chineses foram acusados pela disseminação da gripe aviária em 2003, ou quando os funcionários mexicanos dos abatedouros foram culpados pela epidemia de gripe suína de 2009, ambos os grupos foram responsabilizados pelas condições de pobreza às quais haviam sido submetidos.

Doenças sexualmente transmissíveis são um outro bom exemplo de como a saúde e as enfermidades podem ser racializadas. No século XIX, quando os médicos perceberam que os afro-americanos vivendo no sul dos Estados Unidos contraíam sífilis em altos números, este dado foi utilizado para disseminar a crença de que eram mais imorais e promíscuos do que outros grupos. Também a aids serve como exemplo: ainda que, nos anos 1980, ela tenha iniciado como uma doença largamente confinada a dois grupos (homens que fazem sexo com homens e usuários de drogas injetáveis), acabou por se disseminar por toda sociedade, e hoje em dia um dos grupos com as taxas de infecção mais altas é o dos não brancos. Uma vez mais, aventa-se que os negros (como os *gays* anteriormente) carecem do necessário autocontrole para lidar com doenças sexualmente transmissíveis, quando a realidade é que pobreza, falta de educação, de acesso a serviços médicos e de informação a respeito da aids (supostamente uma "doença *gay*") contribuem para sua disseminação na comunidade negra.

Mais um bom exemplo: a dependência química. Sabemos que existem padrões de consumo no âmbito de grupos étnicos e raciais – por exemplo, homens afro-americanos apresentam mais problemas relacionados ao álcool do que os brancos, enquanto os latinos são ainda mais propensos a esse problema do que os outros dois. Uma razão para tal situação é que os não brancos são alvos das companhias de tabaco e álcool; outra tem a ver com os índices mais elevados de pobreza e desemprego, combinados à falta de boas escolas e acesso à assistência médica. Contrariamente à suposição popular, os negros não usam *crack* em números mais altos do que os brancos, mas nos Estados Unidos há muito mais negros do que brancos presos e condenados pelo uso dessa substância, um indício da natureza racista da justiça criminal.

Figura 6.2 – A Chinatown de Oakland. Cortesia de Ian Elwood.

Uma resultante dessa desigualdade no acesso à saúde entre grupos racializados é o movimento pela pureza racial, ou eugenia, surgido na Europa e nos Estados Unidos no século XIX e que se preocupava em manter a "raça branca" pura e com o controle da miscigenação e da reprodução dos não brancos. Uma das razões para sua emergência era a noção de que os não brancos eram doentios, quando comparados aos brancos – na Alemanha, por exemplo, os judeus foram medicalizados: transformados em um risco sanitário a ser solucionado por intermédio de segregação, esterilização e, em último caso, extermínio.

Nos Estados Unidos, uma das forças propulsoras por trás deste movimento foram as vagas de imigrantes que começaram a chegar em finais do século XIX. Atraídos por novas oportunidades de trabalho nas indústrias, esses recém-chegados, em sua maioria analfabetos sem qualificação vindos do sul e do leste europeus, chegaram às cidades norte-americanas e foram forçados a se amontoar em bairros étnicos, rapidamente tomados pelo crime e pelas doenças. O resultado foi a aprovação de uma série de leis destinadas a restringir a imigração de nacionais não brancos e controlar os imigrantes desde o momento em que chegassem. As décadas de 1920 e 1930 foram, possivelmente, o período mais racista da história norte-americana, de que são exemplos as leis de imigração e **antimiscigenação**, políticas segregacionistas e até mesmo esterilização forçada para os "inaptos". Como a existência dos não brancos era vista como uma ameaça à saúde dos brancos e, de forma mais geral, do corpo político, os corpos não brancos requeriam esse tipo de controle intensivo.

A animalização de corpos não brancos

Outra maneira por meio da qual o controle racial opera em nível corporal é pela **animalização**. Não brancos têm sido comparados a animais pelo menos desde o colonialismo e certamente desde o início do tráfico transatlântico de escravizados, que nos Estados Unidos começou no século XVII. Com o surgimento do pensamento evolutivo, no século XIX, certas pessoas sentiram que embora os humanos fossem aparentados aos macacos, alguns estavam mais *próximos* daqueles animais do que outros, e os africanos eram especificamente considerados o "elo perdido" entre a humanidade e os símios. Ao usar animais (especialmente macacos e grandes símios) para se referir aos africanos e sugestionar que eles e seus descendentes estavam mais próximos daquelas criaturas do que os brancos, estes afirmaram sua superioridade sobre aqueles.

Além disso, os afro-americanos não eram apenas considerados animais, mas também eram tratados como tais, uma forma de degradá-los e desumanizá-los. Os escravizados africanos eram acorrentados e amordaçados como animais, espancados como animais, marcados como animais, comprados e vendidos como animais, tinham seus filhos levados como animais e sua humanidade e individualidade ignoradas, como humanos fazem com animais. Eram propriedade, como são os animais, e poderiam ser mortos pelos seus donos legais, como são os animais. Milhares de africanos pereceram na travessia do Atlântico, uma perda que era abatida nos preços pagos pelos homens e mulheres sobreviventes (nos Estados Unidos, animais que são transportados para lojas de animais de estimação experimentam também altos índices do que a indústria chama de "*shrinkage*", encolhimento, perdas essas que são incorporadas aos valores dos animais restantes).

Em seu livro *The dreaded comparison: Human and animal slavery*, de 1997, Marjorie Spiegel deixa claras as semelhanças entre a maneira como os escravizados africanos eram tratados e o tratamento conferido aos animais, tanto naquela época quanto hoje, e demonstra também que

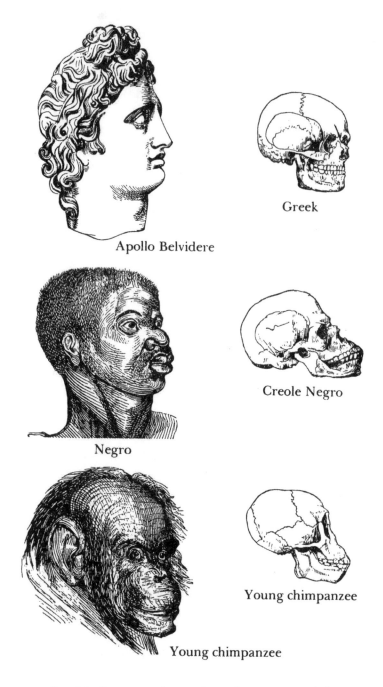

Figura 6.3 – Uma comparação entre afro-americanos e macacos, do livro *Indigenous races of the earth*, de Josiah Clark Nott e George Robert Gliddon (publicado originalmente em 1857), e republicada no livro *A falsa medida do homem* (Martins Fontes, 1991) de Stephen Jay Gould.

os brancos justificavam o uso e o tratamento dispensado aos escravizados por meio de muitas das justificativas empregadas atualmente para justificar a utilização de animais como alimento ou em testes laboratoriais. Dizia-se que os negros não sentiam dor, não desenvolviam laços afetivos com seus filhos e que eram mais felizes sendo escravizados do que vivendo por sua própria conta. Além disso, se a escravidão era uma parte importante da economia do sul dos Estados Unidos, como os donos das plantações poderiam passar sem ela?

Outros grupos também sofreram o processo de animalização. No século XIX, norte-americanos brancos chamavam chineses e japoneses de vermes e os comparavam a ratos, enquanto durante a Invasão da Manchúria, na Segunda Guerra Mundial, os japoneses descreviam os chineses como porcos. Até mesmo as animações de Walt Disney desempenharam um papel nesse processo: é possível perceber como, ao longo dos anos, os animais foram racializados. Corvos, macacos e grandes símios eram interpretados por negros, chihuahuas por latinos e gatos por asiáticos – todos negativamente estereotipados.

O processo mais conhecido de todos talvez seja o tratamento conferido aos judeus pelos nazistas nos anos 1930 e 1940. A palavra alemã para raça, *rasse*, também é utilizada para designar animais de puro sangue, demonstrando não apenas a tendência nazista a animalizar as pessoas como sua preocupação em manter a pureza da linhagem, tanto nos animais quanto nos seres humanos. Nos discursos públicos e na mídia, os judeus eram chamados de vermes, ratos, baratas. O ministro da propaganda, Joseph Goebbles, afirmou: "é verdade que um judeu é um ser humano, mas a pulga também é um ser vivo – desagradável [...] nosso, dever tanto em relação a nós mesmos quanto à nossa consciência, é deixá-la inofensiva. O mesmo acontece com os judeus". Já o Manual do Partido Nazista dizia: "todos os bons arianos devem esmagar judeus e outros membros de 'raças inferiores' como 'baratas em uma parede suja'". O filme de propaganda *O judeu eterno* [*Der ewige Jude*] (1940) incluía a seguinte fala: "os ratos [...] têm seguido os homens como parasitas desde o começo [...]. Eles são espertos, covardes e ferozes, geralmente aparecem em grandes bandos. No mundo animal, representam o elemento da destruição subterrânea [...] semelhante ao lugar que os judeus ocupam entre os homens".

Como ocorrido com a escravidão, contudo, a animalização dos judeus foi muito além da ofensa. Durante o movimento eugênico nos Estados

Unidos e na Alemanha, no começo do século XX, a prática da seleção via cruzamento (criar animais com características desejáveis e matar ou esterilizar os restantes) tornou-se inspiração e exemplo para os esforços eugênicos de melhorar a população humana em ambos os países, que levaram à esterilização compulsória, mortes por eutanásia e, no caso da Alemanha nazista, ao genocídio.

Entre 1942 e 1945 os judeus europeus foram transportados para os campos em vagões de gado, onde eram tatuados com números de identificação como se fossem animais de criação, e milhões foram assassinados em massa, tendo sua humanidade e sua individualidade completamente extintas. Os próprios campos seguiam o modelo dos currais industriais e abatedouros norte-americanos: os nazistas tomaram de empréstimo aqueles elementos com o objetivo de tornar o processamento de judeus tão rápido e eficiente quanto possível e para simplificar a parte final da operação, na qual as vítimas eram levadas à morte. Nas câmaras de gás, um pesticida usualmente usado contra ratos, o gás Zyklon B, foi empregado para os assassinatos em massa. Rudolph Hess, comandante de Auschwitz, chamou o campo de "o maior abatedouro humano que a humanidade já havia conhecido" (Patterson, 2002, p. 122). Judeus, ciganos e muitos outros foram submetidos aos infames experimentos de Josef Mengele, que chamava meninas polonesas sujeitas às suas grotescas experimentações de "garotas-coelho".

Neste capítulo discutimos aquilo que, para muitos de nós, é a ideia mais banal de todas: a noção de raça. Não obstante, raça é tudo menos banal: trata-se de um termo e um sistema de classificação que foi criado há alguns séculos com o intuito de dividir os seres humanos e de estabelecer privilégios e benefícios para alguns às custas da grande maioria. Como vimos, suas consequências foram devastadoras. No capítulo 7 analisaremos outro sistema, o de gênero, que provavelmente lhe parece ainda mais natural, mas que pode ser tão socialmente construído quanto o sistema racial que acabamos de discutir.

Termos fundamentais

animalização
biologia criminal
cemitérios indígenas
craniometria
fisiognomonia
legislação antimiscigenação
Lei de Proteção e Repatriação de Sepulturas de Nativos Americanos
poligenia
racialização
sistema marital dual
zoológicos humanos

Leituras complementares

Blanchard, P. (2008). *Human zoos: Science and spectacle in the age of colonial empires*. Liverpool University Press.

Gould, S. J. (1991). *A falsa medida do homem*. Martins Fontes.

Herring, C., Keith, V., & Horton, H. D. (2004). *Skin deep: How race and complexion matter in the "color blind" era*. University of Illinois Press.

hooks, b. (1990). *Yearning: Race, gender and cultural politics*. South End.

Spiegel, M. (1996). *The dreaded comparison: Human and animal slavery*. Mirror Books.

7
CORPOS GENDERIZADOS

Na cultura ocidental, corpos femininos estão em todo lugar. São usados pela propaganda para vender de tudo, de carros a móveis e hambúrgueres; vestidos ou nus, estão entre as imagens mais comumente vistas em revistas, televisão ou internet. A edição especial "roupa de banho" da revista norte-americana *Sports Illustrated*, lançada uma vez por ano, é sempre a mais vendida, e o tabloide britânico *The Sun* exibe todo dia uma mulher de *topless* em sua terceira página. Estejam vestidos, despidos ou cobertos por véus, os corpos das mulheres estão sempre à vista, e toda mulher sabe estar sujeita a ser olhada, julgada e definida pela sua aparência e por sua sexualidade. De fato, em 2012 a estrela do futebol norte-americano Alex Morgan apareceu na edição "roupa de banho" da *Sports Illustrated* sem usar nenhuma roupa, somente com pintura cobrindo o corpo. A ideia de que uma atleta pudesse aparecer nua em uma revista dedicada aos esportes não causa surpresa, pois vivemos numa sociedade em que observar os corpos das mulheres é corriqueiro. Após os Jogos Olímpicos de 2012, chamado por muitos observadores de "o Ano das Mulheres" por causa da proeminência alcançada pelas esportistas, a rede de televisão NBC produziu um vídeo destacando as atuações femininas, mas que mostrava lindas mulheres seminuas em câmera lenta, ao som de uma trilha sonora que lembrava a de um filme pornô *soft*.

É possível que nenhum outro tópico, no campo dos estudos do corpo, tenha sido tão discutido quanto o gênero. Os corpos das mulheres são particularmente sujeitos a uma ilimitada variedade de controles sociais e culturais: quão grandes ou belos são, se estão bem-vestidos, constituídos ou maquiados – as mulheres são julgadas pela sua aparência de um modo que raramente ocorre com os homens. Dadas as capacidades biológicas femininas para gerar filhos, essas mesmas capacidades que acabam por defini-las:

para as mulheres, a biologia pode parecer um destino, que define o que elas podem ou não fazer. O corpo não é o único espaço no qual elas são controladas e definidas, mas é um lugar em que, e através do qual, o gênero é construído e inscrito.

Pesquisas recentes têm começado a atentar para os corpos dos homens e para as maneiras como estes também são moldados pela cultura e pela sociedade. Neste capítulo veremos como normas e expectativas genderizadas dão forma e restringem tanto os corpos masculinos quanto os femininos. Além disso, os corpos transgêneros – que borram os limites entre o homem e a mulher – também são, obviamente, moldados pelos mesmos fatores que atuam nos masculinos e femininos, mas em geral de maneiras novas e diferentes.

O corpo genderizado

Corpos de homens e de mulheres diferem entre si de muitas formas. Possuem conjuntos diversos de órgãos reprodutivos e sexuais, ainda que valha a pena observar que os embriões, até pelo menos a sétima semana de gestação, são sexualmente indiferenciáveis – ou seja, masculinos ou femininos, eles são quase a mesma coisa, e cada um carrega o material para desenvolver suas gônadas. Após a sexta semana esses órgãos rudimentares transformam-se em ovários ou testículos, e depois dessas mudanças internas a genitália externa se desenvolve em conformidade. Outras diferenciações sexuais não começam antes da puberdade, quando ambos desenvolvem pelos corporais, os homens crescem mais altos e musculares e as mulheres desenvolvem mamas e acumulam gordura corporal. Da mesma forma, elas apresentam, em geral, tez mais clara do que homens de mesma etnia.

Mas ainda que seja verdade que os corpos de homens e mulheres difiram entre si (geralmente em termos de tamanho e presença de pelos corporais, bem como nos órgãos reprodutivos e sexuais), muitas dessas diferenças são socialmente constituídas. *Esperamos* que os corpos masculinos sejam maiores, mais peludos e musculados do que os femininos, e que estes sejam mais macios, menores e pelados. Para encorajar tais diferenças, criamos imperativos culturais que determinam às mulheres que removam, parcial ou completamente, os pelos dos seus corpos e faces, que mantenham uma silhueta artificialmente magra e que não desenvolvam demais sua musculatura. Inversamente, exigimos dos homens que tonifiquem seus corpos através da musculação, eventualmente com o uso de esteroides anabolizantes, para que sejam o mais fortes possível, criando o que os especialistas chamam de "**complexo de Adônis**". Pesquisadores da Escola de Medicina da Universidade de Minnesota, por exemplo, descobriram que 40% dos adolescentes do sexo masculino usam proteínas em pó para aumentar sua musculatura, e 6% fazem uso de anabolizantes.

Diferenças de gênero são, portanto, em larga medida socialmente construídas, mas aparentam ser inteiramente naturais, e é essa "naturalidade" que as tornam tão difíceis de detectar e difíceis de mudar. A socióloga Cynthia Fuchs Epstein cunhou a expressão "**distinções enganadoras**" para se referir àquelas diferenças entre o homem e a mulher que parecem ser baseadas no sexo e no gênero, mas que são em verdade originárias do ambiente cultural e das posições sociais ocupadas por homens e mulheres.

Nós aprendemos o que é uma mulher, como ela deve parecer e ser, graças às imagens visuais que nos cercam. A cultura popular nos mostra a forma que nossos corpos devem ter, o aspecto adequado para nossos rostos, a quantidade de pelos que devemos ter, onde eles devem estar localizados e se devem ser lisos e sedosos ou cacheados. Aprendemos quais os tipos de roupas precisam ser vestidas no intuito de destacar nossos melhores aspectos e camuflar nossas "áreas problemáticas". E como as genitálias de todas as mulheres são, por definição, problemáticas, elas podem se lavar para ocultar seus odores naturais, depilar com cera seus pelos pubianos para terem uma aparência mais "infantil", ou então tingi-los com belas cores. Podem até adquirir um colorante vaginal chamado *My Pink Button* que deixa os lábios genitais mais rosados. E para as mulheres preocupadas com a "pata de camelo" (quando a forma da vagina aparece na roupa), há um novo tipo de calcinha chamado Camelflage, que vem com um inserto flexível que evita o terrível formato. Nada disso é natural, mas também ninguém questiona.

Um dos problemas com essas normas artificiais para corpos femininos e masculinos é que a maioria dos homens e mulheres não tem como atingir os padrões que lhes foram determinados. Homens são diferentes entre si, mulheres idem, e algumas dessas diferenças têm a ver com classe, sexualidade, religião, nacionalidade e etnicidade. Não obstante, o padrão é universal, ao menos na cultura ocidental. Como escreveu Susan Bordo (1993, p. 91), "nossos corpos são treinados, moldados e impressos com as formas historicamente prevalentes de [...] masculinidade e feminilidade".

Outra questão que muitos pesquisadores vêm observando é que, na maior parte das culturas, corpos masculinos são a norma, enquanto os femininos são, de uma forma ou de outra, desviantes – o filósofo grego Aristóteles, por exemplo, via as mulheres como versões imperfeitas dos homens. Em 1972, a antropóloga Sherry Ortner escreveu um artigo intitulado "Is Female to Male as Nature Is to Culture?", no qual tentava compreender o motivo por que as mulheres são universalmente subordinadas aos homens, e encontrou a explicação nas características biológicas dos corpos femininos e como elas são culturalmente interpretadas. As mulheres seriam submetidas aos homens por estarem associadas à natureza, e os homens à cultura – e a natureza ocupa uma posição de subordinação em relação à cultura. Por passarem boa parte do tempo ocupados pelas atividades reprodutivas, os corpos das mulheres parecem colocá-las mais próximas dos animais. Para Ortner, elas são a presa da espécie, dado que muitas de suas funções e aspectos corporais que não as ajudam a sobreviver (seios grandes, câncer reprodutivo, desconfortos menstruais, gestações etc., podem até prejudicá-las) e só existem para auxiliar a espécie. Elas são mais escravizadas, enquanto eles têm liberdade para se voltar para outras coisas, como criar a cultura. Isso explicaria por que as atividades masculinas que destroem a vida (como a caça ou a guerra) recebem maior prestígio do que as femininas, que criam vida, mas que aparentemente não requerem quaisquer habilidades. A teoria proposta por Ortner, contudo, não dá conta das diferenças culturais ou mesmo das distinções individuais, e claramente desconsidera todas as mulheres em todos os contextos.

Uma noção relacionada, que retoma Aristóteles, é que os homens são associados à mente (portanto, à racionalidade) enquanto as mulheres são simplesmente corpos. Susan Bordo propõe algo nesse campo quando observa que muito embora ambos possuam corpos, elas são muito mais associadas ao corpo que eles, e não apenas isso: seus corpos, como os dos animais, podem ser considerados propriedade dos homens, que podem negociá-los.

Há outras formas pelas quais o gênero é corporificado. Em 2012 a fotógrafa Hanna Pesut criou um projeto chamado *"Swicheroo"*, no qual clicou casais de homens e mulheres. Na primeira foto, homens e mulheres usavam suas próprias roupas, mas na segunda trocavam, além de assumirem a pose que o outro havia exibido na primeira foto. O resultado foi uma demonstração clara não somente da natureza genderizada das vestimentas masculinas e femininas, mas também do modo como frequentemente homens e mulheres encenam o gênero por meio de suas posturas, atitudes e até mesmo de suas expressões faciais.

Homens são instrumentais; mulheres, ornamentais

Como tem sido notado amiúde pelas feministas, os homens frequentemente são definidos pelo que fazem e conquistam; já as mulheres por sua aparência e habilidades reprodutivas. Por exemplo, embora no mundo inteiro uns e outras tenham o hábito de modificar o corpo, os propósitos subjacentes a tais práticas divergem, e essas diferenças são profundamente genderizadas. Tatuagens, circuncisões, escarificações e perfurações masculinas, por exemplo, não raro registram um sucesso (numa caçada ou numa guerra, por exemplo). E como muitas delas são dolorosas, servem também como um teste importante para a força e a coragem do homem, que demonstra assim sua aptidão. As mulheres, por seu turno, recebem tatuagens ou escarificações para realçar sua beleza e torná-las mais casáveis; da mesma forma, não raro considera-se que essas marcas ativam sua fertilidade, e quando são dolorosas (como ocorre com as escarificações feitas entre os Iorubá da África Ocidental), eventualmente parecem medir se a mulher será capaz de suportar as dores do parto. Ainda que dar à luz seja, sem sombra de dúvida, um grande feito, raramente é celebrado como algo cultural da maneira como são as atividades masculinas.

Como já observado, graças à necessidade de parecerem belas, as mulheres devem seguir padrões estéticos que exigem juventude e fertilidade perpétuas – no Ocidente, por exemplo, dietas e exercícios destinam-se a produzir corpos magros e infantilizados. Mesmo certos aspectos da moda, como unhas longas ou os sapatos de salto alto, buscam torná-las mais sensuais e juvenis, mesmo que à custa de deixá-las menos eficientes. Como observou o sociólogo Michael Kimmel (2000), seios pequenos são vistos como mais atraentes em sociedades nas quais o *status* econômico e político das mulheres é mais alto; quando o inverso ocorre, seios grandes são mais valorizados, demonstrando o vínculo entre o lugar social da mulher e quão importantes são sua beleza e sexualidade.

Já os homens são celebrados pelas suas conquistas, de modo que sua aparência física não tem tanta importância – para outros homens ou para as mulheres. Conquanto eles tenham, em larga medida, criado os padrões

Figura 7.1 – Sapatos de salto alto. Cortesia de Tom Young.

de beleza definidores das mulheres, eles mesmos estão livres dessas regras. Quando avaliados, exige-se que sejam fortes e poderosos, o que explica a importância de esportes como o fisiculturismo (e a situação ambivalente que as mulheres ocupam nesse esporte). Mas mesmo que os homens sejam amplamente definidos pelas suas conquistas, a masculinidade ainda deriva, ao menos em parte, do corpo. O entendimento popular da Teoria da Evolução afirma que homens são naturalmente mais competitivos, agressivos, violentos e mais aptos a proteger e sustentar suas famílias do que as mulheres. Essa é a razão por que, ao menos para alguns homens, é essencial manter a aparência e um conjunto de comportamentos consistentes com tais incumbências. Dessa forma, o determinismo biológico molda a compreensão que temos de homens e mulheres.

As diferenças entre os calçados masculinos e femininos podem servir como um exemplo elucidativo. Enquanto os feitos para homens (especialmente os destinados ao trabalho) são tipicamente funcionais, confortáveis e os permitem ir de um canto a outro e realizar uma variedade de atividades, é habitualmente normal que os femininos sejam criados e usados primordialmente por razões estéticas. Eles existem para adornar o corpo das mulheres, não para auxiliá-las em sua mobilidade – na verdade, muitos dos modelos mais populares dificultam esse aspecto, impedindo assim que elas aproveitem oportunidades. Mas ainda que prejudicando a mobilidade, esses calçados realçam a beleza e a feminilidade, mesmo que às custas de dor e problemas de saúde.

Aliás, embora não seja algo fácil de se dizer, não são apenas os homens que exigem que as mulheres atendam a padrões de beleza que excluem muitas delas e fazem outras tantas sofrerem física e financeiramente. As mulheres têm um papel fundamental na continuidade da definição e redefinição dos padrões estéticos femininos, e policiam outras mulheres para garantir que estejam em conformidade. Muitas tiram vantagem dos benefícios dessa conformidade: os sociólogos usam o termo "barganha patriarcal" para se referir às mulheres que aceitam regras desfavoráveis a todas as outras em troca de algum grau, pequeno que seja, de poder pessoal e individual que possam auferir do sistema. Por exemplo, a celebridade Kim Kardashian ganhou milhões de dólares usando sua sexualidade em benefício próprio (lembrem-se que ela originalmente ganhou fama por meio de um vídeo sexual privado que misteriosamente vazou para o público).

Questões interessantes: a remoção de Hillary Clinton da foto na Sala de Crise

Em 2 de maio de 2011, um grupo especial de fuzileiros navais norte-americanos, numa operação liderada pela CIA, matou Osama bin Laden, a mente por trás dos ataques terroristas de 11 de setembro de 2001. Pete Souza, fotógrafo da Casa Branca, tirou uma foto que se tornou icônica, do Presidente Obama com seu time de inteligência na Sala de Crise da Casa Branca, que monitorava a investida em tempo real. Lá estavam o presidente, o vice-presidente e 11 autoridades, dentre os quais a Secretária de Estado Hillary Clinton e, mais ao fundo, Audrey Tomason, diretora de Contraterrorismo. A foto foi amplamente distribuída e reproduzida em publicações do mundo inteiro, mas o jornal hassídico Di Tzeitung, sedeado no Brooklyn, Nova York, removeu tanto Hillary, figura central na composição, quando Tomason. A Casa Branca tem como princípio rejeitar agências de notícias que alteram fotos oficiais, mas na explicação que apresentou o Di Tzeitung deixou explícita sua própria política: "seguindo nossas crenças religiosas, não publicamos fotos de mulheres, o que não significa, de modo algum, relegá-las a um status inferior [...]. Devido a leis de pudor, não permitimos a publicação de fotografias de mulheres, e lamentamos se tal atitude passa a impressão de menosprezo pelas mulheres, algo que certamente nunca foi nossa intenção. Pedimos desculpas se isso foi visto como ofensivo".

Tornando-se homem ou mulher: circuncisão e clitoridectomia

Se o gênero é um construto social e cultural, e se o corpo desempenha um grande papel nessa construção, é importante discutir como *se tornar* homem ou mulher numa sociedade. Mesmo que os bebês, com base em seus cromossomos, já nasçam homens ou mulheres, eles aprendem as normas associadas aos seus gêneros, cujo desenvolvimento é encorajado pela sociedade. Um dos modos pelos quais esse processo ocorre são os rituais genderizados de puberdade, ritos de passagem encontrados em todo o mundo que marcam a transição da adolescência para a vida adulta, onde os iniciados são apresentados às habilidades e informações necessárias à maioridade e demonstram para a comunidade como um todo que são, por direito, adultos. Ainda que tanto rapazes quanto moças possam tomar parte em tais celebrações (rituais de puberdade masculinos sejam mais comuns do que os femininos, não obstante), amiúde seus focos são diferentes.

Diz-se com frequência que os homens fazem a si mesmos, e as mulheres nascem feitas. Tal expressão se refere ao fato de os homens serem celebrados em suas realizações e precisarem, em muitas culturas, conquistar o privilégio da masculinidade adulta. Já a maturidade feminina é vista amiúde como nada de mais – afinal de contas, menstruar não requer nenhuma preparação e nem demonstra qualquer habilidade. É por isso que é tão raro encontrar rituais que celebram a feminilidade. Os Apache do Novo México são uma das poucas culturas que ainda têm uma dessas celebrações (após ter sido banida pelo governo norte-americano, que a considerava repugnante, foi posteriormente recuperada). O ritual celebra o poder feminino e a fertilidade, preparando as jovens iniciadas para a maioridade e o casamento. É digno de nota que o foco recai sobre a preparação das garotas para as responsabilidades da maternidade e do matrimônio – papéis que só são vistos como apropriados para as mulheres; ainda assim, ao menos os Apache têm uma celebração. Muitas culturas restringem a liberdade das mulheres durante a puberdade e dão início a um processo de confinamento durante a menstruação.

Os rituais de amadurecimento masculinos, por sua vez, exigem que os garotos demonstrem bravura, força, heroísmo e habilidade na caça ou algum outro tipo de atividade tão altamente valorizada quanto difícil, e muitos envolvem sofrimento físico, de que são bom exemplo as cerimônias de **circuncisão**. Entre os Ogiek do Quênia, por exemplo, os meninos passam por um ritual de circuncisão entre os 14 e 16 anos, após o que são excluídos do mundo dos adultos e do sexo oposto por algumas semanas. Segundo a descrição tripartite que o antropólogo Arthur Van Gennep fez do rito de passagem, primeiro são separados da tribo, mantidos em isolamento junto a outros membros do mesmo sexo e grupo etário (durante esse período usam pintura corporal branca e recebem saberes rituais secretos); na terceira e final etapa, são reintroduzidos à sociedade já como adultos. Como nesses rituais faz-se a circuncisão sem anestesia, ela é muito dolorosa, e esse é um dos aspectos importantes da cerimônia de iniciação masculina – testar ou desafiar os garotos a garantir que são fortes o bastante para conquistar a maioridade.

Também entre os aborígines australianos usa-se a circuncisão para demarcar a maioridade masculina. Para eles, como para os africanos, tanto a dor quanto a transformação física representam aspectos críticos do ritual, e espera-se dos meninos que demonstrem força, coragem e que não recuem diante do sofrimento. Durante o tempo de separação da sociedade, eles testemunham cerimônias religiosas secretas e recebem informações a respeito das origens do universo; isolados de suas mães, solidificam as relações entre si e com os adultos, um processo que pode incluir rituais de **homossexualidade**, os quais também os conectam aos homens em cujas famílias eles virão a casar. Alguns grupos australianos que praticam a circuncisão usam também outras práticas para transformar os meninos em homens, incluindo avulsão dentária (os dentes da frente são arrancados com uma pedra), escarificação e, um ano ou dois após a circuncisão, a subincisão, na qual a parte inferior glande é aberta ao meio até a base.

Na África como na Austrália, a circuncisão torna meninos em homens por intermédio da transformação física dos seus corpos e, não por acaso, pela perda de sangue, geralmente vista como simbolicamente feminina e, portanto, poluída. O resto da cerimônia, incluindo o isolamento da comunidade (em especial das mulheres), a formação de laços com outros homens e a transmissão de conhecimentos secretos, tudo representa um importante papel junto à modificação genital para fazer de um menino um homem.

E ainda que muitas sociedades africanas também realizem uma operação similar nas mulheres, conhecida em alguns círculos como **mutilação genital feminina** ou clitoridectomia (a remoção do clítoris de uma menina), essas práticas são bastante diferentes em termos de transformação corporal e dos sentidos a elas associadas.

Apesar de a circuncisão ser dolorosa, ela não danifica ou impede as funções sexuais de um homem – na verdade, alguns deles até a consideram uma melhoria nesse campo. Passar por ela demonstra, também, força e coragem, dois aspectos importantes da virilidade. A circuncisão forma laços entre os jovens e os adultos, dos quais as mulheres são excluídas. Não surpreende que sociedades que a celebram possuam, simultaneamente, altos graus de dominância masculina e subordinação feminina.

Existe, porém, um grande movimento anticircuncisão nos Estados Unidos, que exige o fim da circuncisão involuntária em bebês, por definição incapazes de consentimento. Alguns desses oponentes afirmam que homens circuncidados apresentam sensibilidade do pênis reduzida, cicatrizes, dores e/ou disfunção erétil. Movimentos dessa natureza são encontrados também em outros países, como a África do Sul, onde infecções provocadas pelas práticas tradicionais de circuncisão custaram as vidas de muitos jovens, ou a Alemanha, onde um tribunal decidiu, em 2012, que a operação causa dano a meninos "novos demais para consentir".

Já a circuncisão feminina é usada para controlar a sexualidade das mulheres, garantindo que elas não tenham relações sexuais pré ou extramaritais. Mantê-las virgens até o casamento deixa-as mais casáveis e capazes de alcançar dotes mais altos, além de garantir que não tragam vergonha às suas famílias. Diferentemente da circuncisão, a mutilação genital feminina não celebra a maturidade de uma mulher, mas sim garante que seu prazer e independência sejam limitados no intuito de assegurar fidelidade ao marido. Além disso, uma mulher fiel ao matrimônio só terá filhos que são herdeiros legítimos da linhagem de seu marido, um aspecto crítico nas sociedades em que a clitoridectomia é praticada. Por fim, o clítoris é visto como um órgão masculino em algumas culturas, de modo que uma moça que o tenha é vista como masculina – e suja, ainda por cima.

Hoje em dia, as clitoridectomias e **infibulações** (remoção do clítoris e dos pequenos lábios, enquanto os grandes lábios são costurados, uma prática que não somente assegura a virgindade e a fidelidade das mulheres como, uma vez casadas, garante mais prazer aos maridos) são realizadas na

África Ocidental, norte da África, África Oriental e na Península Arábica, além de muitos outros países com grandes populações imigrantes oriundas dessas regiões, como a França e os Estados Unidos. No total, a Organização Mundial de Saúde estima que 130 milhões de mulheres tenham sofrido o procedimento, mais de 2 milhões por ano, muitas das quais padecem com cicatrizes, infecções ou infertilidade.

Muito embora feministas ocidentais e não ocidentais, bem como as organizações de direitos humanos e saúde, se oponham à mutilação genital feminina, ainda há mulheres que continuam a realizá-la em suas filhas e netas e se ressentem da oposição feita por mulheres ocidentais incapazes de entender os benefícios advindos da prática. Quando a única oportunidade que uma mulher tem para melhorar de vida está vinculada ao casamento, não se descarta facilmente um procedimento que garante um matrimônio e aumenta as chances de encontrar um marido de alto *status*. Da mesma forma, em países onde o adultério feminino é punido com a morte, ou, no mínimo, com o ostracismo perpétuo, assegurar a castidade por meio de quaisquer meios é, certamente, uma preocupação significativa. As defensoras argumentam também que moças que passam pelo procedimento terão laços mais sólidos com seus maridos, pois já que haverá pouco ou nenhum risco de traição, eles as tratarão bem e elas os amarão ainda mais, um amor não baseado na paixão erótica.

A mutilação genital feminina não é um assunto restrito aos países não ocidentais. É importante observar que médicos vitorianos dos Estados Unidos e da Inglaterra realizavam clitoridectomias quando consideravam que as mulheres sofriam de histeria, lesbianismo ou "ninfomania". O primeiro registro na Europa data de 1822, quando um médico alemão removeu o clítoris de uma adolescente tida como uma "imbecil" por se masturbar. Durante pelo menos cem anos, médicos em toda Europa e Estados Unidos usaram o procedimento para curar uma variedade de enfermidades físicas e mentais, e também acreditaram que a masturbação feminina causava epilepsia (talvez essa fosse a ideia que eles tinham do orgasmo feminino), histeria e outros problemas. Ironicamente, outros médicos usavam a masturbação como cura para a histeria, e recomendavam o uso de consolos. Hoje em dia, muito embora raramente (mas ainda ocorre) uma mulher tenha seu clítoris removido em um consultório, muitas optam por realizar a labioplastia, uma cirurgia eletiva na qual os lábios vaginais são reduzidos para ficarem mais "atraentes".

O cabelo importa

Segundo a história bíblica de Sansão e Dalila, ele era um grande herói cuja força provinha do fato de, obedecendo às ordens divinas, jamais cortar os cabelos. Dalila, sua amante, foi comprada pelos filisteus para lhe cortar a cabeleira, removendo assim sua força e possibilitando sua captura. Embora atualmente olhemos para os cabelos, em geral, como uma questão feminina, como uma fonte de beleza, para homens e mulheres pelos e cabelos (na cabeça, na face e no corpo) é um meio para diferenciar os gêneros e reforçar os divergentes *status* de homens e mulheres.

Durante boa parte da história humana, mulheres usaram cabelos longos, e os homens, curtos. No conto de fadas *Rapunzel*, dos Irmãos Grimm, a grande beleza da personagem-título provém, em parte, de sua longa e loira cabeleira. Quando um homem ou mulher usa um corte de cabelo associado ao gênero oposto há geralmente um certo grau de preocupação social, como ocorrido na década de 1920, quando as mulheres dos Estados Unidos começaram a usar cortes curtos, ou durante os anos 1960, quando os homens começaram a usar cabelos longos. Como é habitual que o cabelo de uma mulher seja um símbolo visível de sua beleza e sexualidade, frequentemente se exige das viúvas que o cortem após a morte do marido – as hindus, por exemplo, tradicionalmente pelam a cabeça após a morte dos maridos para evitar que outros homens se sintam atraídos por elas. Em outras culturas, o tipo de cabelo usado por uma mulher indica seu *status* matrimonial. Na Europa Medieval, garotas deixavam-nos soltos e descobertos, enquanto as matronas os prendiam e cobriam com véus. Entre os indígenas Hopi, do sudoeste norte-americano, as meninas demonstravam estar prontas para o matrimônio trançando as madeixas sobre as orelhas na forma de flores de abóbora, um penteado que abandonavam após o casamento.

Além disso, se o cabelo de uma mulher indica seu gênero e sexualidade, cobri-lo é frequentemente uma obrigação, em especial durante serviços religiosos. Judias ortodoxas usam lenços ou perucas, e as muçulmanas geralmente usam panos ou véus. As mulheres Amish também cultivam essa prática: as garotas solteiras usam panos brancos, e as mulheres casadas, pretos. O Apóstolo Paulo escreveu: "a própria natureza ensina que é desonroso para o homem ter cabelos compridos; no entanto, para a mulher é glória ter longa cabeleira, porque os cabelos lhe foram dados como véu" (1Cor 11,14-15). A noção de que os cabelos de uma mulher podem não apenas ser motivo de orgulho, mas também sexualmente ameaçadores, é igualmente encontrada em lendas que narram mulheres enfeitiçando e aprisionando homens com suas longas, e perigosas, cabeleiras.

Os pelos corporais são igualmente genderizados: tanto homens quanto mulheres desenvolvem, após a puberdade, tufos de pelos ásperos, chamados pelos androgênicos. Quando nos lugares "certos", sua presença é geralmente vista, nos homens, como sinal de masculinidade e de feminilidade nas mulheres; já quando ocorrem nos lugares "errados" – por exemplo, quando as ocidentais ostentam pelos no rosto, nas pernas ou nas axilas – são entendidos como indício de afeminação nos homens e masculinização nas mulheres. Os lugares "certos" e "errados", contudo, diferem de uma cultura para outra: embora um peito abundantemente cabeludo seja interpretado como um sinal de masculinidade e virilidade nos homens, há sociedades que preferem o peito liso, indicando juventude ou higiene pessoal. No geral, porém, os pelos corporais são associados ao masculino e espera-se das mulheres que sejam bem mais lisas.

No Ocidente, a remoção dos pelos não se tornou popular até meados do século XX, quando as roupas femininas se tornaram mais reveladoras e à medida que o corpo feminino se tornava um dos alicerces da propaganda, da televisão e do cinema. Atualmente, a maioria das mulheres nos Estados Unidos raspa ou depila suas pernas, axilas e a "área do biquíni", a virilha. Nos anos 1970 era comum que mulheres envolvidas no movimento de liberação feminina parassem de depilar suas pernas e axilas, e grupos de contracultura, como os *hippies*, também resistiam frequentemente à prática. Hoje em dia, contudo, as mulheres que não removem parcial ou inteiramente seus pelos corporais se tornam objeto de desprezo ou ridículo: quando a atriz Julia Roberts apareceu, em 1999, na *première* do filme *Um lugar chamado Notting Hill* com um vestido sem mangas que deixava ver suas axilas peludas, suas fotos causaram celeuma na mídia.

Em finais do século XX, muitas mulheres norte-americanas e de outros países ocidentais começaram a remover ou desenhar seus pelos pubianos, uma moda que começou no Brasil entre mulheres que queriam usar biquínis cavados sem, contudo, deixar pelos à vista. Em alguns grupos, pelos públicos ao natural são entendidos como desleixo ou falta de higiene.

Em finais do século XX, homens jovens e elegantes dos Estados Unidos e de alguns países europeus começaram a depilar o peito com cera, uma moda que pode ter se iniciado nas áreas de praia da Califórnia. A remoção, aparagem ou desenho dos pelos corporais masculinos (chamada *manscaping*), ainda não se tornou popular entre os homens, pois muitos ocidentais ainda os percebem como um sinal de masculinidade. Alguns grupos, como a subcultura **gay Bear**, preferem os homens bem peludos.

Tanto quanto os pelos corporais, os faciais também são genderizados. Como as mulheres naturalmente não tem rostos muito pilosos, é um sinal de feminilidade ter a face o mais lisa possível (com exceção dos cílios e sobrancelhas). Por causa disso, a maior parte das mulheres ocidentais remove, depila ou mesmo clareia os pelos que crescem sobre os lábios, nas bochechas, no queixo e demais lugares e dão forma cuidadosamente às sobrancelhas usando pinças, no intuito de mantê-las arrumadas e na moda. Por outro lado, os cílios, tidos como símbolos de feminilidade, são estimulados a ficarem o mais longos e grossos quanto possível, por meio de maquiagens e outros produtos. Graças ao estigma social associado aos pelos faciais em mulheres, aquelas que apresentam o que seria considerado "excesso" de pelos no rosto são consideradas menos femininas ou masculinizadas.

Em 2012, uma mulher Sikh chamada Balpreet Kaur foi secretamente fotografada e teve sua imagem postada no Reddit, onde foi ridicularizada por ter pelos na face. Quando descobriu sobre a postagem e os comentários, ela postou no website uma resposta que dizia, entre outras coisas, que "os Sikhs acreditam na sacralidade do seu corpo – um presente que nos foi dado pelo Ser Supremo [que inclusive não tem gênero] e que deve ser mantido intacto como forma de submissão à vontade divina". E continuou:

> Quando eu morrer, ninguém se lembrará da minha aparência, meus filhos se esquecerão de minha voz e, lentamente, toda memória física desaparecerá. Meu impacto e meu legado, contudo, permanecerão, e por não focar na beleza física, tenho tempo para cultivar aquelas virtudes interiores e, com sorte, dedicar minha vida, da melhor maneira que puder, a criar mudança e progresso neste mundo.
>
> (Reddit)

Graças à sua corajosa resposta, não apenas o autor do *post* original pediu desculpas como milhares de pessoas aprenderam sobre a religião sikh e, talvez, a pensar duas vezes antes de voltar a julgar uma mulher pela sua aparência.

Corpos femininos: quanto menor, melhor

Já observamos que, na cultura ocidental, espera-se que as mulheres sejam menores do que os homens – menos musculosas, mais magras e com aparência mais pueril. Mesmo seus pés devem ser supostamente menores, e por causa disso frequentemente os sapatos femininos são desenhados para serem desconfortavelmente menores. O conto de fadas *Cinderela* ilustra bem esse imperativo cultural (encontrado em países europeus, africanos e asiáticos) da mulher com pés pequenos: nessa história, a personagem-título vai a um baile, graças à ajuda de sua fada-madrinha, onde conhece um príncipe, mas na pressa de sair, acidentalmente deixa um dos seus sapatinhos, feito de cristal. O príncipe vai de casa em casa, testando o calçado para descobrir a sua dona, e Cinderela ganha o seu coração por ser a única da vila cujos pés são tão diminutos que servem no sapatinho. Algumas variantes do conto têm a figura da madrasta má, que deseja que uma de suas próprias filhas (grandes e feias) case com o príncipe, chegando ao ponto de lhes cortar os dedos ou o calcanhar para que os pés possam caber (em uma versão, a madrasta diz: "se o sapato não serve para o pé, faça o pé servir no sapato"; em outra,"corte o dedo, pois quando você for rainha jamais terá de andar a pé"). A presença do sangue no sapato faz o príncipe perceber que escolheu a garota errada.

Claro está que o tema do sapatinho, encontrado em histórias populares do mundo inteiro, só funciona em cultuas nas quais pés grandes são considerados desagradáveis e pouco femininos, e onde a mulher com os pés mais delicados será automaticamente a mais bela e bem-educada de todas (enquanto as meias-irmãs, com pés enormes, são grotescas). Este é, certamente, o caso na China, e pode ter ocorrido também no mundo clássico. Mesmo hoje, está se tornando cada vez mais comum para as norte-americanas se submeter a cirurgias eletivas para poderem calçar sapatos crescentemente mais estreitos. Sob o eufemismo de "plásticas dos pés" (*foot facelifts*), esses procedimentos cosméticos incluem a redução dos pés (antes ou depois do surgimento de joanetes), afinamento, endireitamento, redução ou amputação de dedos (especialmente o mindinho), tudo para que a mulher possa calçar um par de *stilettos* apertadíssimos.

Os **pés de lótus** são a prática de atar com faixas os pés de uma menina para restringir o seu crescimento e controlar sua aparência. Foi realizado na China pela maioria étnica Han do século X até o começo do século

XX, e como outras marcas da beleza feminina, eram considerados bonitos entre os chineses porque uma mulher com pés de lótus não podia trabalhar (amiúde mal podia andar), demonstrando assim *status* social privilegiado e riqueza. Além disso, indicava que era disciplinada e virtuosa, que havia sido educada corretamente, além de andar com pequenos passos, significando graciosidade. O fato de uma garota ter os pés atados e mal poder andar também significava que ela era, muito provavelmente, uma virgem, o que a tornava ainda mais atraente.

No Ocidente, os pés não são a única parte do corpo feminino considerada mais atraente quando pequena. Em geral, espera-se das mulheres da cultura ocidental que sejam magras, e uma área do corpo que atrai mais a atenção é a cintura, e graças à demanda feminina por cinturas finas, houve um tempo em que os espartilhos eram um elemento importantíssimo

Figura 7.2 – Mulheres chinesas com pés pequenos. Cortesia da Biblioteca do Congresso.

do seu guarda-roupa, usados primordialmente por mulheres de alta classe social, que competiam entre si pelas formas mais femininas. No século XIX, especialmente após a Revolução Industrial baratear a produção dos espartilhos, eles passaram a ser usados por europeias e norte-americanas de diversas classes, muito embora a cintura de vespa e a silhueta de violão permanecessem emblemáticas das classes abastadas. Obter essas formas era de tal maneira importante que bebês femininos usavam cintos, e meninas espartilhos de treinamento. Além disso, a postura ereta, entre homens e mulheres, era associada à virtude e à disciplina, enquanto as mulheres que não prendiam seus corpos eram tidas como imorais e preguiçosas.

Muitas mulheres que usavam espartilhos apertados tinham dificuldade para respirar, e seu uso permanente modificava as formas do esqueleto e, além disso, poderia resultar em atrofia dos músculos das costas provocada por desuso. Uma das maiores preocupações da elite médica, porém, eram os perigos que os espartilhos podiam trazer à fertilidade feminina ou à saúde dos fetos (havia modelos feitos para serem usados durante a gestação).

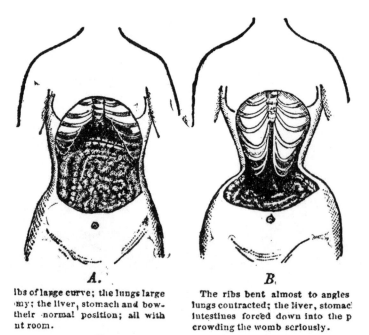

Figura 7.3 – Duas imagens de torsos femininos. A primeira de uma mulher sem espartilho; a segunda mostra os efeitos do uso do acessório nos ossos e órgãos internos. Ilustração do livro *Golden thoughts on chastity and procreation*, de John William Gibson (J. L. Nichols, 1903, p. 107). Cortesia da Biblioteca do Congresso.

Mulheres que os usavam tinham de comer pouco, rejeitando a alimentação em prol da beleza, uma prática que permanece até hoje.

Uma outra prática que remodelava os corpos femininos era o **achatamento dos seios**, encontrada em certas tribos de Camarões, na África, onde garotas adolescentes tinham seus peitos achatados. Lá, como em muitas outras culturas, seios fartos eram vistos como sexualmente atraentes para os homens, e os seios de uma menina eram símbolos de sua maturidade. Para proteger suas filhas de estupros ou casamentos prematuros, as mães amassavam ou massageavam os seios em crescimento de suas filhas para que estes desaparecessem e elas pudessem terminar os estudos. Segundo alguns estudos, um quarto das garotas camaronesas, em especial da parte sul do país, tiveram seus seios achatados com ferramentas aquecidas, como pilões, pedras, espátulas, cascas de coco, dentre outros implementos, processo esse relativamente dolorido.

Questões interessantes: canetas para mulheres

Em 2012, a fabricante de canetas Bic apresentou uma nova esferográfica chamada Bic para Ela (Bic for Her). Este produto, anunciado como tendo "um design elegante – exclusivo para ela!" e "um corpo fino perfeito para mãos femininas", foi mais ridicularizado do que qualquer outro na memória recente. As opiniões no site Amazon observaram a futilidade de criar uma caneta somente para mulheres (que, vale salientar, custavam 70% mais que as regulares, como informou a Revista Forbes). *Uma avaliação. dizia: "eu amo a Bic para Ela! A forma delicada e suas lindas cores pastel a tornam perfeita para escrever receitas, assinar cheques para o meu psicólogo (me consulto com ele porque sofro de histeria) e acompanhar meu ciclo menstrual. Obviamente, eu não a utilizo para ofícios vulgares, como matemática ou marcar uma cédula de votação, mas ainda assim Bic para Ela! continua sendo uma adorável coisinha de escrever. Peça mais dinheiro ao seu marido e compre uma hoje mesmo!" Outra comentou: "vejo que ela tem um* design *mais delgado, mas sendo uma mulher mais 'corpulenta', pergunto: elas vêm em formas mais 'curvilíneas e liberadas'?" Um cliente, desapontado com o produto, escreveu: "não serve para mãos masculinas". Por mais que a Bic só para mulheres seja uma ideia incrivelmente estúpida, todo mês são lançados novos produtos exclusivos "só para elas", que vão de desodorantes ("*Secret: *forte o bastante para um homem, mas feito para mulheres") a cigarros ("Virginia Slims: coisa de mulher"), na suposição de que* *as mulheres precisam de produtos somente para elas. Há até alguns produtos feitos exclusivamente para homens, como o secador de cabelos chamado Man Groomer, a esponja Detailer Shower Tool (Acessório para banho) da Axe e as refeições congeladas Hungry Man TV ("você é o que come, então cozinhe como um homem... você pode comer como um homem e se satisfazer como um homem"). Por meio do* marketing, *empresas e marqueteiros produzem e reforçam as diferenças de gênero.*

O problemático corpo masculino

Se a feminilidade é parcialmente construída pelo corpo por meio de práticas como dietas e cirurgias estéticas (hoje em dia) e pés de lótus e espartilhos, ou ***tightlacing*** (no passado), a masculinidade é igualmente construída, ao menos em parte, de modo semelhante.

Já dissemos que os homens são reconhecidos pelas suas conquistas, e que a aparência física não é tão importante para eles como é para as mulheres, mas quando essa aparência é medida, espera-se que eles sejam fortes e poderosos. Como dissemos, espera-se que sejam naturalmente altos, grandes e musculosos, e quando tais aspectos não podem ser alcançados pela "natureza", a cultura entra em cena. Hoje em dia, homens podem usar cirurgias estéticas para modificar seus próprios corpos, e desde há muito têm apelado à musculação e a outros esportes para criar o normativo corpo masculino atlético. O uso de esteroides por adolescentes e adultos tem se tornado cada vez mais comum, um efeito colateral da ênfase nos músculos e na boa forma. Existem até "sapatos elevadores", que disfarçadamente aumentam a altura – homens mais baixos ganham menos e são considerados parceiros sexuais menos atraentes do que os mais altos.

A ênfase na força física e na competição cria uma série de armadilhas para os homens. Eles têm uma expectativa de vida mais curta do que as mulheres, e morrem de maneira violenta com mais frequência. Espera-se que compitam entre si nos esportes, na guerra e nas ruas, levando a índices mais altos de homicídios, acidentes, ferimentos e problemas cardíacos. Como se espera que sejam mais autossuficientes do que as mulheres, também vão menos ao médico e morrem mais cedo vítimas de doenças evitáveis. Pesquisadores notaram que muitas das práticas associadas à masculinidade tradicional frequentemente resultam em morte dos homens, especialmente os jovens: lutas no exército, ingestão competitiva de álcool, direção agressiva, brigas, competições esportivas, dentre muitas outras atividades ligadas a ferimentos sérios e à expectativa de vida mais curta.

Além disso, os homens que não podem ou não querem obedecer às demandas da masculinidade normativa sofrem muito. Como essas expectativas exigem homens fortes, independentes, ativos e capazes de fazer qualquer coisa, deficientes certamente não cabem nelas, de modo que homens com deficiências são estigmatizados em diversas culturas e, eventualmente, não são considerados "homens de verdade". Depois que o ciclista profissional Lance Armstrong sobreviveu a um câncer nos testículos, a noção de que um "homem de verdade" pode vencer a doença graças à sua coragem, força e autoconfiança tornou-se popular nos meios de comunicação. Infelizmente, o corolário dessa ideia é que aqueles que sucumbem à enfermidade são, de algum modo, "menos homens". Além disso, após Armstrong se tornar um herói internacional não apenas por sobreviver ao câncer, mas também por vencer o Tour de France sete vezes consecutivas, ele teve suas medalhas cassadas em 2012, quando se descobriu que vinha fazendo uso de *doping* (substâncias proibidas que aumentam o desempenho atlético) durante a carreira. Isso demonstra como são altos os padrões para atletas do calibre de Armstrong e, por extensão, para todos os homens.

Até mesmo o envelhecimento pode ser responsável por roubar a masculinidade, pois ainda que seja verdade que os homens acumulam poder à medida que envelhecem, este poder é usualmente derivado da saúde. Sem ela, envelhecer para um homem não passa da perda dos atributos da masculinidade física: poder, força virilidade. A habilidade de ser sexual (em especial heterossexual) é um dos fatores determinantes da masculinidade no mundo inteiro, de modo que o surgimento da disfunção erétil é frequentemente ligado à perda da ombridade. Para sorte dos homens, os remédios contra a impotência são uma maneira de reverter um dos sinais mais estigmatizantes do envelhecimento masculino – a perda do poderio sexual.

Masculino e feminino: corpos transgêneros

Sabemos que o gênero não vem em somente "dois sabores". O termo "**transgênero**" é geralmente aplicado a indivíduos cuja aparência e comportamento não se conformam aos papéis de gênero prescritos pela sociedade para as pessoas de um determinado sexo. Pessoas transgênero podem se identificar como homens, mulheres ou adotar comportamentos característicos de ambos os gêneros, e incluem travestis, *crossdressers*, pessoas que optam por aparência e/ou comportamentos andróginos e homens e mulheres que se identificam ou com o sexo oposto ou com nenhum deles. Alguns transexuais também podem ser considerados, ou se identificar como, transgêneros. Pessoas que fazem a transição do sexo masculino para o feminino, nos Estados Unidos e em outros países, injetam silicone em seus corpos para feminilizar sua aparência ou suas faces. Ainda que nos Estados Unidos o termo mais comum para se referir a pessoas transgênero seja *crossdresser*, existem diversas outras formas de seres humanos transgêneros ao redor do mundo, muitas das quais dispõem de papéis culturais definidos.

Na Índia, por exemplo, os **Hijras** formam uma categoria cultural que inclui os nascidos **intersexo** (com genitália ambígua), homens definidos como "impotentes" ou que escolhem não viver como tais (Nanda, 1998). Como o hinduísmo reconhece gêneros alternativos e transformações de gênero, eles possuem um espaço na sociedade indiana e formam uma comunidade quase religiosa. São criados por meio de cirurgias rituais, realizadas por um hijra chamado *parteira*, nas quais o pênis e os testículos são removidos. Eles são definidos por sua impotência sexual, pelo seu *status* de gênero liminar e adotam aparência e maneirismos exageradamente femininos. Como não são capazes de se reproduzir, podem conferir fertilidade a outrem por meio de bênçãos proferidas em casamentos ou nascimentos. Embora tenham renunciado ao desejo sexual, muitos trabalham como prostitutos e até mesmo servem de esposas para homens.

No Brasil existe uma categoria de pessoas transgênero conhecida como **travestis**, que se vestem e se comportam como mulheres, injetam silicone e ingerem pílulas hormonais para deixar seus corpos mais femininos. Elas não são transexuais nem sentem que são ou deveriam ser mulheres, tampouco buscam remover seus pênis (Kulick, 1997). Semelhante aos Hijras indianos, travestis fazem sexo com homens heterossexuais, que não são considerados *gays* enquanto assumirem o papel "ativo" na relação.

Dezenas de sociedades indígenas americanas, em pelo menos algum momento de sua história, definiram papéis para pessoas transgênero, conhecidas como **Dois-espíritos**, homens ou mulheres biológicos que adotaram funções, aparências e comportamentos do sexo oposto, formando um terceiro e um quarto gêneros. Homens-mulheres ou mulheres-homens eram reconhecidos como "diferentes" ainda crianças e se permitia que crescessem como o sexo oposto, inclusive casando com alguém do outro

Figura 7.4 – We-Wa, transexual Zuni tecendo. Foto: John K. Hillers, cortesia do National Archives and Records Administration.

sexo quando adultos. Como os Hijras, os Dois-espíritos (ou berdaches) frequentemente têm funções rituais específicas, bem como seu papel de gênero designado. Não realizam, contudo, nenhum tipo de cirurgia para modificar seus corpos, ainda que se vistam, falem e se comportem como alguém do sexo oposto.

Hoje em dia, nos Estados Unidos, a maior parte das pessoas só reconhece dois gêneros e dois sexos, e não há espaço para um terceiro. As pessoas transgênero se situam em algum lugar entre ambos, mas não possuem um papel cultural específico – nem sequer podem optar facilmente por qual banheiro público usar! Permite-se aos transexuais mudar de gênero, mas para algumas feministas transgênero, reconhecê-los permitiria a destruição de todas as hierarquias socialmente construídas da cultura norte-americana, baseadas, ao menos parcialmente, nas diferenças corporais. Ao se permitir a não conformidade de gênero, talvez seja possível romper, algum dia, com as estruturas de poder subjacentes a diversos privilégios e opressões.

Nas diversas culturas em que o gênero se apresenta como um sistema binário limitador das oportunidades para homens e mulheres, cis e trans, a sexualidade frequentemente opera do mesmo jeito. No capítulo 8 trataremos da sexualidade e das miríades de formas como os corpos são por ela moldadas, e como as sociedades, por seu turno, controlam a expressão sexual.

Termos fundamentais

achatamento dos seios	intersexo
Barganha patriarcal	*manscaping* (desenho dos pelos corporais masculinos)
Bear (subcultura *gay*)	
circuncisão	mutilação genital feminina
clitoridectomia	pelos androgênicos
Complexo de Adônis	pés de lótus
distinções enganosas	subincisão
Dois-espíritos	*tightlacing*
Hijras	transgênero
homossexualidade ritual	transexual
infibulação	travestis

Leituras complementares

Birke, L. (2000). *Feminism and the biological body.* Rutgers University Press.

Bordo, S. (1993). *Unbearable weight: Feminism, Western culture, and the body.* University of California Press.

Butler, J. (2015). *Problemas de gênero: Feminismo e subversão da identidade.* Civilização Brasileira.

Kimmel, M. (2022). *A sociedade de gênero.* Vozes.

8
CORPOS SEXUALIZADOS

Para muitos de nós, o sexo é como arte ou pornografia: é possível que não possamos defini-lo com precisão científica, mas sabemos o que é quando vemos. Na verdade, o consideramos tão banal que acabamos por utilizar expressões como "homens são de Marte, mulheres são de Vênus", mas será o sexo algo assim tão simples? E a que, exatamente, a frase acima se refere – sexo, gênero ou outra coisa qualquer?

Em 2009, a atleta sul-africana Caster Semenya venceu a prova dos 800 metros no Campeonato Mundial de Atletismo, realizado em Berlim, e se tornou uma figura internacionalmente controversa quando veio à tona a alegação de que ela talvez não fosse "inteiramente" feminina. De fato, ela havia sido testada pela Federação Internacional de Atletismo, descobriu-se que era uma pessoa intersexo e exames internos revelaram que ela produzia testosterona. Diante de tais informações, ela deveria competir como uma mulher, ou sua participação nas corridas seria uma deslealdade para com as demais competidoras? A propósito, qualquer atleta geneticamente bem-dotado representa uma desvantagem injusta para seus adversários que não contam com o mesmo privilégio? No caso de Semenya, a Federação decidiu que ela poderia concorrer entre as mulheres – como, de fato, fez ao representar seu país nas Olimpíadas de 2012. Tal decisão, contudo, não encerrou as questões e conflitos que rodeavam seu sexo e seu gênero.

O sexo, como muitas das outras questões discutidas neste livro, é parcialmente um construto biológico, mas também profundamente social. Dito de outra forma, tudo o que se relaciona ao tema (seu sexo biológico, as relações sexuais que eventualmente tenha, suas identidade e orientação sexuais) é moldado por e entendido através das lentes da cultura. Para o filósofo Michel Foucault, a sexualidade é histórica e culturalmente construída no âmbito das relações de poder, e não há nada de inerente ou essencial nela. Nós criamos discursos sobre o sexo, e estes, por sua vez, dão forma à nossa compreensão sobre o assunto.

Como o sexo é produzido

Humanos nascem machos, fêmeas, ou algo neste intervalo, graças primordialmente aos cromossomos sexuais herdados dos seus pais. Cada um de nós recebe um cromossomo X de nossas mães, e outro X (que nos torna mulheres) ou um Y (que nos torna homens) oriundo dos pais. Durante as primeiras seis ou sete semanas de gestação, os embriões são sexualmente indistinguíveis, ou seja, não possuem órgãos reprodutivos, masculinos ou femininos, somente gônadas indistintas. Em vez deles, existem dois conjuntos de ductos, os paramesonéfricos e os mesonéfricos. Na sexta semana, um hormônio chamado SRY, presente nos fetos com a combinação cromossômica XY, estimula as gônadas a se tornarem testículos, enquanto aqueles com a combinação XX desenvolvem ovários.

Após essa etapa, o corpo começa a produzir estrogênios, quando feminino, ou andrógenos, caso masculino. A presença destes últimos faz com que os ductos paramesonéfricos se transformem nos órgãos reprodutivos masculinos, enquanto os estrogênios fazem os ductos mesonéfricos tornarem-se órgãos reprodutivos femininos. O conjunto alternativo de ductos desaparece, e somente os órgãos reprodutivos "corretos" de cada sexo permanece. Eventualmente, a genitália externa emerge do tubérculo genital, o sulco urogenital e as pregas labioescrotais, que os fetos de ambos os sexos possuem: os masculinos desenvolverão o pênis e o saco escrotal, enquanto os femininos terão clítoris, lábios genitais, abertura vaginal e o hímen. Como esses órgãos se desenvolvem a partir do mesmo órgão-raiz, os órgãos sexuais masculinos e femininos são **homólogos**: testículos e ovários; pênis e clítoris; escroto e lábios; vasos deferentes e trompas de Falópio; a próstata e o Ponto G, todos servem essencialmente à mesma função nos homens e nas mulheres, que são, portanto, variações de um mesmo e básico padrão, e não criaturas inteiramente diferentes. Por fim, muitos anos depois do nascimento, na puberdade, as características sexuais secundárias aparecerão tanto nos homens quanto nas mulheres, aumentando a distância entre os sexos.

Intersexualidade: há somente dois sexos?

O resultado desse processo é que cerca de um em cada 2.000 nascimentos produz uma criança que não pode ser distintamente caracterizada como homem ou mulher. Intersexualidade se refere ao indivíduo nascido com o que se chama **genitália ambígua**, ou seja, cujos órgãos genitais não indicam claramente se tratar de um homem ou de uma mulher, ou que possui órgãos reprodutivos que não correspondem aos genitais ou aos cromossomos. Um termo antigo para essa condição é "hermafroditismo"; antigamente, os hermafroditas eram exibidos como esquisitices humanas em espetáculos grotescos, mas como a ciência médica e a sociedade como um todo são incapazes de verdadeiramente lidar com a noção de que existem mais do que dois sexos biológicos, essas crianças são cirurgicamente "corrigidas" logo após o nascimento ou em algum momento durante a infância, sendo majoritariamente transformadas em meninas (é mais fácil cortar um pênis ou encurtá-lo e transformá-lo num clítoris do que construir um pênis a partir de um clítoris). A cirurgia é realizada tão cedo porque os médicos creem que a condição é uma "emergência social", o que garante atenção imediata.

A causa mais comum para a ambiguidade sexual é a hiperplasia adrenal congênita, uma desordem endócrina na qual as glândulas adrenais produzem níveis de hormônios masculinos anormalmente altos em fetos geneticamente femininos. Isso leva a uma aparência que pode ser levemente masculinizada (como ter um clítoris grande), mas o indivíduo pode aparentar ser bastante masculino, especialmente após a puberdade. Outra condição comum é a síndrome de insensibilidade a andrógenos, que ocorre quando fetos geneticamente masculinos apresentam inabilidade para responder à testosterona, gerando um feto geneticamente masculino com órgãos femininos externos e, às vezes, internos. Em todos esses casos, lida-se com as condições por meio de intervenções cirúrgicas e, em geral, com administração de hormônios.

Defensores dos intersexos se opõem a esse tipo de determinação social e sexual, argumentando que médico nenhum (seja cirurgião, endocrinologista ou urologista) é capaz de determinar com 100% de certeza o "verdadeiro" sexo de uma criança. Uma das razões para isso ser tão problemático é que frequentemente tomam essa determinação com base em algo tão arbitrário quanto o cumprimento do pênis, ou se o pênis/clítoris respondem ou não à testosterona.

Depois que os bebês intersexo passam pela cirurgia, são criados em conformidade com as normas de gênero associadas ao sexo que lhes foi conferido. Muitos deles crescem sem conflitos, mas em outros suas identidades de gênero estão em desacordo com o corpo e o modo como foram criados. Como não deram consentimento para a realização das operações, que são, em verdade, **cirurgias de redesignação sexual**, e muitos são emocional e fisicamente traumatizados, com funções sexuais comprometidas em virtude do procedimento cirúrgico, existe um movimento, liderado pela **Sociedade Intersexo da América do Norte** (Intersex Society of North America, ISNA), para pôr um fim à "normalização" dessas operações em crianças e recém-nascidos. Para essa organização, o sofrimento causado pelo nascimento de crianças intersexo não deveria ser tratado cirurgicamente, mas sim com terapia para pais e filhos e tolerância da sociedade como um todo.

Além disso, na comunidade intersexo cresce a demanda pelo reconhecimento dos vários graus de intersexualidade, variações saudáveis de um *continuum* sexual que não deveriam estar sujeitos a correções ou estigmatização. Em que pese os ataques recentes à prática das cirurgias correcionais, contudo, a maior parte dos profissionais médicos ainda a apoia, e a sociedade norte-americana, como muitas outras, permanece firmemente comprometida com a ideia de que existem dois sexos, e que qualquer coisa diferente disso representa um desvio.

É interessante que, antes do período moderno, aqueles que conferiam o gênero a pessoas intersexo o faziam de modo mais humano do que atualmente, esperando em geral até a puberdade para observar a direção em que se dava o desenvolvimento e só então atribuindo-lhes o sexo e a identidade de gênero. Da mesma forma, em outras culturas, como a indiana, indivíduos intersexo podem existir abertamente como um terceiro gênero, sem que sejam forçados a viver como homens ou mulheres. Atualmente, os médicos tomam essa decisão, normalmente logo após o parto, uma escolha que afetará alguém pelo resto da vida tomada com base na funcionalidade e na expectativa de fertilidade.

A prática médica corrente de determinar o sexo de um recém-nascido intersexo via intervenção cirúrgica é notável não apenas pelo que compele às pessoas intersexo (escolhendo um ou outro sexo para alguém sem qualquer conhecimento ou consentimento, e sem saber se seu próprio gênero e identidade sexual estarão ou não em conformidade com a escolha feita à sua revelia), mas igualmente pelo fato de que, no fim das contas, ela efetivamente apaga e suprime a intersexualidade e todas as formas de sexo que não se submetem ao binarismo homem/mulher. Mulheres com clítoris "muito grandes" não são vistas como femininas, e homens com pênis muito pequenos são, da mesma forma, entendidos como pouco masculinos – e em ambos os casos usam-se cirurgias para resolver tais problemas. Trata-se de um bom exemplo de **biopoder**: quando o profissional médico pode controlar até mesmo o sexo e a identidade de alguém.

A bióloga Anne Fausto-Sterling afirmou que deveríamos reconhecer cinco sexos, levando-se em consideração todas as modalidades de variação sexual que podem ocorrer durante o desenvolvimento gestacional. Para ela, e para muitos outros pesquisadores e apoiadores, o sexo é um *continuum* com uma variedade de expressões físicas, não um restritivo binário homem/mulher.

Por que a sociedade se preocupa tanto quando alguém não se coloca facilmente como sendo homem ou mulher? As pessoas intersexo borram as fronteiras entre o masculino e o feminino, desafiam nossas crenças pessoais sobre diferenças sexuais, orientação sexual e papéis adequados de homens e mulheres. Mas se vivêssemos num mundo em que os intersexos tivessem espaço, isso significaria que nossas oposições mais fundamentais – homem/mulher, hétero/homo – teriam de desaparecer e não haveria mais desequilíbrio de poder baseado nessas distinções.

Mudando o sexo: transexualidade

A transexualidade é uma condição na qual uma pessoa sente que nasceu no corpo errado, e não apenas deseja adotar os comportamentos, maneirismos e papéis associados ao sexo oposto, mas vê sua própria identidade sexual como incorreta. A maioria dos transexuais deseja não só viver como membros do gênero com o qual se identifica, como também alterar cirúrgica e quimicamente seu corpo para que se coadune com sua identidade de gênero interior. A transexualidade é, às vezes, considerada como um tipo de comportamento transgênero.

Profissionais da psiquiatria consideram que os transexuais sofrem de **disforia de gênero**, ou **transtorno de identidade de gênero** (TIG), duas condições psiquiátricas. Nos Estados Unidos, aqueles que transformam seus corpos para que se conformem à sua identidade de gênero devem realizar **acompanhamento psicológico para o processo transexualizador**,

Figura 8.1 – Hellen Madok (também conhecida como Pâmela Soares) vencedora do concurso Miss Brasil Transexual 2007. Cortesia de Sílvio Tanaka, via Wikimedia Commons.

pois os profissionais da saúde mental consideram que que a cirurgia não é o único tratamento necessário para a condição. Transexuais que pretendem passar pela cirurgia são conhecidos como pré-op e geralmente ingerem hormônios, vestem-se e se comportam como o gênero-alvo durante esse período, que dura cerca de um ano. Essas exigências se destinam a evitar que indivíduos que não sejam genuinamente transexuais a mudar de sexo e, mais tarde, arrependerem-se.

Uma vez que o indivíduo tenha terminado o aconselhamento exigido, segue para a próxima fase: realizar uma ou mais cirurgias de redesignação de gênero, quando então será conhecido como transexual pós-op. Mulheres trans são aquelas que estão realizando, ou já completaram, a transição do masculino biológico para o feminino biológico; homens trans fizeram ou ainda estão fazendo a transição do feminino biológico para o masculino biológico.

Nos Estados Unidos, alguns transexuais, seja por não poderem arcar com os custos de uma cirurgia ou por não atenderem às exigências excessivamente rigorosas do acompanhamento psicológico, optam por realizar as operações com médicos norte-americanos atuando em países em desenvolvimento. Muitos, incluindo aqueles que não passam por cirurgias, encomendam hormônios no mercado clandestino.

Muito embora seres humanos transexuais provavelmente existam em todas as culturas, em diversas delas são considerados pervertidos sociais e sexuais. A Tailândia é exemplo de um país que designa uma categoria social específica para os transgêneros e mulheres trans: **kathoey**, ou *ladyboys*, que se vestem e se comportam como mulheres, exercem papéis de gênero femininos e podem passar por terapia de reposição hormonal, cirurgia de redesignação sexual ou implante de mamas para legalmente se tornarem mulheres. Como as travestis brasileiras, muitas alcançam carreiras de alto *status* social, como modelos e celebridades, enquanto outras tantas trabalham como prostitutas. Graças à alta incidência de transexuais na Tailândia, as cirurgias de redesignação sexual tornaram-se comuns no país, tanto para os cidadãos nativos quanto para ocidentais em busca de custos financeiros mais baixos.

Sexualidades masculinas e femininas

Quando falamos de corpos e sexo, podemos nos referir tanto à identidade sexual, que já discutimos, quanto às preferências, práticas e sentimentos sexuais. Na maior parte das culturas, a sexualidade é fortemente genderizada, ou seja, homens e mulheres são socializados em sexualidades bastante distintas.

Em boa parte do mundo, as meninas são socializadas para serem sexualmente passivas e resguardar sua virgindade. Essas meninas, e por extensão as mulheres, são ensinadas a controlar seus desejos sexuais, monitorar e se defender dos avanços sexuais de rapazes e homens. Por outro lado, nos Estados Unidos e demais países ocidentais, garotas são altamente sexualizadas pelos meios de comunicação de massa: a cultura popular ocidental está repleta de imagens femininas sexualmente desejáveis, estimulando-as a terem ações e aparência sensuais desde tenra idade. Além disso, a partir do desenvolvimento da pílula anticoncepcional e da Revolução Sexual que se seguiu, as mulheres têm, agora mais do que nunca, maiores oportunidades para vivenciar sua sexualidade. Essa mensagem conflitante – que é preciso resguardar a virgindade, mas também ser sexualmente atrativa para os homens – é ao menos parcialmente culpada pela forma esquizofrênica como a sexualidade feminina é vista e abordada no Ocidente.

Meninos e homens, por seu turno, são encorajados a serem sexualmente agressivos e ativos. Os garotos são socializados sobre sexo pelos colegas e meios de comunicação de massa (revistas pornográficas há alguns anos atrás, sites de pornografia hoje em dia). Durante a infância e a adolescência, falam sobre garotas e sexo e encorajam o desenvolvimento de uma forma de heterossexualidade competitiva. Em especial, quando os jovens se engajam em esportes, a cultura do campo e do vestiário é bastante centrada nesse tipo de heterossexualidade masculina, na qual as "ficadas" se tornam uma modalidade esportiva em si mesma. O sociólogo Michael Messner (2002) vai mais além e demonstra que os esportes são um veículo primordial, no qual os meninos e os homens aprendem, reforçam e performam um tipo de masculinidade baseada na heterossexualidade compulsiva e competitiva.

Enquanto as garotas são vistas como vagabundas se participam de atividades sexuais, os garotos são percebidos como heróis quando fazem exatamente a mesma coisa, uma **moral sexual tendenciosa** encontrada, em maior ou menor grau, no mundo inteiro. Mesmo que as garotas estejam se tornando mais sexuais, e iniciando no sexo cada vez mais cedo, muito dessa atividade continua a ser dirigida à satisfação dos garotos. As jovens estão praticando mais sexo oral e anal do que nunca, mas o foco permanece na busca de popularidade e aprovação por conseguirem proporcionar prazer sexual a jovens e homens. Da mesma forma, muitas moças estão "experimentando" expressões homossexuais, e por mais que haja inúmeras razões para tal fato, um aspecto que não deve ser descartado é o desejo de muitas delas de atrair a atenção masculina ao ficarem publicamente com outra mulher. A série de vídeos *Girls gone wild* fez do seu criador, Joe Francis, um milionário exibindo jovens bêbadas com seios à mostra e curtindo com outras mulheres em troca de um pouco de atenção e fama.

É indiscutível que atividades sexuais geram consequências muito mais graves para garotas e mulheres do que para os homens, de modo que existem boas razões para que elas resguardem sua sexualidade. Enquanto as mulheres engravidarem e derem à luz, haverá sérios riscos envolvendo a sua sexualidade, mas gestações não planejadas e serem chamadas de vagabundas não são os únicos perigos. Mulheres sofrem assédio sexual, e para aquelas que são, ou aparentam ser, sexualmente ativas, o risco é ainda maior. Além disso, em tempos recentes os conservadores têm ganhado muito terreno nos Estados Unidos, restringindo o acesso ao aborto e aos contraceptivos e deixando a sexualidade feminina ainda mais insegura.

Ao mesmo tempo, existe um movimento crescente em favor da abstinência nos Estados Unidos, voltado tanto para rapazes quanto para moças. Em 2012, o *quarterback* Tim Tebow, atuante na National Football League (NFL, a liga esportiva profissional de futebol americano dos Estados Unidos), tornou-se extremamente popular em parte graças à sua atuação no time dos Denver Broncos, mas também à exposição pública de sua fé cristã durante as partidas. Com 24 anos (quando da escrita deste livro), Tebow assumiu publicamente ser virgem, atraindo o desdém de alguns e a admiração de outros. O mais comum, contudo, é que se espere das garotas manterem sua virgindade por mais tempo do que os rapazes.

Outra forma pela qual a sexualidade é genderizada no Ocidente: há muito se considera que o "orgasmo vaginal" seja a mais legítima expressão da sexualidade feminina. Mesmo quando o pioneiro da pesquisa sexológica, Alfred Kinsey, escreveu sobre a importância do clítoris nos orgasmos femininos em seu livro *Sex behavior in the human female*, de 1953, o clima conservador do momento rejeitou a ideia, e médicos, religiosos e o público em geral aconselharam as mulheres a se concentrar no orgasmo vaginal como o padrão "normal" da feminilidade. Como se esperava (e de certa forma ainda se espera) que elas obtenham prazer somente através do intercurso sexual, a necessidade de estimulação do clítoris para chegar ao orgasmo é vista, amiúde, como um sinal de disfunção sexual. A realidade é que a estimulação clitorial é a chave para a vasta maioria dos orgasmos femininos, de modo que sugerir que mulheres que não conseguem ter prazer apenas por meio da penetração são disfuncionais ou "frígidas" presta um grande desserviço a todas.

Questões interessantes: Pequenas Misses (Toddlers & Tiaras) e a sexualização de meninas

Pequenas Misses (no original Toddlers & Tiaras) é um reality show *norte-americano transmitido pelo canal TLC que acompanha os concursos de beleza infantil, as meninas que participam deles e suas famílias. As concorrentes iniciam suas carreiras ainda muito pequenas, e o programa tem criado muita controvérsia pela forma como roupas e* performances *as sexualizam. Elas usam maquiagem, perucas, modelos sensuais, sutiãs com enchimento e apresentam coreografias insinuantes. Em 2012, a mãe de uma das rainhas desses concursos processou algumas empresas de mídia por "sexualizarem sua filha" ao postarem um vídeo da menina de 5 anos cantando* I'm Sexy and I Know It *numa boate nova-iorquina. O vídeo só foi postado após a apresentação da criança, levada à casa noturna pelos pais, mas eles consideraram que a sexualização só ocorrera quando da transmissão pela mídia. Pequenas Misses nada mais é do que o exemplo mais recente da sexualização de meninas extremamente novas. Todos conhecem as bonecas Bratz, brinquedos imensamente populares que usam roupas* sexy *e maquiagem, mas agora já há as Bratz Babyz, bonequinhas bebês que vestem o mesmo estilo sedutor das versões mais velhas. Outros itens atualmente oferecidos para meninas incluem um mastro de* pole dance: *o kit vem com uma cinta-liga que a criança usa e onde outras podem colocar dinheiro. A Abercrombie & Fitch produz sutiãs* push-up *e calcinhas fio-dental para a faixa etária dos 7 anos, e a Playboy anuncia produtos infantis. Por fim, nenhum Halloween estaria completo sem as onipresentes fantasias sensuais (enfermeira/bruxa/policial/diaba etc.) usadas por mulheres adultas, mas agora igualmente disponíveis para adolescentes e pré-adolescentes.*

Gay, hétero, bi e...?: sexualidades diversas

No Ocidente a sexualidade, como o gênero, é vista como binária: ou se é heterossexual, a norma, ou homossexual, o anormal. Embora muitos compreendam a existência da bissexualidade, ela parece ser ainda mais inusual e atípica do que a homossexualidade. Em outras culturas, contudo, esse binarismo não ocorre e a sexualidade se apresenta em muitos outros sabores que não o somente hétero e *gay*.

Definir sexualidade – homo, hétero ou qualquer outra – é difícil não apenas porque as próprias definições são limitantes, mas também porque os termos que usamos podem muito bem se referir a categorias bastante diversas de pensamento e comportamento, incluindo comportamento sexual, afiliação emocional e autodefinição, e todos esses campos podem não coincidir perfeitamente entre si.

Por exemplo, em muitas partes da América Latina, o que torna um homem *gay* é o fato de ele ser penetrado por outro homem; aquele que penetra (o "ativo"), por sua vez, não é *gay*. Nos Estados Unidos, homens que trabalham como michês ou garotos de programa podem se identificar como héteros, mas se envolvem diariamente em sexo anal e oral com outros homens, não raro atuando exclusivamente como "passivos".

O modo como as relações de mesmo sexo ocorre é fortemente moldado pelos fatores culturais (embora a presença de pessoas que nelas tomam parte, ou que as desejam, seja universal). Os antropólogos perceberam que, historicamente, tem havido pelo menos quatro padrões diferentes para os relacionamentos homossexuais: igualitário, gênero-estruturado, etário-estruturado e ritualístico.

Relacionamentos igualitários são aqueles que vemos no Ocidente e em grande medida se espelham em suas contrapartes heterossexuais, ou seja, dois homens, ou duas mulheres, com *status* sociais relativamente semelhantes, têm uma relação amorosa. Não só estão se tornando mais comuns nas sociedades ocidentais como têm sido socialmente mais aceitos.

Relacionamentos gênero-estruturados foram encontrados em culturas ao redor do mundo e são associados às pessoas transgênero. Nesse caso, um indivíduo assume as normas genderizadas do seu próprio sexo, enquanto outro as normas do sexo oposto, sendo, portanto, relacionamentos de mesmo sexo, mas de gêneros diversos. É possível encontrá-los em muitas das mais bem conhecidas culturas transgêneras do mundo, incluindo os kathoey tailandeses, as travestis brasileiras e os Dois-espíritos dos indígenas americanos.

Relacionamentos homossexuais etário-estruturados incluem um parceiro mais velho e outro mais novo, e são bem conhecidos entre os gregos antigos, para quem eram perfeitamente normais. Nesse caso, homens adultos casados, com mulher e filhos, mantinham relações sexuais com garotos bem mais novos. Estes últimos, quando atingiam a maturidade, abandonavam o relacionamento, casavam, tinham filhos e, eventualmente, tomavam seus próprios parceiros mais jovens.

Por fim, os **relacionamentos homossexuais ritualísticos** referem-se a práticas mais comumente vistas na Melanésia, onde garotos se envolvem com homens mais velhos como parte dos ritos de iniciação à vida adulta. O antropólogo Gilbert Herdt (1994) estudou tais culturas e demonstrou que nelas homens se envolvem em práticas homossexuais durante boa parte da vida, ainda que se espere deles que casem e tenham filhos e são definidos como masculinos – logo, heterossexuais. Como se vê, não só a sexualidade

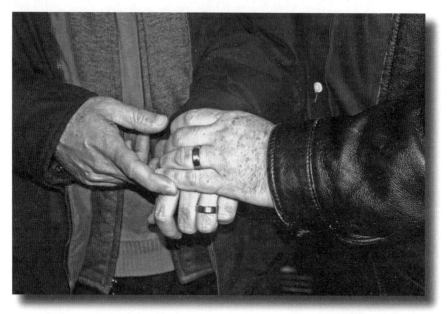

Figura 8.2 – Casamentos *gays* estão se tornando mais e mais comuns nos Estados Unidos. Em 2012, treze estados já reconheciam legalmente os casamentos. Bob Mitchell e Randy Huff casaram-se em 2011 numa cerimônia civil. Cortesia de Janet Kazimir.

é fortemente influenciada pela cultura como pode ser muito mais flexível do que supõe a maioria de nós. Mesmo no mundo animal, em que centenas de espécies de mamíferos e aves apresentam comportamentos homossexuais concomitantemente aos heterossexuais, a sexualidade pode ser mais flexível do que pensamos ser.

No Ocidente, homossexualidade e heterossexualidade têm definições bem mais estritas e são geralmente percebidas como orientações permanentes. Cerca de 4% dos adultos se identificam como homossexuais nos Estados Unidos, mas como essa definição é muito restritiva, esse número não leva em consideração todos aqueles que tenham ou possam ter tido relações (ou mesmo pensamentos) sexuais com pessoas do mesmo sexo. Em verdade, pesquisadores têm descoberto que entre jovens e mulheres o quantitativo de pessoas que tiveram experiências sexuais com o mesmo sexo chega perto de 10%, e entre mulheres jovens pode atingir 18%. É importante observar que é difícil estimar com precisão o número de pessoas que se autoidentificam homossexuais numa sociedade que ainda exige a heterossexualidade como norma. Não há como saber quantos homens e mulheres podem preferir relações de mesmo sexo, eventual ou definitivamente, porque em diversos lugares isso ainda permanece sendo socialmente inaceitável. Por exemplo, nos séculos XVIII e XIX, muitas mulheres norte-americanas participavam dos chamados **matrimônios de Boston** (*Boston Marriages*), relacionamentos afetivos e sexuais com outras mulheres. Raramente essas relações iam a público, e quando isso acontecia as parceiras eram acusadas de insanidade mental.

Tudo isso nos leva ao fato de que o comportamento e as preferências sexuais podem mudar no curso da vida de certas pessoas. Embora muitos sejam firmemente comprometidos com a heterossexualidade, e outros com a homossexualidade, parece que existem milhões de homens e mulheres que apresentam orientações mais fluidas.

Mas isso significa que há milhões de bissexuais? Segundo o sexólogo Alfred Kinsey, a maior parte dos seres humanos é bissexual, e é a cultura que simplesmente força a maioria de nós a comportamentos estritamente heterossexuais. Para Kinsey, a sexualidade é mais bem compreendida como um *continuum* do que como um binário, com a maioria situada no lado heterossexual, alguns no lado homossexual e a maior parte de nós estacionada ou se movendo em diversos pontos entre esses extremos.

A ideia de que a sexualidade pode ser fluida ou mutável não desmente o fato de que, para muitos, ela parece ser estável. Na verdade, o consenso entre os cientistas, e também na comunidade *gay*, é que a sexualidade (seja *gay* ou hétero) da maioria das pessoas é determinada muito cedo na vida, quando não no próprio nascimento. Alguns cientistas teorizam que a homossexualidade pode se desenvolver no feto graças aos hormônios maternos, que podem gerar uma estrutura cerebral sutilmente diferente da dos heterossexuais, enquanto outros postulam a presença do "**gene gay**", ou de um conjunto de genes, que pode ter evoluído para conferir ao recipiente, ou à sua família, alguma vantagem seletiva. Recentemente tem havido muitas pesquisas sobre sexualidade em gêmeos idênticos, dimorfismo sexual nos dedos da mão, ordem de nascimento de irmãos e destreza manual direita ou esquerda, e elas têm comprovado que a sexualidade é, ao menos em parte, biológica.

Um dos problemas com explicações dessa natureza é que elas não apenas supõem a heterossexualidade como norma como também deixam implícito que a homossexualidade significa alguma forma de mutação ou anormalidade. De fato, até 1973 a Associação Americana de Psiquiatria considerava-a um transtorno mental, o que já não é mais o caso. Por outro lado, se a sexualidade é biologicamente determinada, mesmo se vista como um defeito, significa que as pessoas nascem assim e que as várias terapias religiosas de conversão que anunciam a "cura" devem ser abandonadas (em 2012, manchetes destacaram que a Califórnia havia aprovado a primeira lei nos Estados Unidos que efetivamente bania essas terapias). Existem imensas pressões políticas, tanto do lado do movimento pelos direitos dos *gays* quanto do fundamentalismo cristão, para provar que a homossexualidade é biológica ou "optativa": se biologicamente determinada, não pode haver justificativa para a discriminação; mas se for uma escolha, então a direita religiosa pode justificar a discriminação. Seja como for, para dar conta da ampla variedade de formas que a sexualidade assume mundo afora, precisamos no mínimo aceitar que a cultura também tem um papel a desempenhar em sua formatação.

Outro problema com os termos heterossexual e homossexual é que eles não apenas são restritivos: também supõem haver uma norma (heterossexual) e um desvio dessa norma (homossexual), e definem seres humanos com base exclusivamente em suas sexualidades. Noutras palavras, em boa parte de suas vidas os héteros não são definidos como "héteros", mas sim como homens e mulheres, mães ou pais, arquitetos ou jardineiros, atletas do vôlei ou velocistas. Já os *gays* são definidos como tais; a homossexualidade é seu *status* de mestre e por causa disso a sociedade os vê como uma "classe especial" de gente que exige "direitos especiais". Não obstante, da mesma forma que os héteros, eles são atletas do vôlei, arquitetos e pais. O sexo e a sexualidade não são suas formas primárias de comportamento, identificação ou *status*. Foi somente por meio da construção dos termos, e nos binários nos quais supostamente se baseiam, que a noção de que tudo dos *gays* tem a ver com o sexo se desenvolveu. Sem as definições binárias, e certamente sem o estigma associado à homossexualidade, as pessoas *gays* seriam vistas como quaisquer outras.

Body play, submissão e fetiches

Sexo, claro, diz respeito a muito mais do que a biologia de alguém, ou sua orientação sexual, mas também a comportamentos sexuais, como visto neste capítulo. Como já dissemos, esses comportamentos são profundamente moldados pelas normas culturais, mas isso não significa que inexistam pessoas que realizam práticas sexuais bem extrínsecas a essas normas. A sigla **BDSM** (Bondage e Disciplina, Dominação e Submissão, Sadismo e Masoquismo) se refere a certos comportamentos sexuais que incluem o uso consensual de dor, submissão, ou dominância, e que são vistos como pervertidos por boa parte da sociedade. Indivíduos regularmente envolvidos em BDSM ou em relações de dominação/submissão amiúde dizem viver um "estilo de vida".

O dominante exerce o controle sobre o parceiro sexual, enquanto o submisso é aquele que busca alguém que o domine. Os parceiros podem igualmente ser ativos ou passivos sem estar formalmente numa relação de dominação/submissão. O ativo é a pessoa que, durante os atos de bondage, humilhação ou dor, controla as atividades, enquanto o passivo é aquele em quem esses atos são realizados, e a não ser que tenham estabelecido uma relação formal de dominação/submissão, revezam essas posições constantemente.

Diversas (quando não a maioria) das atividades BDSM envolvem dor: o jogo sensual é uma maneira pela qual um parceiro inflige dor ao outro, sem efetivamente feri-lo. Os participantes apreciam a liberação de endorfina que ocorre durante essas práticas. Outra motivação é que parte do jogo é sobre explorar e testar limites, físicos e emocionais. Ainda que homens e mulheres tenham, muito provavelmente, gostado de suportar a dor durante o sexo por séculos, com a pornografia isso não foi percebido como uma categoria específica do comportamento sexual até o século XVIII, quando então a sociedade europeia começou a categorizar (e estigmatizar) certas práticas sexuais.

No século XX, o BDSM tem sido mais associado à cena *leather gay*, surgida a partir de um grupo de soldados homossexuais após a Segunda Guerra Mundial. Estes pioneiros sexuais experimentaram uma série de práticas sexuais não convencionais, tais como o *spanking* (palmadas eróticas), chicotadas, brinquedos sexuais, *paddling* (palmatórias), privação de sentidos e restrição de movimentos, e foram os primeiros ocidentais a verdadeiramente experimentar o uso de *piercings* corporais, faciais e genitais e o *branding* (marcação a ferro). Tatuagens e marcas são frequentemente usadas por parceiros dominantes para demarcar a posse sobre os seus submissos, alguns dos quais aceitam chegar ao extremo de ter seus genitais parcial ou completamente removidos.

Muitos adeptos de práticas sexuais não conformativas as realizam sozinhas, sem integrar comunidades como a dos BDSM. Eles podem ter **fetiches** sexuais, como atração por um objeto, uma parte do corpo ou um animal. Embora haja fetichistas de ambos os sexos, a maior parte da documentação sobre eles, incluindo os referentes a pés (podolatria) e sapatos (retifismo), é sobre homens, enquanto a maior parte dos calçados e pés fetichizados são de mulheres.

A podolatria é, precisamente, a forma mais comumente documentada de fetiches. O desejo sexual dos podólatras gira em torno dos pés – acariciá-los, tocá-los, beijá-los e, eventualmente, usá-los como parte do ato amoroso. Normalmente, consideram certos aspectos dos pés, ou de um em particular, especialmente excitantes, tais como o odor, unhas compridas, as arcadas plantares ou unhas pintadas. Pés femininos pequenos têm sido altamente valorizados em diversas culturas, representando feminilidade e vulnerabilidade, mais perfeitamente expressas através da prática chinesa dos pés de lótus. Mas há também casos de pés femininos grandes que são considerados provocantes.

Os retifistas consideram os sapatos excitantes. Os tipos de calçados que valorizam geralmente têm saltos altos (por causa da maneira como impactam as costas, os quadris, as nádegas e os seios das mulheres), botas de cano longo bem apertadas ou cujos cadarços são amarrados como um espartilho. Eles podem acariciar ou beijar esses calçados, ejacular neles; podem gostar de ser pisados, ou ver outro alguém sendo pisado, o fetiche pelo esmagamento. Por outro lado, às vezes é o odor dos pés que os torna afrodisíacos. Muito embora tenha sido mais comum ao longo da história que pés e sapatos femininos fossem erotizados, têm havido casos em que o mesmo ocorre com pés e sapatos masculinos: os sapatos-polaina (*poulaine*), calçados medievais com bicos que chegam a 60 centímetros, eram populares entre os ricos do período, mas detestados pela Igreja Católica, que considerava degeneradas conotações fálicas que evocavam. As pontas tinham de ser recheadas com lã e crina de cavalo para manterem-se eretas, e diz-se que seus usuários ficavam de pé nas esquinas e mexiam os dedos para as mulheres que passavam.

Alguns teóricos defendem que a podolatria se torna mais popular quando há crescimento de doenças sexualmente transmissíveis e o uso dos pés para fins sexuais se torna uma forma de sexo seguro. Outra teoria propõe que os períodos de alta moralidade, quando os pés (em especial os femininos) são mantidos fora das vistas alheias, estão igualmente relacionados ao crescimento desses fetiches. Desse modo, durante a Era Vitoriana, quando os pés das mulheres estavam sempre calçados e escondidos por inúmeras camadas de vestes, eles foram subsequentemente mais erotizados pelos fetichistas (em meados do século XIX havia um movimentado mercado clandestino de pornografia e acessórios podólatras). De fato, os fetiches por sapatos e pés foram originalmente definidos como uma questão sexual na Inglaterra do século XIX, e é possível que tais desdobramentos estivessem diretamente ligados à moralidade vitoriana da época. Freud, por exemplo, considerava que os sapatos eram fetichizados porque os meninos pequenos os viam quando tentavam olhar por baixo das longas saias das mães.

Os sapatos com salto *stiletto*, com sua aparência a um só tempo frágil e muito ameaçadora, são outra combinação que causa impacto no fetiche do esmagamento, em que homens sentem prazer sexual ao observar mulheres usando esses sapatos e esmagando objetos ou pequenos animais, geralmente nos chamados *crush videos*. O impulso por trás desse fetiche é, para muitos, similar ao que é encontrado no BDSM: seus participantes se satisfazem em imaginar a si mesmos sendo esmagados, uma experiência vivida indiretamente quando assistem uma mulher usando saltos muito altos esmagando objetos ou animais. Até mesmo fetichistas que não se excitam especificamente com o esmagamento frequentemente fantasiam sobre ou efetivamente se deixam pisar por mulheres usando salto alto, causando-lhes dor, humilhação e os fazendo sentir insignificantes.

Sexo como arma: estupro e castração

Claro está que a sexualidade é uma parte central daquilo que somos como animais e como humanos. Somos uma espécie que se reproduz sexualmente, logo o sexo é necessário para que novas gerações sejam criadas. Mas em sendo moldado, visto e controlado por intermédio da cultura e da sociedade, o sexo pode ser usado como uma arma para controlar o comportamento alheio, e tanto homens quanto mulheres podem ser vítimas de violência sexual.

O estupro é geralmente definido como contato sexual forçado. E apesar de parecer simples, essa definição tem mudado ao longo da história. Há um certo tempo, referia-se exclusivamente à penetração involuntária e supostamente só poderia ocorrer a mulheres, mas no Ocidente atual o conceito está mais amplo. Além disso, em tempos idos (bem como em muitas culturas hoje em dia), esposas não podiam ser estupradas pelos seus maridos (nessa perspectiva, o que chamamos hoje de estupro marital não se constituía em crime), e em muitos lugares atualmente o homem não pode ser indiciado por violência sexual se se considera que a mulher "pedia" atenção sexual.

O estupro é um crime extremamente comum nos Estados Unidos, onde a maior parte das vítimas é de mulheres jovens que conhecem seus agressores – em especial, as estudantes universitárias correm mais risco do que qualquer outro recorte populacional. Mas como tantas dessas vítimas conhecem seus agressores, foram atacadas em uma festa ou após um encontro, metade delas não denuncia essas incidências como estupros e culpam a si mesmas pela violência sofrida. Muitos dos atacantes nem sequer consideram que violentaram alguém, ou podem negar terem feito o ato.

Em outras culturas o estupro é menos prevalente entre amigos e conhecidos, ocorrendo mais entre estranhos. Mas em todos os casos onde essa violência é comum, ou em sociedades onde há a **cultura do estupro**, tende a haver um certo número de fatores culturais que contribui para sua existência, dentre os quais violência masculina, violência sexual, culpabilização da vítima, baixo *status* social feminino e relações perversas entre os sexos – tudo isso está relacionado a culturas com altos índices de violência sexual. Não raro, o estupro é produto de processos de socialização ocorridos em certas sociedades com cultura do estupro, processos esses que glorificam a violência masculina, ensinam os garotos a serem agressivos e competitivos e menosprezam o papel das mulheres na sociedade. Um exemplo é a África do Sul, onde há grande tolerância para com a violência e a violência contra as mulheres; elas têm pouco poder para exercer o controle nos relacionamentos sexuais; a norma é a dominância masculina geral e a submissão feminina. Os Estados Unidos são um outro exemplo de cultura do estupro, talvez por causa da maneira como os meios de comunicação de massa glorificam e normalizam a violência, as conquistas sexuais e a objetificação das mulheres. Ainda que as norte-americanas estejam num patamar social mais alto do que mulheres de outros países, elas continuam a perceber que seu poder nos relacionamentos sexuais permanece baixo, e que sua função de objetos sexuais continua em alta. Onde quer que as mulheres e seus corpos sejam mercantilizados e os homens compitam entre si pelas mulheres, o resultado comum é o estupro.

A pioneira feminista Gloria Steinem considera o estupro e o assassinato em série "crimes de supremacia", resultantes da expectativa masculina de que devem exercer sua dominação sobre os outros. Outra consequência da dominação masculina é o fato de as mulheres serem frequentemente responsabilizadas pelo estupro que sofreram. Em um ambiente dominado por homens, acredita-se que elas estavam "pedindo para ser violentadas" por usar roupas reveladoras, sair com homens ou ficar bêbadas. Nos julgamentos de casos de estupro, questões dessa natureza são comumente trazidas à baila pela defesa, e não raro levam à absolvição do atacante – não é de estranhar, portanto, que muitas vítimas sequer reportem a violência que sofreram.

Muitos desses fatores existem também para homens que são estuprados: onde a masculinidade é altamente valorizada e a feminilidade menosprezada, os homens *gays*, suspeitos de serem *gays* ou percebidos como mais femininos tendem a ser violentados. Isso é verdade tanto nas prisões, onde o estupro masculino é comum, quanto na sociedade como um todo. Essa violência é sinal de dominação e poder, exatamente como quando ocorre com mulheres.

A **castração** é uma forma de violência sexual dirigida exclusivamente contra homens, e se refere à remoção cirúrgica dos testículos. A castração humana possui uma longa história que perpassa muitas das primeiras civilizações, e tem sido primordialmente utilizada com fins punitivos, motivação religiosa e para controlar certas categorias de servos e escravizados.

Nas civilizações mediterrânicas e médio-orientais, por exemplo, bem como na China e na Europa Medieval, frequentemente a castração era usada para punir os crimes de estupro, homossexualidade ou adultério. Em tempos mais recentes, os nazistas eventualmente usaram o procedimento como forma de controle de certas populações "inaptas".

Da mesma forma, ao longo da história têm havido casos de castração durante as guerras: exércitos invasores castrariam os prisioneiros ou mesmo os corpos dos abatidos, como forma de demonstrar sua vitória sobre o povo conquistado, de limpeza étnica e, eventualmente, como meio de tortura. A castração dos homens frequentemente acontecia concomitantemente ao estupro das mulheres, como se viu na antiga Pérsia, Egito, Assíria, Etiópia, entre os antigos hebreus, bem como entre normandos e chineses; em tempos recentes, há rumores de que os vietcongues castravam prisioneiros e dissidentes, e a milícia Janjawid, atuante no conflito sudanês ainda em curso, tem castrado homens e estuprado mulheres.

Já a utilização de homens castrados (usualmente prisioneiros de guerra) como servos e escravizados foi encontrada apenas em sociedades estratificadas. Em sociedades nas quais a elite masculina tinha múltiplas esposas (como em todo o Oriente Médio), castrados conhecidos como **eunucos** eram usados para tomar conta delas – eles eram os guardas dos haréns preferidos graças a um dos efeitos colaterais da castração (especialmente quando executada

Figura 8.2 – A Marcha das Vadias (*SlutWalk*) em Toronto, maio de 2012. Cortesia de Loretta Lime, via Wikimedia Commons.

antes da puberdade), a perda do apetite sexual – muito embora alguns eunucos ainda tivessem condições de fazer e desfrutar do sexo, tornando-os parceiros sexuais populares, e estéreis, das mulheres. Outras sociedades, como a Roma antiga, o Egito e o Império Inca também castravam escravizados como modo de deixá-los mais dóceis, bem como para evitar que tivessem relações sexuais com os membros femininos da residência.

A castração também tem sido utilizada no Ocidente. Durante a Era Vitoriana, às vezes homens eram castrados (e mulheres tinham seus clítorises removidos) como cura para a homossexualidade, e o procedimento também foi utilizado na Alemanha nazista.

Como vimos neste capítulo, sexo é algo muito mais complicado do que normalmente pensamos. Pode até ser natural (por isso recorremos à metáfora das abelhas e das flores para explicá-lo às crianças pequenas), mas está longe de ser simples, e a medida do papel desempenhado pela sociedade ao moldá-lo é enorme.

Questões interessantes: a Marcha das Vadias (SlutWalk) *de Toronto*

  Em 2011, na Faculdade de Direito de York, um policial falava aos estudantes sobre prevenção de crimes, e num dado momento sugeriu às mulheres que, para evitarem o estupro, elas deveriam evitar "se vestir como vadias". Essa declaração provocou revolta entre as mulheres do campus *e, à medida que era mundialmente difundida por ser entendida como um exemplo da culpabilização das mulheres (seus corpos, vestes e comportamentos) violentadas. Em resposta, alunas de York decidiram organizar o que ficou conhecido como Marcha das Vadias* (SlutWalk) *no dia 3 de abril de 2011, quando milhares de mulheres se reuniram no Queen's Park, em Toronto, muitas vestidas de modo explicitamente provocante, e marcharam até o quartel da polícia. Mais marchas foram realizadas em outras partes do mundo, e têm acontecido regularmente desde então. Ainda que feministas do mundo todo tenham abraçado a manifestação, algumas são contrárias à reivindicação do termo "vadia", dada sua natureza de termo cunhado por homens para a sexualidade feminina.*

Termos fundamentais

acompanhamento psicológico para o processo transexualizador	homossexualidade
BDSM	Homossexualidade ritualística
biopoder	kathoey
castração	matrimônios de Boston
cirurgias de redesignação sexual	moral sexual tendenciosa
cultura do estupro	órgãos homólogos
disforia de gênero	Relacionamentos etário-estruturados
eunucos	Relacionamentos gênero-estruturados
fetiches	Sociedade Intersexo da América do Norte (ISNA)
gene *gay*	transtorno de identidade de gênero
genitália ambígua	travestis

Leituras complementares

Butler, J. (2019). *Corpos que importam: Os limites discursivos do sexo*. N-1 Edições.

D'Emilio, J., & Freedman, E. B. (1997). *Intimate matters: A history of sexuality in America*. 2. ed. University of Chicago Press.

Dreger, A. D. (1998). *Hermaphrodites and the medical invention of sex*. Harvard University Press.

Fausto-Sterling, A. (2000). *Sexing the body: Gender politics and the construction of sexuality*. Basic Books.

Foucault, M. (2020). *História da sexualidade: A vontade do saber (Vol. 1)*. Paz & Terra.

Gilman, S. (1989). *Sexuality: An Illustrated History: Representing the Sexual Machine and Culture from the Middle Ages to the Age of AIDS*. Wiley.

Herdt, G. (1994). *Third Sex, Third Gender: Beyond Sexual Dimorphism in Culture and History*. Zone Books.

9
CORPOS CLASSISTAS

Um dos programas de televisão norte-americanos mais influentes de todos os tempos foi a série *Roseanne*, produzido e estrelado pela comediante Roseanne Barr. Durante o tempo em que foi exibido, entre 1988 e 1997, foi um dos poucos a retratar realisticamente uma família da classe trabalhadora, que morava numa casa cheia e relativamente malcuidada e enfrentava desafios pessoais e financeiros. Ainda que outros programas desse tipo já tivessem existido (por exemplo, *The honeymooners* nos anos 1950, e *Tudo em família*, duas décadas depois), eles haviam sido substituídos por séries centradas em personagens das classes média e rica. Hoje em dia é difícil imaginar ver um desses seriados que não exiba atores e atrizes jovens e lindos, usando a moda mais glamurosa e vivendo em belas casas ou em apartamentos nova-iorquinos. Os membros da família Conner eram bem diferentes dos personagens que hoje vemos em séries como *Grey's anatomy*, *Revenge*, *Gossip girl*, *Modern family* ou *Maldosas*[4]: eram pobres, trabalhadores braçais (*blue-collar*), viviam numa casa decadente, vestiam-se mal e eram visivelmente gordos.

De fato, o peso de Dan (vivido por John Goodman) e Roseanne era das características mais notáveis do programa, e permanece sendo até hoje. A única outra série que, em tempos recentes, apresentou personagens acima do peso foi *Mike and Molly*, e tal qual sucedeu com *Roseanne*, a forma física dos seus personagens era um dos elementos mais salientes e controversos, em parte porque ainda é difícil ver gente gorda na televisão, um aspecto esse tão central ao programa por representar visivelmente sua condição de trabalhadores braçais.

---

4. *Pretty Little Liars*.

O presente capítulo discute os modos como a posição de classe se inscreve nos corpos. Por exemplo, por que o peso seria um indicador classista? E quais são as outras formas pelas quais a classe se corporifica em nós?

Como a classe modifica o corpo?

No capítulo 1 vimos como a sociedade e a cultura moldam o corpo, e nos subsequentes os modos como sexualidade, gênero, saúde, enfermidade, dentre outros fatores, são corporificados. Um dos conceitos teóricos que nos ajudam a entender esse fato é o *"habitus"*, termo inventado pelo sociólogo Marcel Mauss em um artigo chamado *Técnicas do corpo* (1979) para se referir a como a sociedade, por meio de práticas sociais e culturais, inscreve-se no corpo de seus membros. Mais tarde, o sociólogo Pierre Bourdieu expandiu essa noção em seu influente livro *A distinção: crítica social do julgamento* (1984). Do modo como tem sido usado por Bourdieu e outros, esse conceito discute como valores, hábitos, gostos e estilos de vida são adquiridos ao longo da vida, entrincheirando-se firmemente como parte da cultura. Essas práticas e valores são, pois, encontradas sobre os corpos e em seu cerne, na soma de hábitos corporais, habilidades e gostos compartilhados por um grupo social. Mesmo elementos como postura e odores corporais ou manifestação das doenças são compartilhados e socializados nesses grupos. Para Bourdieu, o *habitus* diz respeito aos modos como o corpo "incorporou as estruturas imanentes do mundo", as quais, por sua vez, estruturam percepções e ações (1998, p. 81).

As classes são um dos mais importantes modos por meio dos quais desenvolvemos *habitus*. Karl Marx foi o primeiro a sugerir que corpos diferem entre si, e aquilo que os torna diferentes é o tipo de trabalho que realizam. Qual o corpo que discutimos importa. É aquele que labuta na fábrica, que moureja nos campos, ou que paga os salários? Crescer na pobreza nos expõe a alimentos, escolhas de vestuário, toxinas e doenças imensamente diferentes daquelas a que estão expostos, por exemplo, os ricos. Assim sendo, não somente ricos e pobres corporificam as diferenças de classe de modos diversos como também serão julgados diferentemente. O *habitus* carrega o poder simbólico – comer sushis feitos à mão é simbolicamente mais valorizado do que comer num KFC ou num McDonald's.

Bourdieu descreve um "universo de corpos classistas que [...] tendem a se reproduzir em sua lógica específica o universo da estrutura social" (1984,

Figura 9.1 – Homens desabrigados em Robinson Park, Albuquerque.
Cortesia de Tom Young.

p. 193). As diferenças entre os "corpos classistas", para Bourdieu, expressam-se via gostos, aparências, hábitos e estilos de vida diferenciais de cada um. Como os membros de cada uma das classes operam a partir de um *habitus* particular, ou uma forma de condição de classe internalizada que informa as maneiras como se deve habitar o corpo, é de se esperar que as preferências em termos de vestir, comer ou praticar esportes difiram. Sua afirmação de que "o corpo é a mais indisputável materialização do julgamento de classe" (p. 190) fornece um contexto para nossa própria compreensão, neste texto, de como o corpo é moldado pela classe. Além disso, ele contrasta os corpos da classe média e das classes trabalhadoras, sendo o corpo burguês aquele livre da sujeira e que não oferece nenhum desafio à ordem social dominante, o contrário do corpo operário, que ameaça esta mesma ordem.

Outro grande teórico cujo trabalho é relevante para essa abordagem é Mikhail Bakhtin, que escreveu (1984) sobre a relação entre corpos e classes sociais e partes do corpo e classe: segundo sua abordagem, o corpo "clássico" (ou seja, o da classe média) é refinado, laminado e sem orifícios, e nele a fisicalidade do corpo da classe trabalhadora está ausente. Sua obra influenciou o trabalho de inúmeros pesquisadores contemporâneos que lidam com as diferenças entre os corpos das classes mais baixas e das mais altas (Stallybrass, & White, 1986; Fiske, 1989; Kipnis, 1992). Também o sociólogo Norbert Elias observa a transformação das práticas sociais por intermédio da invenção das boas maneiras nas classes altas, que modificam os padrões de privacidade, vergonha e repulsa.

Laura Kipnis, estudiosa das mídias, em seu trabalho sobre pornografia atenta para como a classe constrói o corpo pornográfico. Ela retoma fortemente a discussão de Bakhtin sobre a homologia entre estratos corporais inferiores e classes sociais baixas (como representada na obra de François Rabelais), pela qual o corpo se torna um tropo privilegiado das classes de baixa renda, e por seu intermédio as grosserias corporais operam como críticas à ideologia dominante. Na leitura que Kipnis faz da revista *Hustler*, ela descobre uma forma de resistência da classe trabalhadora às noções do corpo oriundas da classe média. Diferentemente da *Playboy*, *Hustler* está repleta de modelos cujos corpos não são retocados, e homens normais podem enviar fotos imperfeitas de suas esposas ou namoradas para a seção "*Beaver Hunt*" da revista. As mulheres são fotografadas fazendo sexo inter-racial, transando com anões, ou tomando parte em outros tipos de comportamentos extremos; os *cartuns* não são meramente sexuais, e sim utilizam a grosseria corporal, como fezes ou urina. Além disso, satirizam políticos, figuras públicas conservadoras e até mesmo o papa. Dessa forma, a *Hustler* trabalha para dar seus leitores das classes trabalhadoras um meio não só para a obtenção do prazer, mas, concomitantemente, à crítica às classes superiores.

Um outro bom exemplo de como os prazeres das classes trabalhadoras são um desafio às classes altas pode ser visto na maneira como suas atividades são reprimidas, um tema trabalhado por John Fiske, pesquisador dos meios de comunicação. Exatamente como a pornografia, particularmente o tipo explícito exemplificado pela *Hustler*, que desde há muito vem sendo submetida a uma série de controles sociais (Larry Flynt, fundador da revista foi processado inúmeras vezes pela violação de leis antiobscenidade), outras atividades apreciadas pelos pobres são amiúde criminalizadas, enquanto as dos ricos não são. Aquilo que Fiske chama de "prazeres evasivos" das classes trabalhadoras (como brigas de galo, partidas de futebol e lutas) são desprezados, controlados ou criminalizados pela classe média.

Mas se o corpo tem inscrita em si a classe (como também o gênero, a sexualidade ou a raça) para Foucault ele pode ser um espaço de resistência, ou **contrainscrição**, dado que as pessoas podem marcar seus corpos – como de fato o fazem. Logo, as classes trabalhadoras são capazes de inscrever seus próprios valores de contestação nos seus próprios corpos. Angela McRobbie, socióloga e crítica de estudos culturais, demonstrou em seu trabalho sobre subculturas das mulheres trabalhadoras (1991) que na Inglaterra estudantes das classes trabalhadoras usavam o que ela chamou de os mais desprezados sinais da feminilidade (roupas, maquiagem, sexualidade) para perturbar o ordenamento escolar da classe média. Outro exemplo vem da luta livre profissional, caracterizada por homens grotescamente grandes e exibições exageradamente dramáticas; excessos desse tipo são libertários para homens (e mulheres) da classe trabalhadora apreciadores do esporte. O próprio fisiculturismo é um exemplo de como as noções de classe e gênero se cruzam de maneiras interessantes. Os homens muito musculosos são vistos como mais masculinos do que os que não são, posto que trabalham com as próprias mãos. Os de classe média, por sua vez, que trabalham nos escritórios, são tidos como afeminados pelos trabalhadores braçais. Na verdade, um dos motivos da luta livre ser atualmente tão popular entre os trabalhadores pode ser a desvalorização do corpo operário masculino arquetípico nos Estados Unidos pós-industrial.

Trabalhos sujos e trabalhos limpos

Em 2005, o Discovery Channel começou a transmitir um novo programa chamado *Dirty jobs*, em que o apresentador Mike Rowe experimentava os trabalhos mais sujos, repulsivos e perigosos. A série atraía espectadores porque a maioria de nós não se imagina realizando o tipo de serviços que apareciam nos episódios, como exterminador de pragas, porqueiro, gari, limpa-fossas, coletor de guano (estrume seco) de morcegos e inseminador de perus. O elo que liga todos esses trabalhos, além do fato óbvio de serem imundos, é que a vasta maioria deles é braçal, um fato referido na abertura de cada episódio, quando Rowe dizia:

> Meu nome é Mark Rowe e este é o meu trabalho. Percorro o país procurando por gente que não tem medo de se sujar – homens e mulheres esforçados que ganham seu sustento fazendo o tipo de serviços que tornam a vida civilizada possível para o resto de nós. Agora, prepare-se para ficar sujo.

Esta é, na verdade, uma das diferenças primordiais entre o que chamamos de mão de obra braçal (*blue-collar*) e os profissionais assalariados e mais especializados (*white-collar*). Os primeiros são membros da classe trabalhadora cujas ocupações, frequentemente extenuantes, sujas e perigosas, envolvem trabalho pesado. Eles sofrem mais acidentes de trabalho, são mais expostos a toxinas e gases e sua expectativa de vida é mais curta. O termo que os define, "colarinho azul", advém dos macacões geralmente utilizados em muitos dos ofícios que ocupam. Já os "colarinhos brancos" dedicam-se a cargos que normalmente requerem formação universitária, exigem mais habilidades mentais do que físicas, são mais limpos e seguros e não envolvem qualquer tipo de esforço físico.

Os serviços retratados em *Dirty jobs* são, efetivamente, sujos, e a maior parte dos norte-americanos de classe média jamais pensaria em empregar-se neles. Quando olhamos para o passado, contudo, trabalhadores pobres na Europa Medieval eram forçados a aceitar ofícios muito piores, como os *gong farmers* (que recolhiam dejetos humanos das fossas e latrinas), carrascos, caça-ratos e os encarregados de enterrar vítimas da peste.

Claro, em diversos lugares ainda existem trabalhos terríveis que precisam ser cumpridos, e eles são realizados pelas pessoas mais marginalizadas de cada sociedade: frequentemente chamadas de **intocáveis**, por serem consideradas menos puras do que outros membros da sociedade, são elas que dão conta dos serviços mais repulsivos. Os **dálits**, por exemplo, são a casta de intocáveis da Índia, responsável por lidar com os cadáveres, limpar dejetos humanos, esfolar carcaças de animais e executar criminosos. Por atividades dessa natureza serem tão poluidoras, os próprios corpos dos dálits são tidos como impuros, razão pela qual são segregados dos outros membros da sociedade indiana e proibidos de compartilhar comida, poços, ou mesmo templos e cemitérios.

Na maior parte das culturas, limpar casas é um ofício sujo, realizado pelos membros mais baixos da sociedade. Nos Estados Unidos, e em muitos outros lugares, essa ocupação é racializada e genderizada: faz muito tempo que mulheres negras e latinas formam a maioria das empregadas domésticas norte-americanas, limpando as casas dos outros, criando os bebês dos outros e preparando comida para os outros. No caso das empregadas que dormem no serviço e das babás, o trabalho não é exigente apenas fisicamente, mas também segregador e degradante, pois não é incomum que não tenham nenhuma privacidade, tempo para si ou consideração.

Em um experimento que durou um ano, a escritora Barbara Ehrenreich decidiu descobrir como era trabalhar ganhando salário-mínimo. Ela abandonou seu estilo de vida de classe média, sua poupança, seu plano de saúde e sua formação universitária e foi viver entre os trabalhadores pobres, uma experiência que documentou em seu livro *Miséria à americana*

(2001). A vivência em empregos voltados para mulheres e malremunerados a permitiu perceber quão exaustivos eles eram:

> Nosso mundo é o da dor, tolerado à base de paracetamol e ibuprofeno, compensado por cigarros e, uma ou duas vezes, e só nos finais de semana, álcool. Será que os proprietários têm a mais vaga ideia da miserabilidade necessária para deixar seus quartos perfeitos como se fossem hotéis? (2001, p. 89).

Os corpos "do colarinho rosa" *(Pink Collar)*

Serviços do "colarinho rosa" são primordialmente realizados por mulheres, e embora tendam a exigir baixa atividade física, ao incluírem atendimento aos clientes, envolvem o que os sociólogos chamam de **esforço emocional**, no qual espera-se dos trabalhadores que expressem certas emoções como parte do seu ofício: precisam estar alegres, ser atenciosos e satisfeitos em ajudar os clientes. Os códigos de vestimenta e aparência, especialmente quando aplicados a mulheres, são um outro modo pelo qual as exigências e padrões do local de trabalho se impõem aos corpos. Comissárias de voo, antes chamadas de aeromoças (que tinham de ser mulheres jovens e solteiras), há muito tempo são sujeitas a rigorosos códigos de aparência, segundo os quais seu peso, corte de cabelo, adereços e maquiagem estão sob escrutínio da chefia. Além disso, durante muito tempo mulheres não brancas e oriundas das classes trabalhadoras não eram contratadas para a posição porque seus penteados e maquiagem não eram aceitáveis para as companhias aéreas. Garçonetes das lanchonetes *Hooters*[5] devem não apenas sorrir sempre para os clientes (mesmo quando diante do assédio sexual mais explícito), mas também manter silhuetas magras e usar roupas reveladoras para exibir seus "*hooters*" e atrair a clientela masculina.

Outro tipo de serviço do "colarinho rosa" envolve o que pode ser chamado de **esforço corporal**. Por exemplo, Miliann Kang, pesquisadora de estudos femininos, descreveu (2010) as manicures coreanas, que precisam exprimir as emoções corretas para seus clientes (em geral para fazê-los sentir-se bem consigo mesmos) e também cuidar dos corpos físicos deles. Sem esses esforços corporais e emocionais de alta qualidade, geralmente dirigidos à satisfação de clientes brancos de classe média ou

---

5. O termo "*hooter*" quer dizer "buzina". As lanchonetes dessa marca empregam como garçonetes moças de seios fartos [N.T.].

alta, as trabalhadoras coreanas não conquistam clientela nem recebem boas gorjetas. Kang mostra que, quando o cliente é afro-americano, porém, o tipo de esforço emocional e corporal é diferente; a profissional deve demonstrar respeito ao seu cliente e também um alto nível de habilidade em seu trabalho com as unhas.

Em diversos trabalhos, quanto maior for o esforço físico ou manual envolvido, mais valioso será o produto final para o consumidor. Ter um vestido, ou sapatos, feitos à máquina jamais é tão valorizado, ou valioso, quanto possuir itens semelhantes feitos à mão. Na moda, o termo "*haute coture*" se refere às roupas que são não apenas manufaturadas, mas também feitas sob medida para um cliente específico. Costureiras empregadas pelo *designer* podem chegar a costurar à mão milhares de contas em um único vestido. O conhecimento desse esforço humano tanto eleva o valor do vestido como aumenta em muito o prazer de quem o veste.

Gênero, classe e também a raça entrecruzam-se de outras maneiras. Durante o período da escravidão nos Estados Unidos, mulheres negras trabalhavam junto aos homens negros nos campos, enquanto aquelas com peles mais claras eram levadas para o serviço doméstico, supervisionado pelas brancas. Elas também criavam os bebês de suas senhoras. Com o fim da escravidão e a Revolução Industrial, mulheres brancas e negras, das classes altas e baixas, continuaram a vivenciar o trabalho de formas bem diferentes. Por um lado, emergiu o **culto à domesticidade**, que afirmava que a natureza mesma das mulheres as forçava a permanecer no lar e criar os filhos. Essa ideologia caía bem para as mulheres de classes altas e para muitas da classe média, cujos maridos ganhavam o suficiente para mantê-las em casa. Já as de classe baixa e pobres não tinham essa opção e continuaram a ganhar a vida nos campos, nas casas alheias e nas fábricas da incipiente Revolução Industrial. Os homens negros recebiam menos do que os brancos, e não somente por uma questão de discriminação, mas também por que os salários-família que estes últimos recebiam eram suficientes para que suas mulheres permanecessem em casa.

Consumo, classe e corpo

Outro modo pelo qual a classe modela o corpo é por intermédio das práticas de consumo. Aquilo que trazemos para nossos corpos – comida, álcool, tabaco ou outras drogas – é primeiramente moldado pelo capitalismo seguido pela classe, reforçando enfim as diferenças classistas entre nossos corpos.

Em um ensaio chamado *The body in consumer culture* (1991), Mike Featherstone observou a existência, na cultura capitalista pós-industrial, de dois corpos: o interior, que associamos à saúde, e o exterior, associado à aparência e às relações sociais. "No âmbito da cultura do consumo, os corpos interior e exterior se tornam conjugados: o propósito maior da manutenção do corpo interior se torna a melhoria da aparência do exterior" (p. 171). À medida que a demanda por bens de consumo ganha importância, satisfazer os desejos, e não as necessidades, se torna o mais relevante dos objetivos; consumir diz respeito a gerir a aparência para controlar imperfeições e criar "felicidade". Além disso, ter saúde não se trata mais de manter longe as doenças, como no passado, mas sim de espantar o envelhecimento e ostentar uma aparência jovial. Desse modo, para as classes alta e média um corpo saudável é jovem, magro e lindo.

No capítulo 11 discutiremos as muitas questões referentes ao tamanho dos corpos. A esse respeito, uma bem atual (contrariamente ao que ocorria, por exemplo, há cem anos) é que usualmente os mais pobres são também mais gordos, enquanto os mais ricos são, inversamente, mais magros. Ainda que antigamente os ricos fossem mais gordos, por terem acesso alimentos mais gordurosos e em maior quantidade, hoje em dia, tanto no mundo desenvolvido quanto em algumas nações em desenvolvimento, os pobres são os mais gordos. Especialmente nos países mais prósperos, onde o *fast-food* é acessível e, graças aos subsídios governamentais, muito barato, os pobres e os trabalhadores se alimentam de produtos menos nutritivos e mais calóricos.

Em um McDonald's nos Estados Unidos é possível almoçar um quarteirão com queijo, batatas fritas grandes e uma Coca-Cola grande por menos de dez dólares, mas essa refeição tem 1.550 calorias, equivalente ao que uma mulher com cerca de sessenta quilos deveria comer em um dia inteiro, conforme a maioria das tabelas de calorias norte-americanas. Os lanches da rede Taco Bells são ainda mais baratos: por menos de cinco dólares come-se um burrito de carne com cinco camadas, um taco *cheesy gordita* (carne, alface, queijo, mistura de três queijos e molho apimentado), uma quesadilla de frango e uma Coca-Cola que somam 1.870 calorias! Por outro lado, uma saudável salada feita com verduras orgânicas e cultivadas localmente (indisponível em qualquer loja de *fast-food*) vai custar muito mais e ter muito menos calorias.

Acima disso tudo, muitos dos trabalhadores e pobres norte-americanos vivem nos chamados **desertos alimentares** (*food-deserts*), onde mercados são raros e comidas são normalmente compradas em pequenas lojas de conveniência, postos de combustíveis ou lojas de bebidas. E quanto mais pobre for a vizinhança, tanto mais fácil será encontrar um restaurante de *fast-food*.

Um dos resultados da baixa qualidade dos alimentos acessíveis a pobres e trabalhadores são os altos índices de diabetes nessas comunidades. A professora de Nutrição Claudia Chaufan conduziu uma pesquisa em 2009 sobre as publicações médicas a respeito da diabetes tipo 2, e descobriu que nelas havia muito pouca discussão sobre a pobreza. Seu foco recaía, pelo contrário, nos hábitos pessoais ou culturais dos pacientes, ignorando o papel que a pobreza exerce nesses mesmos hábitos. Segundo a pesquisadora, uma das consequências advindas dessa abordagem é que as políticas de saúde pública continuam a ignorar o papel que classe e pobreza desempenham nas dietas e na saúde.

Pobres e trabalhadores tendem a consumir mais outras substâncias nocivas. Atualmente, fumar (ou mascar tabaco) é muito mais comum entre pobres do que na classe média, que em larga medida abandonou os cigarros graças às campanhas antitabagismo das últimas décadas. Ainda que a maioria dos ocidentais tenha ciência dos impactos negativos do fumo, ele se mantém como um hábito persistente entre pobres e trabalhadores, e uma razão para tanto é que se trata de um meio relativamente barato para lidar com o estresse. A escritora Barbara Ehrenreich chegou a sugerir que as classes de baixa renda permanecem fumando porque este é um dos poucos meios de que dispõem para controlar seu espaço pessoal e conquistar um pouco mais de tempo para si mesmos. Em *Miséria à americana*, ela escreveu: "como trabalho é algo feito para os outros, fumar é aquilo que se faz para si mesmo" (2001, p. 31), e continua: é como se "no local de trabalho dos Estados Unidos tudo o que (os trabalhadores) podem verdadeiramente chamar de seu são os tumores que cultivam e os momentos de folga que reservam para alimentá-los" (2001, p. 31).

Curiosamente, a correlação entre álcool e classe social é positiva, de modo que, quanto mais alto se estiver na escala social, mais provavelmente consumirá bebidas alcoólicas. Por outro lado, as bebedeiras são mais comuns entre os pobres e as classes trabalhadoras – idem para as mortes provocadas por cirrose hepática. Assim, enquanto entre as classes altas o consumo do álcool pode ser um facilitador social, já entre pobres e trabalhadores tem mais a ver com lidar com os estresses cotidianos, e por isso o consomem em quantidades bem maiores.

No que tange a outras drogas, algumas como a cocaína são raras entre os pobres porque caras, enquanto outras, como o *crack*, são bem mais corriqueiras, e nos Estados Unidos as políticas antidrogas foram pensadas levando essas diferenças em consideração. Até 2010, a pena para quem portasse cinco gramas de *crack* era de no mínimo cinco anos, igual à de alguém que fosse flagrado com quinhentos gramas de cocaína. Como esta pessoa pega com meio quilo de cocaína, algo muito além do consumo pessoal, estava claramente vendendo o produto, isso significa que um usuário de *crack* recebe a mesma punição de um traficante de cocaína. Além dessa aplicação francamente tendenciosa da lei, usuários (ou traficantes) de classes rica ou média frequentemente nem chegam a ser presos, pois se permite que sejam encaminhados a centros de reabilitação para dependentes químicos.

Ironicamente, houve um tempo em que os trabalhadores efetivamente *recebiam* drogas. Quando os espanhóis conquistaram o Peru, em meados do século XVI, descobriram que os incas mascavam folhas de coca, uma planta de baixa toxicidade (base para a produção da cocaína) usada para aliviar a fome, os sintomas da hipobaropatia (mal das alturas) e aumentar a concentração e a energia. Inicialmente, os conquistadores baniram o

Figura 9.2 – Refeição da Taco Bell. Cortesia de Tom Young.

hábito, mas quando perceberam que os nativos escravizados conseguiam trabalhar nas minas e nos campos mais eficientemente após mascá-la, rapidamente reverteram a proibição e encorajaram o consumo. Nos Estados Unidos de finais do século XIX, empregadores forneciam cocaína aos estivadores e lavradores afro-americanos para que pudessem trabalhar mais.

Ornamentando o corpo classista: as leis suntuárias

Leis suntuárias são aquelas que restringem certos itens de vestimenta, alimentação ou cosméticos a certos grupos de pessoas. Tipicamente, são utilizadas para manter distinções de classe em sociedades estratificadas por meio da restrição de itens de luxo às elites, ou da obrigatoriedade imposta a pobres ou marginalizados do uso de cores ou roupas distintivas. Foram comuns na Europa, do século XIII ao XVIII, e encontradas na China imperial e no Japão, na África pré-colonial e na América colonial.

Uma das mais antigas leis suntuárias documentadas data da Roma antiga, século III a.C., e limitava a quantidade de ouro que as mulheres podiam usar e as cores de suas túnicas. No antigo Egito, por exemplo, só as elites podiam usar sandálias tingidas ou adornadas, e somente o faraó e sua corte podiam possuíam calçados de ouro ou com joias. Permitia-se aos cidadãos gregos que calçassem sandálias decoradas com ornamentos específicos, os quais eram proibidos para os estrangeiros. A lei romana determinava o tipo e as cores dos calçados a serem usados pelas classes: homens livres usavam tons claros; senadores, preto, e imperadores sapatos e botas vermelhas com pedras preciosas encrustadas. Além disso, apenas as mulheres de alta classe poderiam adornar suas sandálias com joias.

Uma das razões para a existência de tais leis é que os governos (e a Igreja na Europa Medieval) não raro entendiam os gastos excessivos em tecidos finos como sinal de decadência moral e vaidade, mas também como desperdício de dinheiro. Os ingleses especialmente temiam que o esbanjamento com materiais importados, como as sedas, se revelasse problemático para a sociedade e a economia. Uma outra motivação para essas leis é que o estabelecimento das restrições sobre determinados produtos poderia regular os seus preços. Por fim, garantiam que as classes inferiores não aparentassem ser mais do que verdadeiramente eram – evidentemente, comerciantes e artesãos prósperos eram especialmente preocupantes, por serem capazes de se vestir com tecidos mais finos do que os próprios membros da nobreza.

Figura 9.2 – Estrela de Davi amarela, distintivo chamado "*Judenstern*". Parte do acervo do Museu Judaico de Westfália, Dorsten, Alemanha. A palavra é o termo em alemão para judeu (*Jude*) escrita numa imitação grotesca do alfabeto hebraico. Cortesia de Daniel Ullrich, via Wikimedia Commons.

As leis suntuárias eram igualmente utilizadas para apartar classes de cidadãos estigmatizados. Os judeus na Europa Medieval, por exemplo, já tiveram de usar um chapéu cônico conhecido como *Judenhat*, e sob o domínio nazista exigia-se que usassem uma estrela de Davi (*Judenstern*) costurada em suas roupas. Por outro lado, alguns grupos étnicos eram proibidos de usar algum tipo de vestimenta ou penteados específicos de suas etnicidades. Chineses em San Francisco (Califórnia) não podiam arrumar seus cabelos em coques altos. Na maioria das culturas, as prostitutas também precisavam usar tecidos de cores específicas nas roupas que vestiam, ou tipos específicos de calçados. Por exemplo, na Inglaterra tinham de usar capuzes listrados, enquanto em outros países começaram a usar calçados vetados a membros de outras classes: sandálias de madeira perigosamente altas, chamadas *chopines* na Itália ou *geta* no Japão, calçadas por cortesãs de alto nível e que chamavam a atenção para os serviços sexuais que ofereciam.

Leis que proíbem o consumo de álcool ou outro tipo de drogas também eram suntuárias e geralmente visavam grupos sociais específicos. Antes da aprovação da Lei Volstead em 1920, que proibia a venda e o consumo de bebidas alcoólicas nos Estados Unidos, muitas municipalidades já haviam banido a venda desses produtos a indígenas, hispânicos e afro-americanos. Em nível federal, o Senador Henry Cabot Lodge propôs uma legislação vedando a venda de álcool e opiáceos (então legais) para "raças incivilizadas". Embora não tenha sido aprovada, a eventual criminalização da maconha, da cocaína e do ópio e seus derivados nos Estados Unidos foi motivada, em parte, por impulsos racistas, pois o uso dessas substâncias (fumar ópio entre os sino-americanos e maconha entre os mexicano-americanos e o consumo de cocaína pelos afro-americanos) motivou uma histeria midiática que culminou com sua criminalização.

Questões interessantes: classe e calçados

Calçados, ou sua ausência, indicam a classe de quem os calça. Por exemplo, pés grandes não são vistos somente como não femininos, mas também recordam camponesas e outras pessoas que precisam trabalhar para viver, dado que as mulheres das classes altas podiam usar sapatos menores que os seus pés por não precisarem trabalhar (ou mesmo andar) usando objetos tão dolorosos. Tirar os sapatos na presença de um superior social é uma prática encontrada em grande variedade de culturas, tais como o antigo Egito e os reinos africanos.

Na Europa, do começo da Idade Média aos dias de hoje, as elites usaram calçados bem distintos dos plebeus, e eles, como as roupas, têm sido um modo simples de fazer notar o status *de quem os usa. À medida que estilos e formas se multiplicaram durante a Idade Média e a Renascença, as elites tinham mais e mais opções de escolha, enquanto o povo continuava a calçar modelos simples. Os sapatos-polaina, com pontas extremamente longas, tornaram-se moda entre os nobres europeus no século XIV e eram legalmente exclusivos da elite, muito embora, dada sua forma inusual, com ou sem lei jamais poderiam ter sido usados pelos trabalhadores. Outros calçados extraordinários surgiram durante a Renascença, como sapatos quadrados extravagantemente decorados com bicos que podiam chegar a 22 centímetros, e os chopines, tamancos com plataformas que podiam chegar a 70 centímetros de altura. Ambos eram de uso exclusivo das elites, e os chopines em particular se tornaram um símbolo de* status, *pois as mulheres que os calçavam obviamente não eram trabalhadoras e frequentemente tinham servas que as ajudavam a ficar em pé ou caminhar. Dessa forma, a dependência física foi associada à riqueza e ao* status, *que se tornaram atributos muito desejáveis para mulheres abastadas. Saltos-altos, desenvolvidos na Europa durante o século XVII, foram uma outra inovação no campo dos calçados que distanciava a nobreza dos homens e mulheres trabalhadores. Quando a industrialização passou a influenciar o ramo calçadista, a fabricação foi barateada e os produtos se tornaram mais acessíveis para gente de todas as classes na Europa e nos Estados Unidos, reduzindo as distinções de classe baseadas naquilo que vestia os pés, muito embora as elites permanecessem encomendando sapatos sob medida ao invés de comprar os prontos. Graças à grande competição entre os fabricantes e à influência da indústria da moda, hoje em dia os estilos mudam ao longo do ano, forçando quem quer parecer estiloso a comprar novos pares com frequência. Calçados sofisticados e certas marcas esportivas são tão caros que aparentemente só a elite poderia adquiri-los; não obstante, muitos pobres compram tênis de diversas marcas famosas para alcançar o* status *associado a elas e, graças à proliferação do mercado clandestino de falsificações de sapatos e outros acessórios, muitos compram sapatos falsiês novinhos.*

A invisibilidade dos corpos pobres

Em países como os Estados Unidos, dominados pela classe média e controlados pelas classes altas, os pobres são relativamente invisíveis. Vivem em guetos dentro das cidades, ou em degradadas comunidades rurais raramente visitadas pelos cidadãos de outras classes. Em especial, com o crescimento dos subúrbios após a Segunda Guerra Mundial, e muito especificamente desde os anos 1960, o grosso das classes médias abandonou os maiores centros urbanos norte-americanos, deixando infraestruturas caindo aos pedaços, poucos empregos, baixo investimento financeiro, altas taxas de crime e problemas sanitários (especialmente doenças relacionadas à pobreza, como asma, tuberculose, aids, mortalidade infantil e diabetes) e concentrações de pessoas pobres e não brancas.

Quando as classes médias eventualmente retornam às cidades, gentrificando vizinhanças, isso não diminuiu a segregação. Pelo contrário, os pobres são empurrados para fora de onde a classe média branca se instala, na direção de zonas ruins onde continuam sem ter acesso a recursos básicos (como assistência de saúde, boa alimentação e segurança) de que desfruta a classe média. Até mesmo o transporte público é menos acessível aos pobres, pois as paradas de ônibus frequentemente situam-se em locais inconvenientes, para que os clientes dos *shoppings* não tenham de vê-los subindo e descendo dos coletivos.

Os pobres são virtualmente ausentes da cultura popular, com a notável exceção de programas como a série *COPS*, que exibe atividades policiais. Tirando a já citada *Roseanne* (de finais dos anos 1980), não é possível assistir uma série de comédia ou drama centrado em uma família pobre ou de classe trabalhadora (é digno de nota que a tevê britânica tem sido uma exceção a essa regra). Uma das razões por que só encontramos pessoas de classe média ou alta nos programas de hoje tem a ver com o domínio dos meios de comunicação por Hollywood. Mais e mais redes norte-americanas (e internacionais) pertencem a um grupo progressivamente menor de grandes corporações. A maioria esmagadora das estações de televisão e rádio, dos estúdios de cinema, das redes de satélite e a cabo, das editoras de livros e revistas, produtoras musicais e televisivas do mundo, é controlada por cerca de cinquenta companhias, das quais somente nove ficam com a parte do leão, especialmente nos Estados Unidos. O resultado dessa monopolização é que o conteúdo oferecido é limitado e visa à audiência mais ampla possível. Além disso, como tudo precisa ser pago pelos anunciantes, os produtos audiovisuais precisam ser atraentes para audiências como recursos suficientes para consumir. Se programas de tevê mostrarem gente pobre ou trabalhadora, seu público presumido seria, ao menos em parte, composto por gente dessas classes, que não dispõe de capital para comprar produtos. Inversamente, quando voltados para as classes média e alta, os patrocinadores podem anunciar carros, joias, ou quaisquer outros itens. *Roseanne* também foi controverso por criticar o sistema capitalista, que suporta todo o sistema das comunicações de massa, um tipo de atitude francamente impossível hoje em dia.

Mesmo nos noticiários, a cobertura oferecida aos pobres nos Estados Unidos é bastante limitada, resultando que a maior parte das pessoas tem a impressão de que a pobreza inexiste no país. Quando eles aparecem, é geralmente no contexto da atividade criminal, como em *COPS*, que dá a impressão de que todos são criminosos ou drogados, indignos, ou, no mínimo, vivem em vizinhanças imundas que doem nas vistas. Já os ricos são venerados, e seus valores e atividades, emulados, muito embora não sejam semelhantes ao resto da população.

Questões interessantes: os White Trash

Segundo os estudiosos Matt Wray e Analee Newitz (1997), o termo "white trash" (branco lixo) provém do Escritório de Registros Eugênicos dos Estados Unidos, que produziu diversos Estudos Familiares Eugênicos destinados a comprovar que os brancos pobres das zonas rurais eram geneticamente defeituosos, perpetuamente fadados a reproduzir "imbecis" e criminosos. Esses estudos levaram à inclusão dessas pessoas nas políticas de esterilização forçada, que até então visavam pessoas não brancas e física ou mentalmente deficientes, e ao fim dos programas de assistência social que os atendiam, dado que eram claramente incorrigíveis. Hoje em dia, o termo "white trash" permanece sendo utilizado, não necessariamente no âmbito das políticas sociais, mas sim como um demarcador social que destaca categorias de pessoas que corporificam um conjunto de estereótipos facilmente reconhecível: rurais, ignorantes, pobres, grosseiros e, frequentemente, gordos. Continuamos a utilizá-lo porque nos faz sentir superiores: mesmo se formos pobres, analfabetos, ou, de alguma maneira, carentes, ao menos não somos white trash. O estigma associado ao contexto explica a popularidade do programa Chegou Honey Boo Boo!, reality show centrado na família da personagem-título, uma participante de concursos de beleza infantil cujos parentes têm hábitos como revirar lixo, comer animais atropelados, mascar tabaco, lutar na lama e pilotar quadriciclos. Assistimos ao programa porque ele nos diverte, mas também porque nos apavora, e cidadãos norte-americanos de todas as raças e classes (menos aqueles que são white trash) se confraternizam num mesmo senso de unidade: "não somos eles!"

Termos fundamentais

esforço corporal
culto à domesticidade
contrainscrição
dálits
esforço emocional
salário-família

desertos alimentares
habitus
leis suntuárias
Intocáveis
White Trash

Leituras complementares

Bourdieu, P. (2007). *Distinção: A crítica social do julgamento*. Edusp, Zook.

Ehrenreich, B. (2004). *Miséria à americana*. Record.

Wray, M., & Newitz, A. (orgs.). (1997). *White trash: Race and class in America*. Routledge.

PARTE IV

CORPOS E PRIVILÉGIO

10
CORPOS LINDOS

Entre as décadas de 1980 e 1990, Michael Jackson era conhecido como o Rei do Pop. Segundo o *Livro Guinness dos Recordes*, ele foi o artista mais bem-sucedido de todos os tempos, com o disco mais vendido da história (*Thriller*, de 1982), centenas de prêmios (incluindo 13 Grammys), 13 *singles* em primeiro lugar na parada de sucessos e 750 milhões de discos vendidos no mundo inteiro.

Apesar disso, quando de sua morte, em 2009, muitos pensavam nele como uma aberração, graças ao seu histórico de cirurgias cosméticas que o deixaram com aparência doentia e bizarra. Jackson era obcecado com a própria imagem, e supostamente realizou inúmeras plásticas no nariz, ossos das bochechas, queixo, maxilar, lábios, sobrancelhas e pele. Diz-se que parte dessa obsessão surgiu quando ele era garoto e seu pai o insultava repetidamente – dizendo, por exemplo, que era narigudo. Lamentavelmente, em seus últimos anos seu enorme talento foi obscurecido por sua aparência bizarra (bem como por acusações de abuso sexual em crianças levantadas contra ele).

Por que um homem tão brilhante, talentoso (e muitos diriam, bonito) envidaria tantos recursos, sofrimento e esforço para mudar sua aparência? Neste capítulo trataremos da importância da beleza e de como ela é alcançada. Também tentaremos responder algumas perguntas relativas ao tema: A beleza está nos olhos de quem vê? Ou seus padrões provêm da cultura e, portanto, são histórica e culturalmente contingentes? Ou será algo universal, oriundo do imperativo evolucionário da reprodução? A realidade é que muito embora Michael Jackson personifique um dos exemplos mais extremos do desejo de melhorar a própria aparência, em larga medida são as mulheres que se ocupam do trabalho, e espera-se delas que o façam, de modificar suas aparências. Como escreveu a pesquisadora feminista Andrea Dworkin, "em nossa cultura nenhuma parte do corpo da mulher é deixada intocada, inalterada [...]. Da cabeça aos pés, todos os elementos de sua face, todas as partes do seu corpo, estão sujeitos à modificação" (1974, p. 113-114).

A ciência da beleza

Se a beleza é universal – noutras palavras, e segundo os psicólogos evolutivos, todas as culturas têm, em maior ou menor escala, o mesmo conceito sobre o que é belo – então deve ter se desenvolvido como uma adaptação evolutiva. Partindo dessa perspectiva, existe um certo número de características físicas que tanto homens quanto mulheres deveriam estar programados para considerar bonito, tais como pele limpa e sem manchas, cabelo grosso e brilhante, rostos simétricos. Elementos como esses deveriam ser indicadores de boa saúde e bons genes. Além disso, estudos transculturais apontam que rostos dentro da média, e não os extremos, tendem a ser considerados mais atrativos; características medianas são consideradas belas porque igualmente indicam boa saúde e bons genes. Por outro lado, também os traços faciais inusuais são frequentemente considerados mais bonitos que os mais banais – nesse caso, também a raridade pode, amiúde, indicar beleza. Traços faciais inusuais são, certamente, mais notados que aqueles mais comuns.

Para além da saúde e dos bons genes, a beleza feminina é uma combinação de fatores que indica juventude e fertilidade. Nesse sentido, ela é passageira – mesmo as mulheres mais belas envelhecerão, perdendo então aquilo que as tornara bonitas. Além disso, segundo a teoria evolutiva, os homens são programados a considerar atraentes mulheres com maçãs do rosto altas, lábios carnudos e maxilares finos, pois esses aspectos indicam baixa testosterona e muito estrogênio, indicadores de fertilidade. Olhos grandes também indicam juventude – e fertilidade, portanto. Durante os séculos XVI e XVII, por exemplo, mulheres europeias pingavam gotas preparadas a partir da planta beladona (*Atropa belladonna*, sendo que *bella dona* significa "mulher bonita" em italiano) nos olhos para aumentar as retinas. Hoje em dia, na Coreia do Sul, tornou-se popular usar "lentes de olhos grandes" para alcançar o mesmo efeito. Na Grécia, na Pérsia e em Roma era comum usar antimônio em pó nos olhos para deixar as escleras mais brilhantes.

Como as mulheres são consideradas belas quando apresentam um determinado conjunto de elementos indicadores de juventude e fertilidade, as bonitas apresentam uma combinação de belezas adulta e pueril. A fofura (face pequena, olhos grandes, boquinha e uma cabeça grande) remete primordialmente ao pueril, e sua presença funciona como gatilho para o amor parental – por isso é encontrável em todos os filhotes mamíferos. É igualmente destacada em algumas áreas da cultura popular, especialmente na cultura *pop* japonesa, como **animes**, **mangás** e a Hello Kitty, e no ***ulzzang*** sul-coreano.

Em termos de beleza masculina, considera-se que as mulheres buscam por indicadores de alta testosterona presentes nos rostos dos homens: maxilares duros, sobrancelhas cheias, lábios finos e maçãs do rosto largas, que apontam tanto para genes de boa qualidade quanto para propensão a alcançar *status* elevado. Estudos demonstram, contudo, que mulheres fora do período de ovulação não respondem tão bem a essas faces hipermasculinas, e que elas se sentem atraídas por diferentes tipos de rostos quando buscam relacionamentos mais passageiros ao invés de algo mais duradouro. Cicatrizes faciais, por exemplo, podem ser consideradas mais atraentes por mulheres que desejam algo mais casual, muito embora sejam mais comumente consideradas um sinal de desconfiança ou de uma pessoa perigosa. Por outro lado, as mulheres podem deixar de lado todos esses indicadores de saúde genética e aptidão reprodutiva em troca de homens com recursos financeiros, algo necessário para ajudá-las a criar a prole.

A ironia é: muito embora homens e mulheres façam uso dos métodos contraceptivos para evitar gravidezes, segundo os cientistas evolucionistas esses mesmos homens e mulheres permanecem atraídos pelos sinais visíveis de fertilidade e boa genética presentes em seus parceiros em potencial. As mulheres especialmente devotam horas incontáveis e imensos volumes financeiros para parecerem férteis, mesmo se não tiverem nenhuma vontade de ter filhos.

É possível medir a beleza a partir de uma perspectiva científica? Alguns pesquisadores afirmam terem conseguido quantificar o que torna um rosto atrativo. Nessa abordagem, há uma medida ideal do espaço entre os olhos, do comprimento do queixo, da altura dos olhos, da largura e do comprimento do nariz e do tamanho e da forma da boca. Homens e mulheres que apresentam tais medidas ideais devem ser considerados, em qualquer sociedade, como os indivíduos mais atraentes.

Os gregos em especial valorizavam faces simétricas, harmônicas e proporcionais. No rosto grego ideal, a largura correspondia a dois terços da altura e podia ser dividido em três segmentos, do queixo ao lábio superior, do lábio superior aos olhos e dos olhos até a linha do cabelo. O filósofo Pitágoras, por exemplo, sentia que o conceito matemático chamado **proporção áurea** poderia oferecer o modelo para a mais bela das faces.

Outros cientistas seguem ramos de estudo diferentes para provar que a noção de beleza é não apenas universal, mas também inata. Essa ideia é demonstrada em estudos nos quais homens e mulheres de culturas variadas tendem a avaliar semelhantemente a atratividade de pessoas em fotos. Além disso, outras pesquisas mostraram que crianças, quando apresentadas a fotografias de adultos "feios" ou "atraentes", passarão mais tempo olhando para as imagens destes últimos, os quais têm em comum olhos e lábios grandes e pele clara.

Por outro lado, há tremenda variedade nos tipos de características que sociedades do mundo inteiro consideram belos, indicando que a beleza pode ser também culturalmente construída. Na Índia, por exemplo, os ideais tradicionais de beleza incluem higiene, uso gracioso das roupas, o modo como a mulher se comporta, se seus cabelos e sua pele são bem cuidados e se usa o **bindi** (o ponto sagrado) na testa. Em diversas culturas africanas, por sua vez, a pele simples é vista como desinteressante, e somente as mulheres cujas peles foram marcadas com escarificações são consideradas belas – essas cicatrizes cosméticas são tão bonitas à vista quanto boas ao toque. Igualmente populares em certas populações africanas era a inserção de grandes placas nos lábios inferiores (às vezes também nos superiores), que deixavam as mulheres mais bonitas e casáveis. Os Himba da Namíbia esfregavam ocre vermelho em seus corpos para celebrar a fertilidade da terra e as qualidades vivificantes do sangue, mas também porque este os deixava lindos.

Enquanto o nariz pontiagudo dos europeus veio a representar beleza no mundo pós-colonial inteiro, gente da Malásia, Filipinas e Indonésia antes da dominação consideravam os narizes chatos como os mais atraentes. Durante séculos no Japão, o ideal de beleza feminina foi simbolizado pelas *geishas*, que usavam uma grossa tintura branca no rosto, raspavam as sobrancelhas e pintavam outras, bem pretas, por cima e usavam bocas bem vermelhas na forma de botões de rosa. Mulheres das mais variadas culturas, da Europa renascentista à América indígena e ao Japão, escureciam seus dentes.

Quer a beleza seja universal, quer seja inata, parcial ou inteiramente construída a partir de padrões culturais, ela é importante. Notamos as faces das pessoas logo quando as conhecemos, e o que vemos afeta o que pensamos a seu respeito. Nenhum tipo de beleza, porém, é mais importante que a feminina.

Questões interessantes: a razão áurea

A razão áurea (proporção áurea ou número de ouro) é um número matemático denotado pela letra grega Φ (phi) que equivale a 1,618... e deriva da razão entre as distâncias de figuras geométricas. Mais precisamente, ele pode ser encontrado ao dividir-se uma linha em duas partes e calculando o número a ser encontrado quando a parte maior é dividida pela menor, que é igual ao comprimento da linha dividida pela parte mais longa. Um retângulo de ouro, por exemplo, é aquele cujo comprimento de cada lado atende à proporção áurea, e quando se remove um quadrado dele, a forma restante continua sendo um retângulo de ouro. Acredita-se que o número foi encontrado tanto nas pirâmides de Gizé quanto no Pártenon, em Atenas. Para além da arquitetura, propõe-se que a razão áurea pode também ser encontrada no rosto humano ideal: faces perfeitas são aquelas que podem ser divididas em certo número de proporções áureas. Tudo é levado em consideração, desde a distância entre os olhos e a forma do nariz e dos dentes, até a relação entre os diversos elementos. Hoje em dia, a ideia de que é possível utilizá-la cientificamente para mapear a beleza ainda é importante. Stephen Marquardt, cirurgião plástico de Los Angeles, retomou essa teoria e começou a mapear rostos bonitos, encontrando a proporção áurea ao longo das dimensões da face ideal. Ele descobriu, por exemplo, que a boca ideal é 1,618 vezes mais larga que o nariz, e criou o que chamou de "máscara dourada", uma representação visual das proporções que deveriam ser encontradas em um belo rosto. Segundo Marquardt e seus seguidores, essa máscara pode servir perfeitamente em qualquer face bonita, masculina ou feminina.

A importância da beleza feminina

A beleza é genderizada, não somente porque os padrões de beleza para homens e mulheres diferem, mas também porque especialmente na sociedade moderna elas são colocadas perante um patamar estético muito mais alto e difícil (alguns diriam inatingível) que os homens, o que explica a multibilionária indústria cosmética e os milhares de produtos disponíveis para deixar a aparência das faces femininas mais jovem e bonita.

Padrões de beleza, ao menos na sociedade contemporânea, dominada pelo *marketing*, foram, em larga medida, criados por homens, mas não os definem: eles são valorizados por aspectos como riqueza e *status*. Mas em culturas ao redor do mundo, eles veem as mulheres primordialmente por meio das lentes da aparência. São os maiores consumidores de pornografia e, mais importante, os produtores da vasta maioria das imagens que exibem mulheres na mídia atual. Uma exceção a essa regra encontra-se entre os Wodaabe, uma tribo nômade que vive no Níger e pratica um ritual em que os homens vestem roupas elaboradas, aplicam maquiagem aos rostos e permitem às mulheres (que não usam maquiagem) escolher com quem desejam dormir naquela noite.

A verdade é que os padrões de beleza que nos cercam hoje em dia são inalcançáveis para a vasta maioria das mulheres. Nenhuma humana, por exemplo, poderia ter as proporções de uma boneca Barbie – as costas seriam demasiadamente fracas para sustentar seus grandes seios e sua cintura mínima seria incapaz de comportar os órgãos internos. Esses padrões são de tal maneira irreais que nem mesmo as supermodelos conseguem alcançá-los: é um fato conhecido na indústria da publicidade que até mesmo as fotos das manequins mais lindas e bem pagas são pesadamente editadas pelo Photoshop antes de serem apresentadas ao público. Suas cinturas são afinadas; suas coxas, reduzidas; as linhas são atenuadas e, se forem magras demais, suas costelas são preenchidas. Às vezes a edição é tão exagerada que os resultados deixam de ter aparência humana.

Como os padrões de beleza de hoje são irreais, a maior parte das mulheres nem sonha em alcançá-los. Isso significa que a maioria delas, não importando suas conquistas educacionais, ocupacionais ou familiares, fracassa em um aspecto (o estético), justo aquele pelo qual são mais duramente avaliadas. Os efeitos psicológicos desse fracasso incluem baixa autoestima, autoimagem negativa, transtornos alimentares, estresse e ansiedade. Não deveria surpreender a ninguém que um dos tipos mais populares de programas de tevê é aquele que faz transformações: começa com mulheres normais, desajeitadas ou acima do peso e as transforma (por meio de cirurgias plásticas, maquiagem, dieta ou exercícios) em "cisnes" maravilhosos.

A questão é: por que temos um sistema que impõe conformidade a um ideal virtualmente inatingível e que demanda das mulheres uma vida inteira de dietas, exercícios, cosméticos e cirurgias plásticas para que pareçam o mais jovens e férteis possível, qualquer que seja sua idade biológica? Muitas intelectuais feministas acreditam que o sistema, como existente na sociedade moderna, é tornado possível pela economia: as indústrias de dietas, exercícios, maquiagem e cirurgias são multibilionárias, e só podem existir enquanto as mulheres não se sentirem bem consigo mesmas. Milhares de peças propagandísticas as atacam diariamente com a mensagem de que não são jovens, magras ou bonitas o suficiente. As revistas femininas, em especial, entregam boa parte de seus anúncios e conteúdo editorial a fazer as mulheres se sentirem inadequadas, para que queiram comprar algum dos produtos expostos. Toda mulher envelhece, e isso significa que, a uma certa altura, todas irão fracassar. Graças à indústria da beleza, contudo, elas podem adquirir produtos para disfarçar esse fracasso.

Como nas últimas décadas as mulheres têm experimentado níveis de autonomia e influência financeira, política e social sem precedentes, elas têm sido igualmente assaltadas por números crescentes de imagens e mensagens a respeito de suas aparências. À medida que essas mensagens se multiplicam, e os padrões de beleza se tornam mais difíceis de serem atingidos, os índices de transtornos alimentares explodem e a indústria da dieta e as cirurgias plásticas se expandem, enquanto a autoestima das garotas e das mulheres afunda – o chamado "**mito da beleza**", termo cunhado por Naomi Wolf (1991) para definir o ideal cultural inalcançável de beleza feminina que "usa imagens de mulheres bonitas como arma política contra os avanços femininos". As mulheres são aprisionadas em um círculo eterno de regimes, cosméticos e operações que transforma seus corpos em, nas palavras de Wolf, prisões que as impedem de dedicar seu tempo e energia a causas sociais e políticas importantes para todas as mulheres – e não somente para as mais belas, que se beneficiam do sistema em curso.

A beleza extrai muito do seu valor da raridade – se a maioria das mulheres nem pode nem vai se parecer com Angelina Jolie, isso torna a aparência dela ainda mais valiosa. Como corolário disso tudo, para aquelas mulheres que não são naturalmente belas, o valor da beleza depende, em parte, dos altos custos necessários para atingi-la. O embelezamento, as dietas e tratamentos capilares utilizados atualmente podem ser caríssimos, daí resulta que a beleza seja largamente confinada às elites, que podem pagar

Figura 10.1 – Cartaz anunciando produtos capilares. Cortesia de Tom Young.

por eles. Além disso, mulheres de baixa renda naturalmente bonitas podem explorar sua aparência e usá-la para ascender socialmente pela via do matrimônio, ou se tornando modelos ou atrizes (duas profissões que frequentemente convergem para a mesma coisa). Ironicamente, dada a atual prevalência das cirurgias plásticas, cada vez mais mulheres conseguem ao menos chegar perto da beleza ideal, tornando-a um tanto mais comum.

Diz-se que a atual disseminação da beleza reduz o compromisso dos homens com suas parceiras normais, já que existem cidades como Los Angeles, por exemplo, onde há inúmeras mulheres lindíssimas à disposição. A essa realidade, na qual homens cercados por belíssimas mulheres veem suas próprias parceiras como menos atraentes, dá-se o nome de "**efeito contraste**". Graças à onipresença dos meios de comunicação de massa, estamos todos rodeados de mulheres lindas, uma má notícia para a maior parte das mulheres (bem como para os homens, incapazes de encontrar as companheiras que desejam). Além disso, mulheres que veem constantemente imagens de outras mulheres maravilhosas, tendem a perceber-se como menos atrativas, o que leva à queda na autoestima. Ao fim e ao cabo, e segundo os psicólogos, a presença avassaladora da beleza em nossas vidas torna mais difícil para homens e mulheres se satisfazerem em seus relacionamentos. Já para aqueles que podem bancar mulheres lindas, a presença delas aumentará seu *status*, qualquer que seja a sua aparência, tornando-os ainda mais atraentes aos olhos da sociedade.

A beleza também tem custos físicos. Muitas mulheres sofrem (algumas até morrem) em suas tentativas de alcançar a beleza. Clareamento da pele, comum há tempos atrás (e que em alguns países permanecem sendo utilizados), eram amiúde carcinogênicos, enquanto operações plásticas, bronzeamento artificial e remédios para emagrecer representam altos riscos para a saúde. Por exemplo, Doda, mãe do cantor Kanye West, faleceu em 2007 vítima de complicações advindas de duas operações: gastroplastia com grampos e redução de mamas. Até mesmo o uso de saltos altos ou espartilhos está associado a dores e problemas de saúde. E ainda assim, seja qual for o tempo ou esforço que uma mulher empreende para sua aparência, deve ser tudo ocultado para manter a fantasia da "naturalidade".

Figura 10.2 – Todo mês, mulheres magras, lindas e *photoshopadas* povoam as capas de dezenas de revistas dedicadas aos públicos masculino e feminino.

Alguns anos atrás, a marca *Dove*, que fabrica sabonetes e produtos de beleza, produziu um vídeo chamado *Evolution* como parte da "Campanha pela Beleza Real" [*Campaign for Real Beauty*], em que uma mulher "normalmente" atraente recebia uma aplicação de maquiagem no rosto, tinha o cabelo arrumado e era sujeita a uma série de modificações digitais, resultando em uma face muito mais bonita, mas também muito mais artificial, que a verdadeira. O vídeo foi feito como estímulo a "desvendar" os esforços empregados para tornar uma mulher normal em uma supermodelo deslumbrante, mas ainda assim boa parte de nós continua a acreditar que a aparência delas é a mesma que aparece nas páginas das revistas. Por outro lado, essa campanha foi criticada porque a *holding* controladora da Dove, a Unilever, vende cremes de clareamento para a pele em países em desenvolvimento, contribuindo assim para a continuidade da dominância da branquitude como medida da beleza nessas regiões. Algumas feministas também criticaram as campanhas por continuar a encorajar a compra de produtos para melhorar a aparência.

A beleza compensa

Quer seja biologicamente programada ou culturalmente construída, a beleza é importante para as sociedades humanas, e não apenas contribui para a possibilidade de homens e mulheres conseguirem parceiros, mas na moderna sociedade ocidental influi em quanto dinheiro alguém é capaz de ganhar ao longo da vida, se vai conseguir se casar cedo, conquistar promoções no trabalho ou desfrutar de benefícios outros. Mulheres bonitas terão vantagem em todas essas áreas, enquanto aquelas que não atingem certos padrões estéticos descobrirão que seus ganhos serão menores (em cerca de 13%), serão menos promovidas e contratadas que as mais magras ou bonitas. Da mesma forma, terão mais dificuldade para encontrar parceiros matrimoniais, enquanto as bonitas, por sua vez, têm mais chance de entrar para uma família economicamente bem-posta. Estudos demonstram que as pessoas olham desfavoravelmente para pessoas não atraentes, enquanto consideram as mais atraentes melhores, mais inteligentes e felizes. É mais provável que um estranho ajude uma pessoa mais bonita que outra mais feia, e as mais bonitas têm menos chance de serem presas ou acusadas de crimes. Este fato, chamado pelos cientistas de "**efeito de halo/auréola**", mostra que, no geral, pessoas bonitas são julgadas pelos outros como mais inteligentes, populares e ajustadas – ou seja, têm um halo (ou auréola) em volta de si. Essa também é a função daquilo que outros especialistas chamam de **lookismo**, discriminação com base na aparência física, na qual aqueles que que não classificam alto na escala dos *looks* (aparência) são tratados com preconceito.

Ao final, temos uma espécie de profecia autorrealizável, pois não é uma questão de as pessoas bonitas serem consideradas bem-sucedidas e felizes: elas se tornam bem-sucedidas e felizes graças ao modo como são tratadas pelos outros. Para muita gente no mundo inteiro, beleza significa felicidade.

Mas, e se considerarmos que as pessoas bonitas não são apenas mais inteligentes e competentes em suas carreiras? E se a beleza estivesse correlacionada a características interiores, como inteligência e boas maneiras? Essa linha de pensamento é bem mais controversa, mas existem alguns psicólogos evolucionistas que afirmam que a beleza é, ao menos parcialmente, um indicador de saúde genética, que as pessoas bonitas são verdadeiramente mais saudáveis e, talvez, até mais inteligentes que as demais. Ao menos um estudo parece apontar para uma associação positiva entre o QI (que para muitos é um método problemático para medir inteligência) e a atratividade física. Alguns psicólogos evolucionistas afirmam que como a inteligência e a aparência são indicadores de aptidão genética, em indivíduos saudáveis ambas seriam abundantes.

Figura 10.3 – Setor de maquiagem numa loja. Cortesia da autora.

Por outro lado, uma explicação alternativa pode ser: se homens escolhem parceiras femininas com base na atratividade delas, e se as mulheres optam, ao menos em parte, por parceiros baseadas no alto *status* que *pode* estar vinculado à inteligência, esses padrões de união podem levar à relação entre beleza e inteligência. Claro, as duas explicações pressupõem que (a) que inteligência e beleza estão interconectadas e (b) que a inteligência pode ser herdada. Muito embora a inteligência derive, ao menos parcialmente, da estrutura cerebral, ainda não sabemos muito sobre até que ponto ela é passada para a descendência e o quanto depende do desenvolvimento e do ambiente.

Homens lindos

Conforme a teoria evolucionária, mulheres consideram os homens atraentes quando eles têm faces simétricas, traços faciais medianos e sinais de testosterona (logo, de fertilidade): são altos, com maxilares duros e músculos grandes. Em especial quando buscam por uma ficada casual, elas optam por homens com sinais externos de masculinidade, mas também os selecionam com base em seu *status* elevado, pois homens que sejam capazes de prover

Figura 10.4 – Manequins masculinos em Paris. Cortesia de David Brooks.

para sua descendência são tão importantes quanto aqueles capazes de oferecer bom material genético. Eis por que, segundo os psicólogos evolucionistas, muitas mulheres bonitas não ficam com homens bonitos, mas sim com os feios que são ricos e poderosos.

Mas essa não é a única explicação. Muitas mulheres namoram e se casam com homens cuja aparência é relativamente normal, mas que tampouco desfrutam de grande *status* social. Em diversas culturas, elas simplesmente não dão tanto valor à aparência masculina quanto os homens dão à feminina. Homens podem ser valorizados com base em uma série de características, realizações, enquanto as mulheres, não importando as suas conquistas, são majoritariamente avaliadas por sua aparência.

Mas quando se trata de homens escolhendo outros homens, descobre-se que eles também buscam beleza. *Gays* tendem a escolher parceiros do mesmo modo que os héteros – focando na aparência. Maxilares duros e pelos faciais, elementos indicadores da masculinidade adulta, são particularmente preferidos por eles. Da mesma forma que os héteros optam pelas mulheres mais bonitas, os *gays* escolhem os homens mais bonitos (ou seja, os mais masculinos). E também os mais jovens.

A beleza compensa também para os homens. Ainda que os não atraentes ou acima do peso não sejam penalizados pelo mercado de trabalho na mesma intensidade que as mulheres, indiscutivelmente recebem menos que seus colegas mais bonitos – cerca de 5% menos.

Padrões de beleza racializados e classistas

Raça e classe são, ambos, importantes fatores naquilo que diferentes culturas consideram ser bonito. Em diversas delas, um corpo que indica *status* social é considerado o mais belo. Desse modo, uma pele bem clara pode ser considerada linda, enquanto outra mais escurecida é sinal de trabalho a céu aberto; inversamente, a pele mais escura torna-se bonita quando os ricos tiveram condições de viajar para climas mais quentes durante o inverno. Mulheres romanas e elizabetanas usavam maquiagem de alvaiade (chumbo branco) em suas faces para deixá-las ainda mais claras do que já eram. As elizabetanas ainda se permitiam, de quando em vez, serem sangradas para deixar suas compleições ainda mais pálidas, enquanto as damas francesas do século XVIII desenhavam veias azuis em seus pescoços e ombros para enfatizar a brancura de suas peles.

Em especial nas regiões do mundo que vivenciaram a colonização europeia ou a escravização, gente de pele clara é quase sempre vista como mais atraente que a de tez mais escura, mesmo em países em que todos tem a pele mais escura. Na Índia, por exemplo, as castas mais elevadas têm a pele mais clara que as mais baixas, e mesmo hoje, atores e atrizes de Bolywood tendem a ser mais claros que a maioria da população indiana. Da mesma forma, nos países da Ásia oriental, a pele clara tem representado nobreza e *status* – não surpreende, portanto, que esse seja um elemento tão popular nesses lugares. Nos Estados Unidos, mulheres não brancas têm investido em clareadores de pele, nem tanto para que possam passar por brancas (muito embora aquelas com traços caucasianos mais acentuados até consigam), mas porque durante o período da escravidão, afro-americanos de pele mais clara recebiam mais privilégios que os de pele mais escura. Clareadores também eram usados por imigrantes do leste e do sul europeu, que tem compleição mais escura, para ajudá-los a se integrar melhor à sociedade norte-americana. No Japão, as **geishas** ainda usam uma pesada maquiagem em pó branca, para criar a ilusão da pele alva, que representa beleza e sofisticação.

Mesmo no século XX, têm sido vendidos clareadores contendo ingredientes perigosos, tais como mercúrio e hidroquinona. Ainda que o Movimento pelos Direitos Civis e do Orgulho Negro tenham feito algum estrago na indústria do clareamento ao convencerem muitas mulheres negras de que suas peles eram belas, o fato é que esses produtos são mais populares do que nunca hoje em dia, com centenas de comprimidos, sabonetes, cremes e loções ofertados nos mercados dos Estados Unidos, Ásia, América Latina, África e Índia. Somente no Japão, essa indústria valia 5,6 bilhões de dólares em 2001.

Outro campo no qual exige-se de corpos não brancos que atinjam padrões estéticos brancos são os olhos. A maioria das culturas asiáticas valoriza atualmente olhos de aparência caucasiana, o que torna a blefaroplastia, cirurgia cosmética que faz uma incisão na dobra epicântica, um procedimento muito popular em alguns países asiáticos. Na Coreia do Sul, onde os padrões de beleza exigem olhos redondos, pele clara, nariz pontiagudo e pernas longas (nada disso naturalmente encontrado entre os coreanos), a operação é tão popular que um em cada dez adultos já a realizou.

Como observou a antropóloga Eugenia Kaw (1997), as mulheres (e alguns homens, como a estrela dos filmes de ação Jackie Chan) que rea-

Figura 10.5 – Mulheres utilizam grande variedade de acessórios para se embelezarem. Perucas em cabeças de manequim numa loja da Beauty Supply Warehouse em Telegraph Avenue, Oakland, Califórnia. Cortesia de Ian Elwood.

lizaram a cirurgia afirmam querer olhos maiores, menos "sonolentos" e mais fáceis de maquiar, mas os críticos do procedimento dizem que sua popularidade é resultado direto da globalização de padrões estéticos ocidentais, que exige pele clara e traços faciais caucasianos, e que as mulheres que se submetem à blefaroplastia estão, ao menos inconscientemente, tentando parecer brancas. Na melhor das hipóteses, dizem, estão imitando padrões encontrados em celebridades asiáticas ou nos animes japoneses, mas em ambos os casos, a beleza a ser emulada nem é a encontrada na maioria da população como também parece ecoar os olhos grandes (verdes ou azuis) dos brancos ocidentais.

Atualmente, à medida que o procedimento se torna mais usual, a pressão para operar-se aumenta, especialmente nas famílias asiáticas. Pais e mães pressionam seus filhos, e quando irmãos ou colegas aparecem já recuperados e com seus novos e redondos olhos, fica cada vez mais difícil resistir. Como resultante, em alguns países como a Coreia do Sul é raro encontrar uma jovem que não tenha passado pela cirurgia. Para além disso, muitos asiáticos têm se submetido a plásticas para alongar os narizes, reduzir os ossos das bochechas, ou até mesmo para alongar as pernas.

Questões interessantes: ulzzang

Ulzzang, *ou* eoljjang, *significa "melhor face" em coreano e é um fenômeno na Coreia do Sul e em outras partes da Ásia (bem como nas comunidades asiáticas da diáspora) que celebra a fofura, a moda e o estilo. Muito especialmente, enfatiza um tipo específico de beleza feminina que ostenta olhos bem grandes. Um* ulzzang *é alguém que alcançou popularidade por meio de sua aparência, e há diversos sites que permitem a seus usuários postar suas fotos para que sejam visualizadas e ranqueadas. O look ulzzang é relativamente trabalhoso de se conseguir, envolvendo o uso de lentes circulares cosméticas (lentes de contato que fazem a íris parecer bem maior), cílios postiços e maquiagem para salientar o tamanho dos olhos e maquiagem-base para clarear a pele. Muitas garotas operaram as pálpebras para ficar com os olhos redondos ocidentais, mas mesmo as que não se submeteram à cirurgia podem alcançar o mesmo efeito usando cola ou fita adesiva, criando assim o efeito do sulco palpebral. Dada a ênfase que esse tipo de beleza recebe na Coreia do Sul, as estrelas do pop e da tevê sul-coreanas compartilham todas essas características e, portanto, são consideradas* ulzzang. *Estes aspectos advêm dos animes japoneses, uma forma de animação popular desde os anos 1960 e que, por sua vez, inspira-se em personagens de desenhos norte-americanos como Betty Boop, Speed Racer e Bambi. Seus olhos grandes e traços faciais delicados são, hoje em dia, ubíquos, não somente nos animes, mas na cultura jovem japonesa e sul-coreana como um todo.*

Fabricando a beleza: cirurgia plástica

A cirurgia cosmética foi desenvolvida durante a Primeira Guerra Mundial, quando os médicos precisaram desenvolver técnicas novas para recompor faces e corpos de soldados feridos nos campos de batalha. Hoje em dia, o termo refere-se, em geral, a procedimentos desenvolvidos para reparar defeitos físicos congênitos, tais como a fenda lábio-palatina, deformações provocadas por acidentes ou ferimentos (como queimaduras ou cicatrizes), traumas corporais ou faciais severos, mas também aqueles destinados a deixar alguém mais jovem ou belo.

Desses procedimentos eletivos, os mais comuns atualmente são a abdominoplastia, implante de mamas, mastopexia (*lifting* de mama), blefaroplastia, gluteoplastia de aumento, *peeling* químico, **rinoplastia**, *lift* facial (ritidoplastia), mentoplastia, injeções de colágeno, lipoaspiração e injeções de botox. Em quase todas essas cirurgias, o objetivo é deixar o paciente (geralmente mulheres) mais jovem e magro – logo, mais bonito. Em adolescentes, as intervenções mais usuais são rinoplastia, lipoaspiração, otoplastia (cirurgia dos pavilhões auriculares), implante de mamas e, para os rapazes, a mamoplastia redutora. Entre os idosos, as mais comuns são blefaroplastia, *lift* facial, dermoabrasão, rinoplastia e *browlifting* (*lifting* de sobrancelhas). Cirurgias plásticas estão em alta nos Estados Unidos, 69% desde o ano 2000; em 2009, foram realizadas 12.494.001 dessas operações. Como o padrão estético ocidental tem como ideal juventude e magreza, é de se esperar que procedimentos desse gênero fossem populares entre as mulheres, que representam quase 90% dos seus pacientes. Em anos recentes, contudo, o número de homens que tem buscado cirurgias plásticas (incluindo procedimentos "masculinos", como implantes de prótese peitoral ou panturrilhas, ou mamoplastia redutora para garotos) também tem aumentado. Muito embora os Estados Unidos sejam os líderes mundiais em números totais de cirurgias cosméticas, a Coreia do Sul é a líder *per capita*, com a Grécia vindo em segundo e a Itália em terceiro. Os procedimentos favoritos entre os sul-coreanos? Blefaroplastia e rinoplastia.

Cirurgias plásticas não são geralmente cobertas pelos planos de saúde, de modo que a beleza tem se tornado mais e mais um sinal de *status* elevado, pois somente os ricos podem arcar com os custos desses procedimentos. Da mesma forma, como ela está se tornando um produto a ser adquirido pelos abastados, homens e mulheres cujos rostos não são naturalmente lindos, mas que tampouco podem bancar a mudança de suas aparências, encontram-se em desvantagem, dado o tratamento preferencial que os esteticamente bem-dotados, genética e cirurgicamente, recebem em quase todos os campos da vida social e econômica. Aqueles que podem pagar por cirurgias cosméticas, porém, já não mais se preocupam em escondê-las, pois se tornou um sinal de *status* para mulheres ricas ostentar publicamente seus olhos, narizes, lábios ou faces renovados.

E embora tenha havido um tempo em que apenas as mulheres mais velhas se submetiam a plásticas no rosto e em outras partes do corpo para parecerem mais joviais, hoje em dia até as jovens recebem injeções de botox ou aumentam os lábios bem cedo para "prevenir" o envelhecimento. Certamente, a grande presença de cirurgias plásticas nos Estados Unidos da atualidade indica uma necessidade crescente em negar o inevitável. À medida que os sinais físicos do envelhecimento são empurrados mais e mais para o futuro, os ricos podem fingir que as leis biológicas não se aplicam mais a eles.

Um novo problema, surgido naqueles em condições de custeá-lo, é o vício em cirurgias plásticas: homens e mulheres que realizam procedimento atrás de procedimento em seus corpos. Múltiplas cirurgias realizadas numa mesma parte do corpo geralmente enfraquecem e prejudicam os tecidos, como foi o caso do nariz de Michael Jackson, levando assim a novas intervenções destinadas a corrigir os danos. Normalmente chamado de **transtorno dismórfico corporal**, trata-se de uma condição psicológica na qual um indivíduo encontra-se tão desesperadamente infeliz com seu próprio corpo que não consegue parar de se submeter a operações porque, não importando os resultados, está sempre insatisfeito com sua aparência. De fato, as cirurgias plásticas se baseiam na infelicidade dos pacientes com a própria aparência – afinal de contas, não estão doentes; estivessem eles contentes com a própria imagem não precisariam ser operados. Por outro lado, a demanda avassaladora por beleza e juventude, alimentada pela nossa obsessão pelas celebridades, sem dúvida alguma contribui, e muito, para essa condição.

Um novo campo da cirurgia plástica é a **labioplastia** (ou ninfoplastia), procedimento no qual mulheres insatisfeitas com a aparência de suas vaginas podem remodelá-las. Certos observadores culpam o aumento do consumo da pornografia no Ocidente pelo crescimento desse tipo de intervenção cirúrgica – em alguns desses filmes ou fotos, os lábios vaginais são digitalmente removidos, para que a genitália pareça mais "organizada". Ato contínuo, ao vê-los muitas mulheres consideram suas próprias vaginas como bagunçadas e decidem reduzi-las ou remodelá-las. Segundo diversos críticos do *boom* das operações plásticas, a prática não apenas se alimenta das ansiedades femininas sobre seus corpos e imagem, mas também patologiza genitálias femininas absolutamente normais, dando seguimento a uma longa tradição que vigora no mundo inteiro, que vê a genitália feminina como problemática.

Corpos femininos são, no geral, problemáticos. Não são belos o bastante, lisos o bastante e, nos países ocidentais, nem pequenos o bastante. No capítulo 11 trataremos das questões que envolvem o peso, centrando a nossa atenção no corpo feminino.

> **Termos fundamentais**
>
> animes
> bindi
> blefaroplastia
> clareadores de pele
> efeito contraste
> efeito de halo/auréola
> labiaplastia
> lookismo
> mangá
> mito da beleza
> razão áurea
> rinoplastia
> transtorno dismórfico corporal
> *ulzzang*

Leituras complementares

Chapkis, W. (1986). *Beauty secrets: Women and the politics of appearance.* South End.

Davis, K. (1995). *Reshaping the female body: The dilemma of cosmetic surgery.* Routledge.

Etcoff, N. (1999). *A lei do mais belo: A ciência da beleza.* Objetiva.

Jeffreys, S. (2005). *Beauty and misogyny: Harmful cultural practices in the West.* Routledge.

Scruton, R. (2013). *Beleza.* É Realizações.

Wolf, N. (1992). *O mito da beleza: Como as imagens de beleza são usadas contra as mulheres.* Rocco.

11
CORPOS GORDOS E MAGROS

Em setembro de 2012, a busca por "Lady Gaga" no Google levava a mais de 600 milhões de resultados, que iam desde a música da estrela *pop* (15 milhões de discos vendidos até então), seus prêmios (cinco Grammys) suas turnês, seu sucesso (apareceu na lista da revista *Forbes* de mulheres mais poderosas) até seus *looks* extravagantes. Naquele mesmo mês, contudo, a segunda busca mais popular foi "Lady Gaga ganha 12 quilos e está de dieta. Por que ela precisa perder peso?" No mesmo período, inúmeras outras histórias discutiam detalhes do aparente ganho de peso da artista, incluindo fotos nada lisonjeiras dela.

Voltemos a outubro de 2010, quando uma colunista da revista de moda *Marie Claire* escreveu no blog da publicação que se sentia "enojada" ao assistir "duas figuras [televisivas] com dobras e dobras de gordura se beijando". Ela se referia aos atores Billy Gardell e Melissa McCarthy, que interpretavam Mike e Molly na série homônima. Ela foi mais além, e disse achar "esteticamente desagradável ver alguém muito, muito gordo simplesmente atravessar um cômodo". Esses comentários instigaram uma onda de protestos e resultaram em uma discussão, no próprio site e em outros espaços, a respeito da prática da **gordofobia** na mídia.

A quem cabe a função de policiar o peso alheio? E quem decide quando o gordo é gordo demais, ou, já que estamos no assunto, o magro é magro demais? Na mesma semana em que as imagens de *Fat* Gaga começaram a circular, a revista *US Magazine* mostrou duas fotos da atriz Sarah Jessica Parker tiradas na mesma semana. Numa delas, usada em um editorial de moda, ela era cumprimentada pela aparência; na outra, que apareceu em um artigo a respeito de celebridades excessivamente franzinas, o autor questionava se ela era anoréxica.

Neste capítulo trataremos das questões que envolvem a gordura e a magreza, e como essas categorias são construídas, definidas e reforçadas pela sociedade. Veremos também que, como muito do que é discutido neste livro, não existe uma fronteira definida entre esses dois polos, e as distinções entre ambos são menos claras do que podem parecer.

A epidemia da obesidade

No Ocidente, médicos, especialistas em saúde pública e políticos vêm discutindo com frequência a "**epidemia da obesidade**", na qual adultos e crianças não estão apenas acima do peso, mas sim obesos (ou seja, com **índices de massa corporal** (IMC) acima de 30). Atualmente, um terço dos norte-americanos encaixa-se nessa definição, enquanto outros 32% são considerados acima do peso ideal. A preocupação provém não somente pelo aumento dos números dos considerados obesos, mas também do crescimento dos problemas relacionados à obesidade, como diabetes, doenças cardíacas, câncer e o consequente aumento da mortalidade (só nos Estados Unidos, 300.000 pessoas morrem todo ano de doenças relacionadas à obesidade). Em todo o mundo, a obesidade está numa alta sem precedentes: a Organização Mundial de Saúde estima que aproximadamente um bilhão de pessoas esteja acima do peso, enquanto 300 milhões estão obesas, um panorama que a organização tem chamado de "globesidade". E à medida que mais e mais pessoas desenvolvem essas condições, os custos da assistência à saúde, especialmente nos Estados Unidos, continuam a explodir. (Vale salientar, contudo, que muito desses gastos associados à obesidade vem de remédios para emagrecer, que tratam a "doença" da obesidade ao invés das condições de saúde associadas a ela.)

Parece bastante claro que grandes mudanças culturais e de estilo de vida contribuíram para o aumento coletivo do peso dos norte-americanos. Em especial, no Ocidente os trabalhos foram do *blue collar* para os *white* e *pink collars*, do chão das fábricas para os escritórios, ou seja, mais de nós passamos nossas jornadas laborais em frente a um computador. Nosso tempo livre está sendo crescentemente vivido no consumo de mídia: televisão, games, computadores e dispositivos móveis como iPhones, iPods e iPads ocupam grande parte do nosso lazer, significando que passamos bem menos tempo fora de casa.

Nossos corpos evoluíram para lidar com fomes periódicas, e é exatamente por isso que são tão eficientes em conservar gordura – pela mesma razão, em termos evolucionários, no passado gente muito magra não tinha vantagem de sobrevivência genética. Atualmente, contudo, a maior parte dos ocidentais jamais experimentou a fome, embora continuemos a acumular gordura em nossos corpos. Além disso, a *fast-food* e a *junk-food* tornaram-se parte central do cardápio de pessoas do mundo inteiro, e as porções servidas nas lanchonetes estão cada vez maiores. As companhias que produzem esses alimentos altamente processados investem bilhões de dólares em propaganda dos seus produtos, feitos para serem gostosos e baratos. Infelizmente, eles são igualmente ricos em calorias, gorduras, açúcar e sal, e como quantidades gigantescas dessas comidas estão ao alcance de nossas mãos, é necessário fazer um grande esforço para não as consumir.

Todos esses problemas são amplificados nos Estados Unidos, país que ostenta as taxas de obesidade mais altas do mundo desenvolvido e, não por acaso, onde a indústria dos alimentos ultraprocessados é mais forte e tem o *lobby* mais poderoso. Por causa disso, agentes governamentais das mais diversas esferas têm desenvolvido novas políticas voltadas ao estímulo do exercício físico e à redução da dependência da *fast-food*. Na cidade de Nova York, por exemplo, o Prefeito Michael Bloomberg aprovou em 2012 uma lei proibindo a venda de bebidas ricas em açúcar em recipientes com capacidade acima de meio litro, ao que se seguiram duas outras grandes iniciativas de saúde pública que forçaram os restaurantes a colocar o total de calorias em seus menus e banir o uso de gorduras trans. Medidas semelhantes foram posteriormente adotadas em outras cidades. A proibição aos refrigerantes, como tem sido chamada, nada mais é que uma variante do Imposto da Junk-Food (também conhecida por Imposto do Twinkie), tributos lançados sobre alimentos não saudáveis, cuja ideia central é: quanto mais cara a comida, menos gente irá consumi-la. A nível federal, a primeira-dama Michelle Obama deu início à grande campanha *Let's Move*, centrada em estimular as crianças a se exercitarem e comerem comidas saudáveis num esforço para reduzir a obesidade infantil. Soluções mais extremas têm sido propostas, como a sugestão de expandir a legislação contra o abuso infantil para que crianças gordas sejam retiradas das casas dos pais e colocadas em lares temporários.

Por outro lado, há vozes argumentando que a epidemia da obesidade não passa de pânico moral, que os agentes governamentais usam a condição para assustar os cidadãos e estimular que ainda mais dinheiro seja alocado nas já multibilionárias indústrias das dietas e das cirurgias bariátricas. Muita gente acima do peso, quem sabe até a maioria delas, não é doente nem faz a sociedade pagar pelos seus gastos com assistência médica; somente nos casos de obesidade extrema encontram-se problemas graves de saúde. Segundo Paul Campos, autor de *The obesity myth* (2004), o que vem ocorrendo é que gordos e obesos se tornaram uma espécie de **bodes expiatórios**, ridicularizados e rejeitados pelo seu peso e culpados por uma série de problemas sociais. Toda semana aparecem novos artigos em jornais e sites norte-americanos e europeus trazendo informações sobre o problema, geralmente ilustrados por fotografias de gente obesa malvestida e de aparência desleixada – a quem Charlotte Cooper (2007) chamou de "**gordos sem cabeça**" (*headless fatties*), pessoas que, com suas cabeças borradas nas fotos, podem ser apresentadas como objetos abertos ao escárnio e o desdém. Nas palavras de Cooper, "como gordos sem cabeça, o corpo se torna simbólico: estamos lá, mas não temos voz, sem sequer uma boca em uma cabeça, sem cérebro, sem pensamentos ou opiniões. Em vez disso, somos desumanizados e reduzidos a símbolos de um medo cultural".

Em especial, os norte-americanos associam a gordura à preguiça, à gula e à estupidez, e os obesos (particularmente as mulheres) sofrem discriminação no trabalho e em outras áreas. Em verdade, a gordofobia e o "tamanhismo"[6] parecem ser as últimas formas de discriminação aceitáveis no Ocidente, mas as justificamos ao sugerir que os gordos são não apenas preguiçosos e gulosos (e não podem culpar ninguém além deles mesmos por isso), como também parasitam o sistema de saúde graças à sua ociosidade. Em contraponto a esse tipo de gordofobia, grupos de aceitação da obesidade e seus defensores se tornaram grandes apoiadores das pessoas gordas e criaram campanhas de esclarecimento em prol dos direitos dos obesos e de seu acolhimento social.

Um ponto que esses grupos deixam claro: fazer dieta é não somente lucrativo para as indústrias do ramo, como também, para a maior parte das pessoas que as seguem, aparentemente ineficaz. 85% de todos os norte-americanos que fazem dietas, quando chegam a perder algum peso, acabam por ganhá-lo de volta, em geral "com juros". Logo, ao que tudo indica, fazer dietas nos deixa mais gordos, e além disso, não existe evidência de que ter um índice de massa corporal de 29 significa ser automaticamente mais saudável que alguém com um IMC de 31. As linhas entre normal, acima do peso e obeso são arbitrárias, sem base científica. Por fim, não deixa de ser

---

6. *Sizeism*, preconceito baseado no tamanho das pessoas [N.T.].

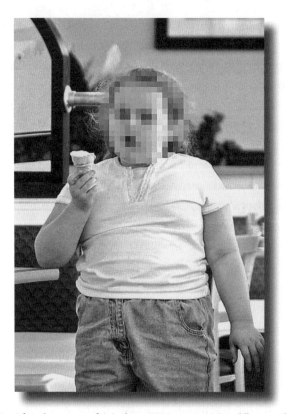

Figura 11.1 – A foto dessa garota foi tirada em 2006, em um McDonald's, como ilustração da obesidade infantil. É também um exemplo dos "gordos sem cabeça". Cortesia de Robert Lawton, via Wikimedia Commons.

verdade que a gordofobia contribui tanto para a alimentação desordenada quanto para se empanturrar, causa específica da obesidade. As crianças são particularmente vulneráveis a serem humilhadas e estigmatizadas, de modo que o corrente pânico moral ligado à obesidade pode até estar contribuindo para o problema. Estudos mostram que existem vínculos entre dietas infantis precoces e os transtornos alimentares e a obesidade.

Questões interessantes: o movimento pela aceitação dos gordos e os blogs de moda

O movimento pela aceitação dos gordos está voltado à eliminação da vergonha, do estigma e da discriminação contra pessoas acima do peso. Ele não promove a gordura em si, mas encoraja os gordos a não serem obcecados pelo próprio peso ou caírem na autodepreciação. Defende também que o exagero *nas dietas, que geralmente leva a reaver os quilos originalmente perdidos, pode ser até mais perigoso que estar acima do peso. Viver de dieta e ter obsessão pelo peso podem resultar também em uma variedade de transtornos alimentares, e além disso o trauma psicológico vivido pela pessoa gorda, assim como os custos financeiros de estar com sobrepeso, podem ser perigosos. Os defensores da aceitação aos gordos promovem a filosofia da saúde em todos os tamanhos (Health at Every Size, HAES), que promove a alimentação saudável e exercícios físicos para todos, ao invés de focar em números como o peso e o índice de massa corporal, e afirma que pessoas gordas podem ser tão saudáveis quanto as magras. O movimento é representado por organizações como a National Association to Advance Fat Acceptance (NAAFA). De uma maneira ou de outra associado a esse movimento, anos recentes viram o surgimento de páginas na internet chamadas fatshion blogs, blogs ou tumblrs criados por mulheres corpulentas que postam fotos de si mesmas em trajes que usaram naquele dia específico. Junto dessas imagens, vem informação sobre as roupas e links para as empresas onde foram compradas. Essas blogueiras são fontes de inspiração para outras mulheres acima do peso que desejam parecer e se sentir melhor, e que veem nelas a prova de que as gordas podem ser sexy, confiantes e lindas. Outras blogueiras escrevem artigos sobre importantes questões de justiça social relativas à comunidade gorda, e muitos dos blogs encorajam o debate franco na seção de comentários. De modo geral, a única regra nessas páginas é: comentários sobre dietas estão proibidos.*

O impulso de perder peso

Como discutimos nos capítulos 7 e 10, mulheres são julgadas pela sua aparência. No Ocidente, por estarmos rodeados pela riqueza, espera-se delas que sejam magras e, claro, lindas e jovens. Sabemos disso por causa das mensagens disseminadas pela indústria da saúde a respeito da "epidemia da obesidade", bem como pelas imagens femininas que chegam até nós por meio da cultura *pop*.

Televisão, propagandas, música e cinema estão repletos de mulheres magras. As que não são ficam relegadas aos papéis de "melhor amiga engraçada" nos filmes e programas de tevê, jamais chegando ao par romântico central. Mulheres não magras já tiveram bastante destaque na música popular, mas quando os clipes e a MTV se apossaram da indústria musical a partir dos anos 1980, as cantoras gordas começaram a deixar a cena. Em tempos recentes, só um punhado delas veio à tona, como a vencedora do Grammy Adele, mas mesmo ela encarou bastante críticas públicas por causa do seu peso. Outras cantoras com sobrepeso, como as ex-participantes do *American idol* Jennifer Hudson e Jordin Sparks, perderam peso após sofrerem críticas sobre suas aparências.

Um meio de promoção das dietas e da perda de peso para o grande público são as revistas femininas, como *Seventeen, Cosmopolitan, Marie Claire* e *Vogue*, cujas modelos e atrizes são uniformemente jovens, magras (cerca de 23% mais do que a média), lindas e, em sua maioria, brancas. Essas publicações estão repletas de anúncios e artigos que promovem o emagrecimento, e três-quartos de todas as suas capas incluem mensagens de como mudar a própria aparência, geralmente por meio de dietas, mas também via exercícios físicos e cirurgias plásticas.

Os anúncios e o conteúdo editorial dessas revistas informam constantemente às suas leitoras que seus corpos são defeituosos: peludos demais, enrugados demais, irregulares demais e, definitivamente, gordos demais. Felizmente, os produtos que as ajudarão a superar todos esses problemas estão logo ali, anunciados naquelas mesmas páginas, não raro na página oposta ao texto sobre dieta ou beleza, de modo que as consumidoras podem escolher seus comprimidos, cremes ou pós para emagrecer, ou então agendar suas operações para o momento mais oportuno. Graças à conivência entre o entretenimento dirigido ao público feminino e a indústria das dietas, esta última arrecada cerca de sessenta bilhões de dólares ao ano, só nos Estados Unidos.

A verdade é, como discutimos no capítulo 10: chegar a ter a aparência dessas modelos de revistas é simplesmente impossível para a maioria das mulheres, e como resultado elas precisam trabalhar constantemente para alcançar algo, a rigor, inalcançável, sendo por isso consideradas fracassadas. Nas garotas, em especial, o foco na magreza e na beleza é de tal maneira avassalador que frequentemente resulta em depressão, baixa autoestima e transtornos alimentares. A autodepreciação se torna uma parte definidora da maior parte das identidades femininas graças àquilo que a escritora feminista Kim Chernin (1981) chamou de "tirania da esbeltez".

Já a feminista Jean Kilbourne (1999) fala do "cortar o tamanho das garotas", ou seja, forçá-las, e às mulheres, a julgar-se com base na própria magreza, ao invés de atentar para a inteligência, objetivos profissionais ou ideais políticos mais amplos, capazes de transformar a sociedade. Ao invés disso, gerações de gerações de meninas que poderiam ter crescido para serem capitãs de indústrias ou lideranças mundiais investem horas sem fim na obsessão pelo próprio peso. Ainda que as mulheres tendam, naturalmente, a ter mais gordura corporal do que os homens, e que neles a presença dessa gordura esteja vinculada a problemas de saúde mais sérios (porque tende a se acumular na região do abdômen), corpos femininos gordos são bem mais repugnantes e vergonhosos do que os masculinos. Além disso, enquanto as garotas surtam a respeito do espaço, literal e metafórico, que ocupam, os homens são estimulados a ocupar o maior espaço possível. Tamanho, visibilidade e poder são negados às mulheres, e o ódio aos gordos é, simplesmente, um sintoma desse fato. Fazer dieta é, acima de tudo, disciplinar, tanto o corpo interior quantos os desejos íntimos. Diz-se às mulheres: não queiram muito, não desejem muito, sejam complacentes, submissas e satisfeitas com o que têm. O corpo e as paixões femininos são os piores inimigos da mulher.

Uma a cada quatro mulheres da faixa etária universitária tenta perder peso usando métodos perigosos de controle de peso, como jejuns, vômitos, laxantes ou pulando refeições. 42% de todas as meninas entre 1 e 3 anos desejam ser mais magras, e 46% daquelas entre 9 e 11 anos estão fazendo dietas. Quando chegam à universidade, esse número sobe para 90%, 35% das quais desenvolve alguma forma de transtorno alimentar. Uma resultante dessa atenção contínua e do foco centrado nos corpos femininos é que à medida que as meninas crescem, sua autoestima e sua autoconfiança diminuem. Pelo menos, os 109 milhões de dólares gastos diariamente em dietas fazem bem à economia norte-americana.

As dietas têm sido promovidas pelos médicos desde o século XIX, muito embora os cientistas de então já soubessem das conexões entre peso corporal e metabolismo, e em 2004, Tommy Thompson, secretário de Saúde e Serviços Humanos dos Estados Unidos, proclamou que a obesidade era uma doença, o que abriu as portas para o Medicare cobrir os tratamentos relacionados à condição. Doença ou não, as dietas continuam a ser o foco maior dos combatentes da obesidade. O crescimento das indústrias das dietas e da assistência médica coincidiu com uma nova moralidade, em que as pessoas gordas passaram a ser associadas a toda sorte de males públicos privados: corpos doentios e feios significavam uma nação doente, e inúmeras curas foram promovidas para forçar os corpos de volta à saúde. Um corpo magro e saudável é também um indicativo de controle de si e do

Figura 11.2 – Fotografia de diversos produtos emagrecedores numa loja.
Cortesia da autora.

seu destino, como se a restrição à ingestão de alimentos fosse a imposição de uma vontade ao próprio corpo e à própria vida.

A verdade, contudo, é que as dietas raramente fazem efeito. Certamente funcionam para alguns, mas a maioria das pessoas, como já observamos, simplesmente recupera o peso que havia perdido. Mas na perspectiva da indústria das dietas, elas não precisam funcionar – se o fizessem, todos os gordos ficariam magros, não haveria mais razão para sua existência e bilhões de dólares em lucros desapareceriam junto com as banhas.

Hoje em dia, as **cirurgias bariátricas** são a última opção para quem têm condições de bancá-la (o custo fica em torno de 10.000 e 40.000 dólares) ou dispõem de plano de saúde que cobre o procedimento. Para alguns são agora a primeira opção, especialmente para celebridades acima do peso que precisam de reduções dramáticas na silhueta, melhores e mais rápidas que as conseguidas com os métodos tradicionais de perda de peso, como regimes e exercícios físicos. Na verdade, a operação se banalizou de tal forma que sempre que uma celebridade com sobrepeso perde muitos quilos em um tempo relativamente curto, o público imediatamente supõe que ela se submeteu à cirurgia.

Os tipos de intervenção cirúrgica mais comuns são o grampeamento do estômago, a banda gástrica ajustável e o *bypass* gástrico, procedimentos gastrorrestritivos, ou seja, que reduzem o volume de comida que o paciente pode comportar no estômago. A cirurgia bariátrica não inclui lipoaspiração, abdominoplastia ou qualquer outra forma de procedimento cosmético. Em vez disso, por intermédio de grampos, bandas ou outros meios, o estômago do paciente é reduzido, deixando-o incapaz de consumir grandes quantidades de comida de uma só vez. No *bypass* gástrico, o tamanho do estômago é reduzido e a parte inicial do intestino delgado é desviada para que menos calorias sejam absorvidas pelo corpo.

Ao se submeterem a cirurgias dessa natureza, diversas celebridades com sobrepeso, tais como Star Jones, Al Roker e Carnie Wilson, conseguiram perder muito peso num período relativamente curto de tempo, conformando-se, assim, aos padrões estéticos ocidentais. Por outro lado, por mais extrema que a cirurgia bariátrica possa ser, ela não raro resulta, como outras técnicas para perda de peso, na retomada dos quilos perdidos: a cantora Carnie Wilson já se submeteu à operação duas vezes e continua a ser considerada obesa.

Outra solução radical para a obesidade são os *reality shows* de perda de peso, tais como *The biggest loser*, *Quilo por quilo* [*Extreme weight loss*], *Thintervention with Jackie Warner*, *Celebrity fit club* e *Heavy*, que apresentam competidores gordos ou obesos numa disputa para ver quem perde

Figura 11.3 – *Outdoor* anunciando cirurgia bariátrica. Cortesia de Tom Young.

mais peso. Eles são submetidos a dietas severas e realizam exercícios físicos por até seis horas ao dia. Alguns conseguem perder peso muito rapidamente – um dos competidores do *The biggest loser* chegou a perder mais de dezoito quilos em uma única semana! Por outro lado, graças aos métodos extremos a que se sujeitam, a maioria dos participantes não mantém o que perdeu: estima-se que apenas 50% deles conseguiram conservar o peso ao menos próximo daquilo que estavam quando do final do programa.

Distúrbios alimentares

No que tange às dietas, qual o comportamento indicado e qual o contraindicado? Uma vez mais, a linha entre esses dois pontos é obviamente imprecisa, dado que a anorexia nada mais é que a versão extrema daquilo que se espera que as mulheres consigam.

A **anorexia nervosa** é um distúrbio alimentar em que o indivíduo apresenta uma imagem distorcida de seu próprio corpo, levando-o a comer menos do que necessita e, eventualmente, exagerar nos exercícios, às vezes até o ponto da desnutrição e da morte. Anoréxicos comumente sofrem com perfeccionismo, transtorno obsessivo compulsivo (sentem não ter nenhum controle sobre sua fome ou sobre a própria vida) e alimentam pensamentos obsessivos sobre comida e peso. Podem também ingerir remédios para emagrecimento ou pílulas diuréticas para perder ou controlar o peso. A purgação via vômitos induzidos, exercícios, laxantes e cuspidas é geralmente classificada como **bulimia**, e muitas pessoas padecem de ambas as condições, que afetam primordialmente garotas ocidentais adolescentes, e cuja taxa de mortalidade se encontra por volta de 10%.

Muito embora a doença tenha sido descrita em finais do século XVII, só veio a se tornar uma condição comum no século XX, graças aos modernos padrões estéticos ocidentais que enfatizam um ideal extremamente esbelto, combinado com dietas progressivas e poderosas, a indústria dos exercícios físicos e o foco intenso dos meios de comunicação de massa sobre o corpo feminino. Muitas feministas acreditam que esse ideal magérrimo não passa de uma estratégia sub-reptícia para manter as mulheres como seres decorativos, femininos e inúteis, garantindo que elas não ocupem muito espaço – literal ou figurativamente.

A anorexia pode ser entendida como um transtorno mais psiquiátrico e físico; contudo, pode ser igualmente vista como uma forma intencional de transformação corporal. Embora alguns dos seus pacientes busquem ajuda para lidar com sua condição e reconheçam que estão pondo sua saúde em risco ao recusarem alimento, outros rejeitam o estigma advindo das doenças psiquiátricas. Muitos anoréxicos e bulímicos formaram "**pró--anas**", comunidades on-line nas quais se apoiam mutuamente em suas escolhas, trocam dicas para perda de peso, compartilham fotos de pessoas extremamente magras chamadas "*thinspiration*", "inspiração de magreza" (Santana, 2016) e também conselhos sobre como esconder a condição da família, amigos e profissionais médicos. Para essas pessoas, a anorexia é uma escolha de vida: elas estão moldando intencionalmente seus corpos, de maneira a mostrar o poder que têm de controlá-los. Para outros membros das comunidades pró-ana, esses sites são, simplesmente, um lugar seguro onde podem escapar ao escrutínio e ao estigma da família, dos amigos e dos médicos e resistir à medicalização de suas vidas.

Ainda que o movimento pró-ana já não seja tão popular quanto antes, não deixa de ser verdade que a anorexia é vista por muitas jovens como um estilo de vida alternativo, e que ao modificar seus corpos de modo tão extremo como se dispõem a fazer, conquistam o controle sobre eles. Para elas, a anorexia, ou dieta extrema, nada tem a ver com doenças psiquiátricas ou problemas com a aceitação do próprio corpo, mas sim, ao menos para algumas, com exercitar o controle de si e levar o corpo até os seus limites.

Um outro modo de se encarar a anorexia é vendo-a como resposta a uma cultura que promove a comida como fonte de prazer para as mulheres, uma delícia pecaminosa ou modo de satisfazer nossos problemas emocionais enquanto, ao mesmo tempo, nos ordena a mantermos uma forma extrema, quando não impossível, de magreza. Como reconciliar essas duas posições contraditórias a não ser desenvolvendo transtornos alimentares?

Há também o **transtorno da compulsão alimentar periódica** (TCAP), no qual os indivíduos comem compulsivamente no intuito de aliviar o estresse ou outros sentimentos negativos. Como a automutilação, em que a pessoa faz cortes em seus braços ou pernas para aliviar pressão e sofrimento emocionais, a compulsão é, da mesma forma, algo que algumas pessoas utilizam para controlar dores emocionais, exercendo assim controle sobre suas próprias vidas.

Embora habitualmente associemos transtornos alimentares como anorexia ou bulimia a garotas ou mulheres brancas e de classe média, diversos outros grupos demográficos também sofrem dessas condições. A socióloga Becky Thompson (1996), por exemplo, escreveu longamente sobre as experiências de mulheres latinas e afro-americanas com esses problemas, e observa que para muitas delas eles estão associados a traumas, não à cultura da magreza preponderante no Ocidente. Algumas começam a usar a comida para punir-se a si mesmas, para disfarçar o sofrimento advindo do abuso sexual ou outros traumas, mas também como uma maneira de lidar com a cultura do racismo, sexismo, classismo e, no caso das lésbicas, homofobia.

Você está que é só pele e osso: a preferência pela gordura

Mas nem sempre a obesidade é vista como algo negativo. Em diversas culturas ao redor do mundo, ela tem sido associada a atratividade sexual, força e fertilidade. Não raro, é encarada como símbolo de riqueza e *status* social em culturas nas quais muitas pessoas têm fome ou sofrem de desnutrição. Quanto mais precária a economia e mais escasso o alimento, tanto mais provavelmente a corpulência será valorizada, e mais alto será o estrato onde essas pessoas se situarão. Ainda hoje existem inúmeras culturas que são bem mais receptivas à obesidade, incluindo algumas africanas, árabes, indianas e do Pacífico Sul.

Algumas comunidades tribais ainda estimam a beleza feminina com base no tamanho, e as noivas são usualmente "engordadas" antes do casamento. As garotas da tribo Hima, em Uganda, passam por um ritual de engorda que dura quatro semanas, durante o qual comem e bebem até que estejam apropriadamente gordas para se casar. Diversas populações tribais nigerianas valorizam a gordura nas mulheres, e diferentemente dos Estados Unidos, onde as mulheres tiram roupas e sapatos antes de subirem na balança, lá elas põem mais roupas antes de fazer o mesmo. Entre os Efik, garotas entre 15 e 18 anos inicialmente raspam suas cabeças e depois passam um período no quarto de engorda, até que estejam prontas para o matrimônio. Os Okrika, também da Nigéria, engordam meninas entre 14 e 16 anos para que seus corpos "apareçam", uma prática que não apenas as deixa mais belas, mas também acelera a chegada da puberdade (ou seja, a idade casadoira). Ainda que essas práticas sejam mais comumente associadas a populações africanas, comunidades indígenas americanas, como os Havasupai, também engordam suas jovens para deixá-las mais bonitas.

Um dos casos mais incomuns é encontrado entre os Dinka, do Sudão do Sul, onde são os homens, não as mulheres, que engordam. Eles participam de uma competição para descobrir quem consegue ser o mais gordo: isolam-se do resto da comunidade por três meses, bebem o máximo de leite que aguentarem e se movimentam o mínimo possível. Ser capaz de passar por essa provação demonstra riqueza, pois indica quem possui mais vacas capazes de fornecer o leite. O vencedor é apontado em uma cerimônia ao fim da estação, à qual está presente toda a tribo, e ele alcança grande respeito e dignidade. Alguns homens chegam a morrer durante o concurso (seus estômagos literalmente explodem), mas essa morte é tida como altamente honorável.

No Ocidente, há indivíduos na sociedade moderna que estimulam ativamente a obesidade, e também aqueles que são eroticamente atraídos por pessoas acima do peso. Os "Chubbies", por exemplo, são homens *gays* gordos ou obesos que compõem, junto com os **chubby chasers** (homens atraídos por eles), a comunidade chubby. Entre os heterossexuais existem os FAs (*fat admirers*), homens sexualmente atraídos por mulheres gordas ou obesas, conhecidas no âmbito dessas comunidades como *gordinhas* (ou BBW, do inglês *big beautiful women*). Esses relacionamentos podem, ou não, ser classificados como fetiche por gordos, pois os admiradores apenas e simplesmente gostam de homens e mulheres gordos, enquanto os fetichistas sentem-se sexualmente atraídos pelo excesso de gordura em si. Uma categoria específica é o **feederismo**, em que há os alimentadores (*feeders*) e os alimentados (*feedees*): os primeiros superalimentam seus parceiros para que ganhem peso, enquanto os segundos são os que recebem o alimento. Esses relacionamentos são eventualmente associados ao BDSM, sendo o *feeder* geralmente o parceiro dominante e o *feedee*, o dominado. O *Stuffing* (estufagem) é a prática temporária de superalimentar alguém até que sua barriga esteja tão grande que ele mal tenha condições de se mover. Um fetiche relacionado é o *fat porn* – pornografia que apresenta mulheres muito gordas durante o ato sexual ou, simplesmente, posando nuas. Em todos esses casos, a excitação provém do choque e da violação das normas sociais: mostrar mulheres gordas nuas, comendo ou fazendo sexo (eventualmente as três coisas ao mesmo tempo) é transgressor. Em vez de mostrar corpos femininos magros, como de resto faz a cultura *pop* ocidental, o *fat porn* celebra o tipo mais vilipendiado de mulheres, aquelas geralmente consideradas inofensivas, não sexuais e invisíveis. A pornografia chubby é ainda mais radical que a hétero: a cultura *gay* ocidental fetichiza o corpo masculino jovem, em forma ou magro, de modo que a exibição de corpos grandes (e eventualmente peludos) pela pornografia chubby é verdadeiramente revolucionária.

Preconceito com o peso

A utilização de gordos como metáfora para vícios morais, psicológicos ou físicos possui um longo histórico. Na Europa, desde o século XVIII usam-se caricaturas para destacar, por meio da exageração artística, os aspectos mais notáveis das pessoas, como um narigão, sobrancelhas peludas ou corpos grandes. Uma das intenções dos caricaturistas é iluminar as características internas dos seus objetos. Comumente, as caricaturas eram negativas, não raro grotescas; ao exagerar a corpulência de um dado personagem, o desenho salientava os defeitos dos poderosos e seus atributos de ganância, luxúria, preguiça ou avareza. Da mesma forma, o uso de personagens gordos na literatura, teatro e cinema ilustra os atributos morais negativos das pessoas com sobrepeso ou obesas. Homens gordos são estúpidos, gananciosos e maus, enquanto as gordas são preguiçosas, arrogantes, desesperadas ou carentes, além de serem particularmente egoístas. Espera-se das mulheres que acolham e alimentem os outros; alimentar-se a si mesma é rejeitar aquela forma exclusivamente feminina de cuidado e, de fato, a feminidade como um todo.

Mas não se trata apenas de caricaturas ou de obras ficcionais. Estar com sobrepeso é caro e perigoso para os gordos. Muito especialmente, os obesos são ridicularizados ou sofrem *bullying* quando crianças, são apontados em público e estigmatizados, considerados descontrolados, preguiçosos, gulosos e totalmente indisciplinados. Já os magros, por sua vez, demonstram disciplina, controle, habilidade de moldar as próprias vidas e cuidado consigo mesmos, sentimentos esses que não são corporificados pelos gordos, publicamente rejeitados e tratados como se sua condição fosse contagiosa (o uso abrangente do termo "epidemia", que se refere a doenças infecciosas, contribui para esse sentido de contágio), enfrentando isolamento, humilhação e crueldade.

Crianças aprendem desde pequenas que pôr apelidos em pessoas gordas é aceitável. Elas são discriminadas no campo afetivo, humilhadas quando viajam de avião, descobrem que seus filhos sentem vergonha deles, evitam comer em público para fugir dos olhares maldosos, precisam comprar roupas em lojas especializadas e chegam até a ser rejeitados por médicos. Ironicamente, enquanto criticamos os gordos por seu óbvio exagero alimentar, não estigmatizamos da mesma forma aqueles que exageram com casas enormes, roupas e joias extravagantes, ou veículos com alto consumo de combustível, pois tudo isso são sinais de riqueza, não de pobreza.

Uma outra razão para estigmatizarmos os gordos no Ocidente vem da associação entre gordura e pobreza: atualmente, os mais pobres são, amiúde, os mais gordos, porque sempre que comidas ultraprocessadas e baratas estiverem disponíveis serão eles seus principais consumidores. E como esses produtos possuem altas quantidades de açúcar, gordura, sal e calorias, aqueles com menos recursos irão aumentar mais seu peso. Diferentemente do que ocorria no passado, quando o acesso a comidas mais gordas indicava alguém mais saudável e certamente mais próspero do que o restante da população, entre os pobres de hoje o sobrepeso nada mais é que o sinal moderno da desnutrição. O sul dos Estados Unidos é a região com maior taxa de obesos daquele país; o Mississippi, o estado mais gordo, com 30% de sua população considerada obesa – não por acaso, tem também o maior número de pobres.

Aqueles com sobrepeso têm menor chance de ser contratados, ou promovidos, e têm ganhos menores que os de peso normal; como os pobres em geral, precisam continuar a consumir alimentos mais baratos e menos saudáveis. E quanto mais pesado for o candidato, mais provavelmente não será contratado: estima-se que cada quilo de gordura custe 2.000 dólares em renda anual perdida. Os produtos e programas de dieta adquiridos pelos gordos e obesos são igualmente caros, e como a maioria deles irá recuperar os quilos perdidos durante o regime (forçando-os a fazer tudo novamente), os gastos se espalham ao longo de uma vida inteira. Assim, não somente a pobreza está positivamente correlacionada à obesidade – em parte por causa dos custos associados às comidas saudáveis e à falta de educação entre os pobres – mas a mobilidade social decrescente também está. Como certa vez disse a Duquesa de Windsor, "não se pode ser rico demais ou magro demais", mas é certamente possível ser tanto demasiadamente pobre quanto demasiadamente gordo.

Graças à maneira como classe, raça e obesidade se cruzam, e por causa da repulsa que muitos de nós sentimos diante de pessoas gordas, não raro a gordofobia assume colorações classistas e racistas, de que é um bom exemplo o programa *Chegou Honey Boo Boo!*, de 2012, sobre uma participante de concursos de beleza infantil com 6 anos de idade e sua família pobre, branca e gorda. Chamados de *white trash* (branco lixo) e *redneck* (caipiras) tanto pelos espectadores quanto por si mesmos, a série exibe os comportamentos mais difamados e, ao mesmo tempo, mais associados aos pobres: comilanças, peidos, arrotos, roupas baratas e vulgares e extremo mau gosto. As crianças aparecem comendo salgadinhos *cheetos* no chão, ou caindo de boca em pés de porco, enquanto o pai de uma delas cospe tabaco numa caneca e June, a matriarca da família, faz molho de macarrão usando margarina e *ketchup*. O programa, e sua glamurização da cultura *white trash*, é amplamente criticado como um sinal do fim dos tempos, mas muitas das palavras mais duras vindas desses críticos têm a ver com o sobrepeso da família e do fato de eles parecerem não se importarem em ser gordos. Talvez esse seja o pior de todos os crimes: não obstante todo o achincalhe e os insultos públicos, eles são gordos, felizes e orgulhosos.

Questões interessantes: o comercial da Lane Bryant: gorda demais para a tevê

Em 2010, a Lane Bryant, revendedora de roupas plus-size, produziu um comercial de tevê com a modelo Ashley Graham (que vestia número 46) para a Cacique, sua linha de lingerie. As redes Fox e ABC se recusaram a transmitir a peça publicitária porque o decote da modelo seria saliente demais. Muitos comentadores observaram que não somente a Victoria's Secret exibe comerciais com modelos seminuas como tem um programa dedicado a desfilar peças íntimas. Além disso, basta um passar de olhos pelos programas do horário nobre da rede ABC, como Desperate Housewives ou Grey's Anatomy (que exibem, ambos, mulheres seminuas e cenas de sexo), para demonstrar a hipocrisia da decisão da empresa. Muita gente apresentou queixas à emissora, sugerindo que o veto aos comerciais não se devia à sexualidade excessiva, mas sim porque a modelo seria gorda demais para a televisão. De fato, ver uma mulher com sobrepeso usando lingerie – mesmo uma indiscutivelmente tão bonita quanto Ashley Graham – é quase impensável na sociedade atual. Quando vemos mulheres corpulentas elas estão completamente vestidas, encarnando donas de casa ou melhores amigas.

Açúcar, *fast-food* e a dulcificação da comida mundial

Ainda que alimentação e (a falta do) exercício físico desempenhem um importante papel no peso e na obesidade, outros fatores são igualmente relevantes, como os genes e suas combinações e o ambiente. Estudos recentes têm demonstrado que comidas com muita gordura, açúcar e sal – ou seja, *fast-food* e *junk-food* – são capazes de alterar a química do cérebro de quem as consome da mesma forma que a cocaína e a heroína, duas drogas altamente viciantes, fazem. Outros mostram que certas pessoas apresentam uma composição cerebral ligeiramente diversa, e para elas ingerir alimentos desse tipo traz muito mais satisfação do que para as pessoas "comuns". Mais: uma pesquisa aponta que certas pessoas têm o sistema de recompensa do cérebro, ativado pela dopamina, entorpecido por certos tipos de comidas, precisando, assim, consumir mais delas para se sentirem recompensadas e satisfeitas. Juntos, esses trabalhos indicam que não apenas certos alimentos são verdadeiramente viciantes, como algumas pessoas podem ser geneticamente predispostas a querer ou necessitar de comer mais delas. Mesmo essas novas pesquisas continuam a culpar os gordos por serem gordos.

Que o açúcar é especialmente viciante é algo que pode ser percebido analisando o crescimento do seu consumo no mundo ocidental desde o século XVI. Originária da Nova Guiné e da Índia, a cana-de-açúcar foi trazida para o Novo Mundo por Cristóvão Colombo, que reconheceu no Caribe o clima ideal para o cultivo da planta. Até então, o açúcar era caro e raro, e sua utilização na Europa se limitava às elites capazes de adquiri-lo. Mas com as novas plantações no Caribe, tocadas pela mão de obra africana escravizada, responsável pelo plantio, colheita e processamento, o produto se tornou muito mais acessível e bem mais barato. Por se tratar de cultura que exigia alta intensidade laboral, o comércio de escravizados precisou ser expandido para responder ao crescente apetite europeu pela especiaria doce, o ouro branco, e no decorrer dos 380 anos do Comércio Transatlântico de Escravizados, milhões de africanos foram mortos ou escravizados porque os europeus estavam dependentes de açúcar.

Antes um luxo para os ricos, o açúcar se tornou um item tão ordinário, às custas do trabalho escravo, que pessoas de todos os níveis sociais passaram a consumi-lo. Situado entre as mais importantes mercadorias, transformou as dietas europeias e americanas e também ajudou a impulsionar a Revolução Industrial, pois os donos das fábricas descobriram que os trabalhadores aguentavam jornadas de trabalho mais longas depois de consumirem açúcar, que lhes dava mais energia e disfarçava a fome. As pessoas começaram a consumir geleias, chocolate, doces, chás adocicados e outras comidas processadas que jamais haviam existido. Um dos resultados, claro, é a moderna dieta ocidental, rica em açúcar, e seus efeitos colaterais: obesidade, diabetes e dentição fraca. Por óbvio, os maiores consumidores de açúcar atualmente são os pobres, que não têm condições de bancar uma dieta mais saudável – embora forneça energia rapidamente, seu valor nutricional é bem pequeno.

Hoje em dia, os fabricantes de alimentos altamente processados e açucarados investem, só nos Estados Unidos, entre um e dez bilhões de dólares anuais para anunciar seus produtos diretamente às crianças: refrigerantes, cereais, lanches "felizes", dentre outros, são promovidos junto a desenhos animados em programas de televisão populares e usualmente vêm com brinquedos para encorajar as crianças a consumi-los. Anualmente, essas crianças assistem a cerca de uma centena de comerciais de frutas e legumes e 5.500 de *fast-food* e *junk-food*. Além disso, quanto mais processado for o alimento, mais lucrativo (e menos saudável) ele será. Vender grãos, leite ou verduras aos consumidores faz muito menos dinheiro do que transformá-los em itens alimentares altamente refinados e viciantes, explicando assim porque estes se tornaram tão mais abundantes e acessíveis hoje em dia. Ironicamente, esses mesmos alimentos altamente processados tendem a satisfazer menos do que os integrais, de modo que precisamos comer mais deles. E como todos os negócios milionários, as indústrias de *fast-food* e *junk-food* financiam grupos de *lobby* que ajudam a garantir que seus produtos estejam facilmente acessíveis e sujeitos a pouca, ou nenhuma, regulamentação. A Coca-Cola e a Wendy's (uma rede de restaurantes *fast-food*), por exemplo, apoiam o Center for Consumer Freedom, entidade que, sustentada pelos dólares do *lobby*, coíbe ao máximo a implantação de legislações sanitárias.

Como visto neste capítulo, ser magro ou gordo (ou estar entre esses dois polos) significa muito mais do que o tanto de comida que se ingere. Aquilo que comemos, o quanto comemos e o que pensamos a respeito do que comemos, da nossa aparência e do que o que a comida representa para nós, é tudo moldado por diversos fatores sociais, culturais, históricos e econômicos, usualmente invisíveis para nós, os consumidores. Ao torná-los visíveis, podemos começar a entender como eles operam e o impacto que têm em nossas vidas e em nossos corpos.

> **Termos fundamentais**
>
> | | |
> |---|---|
> | anorexia | gordos sem cabeça |
> | bodes expiatórios | Imposto da Junk-Food (Imposto do Twinkie) |
> | bulimia | |
> | *chubby chasers* | Índice de Massa Corporal |
> | cirurgia bariátrica | pânico moral |
> | epidemia de obesidade | pró-ana |
> | fatshion blogs | tamanhismo (*sizeism*) |
> | feederismo | transtorno da compulsão alimentar periódica (TCAP) |
> | gordofobia | |

Leituras complementares

Bordo, S. (1993). *Unbearable weight: Feminism, Western culture, and the body*. University of California Press.

Braziel, J. E., & LeBesco, K. (2001). *Bodies out of bounds: Fatness and transgression*. University of California Press.

Campos, P. (2004). *The obesity myth: Why America's obsession with weight is hazardous to your health*. Gotham.

Gilman, S. (2008). *Fat: A cultural history of obesity*. Polity.

Kulick, D., & Meneley, A. (orgs.) (2005). *Fat: The anthropology of an obsession*. Jeremy P. Tarcher; Penguin.

PARTE V

CORPOS EXTRAORDINÁRIOS

12
CORPOS MODIFICADOS

Em 2011, um homem chamado Rick Genest, conhecido como Zombie Boy, explodiu para a fama: desfilou para a coleção de outono do estilista Thierry Mugler, foi clicado pelo fotógrafo de celebridades Terry Richardson, participou dos comerciais da Dermablend, linha de cosméticos para cobertura de tatuagens, fez uma participação especial no filme *47 Ronins* (2013), com Keanu Reeves, e apareceu no clipe da música *Born this way*, de Lady Gaga. O que faz de sua ascensão algo tão sensacional é o fato de Genest (falecido em 2018) ser um dos homens mais tatuados do mundo, e cujas *tattoos* estão entre as mais inusitadas que se conhecem. Cobrindo 80% do seu corpo, foram criadas para representar um corpo em decomposição, e segundo o *Livro Guinness dos Recordes*, têm mais insetos (178) e ossos (138) do que qualquer outra. O resultado é a manifestação tatuada do Zombie Boy.

Não faz muito tempo, tatuagens eram consideradas sinais de infâmia em países ocidentais como os Estados Unidos. O fato de Genest ter conseguido alcançar alto grau de fama midiática nos fala do quanto elas se transformaram e de como a sociedade passou a aceitar, ao menos parcialmente, modificações corporais inusuais.

O termo "*modificação corporal*" se refere às alterações físicas realizadas no corpo por meio de cirurgias, tatuagens, perfurações, escarificações, marcações, mutilações genitais, implantes, dentre outras. Elas podem ser temporárias ou permanentes, muito embora a maioria seja de natureza duradoura e modifique o corpo para sempre. Seres humanos vêm modificando seus corpos há milhares de anos – possivelmente desde que se tornaram humanos. Todas as culturas, em todas as partes, têm mudado seus corpos numa tentativa de alçá-los aos padrões estéticos estabelecidos, de cumprir certas obrigações sociais ou religiosas, ou ainda como parte do complexo processo de criação e recriação de suas identidades pessoais e sociais.

Do cru ao cozido

Atualmente, **tatuagens**, **escarificações**, **perfurações**, **pinturas corporais** e outras formas de modificações corporais temporárias e permanentes são encontradas em todas as culturas, no mundo inteiro, e são vistas pelos antropólogos como marcos visíveis de faixa etária, posição familiar, filiação tribal e demais aspectos sociais. Pesquisadores que têm estudado as formas pelas quais os humanos marcam seus corpos observam que exibições corporais criam, comunicam e mantêm *status* e identidades, algo que tem sido encontrado não somente em sociedades tradicionais, mas também naquelas em nível de estado. Em poucas palavras, elas são o meio mais simples pelo qual os indivíduos são tornados seres sociais – movendo-se do "cru" para o "cozido" à medida que o corpo vai da nudez à marcação.

Diversas culturas que praticam perfurações, tatuagens, escarificações e outras formas permanentes de modificação corporal acreditam que não se é verdadeiramente humano até que o corpo esteja apropriadamente adornado ou modificado. Até mesmo o uso de maquiagem e os penteados podem ser, de certa forma, entendidos como formas pelas quais os corpos humanos distinguem-se dos animais. Permanentes ou temporárias, todas essas formas com as quais o corpo humano tem sido historicamente alterado podem ser entendidas como marcos da civilização, cultura e humanidade. Quanto mais alterado o corpo, frequentemente mais humano, socializado e civilizado. Ornamentos e modificações corporais são também simbólicos, significando em quem os ostenta uma série de sutis, ou manifestos, aspectos sociais.

Modificações corporais em sociedades tradicionais

Como o corpo sempre foi utilizado como meio de expressão e autoconstrução, não é de surpreender que encontremos, tanto no registro arqueológico quanto entre as práticas de populações ao redor do mundo, uma enorme variedade de técnicas e procedimentos por meio dos quais ele é transformado.

Em todas as sociedades, cada indivíduo demarca sua posição social por meio de vestimentas, adornos e modificações corporais. A maior parte é temporária, mas algumas são permanentes e podem envolver certa dose de sofrimento. Marcações temporárias, como a pintura corporal, geralmente são usadas em contextos rituais, para tornar o sujeito diferente, extraordinário, e frequentemente usadas para celebrar ou marcar um evento cultural

Figura 12.1 – Kenowun, mulher Nunivak usando um adorno no nariz e um labret com contas em seu lábio inferior. Cortesia da Biblioteca do Congresso.

ou cerimonial específico. Já as permanentes, tais como tatuagens, escarificações ou mutilações genitais, são quase sempre utilizadas para assinalar no corpo um *status* definitivo, como a maturidade, a idade núbil ou posição de classe ou casta.

O termo "tatuagem" se refere à inserção de pigmento na pele por intermédio de agulhas, ossos, lâminas ou outros implementos, no intuito de criar um desenho decorativo, prática essa que tem sido encontrada em todos os continentes, bem como entre a maioria das populações insulares. As evidências mais antigas da tatuagem provêm do Período Neolítico, com múmias e outros artefatos tatuados datando de 6000 a.C. na Europa e 4000 a.C. no Egito. Provavelmente disseminada a partir do Oriente Médio, chegou às ilhas do Pacífico e, mais tarde, às Américas, via Índia, China e Japão. Por volta do ano 1000 a.C. era encontrada virtualmente em toda parte. Nas culturas que as praticavam, estavam profundamente ligadas às instituições sociais, sendo decorativas, mas também funcionando como declarações, para o mundo como um todo, de posição social, classe, devoção ou afiliação religiosa, *status* marital ou outros marcos sociais. Não raro feitas durante ritos de passagem, as tatuagens eram, e são, elementos fundamentais para as sociedades que as usam: em Samoa, por exemplo, era comum que os homens tivessem uma *pe'a*, tatuagem no torso que se estendia da barriga até as nádegas, cobrindo a genitália e ambas as coxas. Recebê-la costumava ser um evento momentoso na vida de um samoano, que demarcava a importante transição da infância para a vida adulta, e significava também sua intenção de servir à família e à comunidade. Sem a *pe'a*, era impossível ser um homem de verdade, e tê-la incompleta era motivo de vergonha.

Como a tatuagem, a escarificação, prática de cortar ou perfurar a pele para criar cicatrizes em padrões decorativos, também tem sido um meio recorrente em diversas culturas (principalmente na África) para demarcar *status* sociais nos corpos. Geralmente realizada como parte de um rito de passagem, via de regra permite ao seu usuário passar da infância à vida adulta.

Como ambas as práticas são dolorosas, usá-las é um sinal de força e coragem, especialmente nos homens. Por fim, tatuagens e escarificações são amiúde vistas como uma forma de embelezamento, sem o que os indivíduos seriam considerados menos atraentes. As primeiras, no entanto, tendem a ser mais praticadas por indivíduos de tez mais clara, onde ficam mais visíveis, enquanto as segundas nas pessoas de pele mais escura.

Em diversas culturas africanas, as pessoas mais comumente escarificadas são as mulheres, cujos padrões são mais elaborados que os masculinos. Em geral, as escarificações femininas são um sinal de que sua usuária pode aguentar as dores do parto, tornando-a uma boa candidata ao casamento. Já os homens africanos ostentam escarificações recebidas durante os rituais de iniciação, ou então após terem morto um inimigo, um indicativo de bravura. Entre os Barabaig da Tanzânia, os cortes nas cabeças dos meninos são tão profundos que às vezes é possível ver o crânio. Por serem consideradas atraentes, é comum que as escarificações sejam feitas de modo a salientar os contornos da face ou do corpo: os Tiv da Nigéria fazem cortes compridos e lineares ao longo das bochechas, para destacá-las.

Outra prática bastante comum encontrada no mundo inteiro são as perfurações: nariz, lábios, orelhas ou outras partes são furadas para que algum tipo de adorno seja inserido. Embora comumente encontradas no Ocidente como forma de ornamento corporal, sociedades tradicionais as realizavam com fins sociais, mágicos e até mesmo terapêuticos. Inúmeras populações indígenas das Américas do Norte e do Sul, por exemplo, além dos Inuit, perfuravam seus lábios inferiores e inseriam objetos conhecidos como **labretes** (termo genérico para ornamentos variados, como alargadores, batoques etc.) feitos de pedra, madeira ou marfim, e que poderiam ser inseridos na pele como parte de um rito de passagem, para garotas que acabaram de ter sua primeira menstruação. Moças e mulheres de alta condição social dos Tlingit (população do sudeste do Alasca) usavam-nos como decoração, para demarcar sua posição na sociedade e para protegê-las do mal. Entre os Caiapó da América do Sul, homens velhos usavam grandes discos labiais (os batoques), significando sua dominância social e suas qualidades como oradores. Os labretes também eram amplamente usados na Mesoamérica pré-colombiana: entre astecas e maias, apenas os nobres podiam ostentá-los, elaboradamente talhados em ouro puro na forma de serpentes, onças e outros animais.

Uma das formas de modificação corporal mais incomum é a **deformação craniana artificial**, que se refere à remodelação deliberada dos crânios humanos no intuito de torná-los mais planos ou, às vezes, cônicos. Usualmente praticada em bebês, cuja ossatura craniana ainda não está inteiramente fundida entre si, tem sido praticada por diversos grupos culturais que associam a forma incomum das cabeças à beleza ou ao *status*. Para os Incas do Peru e os Maias da América Central, por exemplo, ter uma cabeça artificialmente moldada era um indicativo de nobreza. Os Maias usavam panos para enfaixar as cabeças dos bebês a tábuas, um processo que podia durar anos até que a forma desejada fosse conseguida.

Modificações corporais em sociedades estatais

Em sociedades tradicionais, como bandos coletores e tribos pastoras ou horticultoras, a marcação do corpo era um sinal de inclusão social, mas com o desenvolvimento da agricultura e dos estados, a centralização governamental e os sistemas de desigualdade, práticas como tatuagem, escarificação ou marcação a ferro tornaram-se símbolos de exclusão e estigmatização. A primeira vez que encontramos o Estado e as elites demarcando o poder nos corpos foi nas primeiras sociedades estatais. No Ocidente, por exemplo, a origem da **marcação a ferro** em humanos está ligada à posse de escravizados, como discutiremos no capítulo 14. Também a tatuagem, nessas sociedades estatais, era usada para marcar escravizados e criminosos, algo presente em lugares tão distintos quanto Pérsia, Roma e diversas outras sociedades europeias. O uso das tatuagens ou marcações para punir criminosos, apontar o *status* de escravizado, ou demarcar a posse de animais são exemplos do poder estatal sendo inscrito diretamente sobre os corpos, uma forma de controle sobre corpos indisciplinados ou criminais. Concomitantemente, as elites ostentavam adornos e modificações bem diferentes – penteados elaborados, joias feitas de pedras preciosas, vestes magníficas e, bem mais tarde, cirurgias cosméticas – para deixar claro seu *status*. As marcas diferenciais dos criminosos e das classes inferiores ainda eram encontradas em muitas sociedades no século XX e, claro, o uso de ornamentos elitistas especializados e distintivos também sobrevive.

Modificações corporais contemporâneas

Na moderna sociedade ocidental, temos visto novos usos para os antigos métodos de modificação corporal: tatuagens, perfurações, alargações, marcações, escarificações e mutilações genitais são feitos para permitir aos indivíduos romper os limites da ordem social padrão e demarcar sua integração em subculturas alternativas, como *bikers*, *punks*, ex-detentos, membros de gangues ou praticantes de sexualidades alternativas.

A marcação a ferro quente, por exemplo, é comumente empregada em grupos como fraternidades universitárias, gangues de rua e prisioneiros, servindo como teste de perseverança, bem como rito de iniciação para novos membros, demonstração de lealdade e solidariedade ao grupo e recordação vitalícia do significado de pertencer àquela irmandade. No contexto das fraternidades universitárias norte-americanas, a marca é geralmente a letra grega que simboliza a organização – diz-se que George W. Bush, quando presidente do capítulo da Delta Kappa Epsilon em Yale, pode ter introduzido um ritual de iniciação para os candidatos que envolvia queimar um D nas nádegas dos jovens usando um cabide de roupas incandescente. Atualmente, a prática é grandemente disseminada em fraternidades afro-americanas, embora nenhuma delas a assuma. É também muito comum na comunidade BDSM: em relações de submissão e dominação extremas, um escravo consensual pode desejar ou aceitar ser marcado como símbolo de pertencimento e compromisso com o seu senhor.

As perfurações corporais também estão se tornando cada vez mais populares no mundo ocidental. Ainda que, antigamente, fosse comum que as mulheres furassem os lóbulos das orelhas, hoje a prática se estendeu aos homens, e as perfurações são não apenas nas orelhas (tanto nos lóbulos quanto na cartilagem superior), mas também no nariz, mamilos, genitais, dentre outras áreas da face e do corpo. Perfurações desse tipo podem ser meramente decorativas (como brincos ou *piercings* altamente elaborados e pendurados em orelhas, narizes ou bocas perfuradas), mas também ter funções sexuais – caso específico dos *piercings* nos genitais, mamilos e língua, comumente usados por membros da comunidade BDSM.

Forma mais comum de modificação corporal contemporânea, a tatuagem, no âmbito ocidental, esteve originalmente associada a marinheiros, feirantes, *bikers*, membros de gangues e prisioneiros. Desde os anos 1970, contudo, moveu-se da classe trabalhadora para a classe média, sendo executada tanto por tatuadores de rua quanto por artistas da tatuagem altamente qualificados, que fazem artes exclusivas, cobram centenas de dólares pela hora e oferecem à sua clientela estilos inspirados em diversas culturas (japonesa, indonésia, polinésia, indígena), bem como outras criadas nos Estados Unidos, tais como Old School, New School e Biomechanical (que combina padrões orgânicos e mecânicos na tatuagem). Hoje em dia, estão se tornando cada vez mais culturalmente aceitáveis, em parte porque os

Figura 12.2 – Tatuagem peitoral do Día de los muertos, feita por Jeff Hayes do Rival Tattoo Studios. Cortesia de Nick Sanchez.

estilos e a arte progrediram visivelmente, mas também porque os sentidos a elas associados se modificaram. De símbolo da classe trabalhadora ("fiz porque tava bêbado", "fiz porque meus parceiros fizeram") a ícones profundamente significativos, repletos de narrativas subjacentes cuidadosamente pensadas, as tatuagens são hoje consideradas pelos seus portadores de classe média como marcas visíveis de sua identidade interna.

Tatuagem, gênero e sexualidade

Já observamos que, quando homens e mulheres recebem modificações corporais, a razão para realizá-las é, com alguma frequência, diferente. Neles, tatuagens e escarificações geralmente demonstram suas realizações, enquanto é usual que as mulheres busquem parecer mais belas e aptas ao matrimônio. O gênero também influencia bastante a tatuagem, pois em diversas culturas homens e mulheres recebem diferentes padrões em diferentes partes do corpo. Outrossim, a sexualidade está ligada às tatuagens: quando os ocidentais começaram a descobrir a prática, durante as explorações marítimas, vincularam-na ao sexo e às noções europeias de raça, sensualidade e exotismo.

Homens e mulheres são frequentemente distinguidos pelas tatuagens que ostentam: em algumas culturas somente eles usam tatuagens, noutras apenas elas, e outras tantas reservam certos tipos de tatuagem, ou lugares específicos onde serão aplicadas, para cada um dos sexos. Entre os Maori da Nova Zelândia, por exemplo, os homens costumavam usar o *moko*, uma tatuagem que cobria a face inteira e cujo padrão era exclusivo de cada usuário. Já as mulheres maori não cobriam o rosto inteiro, mas sim a pequena área entre o lábio inferior e o queixo.

Eventualmente, algumas culturas vão adiante e usam as tatuagens para destacar a sexualidade do seu portador. No Arquipélago das Carolinas (oeste do Oceano Pacífico), eram usadas para embelezar as mulheres e deixar seus corpos mais atraentes – nas ilhas mais ocidentais, como Yap e Mogmog, algumas mulheres, em especial (mas não exclusivamente) aquelas que serviam como prostitutas na Casa dos Homens, tatuavam suas vulvas. Outras usavam tatuagens pubianas para os seus maridos, demarcando os partos. Uma mulher na Ilha de Pohnpei não teria esperanças de se casar, ou mesmo de atrair a atenção masculina, sem que suas tatuagens abdominais e pubianas estivessem completas. Já em Fiji os noivos pagavam pelas tatuagens aplicadas às vulvas, pois somente eles desfrutariam dos desenhos ocultados pelas saias.

Entre os homens das tribos montanhesas do Laos (Sudeste Asiático), eram comuns as "tatuagens-calça": os Shan, por exemplo, eram tatuados durante a puberdade, um padrão que começava na cintura, seguia pelo baixo torso, na frente e atrás, cobria os genitais e descia pelas pernas até os joelhos. Eram compostas por uma série de padrões geométricos (retângulos, círculos, triângulos e quadrados) rodeados de plantas e animais. As "tatuagens-calça" marcavam o fato de o jovem que a ostentava ter chegado à vida adulta – apto, portanto, para o matrimônio – e eram, em verdade, também um sinal de virilidade – dizia-se que mulher alguma se casaria com um homem que não a tivesse.

Ainda que os exemplos citados demonstrem como a tatuagem foi, eventualmente, utilizada para demarcar ou salientar a sexualidade, o vínculo entre ambos os aspectos só veio realmente a ser estabelecido durante a época das explorações marítimas, quando navegadores ocidentais conheceram, pela primeira vez, não ocidentais tatuados.

Muito embora a tatuagem tenha sido praticada, intermitentemente, na Europa durante séculos, foi somente durante as viagens do Capitão James Cook e demais exploradores marítimos do século XVIII que ela adentrou seguramente na cultura europeia e, posteriormente, na norte-americana. Na primeira viagem de Cook à Polinésia, em 1769, sua tripulação registrou a prática no Taiti (o termo "*tatau*" vem do idioma taitiano, e foi incorporado a diversas línguas após esse evento), e na segunda (1772) trouxeram à Inglaterra um taitiano tatuado chamado Omai, dando início à exibição de nativos tatuados por toda a Europa e Estados Unidos, e à posterior ascensão dos *dime museums* (coleções de curiosidades voltadas para classes trabalhadoras dos Estados Unidos) e dos espetáculos grotescos (*freak shows*) que estabeleceram, nas mentes ocidentais, a ligação definitiva entre tatuagem, exotismo e sexualidade.

Após ocidentais começarem a ser tatuados e trabalhar nesses espetáculos, os promotores que os anunciavam ao grande público passaram a contar histórias elaboradas de como aqueles homens haviam sido capturados por terríveis nativos tatuados e forçados a receber tatuagens. Na década de 1880, foi a vez de as mulheres tatuadas chegarem à cena, e com elas a sexualidade assumiu papel central. Era preciso que exibissem seus corpos (inicialmente as panturrilhas, depois as coxas) para mostrar as tatuagens, e durante a Era Vitoriana, ver as coxas de uma mulher era considerado algo picante. Outra parte de seu apelo advinha do contraste entre a noção de que as mulheres eram dóceis e castas com as histórias dos "sequestros" que supostamente haviam sofrido. Uma vez mais, a mera sugestão da sexualidade feminina foi suficiente para tornar as moças tatuadas um sucesso.

Irene "La Belle" Woodward, cuja carreira teve início em 1882, dizia que conseguira suas tatuagens para proteger-se dos avanços sexuais de "peles vermelhas" hostis no Texas. Outra atração, Olive Oatmann, fora *verdadeiramente* tatuada por indígenas: capturada ainda criança por Yavapis, que posteriormente a venderam para os Mojave, foi encontrada em 1856 com o queixo tatuado e teve sua história impregnada de conotações sexuais – dizia-se que ela havia sido estuprada por seus captores.

Como no Ocidente as tatuagens, desde há muito, foram associadas a criminosos e pervertidos, durante um bom tempo significaram uma marca visível de subalternidade em todos que as usassem, e quando as mulheres passaram a ostentá-las, o estigma não desapareceu, mas tornou-se sexualizado. Samuel Steward, tatuador e historiador da tatuagem, observou que na década de 1950, quando exercia o ofício de tatuador, as únicas mulheres que recebia em sua loja eram lésbicas e umas "feiosas de cabelo comprido e sem vida, com a paisagem das faces arruinada, meias caídas e saltos velhos" (1990, p. 128). Para proteger a propriedade das mulheres que vinham até ele, Steward implementou a política de se recusar a tatuar uma mulher (heterossexual) a não ser que ela chegasse acompanhada do marido, uma regra adotada por outros tatuadores que visava impedir que mulheres de classe média transgredissem os limites classistas e sexuais daquele tempo: tornar-se vagabundas. As lésbicas, como já haviam transgredido aqueles limites, estavam liberadas, e estiveram, de fato, entre as primeiras mulheres tatuadas dos Estados Unidos.

A ideia de que a mulher tatuada era promíscua ganhou força durante o período que vai dos anos 1940 aos 1960 e combinou com a noção mais ampla, usual nos estudos científicos daquela época, de que a presença de tatuagens era indicativa de desvios psicossociais.

Outra ideia popular em meados do século passado dizia que a tatuagem era não somente associada à sexualidade, mas mais especificamente à homossexualidade. Diversos psicólogos interpretavam as inúmeras imagens sexuais comuns nas tatuagens (especialmente mulheres nuas) como indicativos dos impulsos homossexuais de seu portador. Esses mesmos pesquisadores entendiam o procedimento em si (com as agulhas furando a pele) como abertamente sexual, quando não sadomasoquista, e a maioria dos tatuadores como homossexuais latentes. Por exemplo, Albert Parry, que escreveu o livro *Tattoo secrets of a strange art as practiced by the natives of the United States*, de 1933, entrevistou o tatuador Bert Grimm, que afirmou: "todas essas questões pareciam ligadas ao sexo [...] ele me disse que teria de admitir que todos os tatuadores eram bichas" (*apud* Morse, 1977, p. 34).

Nas modernas sociedades ocidentais, tatuagens são usadas como símbolo de filiação a determinados grupos, como soldados, marinheiros, membros de gangues ou fraternidades, mas são igualmente um importante meio pelo qual as pessoas comunicam ao mundo suas preferências pessoais, desejos e identidades. Desde a década de 1960, quando a prática iniciou um lento movimento das margens da sociedade norte-americana até a classe média, as mulheres as têm usado como forma de reivindicar os próprios corpos, e tanto elas quanto os homens as utilizam como forma de salientar sua sexualidade.

A comunidade *gay*, em especial, faz uso das tatuagens há muito tempo, junto com *piercings* e outras práticas de modificação corporal, tanto como marco visível de sua orientação sexual quanto como forma de libertação. Bandeiras do arco-íris, triângulos cor-de-rosa e o sinal de igual (indicando o casamento igualitário) são desenhos bem comuns entre essas pessoas.

As tatuagens são também parte visível da cultura BDSM, que em tempos recentes tem sido associada à cena *leather gay*, surgida após a Segunda Guerra Mundial. Muitos desses pioneiros sexuais, primeiros ocidentais a verdadeiramente experimentar em seus corpos perfurações, marcações e *piercings* genitais, já eram tatuados muito antes que a sociedade em geral considerasse o procedimento. A tatuagem, junto com outras práticas como escarificações e perfurações, foram usadas por anos no âmbito da comunidade BDSM, funcionando como rito de passagem e meio para alcançar autoconhecimento e autoaceitação.

Tatuagens e marcas de propriedade são frequentemente usadas por parceiros dominantes para demarcar a posse sobre seus dominados, eventualmente servem para humilhá-los e podem ser feitas em uma parte recôndita do corpo. É igualmente possível tatuar símbolos da comunidade no corpo, como o pato BDSM – um patinho de borracha amarelo que usa capuz, mordaça *ball gag* e arreios (*harness*) – um símbolo da pessoa (o dominador) que tem a chave do coração de alguém. As práticas da comunidade BDSM influenciaram muito na ascensão, no Ocidente, do movimento primitivo moderno, que veremos logo adiante e se apropria do uso da dor. Muitos dos seus seguidores usam *piercings* ou tatuagens genitais, empréstimos tanto do movimento BDSM quanto dos *gays kinky* (que vivenciam a sexualidade transgredindo os padrões sociais).

Questões interessantes: Jean Carroll

Jean Carroll, nascida Jean Furella por volta de 1910, trabalhava no circuito de feiras itinerantes e circos, primeiro como mulher barbada e depois como tatuada. Ela nasceu com uma condição conhecida como hirsutismo, que provoca o crescimento dos pelos, e aos 14 anos, trabalhando no Circo Hagenbeck-Wallace, apaixonou-se por John Carson, contorcionista e anunciante (barker) dos espetáculos. Ele disse que a amava, mas que não poderia beijá-la enquanto estivesse barbada. Dezoito anos depois, um colega de espetáculo chamado Alec Linton, um engolidor de espadas, a encorajou a raspar a barba para que ela e Carson pudessem, finalmente, tornar-se um casal. Ela seguiu o conselho e se barbeou, mas para conservar sua carreira no ramo dos espetáculos, encomendou sua primeira tatuagem ao tatuador Charlie Wagner, indo assim de uma aberração "natural" a uma aberração "produzida". Carroll deu seguimento à carreira, tornando-se a "Rainha Tatuada", e finalmente pôde se casar com seu amado Carson.

Modificações corporais primitivo-modernas e não convencionais

Como observamos, segundo o teórico Michel Foucault, nas sociedades estatais o poder se inscreve nos corpos por meio de formas de supervisão e disciplina social e da autorregulação. Mas os corpos podem ser, ao mesmo tempo, espaços de resistência por conterem sempre a possibilidade da contrainscrição, da automarcação. Assim sendo, o uso de modificações corporais de maneiras não apenas socialmente não sancionadas, mas francamente antissociais, pode ser visto como um modo pelo qual os corpos marginalizados ou descontentes são capazes de demarcar a si mesmos conforme a autoimagem dos seus usuários.

No século XX, vimos o surgimento de um movimento que não apenas faz de uso de modificações corporais transgressoras e frequentemente extremas, como se baseia nelas para seu crescimento estético, espiritual, sexual e pessoal.

Conhecidos como **primitivos modernos** ou **primitivos urbanos**, tomam de empréstimo técnicas de modificação corporal e crenças religiosas e culturais de sociedades não ocidentais no intuito de resistir e desafiar as práticas sociais contemporâneas. Para eles, conhecimentos encontrados em culturas tradicionais, ou "primitivas", são, de alguma forma, mais essenciais e autênticos que os modernos, de modo que usar uma tatuagem tribal ou um *piercing* peniano pode levá-los a encontrar suas verdadeiras naturezas e alcançar uma consciência mais elevada.

Esses membros do movimento de modificação corporal, que realizam modificações extremas e transgressoras, veem a si mesmos como no controle de seus próprios corpos e expressando suas identidades por meio dessas práticas. Para eles, tais modificações seriam o meio pelo qual estariam ativamente se transformando, ainda que a sociedade convencional os veja sob uma luz bem diferente, como desfigurados ou mutilados. Tatuagens extensas ou muito visíveis (na face, mãos ou cabeça); *piercings* múltiplos, genitais e/ou faciais; marcações; cicatrizes intencionais e especialmente o uso de implantes; modificações genitais ou amputações voluntárias: todas são modificações corporais extremas, entendidas por alguns como sintomas de transtornos dismórficos corporais, rejeitadas e, não raro, criminalizadas ou pesadamente reguladas.

Os primitivos modernos se originaram das práticas e ideologias das cenas *leather* radical e BDSM, movendo-se mais tarde para a comunidade de modificação corporal heterossexual e convencional por intermédio da publicação do livro *RE/search modern primitives* (1989) de Fakir Musafar, um ex-executivo de publicidade da Dakota do Sul (que encontrou esse nome numa antiga revista do *Believe It or Not!*), a quem se atribui a criação do termo original "primitivos modernos", em 1967. Musafar se descrevia como "uma pessoa não tribal que responde às necessidades primais e que faz qualquer coisa com o corpo".

Os primitivos modernos, seja no sentido original BDSM, ou em sua acepção atual mais ampla, trazem implícita uma crítica à sociedade ocidental contemporânea, percebida como alienante, repressora e tecnocrática, carente de rituais, mitos e símbolos. Ao rejeitá-la, tomando parte nos rituais de tatuagem, perfuração ou escarificação, eles se sentem alinhados a sociedades e visões de mundo mais puras, autênticas e espiritualmente avançadas que as nossas. As diversas formas de modificação corporal, como os *piercings*, são encaradas como emblemáticas da vida primitiva, usadas em ritos de passagem e demarcação de *status*, e como muitas delas são permanentes, são vistas como mais significativas que a acumulação de posses materiais da "vida civilizada".

Para muitos, tatuagens, *piercings* e marcações se tornaram busca por uma visão ou identidade, iniciação ritual, cerimônia de autonomeação, ato de magia, cura espiritual, conexão com Deus ou deusa, a Grande Mãe ou o homem selvagem. Para os primitivos modernos, que veem em suas marcas corporais conexões com culturas antigas ou primitivas, a *realidade* dessas culturas não importa; antes, é a visão idealizada que fazem delas – próximas à natureza, em harmonia com o mundo espiritual, igualitárias, não repressivas – que fornece a imagem adequada.

Conquanto tatuagens e *piercings* corporais tomem emprestados práticas e linguagens do primitivismo, estão inseridos no âmbito de um contexto social contemporâneo, em que *status* e posição social são conquistados por meio de feitos econômicos e educacionais. Marcas corporais em sociedades primitivas eram signos de pertencimento social em grupos socialmente coesos, nos quais as mudanças do ciclo vital eram necessariamente demarcadas com tatuagens ou escarificações. Hoje em dia, tratam-se de objetos comerciais adquiridos em um mercado capitalista, assessórios pessoais e opcionais do eu.

Ainda que as práticas usadas pelo movimento dos primitivos modernos geralmente sirvam para incluir povos tradicionais no *bojo* da ordem social, quando usadas no Ocidente contemporâneo servem, contudo, para diferenciar seus usuários da sociedade, e como apontou o sociólogo Mike Featherstone (1991), somente são possíveis no âmbito daquele mesmo sistema capitalista contemporâneo que estes contestam. Sem o consumismo capitalista, os primitivos modernos não teriam como usar tatuagens, *piercings*, implantes e outras tecnologias que transformam e criam suas identidades renovadas. Ainda mais irônico, talvez, é o fato de que muitas dessas formas tradicionais de modificação corporal já desapareceram das sociedades nas quais eram praticadas, geralmente por força do imperialismo ocidental, e só existem hoje, nessa forma canibalizada, entre os primitivos modernos.

Questões interessantes: o caso Spanner

O caso Spanner se refere a um processo judicial britânico no qual dezesseis homens gays *foram julgados por participar de práticas consensuais BDSM. Ele teve início em 1987, quando a polícia de Manchester, Inglaterra, teve acesso ao que julgava ser um filme* snuff *(ou seja, que mostra assassinatos verdadeiros) no qual diversos homens eram torturados e supostamente mortos. O vídeo havia sido gravado por alguns dos participantes de uma festa de* body play, *na qual engajaram-se em atividades BDSM intensas, tais como espancamento das nádegas e genitálias, pingar cera quente nos órgãos genitais, submissão e manipulações genitais, alargamento escrotal, marcação nos genitais e mamilos,* piercings, *dentre outras. Como os participantes eram facilmente identificáveis no vídeo, a investigação policial prendeu e indiciou a todos por agressão corporal, mesmo que as práticas BDSM não fossem, como ainda não o são, ilegais na Grã-Bretanha e tivessem ocorrido entre adultos anuentes. Em 1990, eles se declararam culpados por uma série de crimes, dentre os quais agressão, lesão corporal, envio de material obsceno pelo correio e uso não autorizado de anestésicos; alguns receberam multas e outros mandados para a prisão, com sentenças que chegaram a quatro anos e meio de detenção (muitas das quais posteriormente reduzidas). Alguns deles apelaram à Corte Britânica de Apelações, que manteve as condenações. A causa chegou até a Casa dos Lordes em 1993, que confirmou as penas. Por fim, em 1997, a apelação seguiu para a Corte Europeia de Direitos Humanos em Estrasburgo, França, que, como todas as instâncias prévias, manteve a sentença. Após a conclusão do caso Spanner, a Comissão Legal britânica abriu uma consulta chamada Consentimento no Direito Penal, questionando se a agressão física poderia ocorrer entre partes anuentes. Defensores do BDSM e apoiadores da liberdade sexual e da liberdade para praticar modificações corporais radicais esperavam que a consulta pudesse ser usada em favor dos réus de processos futuros, semelhantes aos dezesseis homens que passaram a ser conhecidos como* Spannermen. *Outra resultante desse julgamento foi a formação da organização britânica Spanner Trust, voltada à defesa de* gays *e héteros praticantes de BDSM.*

Corpos subversivos

Seja entre os membros dos primitivos modernos, *gays kinky* ou praticantes de BDSM, seja entre aqueles que simplesmente apreciam modificações extremas, é possível chamar de subversivos aos corpos que resultam dessas

Figura 12.3 – Larkin Cypher, artista. O inchaço em sua testa e a forma do seu crânio são deformidades naturais, enquanto os chifres são próteses removíveis que ele mesmo fez com cerâmica plástica. Ele tem tatuagens na cabeça e numa pálpebra, e usa chifres azuis em suas orelhas alargadas. Cortesia de Larkin Cypher.

práticas. Corpos subversivos são aqueles que adotaram práticas vistas como extremas pela sociedade como um todo – tatuagens pesadas e faciais, múltiplos *piercings* faciais ou genitais, uso intenso de implantes, alargadores, marcação ou amputação.

Os *punks*, por exemplo, há muito adotaram tais práticas, e seus corpos são um bom exemplo das maneiras pelas quais as pessoas podem, atualmente, inscrever-se com marcas representativas de sua insatisfação contra a sociedade e a cultura vigentes. Sendo uma subcultura de oposição, eles historicamente têm usado formas de moda e adornos corporais oriundas das margens da cultura majoritária, que representam a ideologia da liberdade, não conformidade antiautoritarismo e rebelião, daí a utilização intensa de roupas rasgadas e desfiguradas, penteados desarrumados ou tresloucados, maquiagem feia e gritante, múltiplas tatuagens e *piercings*, jaquetas e calças *jeans* elaboradamente decoradas. Esses elementos estilísticos, quando vistos como um todo, criam um estilo coerente destinado a chocar a sociedade. Os *piercings*, por exemplo, já eram associados aos *punks* muito antes de chegarem à cultura ocidental dominante, e como outros elementos dessa estética eram (e muitas vezes ainda são) feitos pelos próprios usuários, que se furavam com agulhas, alfinetes, grampos e outros implementos pontiagudos e também se cortavam com lâminas ou facas. Os *piercings* dos *punks* tendem a ser mais agressivos do que os encontrados em outras cenas, e seus adornos incluem facas, longas correntes e ossos, além de alargadores e diversos *piercings* faciais. Mulheres *punk*, em especial, usam seus corpos como forma de rebelião, desafiando padrões convencionais de beleza feminina através do emprego de maquiagem, penteados, vestimentas e modificações corporais.

Como muitas das práticas encontradas atualmente na comunidade de modificação corporal são bastante extremas, ao menos pelos padrões gerais, tem havido grande debate entre autoridades e profissionais da saúde mental, que sugerem que pessoas que se prestam a realizá-las estão mutilando seus corpos. *Piercings* extremos, tatuagens excessivas, amputações, marcações, dentre outras práticas, são eventualmente entendidos como sinais de transtornos mentais, pois resultam em corpos que estão tão fora das normas convencionais, dos padrões estéticos e que passam a ser considerados feios. Essa perspectiva, contudo, pressupõe a existência de um padrão segundo o qual todos os corpos deveriam ser julgados, e que qualquer desvio é, por definição, um indício de problemas mentais.

O modo como o Ocidente interpreta essas práticas corporais difere radicalmente das sociedades tradicionais – mesmo quando são idênticas. Uma maneira pela qual a diferença entre interpretações pode ser compreendida é por meio do contraste entre a natureza coletivista dessas sociedades tradicionais e o individualismo ocidental. Naquilo que as primeiras demarcam nos corpos o *status* social, os segundos, especialmente os adeptos de práticas corporais extremas, marcam suas próprias individualidades, suas próprias identidades, em si mesmos. Embora os ocidentais geralmente privilegiem o individual sobre o coletivo, quando o eu individual é visto como excessivamente contrário às normas sociais, os resultados são o desprezo e a estigmatização. Corpos assim ameaçam a ordem social, que demanda conformidade. Por exemplo, quando os *gays* tatuam e perfuram seus corpos e expõem abertamente sua sexualidade, desafiando assim a heteronormatividade da sociedade dominante.

Mas como observa a socióloga e pesquisadora de estudos femininos Victoria Pitts (2003), algumas práticas de modificação corporal, como os *piercings* faciais, estão sendo normalizadas, algo que pode ser bom ou ruim para a comunidade de modificação corporal. No primeiro caso, seus usuários estão sendo menos estigmatizados, mas, por outro lado, indica que os pioneiros em sua utilização precisam continuar desafiando as fronteiras entre o aceitável e o inaceitável. Corpos subversivos não desejam necessariamente ser domesticados, e o desenvolvimento de formas ainda mais extremas de modificação corporal pode levar a práticas mais arriscadas.

Claramente, aquilo que é normativo para uma pessoa (digamos, um golfinho tatuado no calcanhar) é não normativo, ou mesmo subversivo, para outra. As mudanças corporais, e as variedades dessas mudanças, que descrevemos neste capítulo demonstram quão importante é o contexto sociocultural para a compreensão dessas práticas rapidamente mutantes.

> **Termos fundamentais**
> deformação craniana artificial
> escarificações
> labretes
> marcação a ferro
> perfurações
> *piercings*
> pintura corporal
> primitivos modernos (primitivos urbanos)
> tatuagens

Leituras complementares

Atkinson, M. (2003). *Tattooed: The sociogenesis of a body art.* University of Toronto Press.

Camphausen, R. C. (1997). *Return of the tribal: A celebration of body adornment: piercing, tattooing, scarification, body painting.* Park Street.

DeMello, M. (2000). *Bodies of inscription: A cultural history of the modern tattoo community.* Duke University Press.

Pitts, V. (2003). *In the flesh: The cultural politics of body modification.* Palgrave Macmillan.

Rubin, A. (org.) (1988). *Marks of civilization.* Museum of Cultural History, UCLA.

Sanders, C. (1989). *Customizing the body: The art and culture of tattooing.* Temple University Press.

13
CORPOS RELIGIOSOS

Em 2011, Tim Tebow, então *quarterback* do time de futebol americano Denver Broncos, tornou-se uma sensação midiática, atingindo um grau de celebridade dentro e fora dos campos não experimentado por outros atletas profissionais. Ele é jovem, bonito e talentoso, mas não foram essas qualidades que o alçaram à fama, e sim seu costume de ajoelhar-se e orar no campo durante e depois dos jogos que o tornou uma figura pública magnética – e controversa. Suas preces públicas, que passaram a ser conhecidas como "***tebowing***", tornaram-se alvo tanto de elogios quanto de chacota e são a manifestação mais visível e notória da fé evangélica do jogador: crentes o amam pela maneira como incorpora, tão abertamente, seu fervor religioso, enquanto os ateus o detestam por considerá-lo presunçoso (bem como por sua oposição declarada ao aborto). Se os corpos se tornam religiosos, ao menos em parte, por meio de rituais religiosos, então o corpo de Tebow, visto semanalmente por milhões de norte-americanos durante a temporada de competições, não só corporifica a religião como a personifica para aqueles milhões de espectadores.

O corpo de Tim Tebow (bonito, branco, tonificado, atlético) não é só um corpo que exemplifica o cristianismo durante o *tebowing*; ele também ilustra o modo como atletas e, em menor medida, músicos e atores voltam-se para suas crenças para explicar a origem dos seus talentos. Cada uma de suas vitórias era vista por muitos como uma vitória de Deus – enquanto uma derrota representava uma conquista para os seculares. Como muitos esportistas, Tebow se considera abençoado por Deus, razão pela qual ele o agradecia pelo seu desempenho (algo igualmente visto em inúmeras partidas dos torneios escolares de futebol americano, quando os jogadores se juntam em um abraço grupal e oram juntos para que Deus lhes conceda a vitória).

Tebow não apenas atribuía a Deus o seu desempenho. É possível dizer, segundo sua religião, que ele foi criado à sua imagem, dado que na tradição judaico cristã Ele é, afinal de contas, um homem (e branco). Sempre que alguém sugere publicamente que Deus possa ser uma mulher, ou Jesus um negro (ainda que as representações artísticas de Jesus desde há muito o tenham apresentado como norte-europeu em termos de cor da pele e traços faciais, dada sua ascendência médio-oriental Ele deve ter sido moreno), tais fatos provocam celeuma. A aparência de Deus é muito mais do que uma questão acadêmica: ela é central a como vemos e percebemos a nós mesmos enquanto membros de uma determinada fé. Segundo a tradição judaico-cristã, por exemplo, como o homem foi feito à imagem divina, macular essa imagem (como no caso do judaísmo tatuando o corpo) significa macular a imagem de Deus.

Este capítulo abordará como as religiões regulam e definem o corpo e as práticas corporais. Veremos como o corpo tem sido moldado pela religião, seja por meio de práticas como o uso do véu e a circuncisão, ou de outras mais extremas, como a autoflagelação, o jejum e a tortura.

O véu

A religião diz muito sobre a maneira como vivemos nossas vidas e o que fazemos com nossos corpos, e parte significativa dessa instrução é genderizada. As tradições ocidentais dos livros sagrados – judaísmo, cristianismo e o Islã – falam bastante sobre como homens e mulheres devem interagir e como devem ser suas aparências. Sikhs de ambos os sexos não podem cortar os cabelos, pois mantê-los intactos é um sinal de respeito à perfeição da criação divina. Exige-se de alguns muçulmanos que mantenham suas barbas. Meninos judeus são circuncidados oito dias após o nascimento como um sinal visível de sua incorporação à comunidade judaica e como marca da aliança entre Deus e os seguidores de Abraão. Essas práticas corporais religiosamente inscritas deixam marcas visíveis no corpo da fé e dos seus praticantes.

Talvez a maneira mais comum, e eventualmente controversa, por meio da qual a religião define práticas corporais é cobrindo a cabeça. Inúmeras crenças exigem, ou encorajam, as mulheres a fazê-lo, incluindo grupos cristãos como os menonitas e os amish, algumas seitas cristãs e ortodoxas orientais, freiras de diversas tradições, incluindo o budismo e o taoismo, o judaísmo ortodoxo, o Islã e o sikhismo.

Figura 13.1 – Samina Sundas, ativista dos direitos civis e fundadora executiva da organização The American Muslim Voice. © Emily Fitzgerald.

No Oriente Médio, onde se desenvolveram o judaísmo, o cristianismo e o Islã, a privacidade é um conceito altamente valorizado pelas mulheres, e ver a face de uma delas é usualmente entendido como sinal de intimidade reservado apenas para a família. Na tradição judaica, os homens devem cobrir suas cabeças durante as orações como sinal de respeito a Deus, mas entre os judeus ortodoxos as mulheres devem ter as cabeças cobertas o tempo todo. Também no cristianismo há distinções entre os sexos: em 1Cor 11,4-7, por exemplo, lê-se que os homens devem *descobrir* suas cabeças durante as orações, pois foram feitos à imagem de Deus, enquanto as mulheres precisam *cobri-las*, pois apenas refletem a glória masculina. Tanto no judaísmo quanto no cristianismo, ocultar o rosto protege a privacidade e é, também, sinal de humildade. Na Bíblia, quando os homens "escondem suas faces" perante Deus (Ex 3,6; Is 6,2, ou 1Rs 19,13, em que Elias "envolveu a face com seu manto") isso significa que demonstram humildade e reverência perante Ele, da mesma forma que em tradições e culturas diversas exige-se dos socialmente inferiores que não estabeleçam contato visual com seus superiores.

Conquanto o véu seja mais fortemente associado ao Islã, ele é milhares de anos mais antigo. O véu feminino era um sinal de prestígio em culturas como a Assíria, a Grécia, a Pérsia, a Índia e Bizâncio, em que as mulheres da elite cobriam seu cabelo ou rosto; já na Roma antiga, eram os servos que cobriam seus cabelos num sinal de respeito. Como cobrir-se indicava *status*, muitas culturas proibiam as prostitutas de usarem o véu, embora mulheres de classes sociais mais baixas frequentemente o usassem para parecerem mais importantes. Eventualmente, o Islã o adotou, e à medida que se espalhava desde a Arábia para outros lugares seu uso o acompanhou, tornando-se comum por volta do século VIII – primeiro entre as mulheres da elite, posteriormente pelas das classes mais baixas. Por volta do século X, muitos países começaram a instituir leis que restringiam o comportamento feminino e impunham o uso do véu ou a reclusão.

Em países islâmicos, existem diversas formas de cobrir-se: as mulheres podem cobrir todo seu rosto ou apenas parte dele, o cabelo (o caso do *hijab*, a forma mais popular de cobertura da cabeça), ou, em alguns casos, o corpo inteiro – o caso das burcas usadas no Afeganistão. O *chador*, comum no Irã, é um longo chale corporal que envolve todo o corpo e é preso na frente por um alfinete ou seguro com as mãos.

No contexto islâmico, usar o véu é uma resposta à prescrição corânica de que as mulheres devem se vestir modestamente em público (muito embora o véu em si não seja discutido no Alcorão). Estar coberta significa estar protegida, reservada (e como tal, é um exemplo do **purdah**, a reclusão de mulheres) e ter seu anonimato preservado. Em culturas em que há um poderoso complexo de honra/vergonha, como no Oriente Médio, a conduta pessoal de uma mulher pode trazer opróbio à família inteira. Fosse ela violentada, todos, mas especialmente os homens, ficariam envergonhados; cobrir-se com o véu quando em público, porém, a protege, e à sua honra, do olhar masculino, e essa honra se estende aos familiares. Como os homens respeitam o véu, é menos provável que ataquem uma mulher que o usa, pois representa respeito, modéstia, humildade, obediência (à religião, à cultura e à família) e demonstra também que sua usuária protege sua castidade ou a fidelidade ao esposo, garantindo assim a virgindade até o casamento e a paternidade do marido.

No passado, o véu também representava riqueza e *status*: em sociedades estratificadas, mulheres da elite não raro exerciam grande controle sobre sua sexualidade. O véu era uma maneira de salvaguardar riqueza, *status* e honra das famílias abastadas, garantindo que elas não manteriam relações sexuais com homens socialmente inferiores. Além disso, antigamente só as famílias mais privilegiadas tinham condições de esconder suas mulheres, de modo que em diversas culturas cobri-las com o véu foi, durante muito tempo, também um sinal de prestígio.

Cada cultura possui regras diferentes relativas ao uso do véu. Algumas seguem a lei do hijab, que o exige sempre que a mulher estiver em público. Esse é o caso do Afeganistão dos Talibãs, da Arábia Saudita, do Kuwait e do Irã. Descumprir essa determinação pode resultar em prisão, assédio ou punição física. Ironicamente, o véu representa liberdade, pois aquelas que o usam podem ir à rua, com a cobertura funcionando como um tipo de reclusão portátil. Outras nações, como a Turquia e a Tunísia, proíbem o uso do véu em prédios públicos e nas escolas, mas a maioria dos países islâmicos não dispõe de legislação específica sobre o tema, de modo que as mulheres podem optar por cobrir-se ou não.

Atualmente, graças aos conflitos entre as sociedades ocidentais cristãs e as culturas islâmicas, o uso do véu tem se tornado progressivamente controverso. No começo de 2011, após debate acalorado, a França proibiu o uso de véus que cobrissem inteiramente o rosto nos espaços públicos. Os defensores dessa lei a compreendem como uma maneira de proteger as muçulmanas de serem controladas pelos seus maridos e de forçar a assimilação das comunidades médio-orientais no país. Já os seus detratores a veem como um indício da crescente estigmatização dos muçulmanos na França – de fato, muitas feministas muçulmanas optam por usar o véu, seja no Oriente Médio ou em países ocidentais, como sinal de respeito pela religião que professam e pela cultura, bem como forma de resistência à hegemonia cultural ocidental.

Poluição e o corpo feminino

Outro modo pelo qual as práticas corporais religiosas são diferenciadas conforme o gênero tem a ver com a noção de pureza e impureza. Diversas religiões veem os atributos biológicos femininos como sinal de poluição ritual, de modo que a **menstruação** e o **parto** são encarados como sujos

Figura 13.2 – Estátua de uma santa no Cementiri de Montjuïc, Barcelona.
Foto: cortesia de Jeff Hayes.

em muitas tradições. No judaísmo, por exemplo, as mulheres ficam impuras durante a menstruação, significando que, entre os judeus ortodoxos, quaisquer objetos que toquem nesse período se tornam igualmente poluídos, de modo que elas têm de ser segregadas do restante da comunidade, só podendo retornar após um banho ritual.

Eis um elemento comum a diversas crenças: a noção de que existem comportamentos, pessoas ou coisas que são impuros, bem como coisas, pessoas ou comportamentos puros – e que os primeiros precisam ser evitados e os segundos, procurados. O sistema de **castas** indiano é um bom exemplo dessa preocupação com a pureza: nele, os hindus são segregados em uma rígida ordem hierárquica, baseada na pureza, ou impureza, dos indivíduos. Os intocáveis, de todos os grupos o mais poluído, não somente estão sujeitos a um grau de opressão que a maioria das pessoas ao redor do mundo consideraria chocante como são tão impuros que não podem ser tocados. Nesse sistema, as mulheres também são amiúde impuras – durante a menstruação, por exemplo. Um dilema que atinge os homens hindus é que embora sejam dependentes das mulheres para comer e cuidar dos filhos, o contato com os corpos delas é potencialmente contaminante, logo elas precisam passar por uma rígida reclusão menstrual. Além disso, como a castidade é extremamente importante para uma mulher solteira (como a fidelidade o é para as casadas), a sexualidade feminina é controlada ao longo de toda a vida, e qualquer uma que se envolva em comportamentos que ao menos pareçam ilícitos podem ser severamente punidas.

Algo semelhante ocorre no Islã, onde as mulheres são vistas como ameaça aos homens, de modo que em diversas culturas muçulmanas elas precisam ser estritamente separadas do sexo oposto no maior número possível de aspectos da vida. Idealmente, no âmbito de uma cultura islâmica severa, a mulher deve viver reclusa dentro de casa, e se aparecer em público deve estar coberta pelo véu. As virgens são vistas como puras (ainda que também perigosas, pois encarnam tentações sexuais), mas após a primeira relação sexual entende-se que perdem a capacidade de controlar os impulsos eróticos, logo a ordem precisa ser imposta.

A doutrina cristã é igualmente farta em ideias concernentes à poluição feminina. A visão das mulheres como inerentemente más, lascivas e destrutivas está presente em numerosos ensinamentos, como no pecado original de Eva – uma personagem, aliás, particularmente preocupante, pois significava que todas as mulheres eram pecadoras e deviam ser punidas por suas transgressões. No Novo Testamento o tema continua com Paulo, que escreveu em Ef 5,23 que elas deveriam sujeitar-se aos maridos como ao Senhor, pois o homem é a cabeça da mulher da mesma forma que Cristo é da Igreja. Para as três religiões, o livro de Gênesis mostra que, originalmente, o homem não veio de uma mulher, mas as mulheres surgiram dos homens, de modo que eles não haviam sido criados por causa delas, mas elas, sim, haviam sido criadas por causa deles.

Questões interessantes: a bruxa

Em culturas do mundo inteiro, existem crenças sobre feitiçaria e/ou bruxaria, dois termos que para os antropólogos descrevem coisas diferentes. A primeira é o uso da magia em prol do feiticeiro ou de seus clientes. Já a segunda diz respeito à convicção que certos membros da sociedade são inerentemente capazes de fazer mal a outrem – não raro bruxos e bruxas nem sequer têm consciência do que são, apenas nascem maus e provocam acidentes, enfermidades, má sorte ou mortes. Até mesmo seu corpo é diferente, e em mitologias ao redor do globo, as compreensões sobre bruxos e seus poderes são notavelmente semelhantes. Podem ser capazes de se transformar em animais, ter órgãos invertidos em seus corpos, mudar de forma e ter mau-olhado, ou seja, o poder de amaldiçoar alguém só com o olhar. Podem voar à noite, às vezes usando um unguento à base de beladona, meimendro ou outro tipo de "ervas sortidas" misturada à gordura de bebê, que inseriam na vagina usando o cabo de uma vassoura. É relativamente fácil identificá-los porque apresentam o que é conhecido como "marca da bruxa": uma verruga, sardas, cicatrizes ou calombos em algum ponto dos seus corpos que, quando furados com uma agulha, não produzem dor, revelando assim sua verdadeira natureza. Por fim, na Europa as bruxas podiam ser identificadas por meio do que era conhecido como "ordálio da água": como se pensava que eram feitas de madeira (por isso eram mortas queimadas), as acusadas de bruxaria eram jogadas em algum corpo d'água; se boiassem até a superfície eram bruxas e deveriam ser resgatadas e executadas; caso contrário, não eram bruxas. Outros explicavam a flutuação porque a água seria pura e as repeliria. Na Europa, como em diversas outras sociedades, acusações de bruxaria frequentemente eram uma ferramenta social usada pelas comunidades para atingir transviados sociais, e em geral os acusados desse crime eram os membros mais marginalizados e indefesos da sociedade – desabrigados, minorias religiosas, ciganos, idosas ou prostitutas.

Denegar o corpo: jejum, abstinência e autoflagelação

O termo "autoflagelação" se refere às práticas de autopunição para expiar malfeitos, e pode envolver a negação de prazeres carnais, como o sexo ou a carne, ou a adoção de um estilo de vida mais sóbrio ou empobrecido. Diversas tradições religiosas (incluindo o Islã, judaísmo, hinduísmo e cristianismo) encorajam essas práticas, seja entre seus seguidores ou membros do corpo sacerdotal. Da mesma forma, várias populações indígenas também incorporam dor, sofrimento ou autonegação voluntários como parte de suas tradições espirituais, veículos para o divino ou elemento dos ritos de passagem.

No cristianismo, o **pecado original** obrigava todos os cristãos à penitência, tanto por causa daquela transgressão original quanto pelas outras que se seguiram, e na Bíblia Deus ordenara que seus fiéis se abstivessem da carne às sextas-feiras e, mais tarde, instituiu-se o período de quarenta dias conhecido como **quaresma** (baseado no jejum de mesma duração feito por Jesus), durante o qual os cristãos deveriam cumprir a mesma privação. A Bíblia também registra a prática de usar andrajos, rasgar as vestes, arrancar os cabelos e jejuar no intuito de prostrar-se perante Deus, ou de imitar o sofrimento de Cristo. Durante os primeiros tempos da Igreja, quando ainda se pregava o fim iminente do mundo, São Paulo aconselhou os crentes a renunciar aos prazeres mundanos e carnais, pois o fim estaria próximo. Mesmo hoje, há cristãos que fazem votos de pobreza, jejuam ou se abstêm de prazeres sexuais, enquanto outros vestem aniagens ou flagelam-se usando chicotes, varas ou instrumentos semelhantes. Há ainda aqueles que carregam correntes para onde quer que vão. Os objetivos desses atos pode ser alcançar a unidade com Deus, aliviar os próprios pecados ou os alheios, ou assegurar um bom lugar no céu. Para outros, o sofrimento é algo fundamental para se chegar à salvação.

A mortificação ritual também era praticada na antiga Mesoamérica. Mulheres maias passavam cordas cravejadas por buracos em suas línguas, enquanto os reis usavam espinhos e ferrões de arraia para fazer sangrar seus pênis, línguas e lóbulos das orelhas. Outras populações indígenas tinham práticas semelhantes: a Dança do Sol, por exemplo, era uma cerimônia dos povos das planícies que incluía danças, cânticos, tambores e jejuns, culminando em um ritual no qual as pessoas amarravam-se a um poste usando cordas que continham ossos ou espetos de madeira e eram inseridas em orifícios previamente abertos no peito. Dançando em círculo ao som dos tambores e das orações, os participantes faziam força contra o poste para arrancar os espetos.

Sadhus, homens-santos indianos, também praticam jejuns e autoflagelações, incluindo fustigação, deitar em camas de pregos e assim por diante. Alguns podem ficar de pé em um mesmo lugar por anos a fio, equilibrar-se em uma única perna ou parar de falar. O Kavadi é um festival hindu normalmente realizado durante o Festival Thaipusam, e "suportar um Kavadi" significa carregar um grande cesto de metal ou um outro tipo de recipiente repleto de itens a serem oferecidos ao deus Muruga como forma de penitência. Certos participantes usam um espeto enfiado na língua, nas bochechas ou noutras partes do corpo, enquanto outros caminham por sobre brasas incandescentes durante a cerimônia. Às vezes, o próprio cesto é preso ao corpo por ganchos ou arpões.

O **ascetismo** é um estilo de vida caracterizado pela renúncia aos prazeres mundanos e carnais por meio da privação voluntária e, amiúde, da autoflagelação. No cristianismo, o ser humano é uma criatura decaída e o corpo, a carne, representa o oposto da alma, ou espírito, e exige controle, disciplina e privação (fundamental ao ascetismo). O objetivo do asceta é fortalecer sua vida espiritual por meio do distanciamento das coisas mundanas. Outras formas de autoprivação incluem evitar contatos sexuais (temporária ou permanentemente), vestir-se com andrajos ou farrapos e abrir mão das posses materiais, tudo isso no intuito de romper a conexão com a vida secular e purificar a alma. O ascetismo está presente em diversas tradições religiosas, dentre as quais cristianismo, judaísmo, Islã, budismo e hinduísmo. Como nem todos os membros de uma dada crença são capazes de viver uma vida ascética, são geralmente monges, freiras, iogues e outros praticantes especialmente devotos que abraçam esse estilo de vida. Na Europa medieval, como os leigos não tinham condições de seguir essa vida, era possível pagar aos monges para que praticassem o ascetismo em seu favor.

Com o advento da Reforma Protestante, a distinção entre os monges santificados e o povo leigo e profano se rompeu, e pessoas comuns começaram a tentar imitar as práticas de autocontrole e disciplina em seu dia a dia. Posteriormente, com o surgimento dos puritanos no século XVII, apareceram novos movimentos que tentaram controlar os excessos do corpo por meio da dieta. Por exemplo, John Harvey Kellogg, inventor dos flocos de cereais, desencorajava comidas estimulantes, defendia uma alimentação vegetariana e incentivava a abstinência sexual. Do mesmo modo, outro reformador, Sylvester Graham (inventor das bolachas que levam seu nome) promovia o vegetarianismo e a abstinência sexual. Muitos desses reformadores baniram as danças – João Calvino, por exemplo, as considerava como prelúdios das atividades sexuais.

Jejum é uma forma de autoprivação, a mais comumente associada ao ascetismo e envolve a renúncia temporária aos alimentos no intuito de punir a si mesmo, purgar os pecados ou produzir visões místicas. Formas de purificação espiritual dessa natureza são, em geral, um passo na direção de se comunicar com Deus ou com os deuses.

Em Portugal tem havido um bom número de moças que se tornaram famosas por jejuarem. Chamadas "jejuadoras" pelo antropólogo João de

Pina-Cabral, essas mulheres – todas virgens e adolescentes ao tempo em que pararam de se alimentar – são há muito reverenciadas pelos fiéis, e considera-se que sobrevivem (algumas por até trinta anos) sem ingerir qualquer comida, ou então somente com uma hóstia por dia. Seu poder de manter-se vivas sem qualquer alimentação é atribuído à sua extrema santidade. Segundo Lena Gemzoe (2005), que a santidade dessas mulheres provenha de sua habilidade em controlar a fome não deveria nos surpreender, posto que para as mulheres o alimento é, normalmente, algo que elas podem controlar – prática essa, diga-se de passagem, que ocorre há centenas de anos. Ainda que homens e mulheres santificados sejam, no mundo inteiro, frequentemente definidos pela habilidade de abstenção – de comida, da riqueza e do sexo – mulheres como Alexandrina de Balazar e Catarina de Siena frequentemente atingem a santidade *apenas* por renunciarem ao alimento, tornando-se assim "anoréxicas sagradas". É comum que diversas religiões considerem a fisicalidade feminina problemática; por outro lado, as místicas têm maior probabilidade de experimentar suas experiências transcendentais em seus próprios corpos, por meio de **estigmas**, jejuns e experiências extáticas.

A medievalista Caroline Walker Bynum (1995) observa que se trata igualmente de uma interessante reviravolta no conceito de **Eucaristia**, a transformação simbólica da hóstia ou do pão no Corpo de Cristo durante a missa. Ao consumirem a hóstia consagrada, os participantes alcançam, simbolicamente, a comunhão, ou seja, a unidade, com Cristo, mas a importância do pão consagrado, não somente para as jejuadoras contemporâneas como também para as místicas do século XIII, transcende em muito a missa. Ele se tornou um objeto miraculoso em si mesmo, e algumas mulheres corriam de igreja em igreja para receber a Eucaristia o maior número de vezes possível. Walker Bynum observa que Ida de Louvain, monja belga beatificada do século XIII, foi tão longe nessa sua paixão que precisou ser acorrentada. Não surpreende, portanto, que quem come a hóstia seja capaz de se manter vivo com seu poder abençoado.

Questões interessantes: programas cristãos de emagrecimento

Segundo o Journal for the Scientific Study of Religion, *dentre todos os norte-americanos, os cristãos são aqueles com maior sobrepeso, e destes, os batistas são os mais obesos. Como os reformadores religiosos e dietários do século XIX, como John Harvey Kellogg e Sylvester Graham, atualmente muitos cris-*

tãos acreditam existir uma ligação entre os estilos de vida santificado e saudável e formaram os chamados programas cristãos de emagrecimento, que encorajam a adoção de um estilo de vida focado nos devocionais cristãos e em boas práticas dietéticas, tudo isso visando a perda de peso. Muitos desses programas vendem livros ou produtos, alguns contam com grupos de apoio, enquanto noutros os praticantes frequentam oficinas ou reuniões; todos, contudo, exigem estudo bíblico efetivo. Como os movimentos de Kellogg e Graham, estes também focam na pessoa como um todo e encaram o emagrecimento como algo que envolve não somente saúde física, mas também emocional e espiritual. Alguns tomam emprestado programas de doze passos como o dos Alcoólicos Anônimos, em que é preciso entregar os problemas a Deus e pedir a Ele as soluções. Além disso, no âmbito desses programas a motivação para a perda de peso não deve ser pessoal: é Deus quem deseja que você tome conta do seu corpo, corpo esse que você tem violado ao enchê-lo de gordura – logo, emagrecer é uma forma de honrar a Deus.

Religião e sexo

É claro que todas as culturas têm regras referentes à sexualidade, pois não se trata de um comportamento humano qualquer, mas sim um dos mais significativos social e culturalmente. Quem deve ter relações com quem, sob quais circunstâncias e com quais propósitos sempre esteve sujeito a uma ampla variedade de normas culturais, não raro consagradas na religião.

No Ocidente, o sistema religioso judaico-cristão dá forma às ideias sobre sexo com as quais a maioria de nós cresceu, e muitas delas provêm de Santo Agostinho, um teólogo que, antes de se converter ao cristianismo, foi devoto do **maniqueísmo**, uma crença que ensinava que o sexo era perverso. Após tornar-se cristão, Agostinho escreveu bastante sobre a sexualidade, e seus conceitos – a vida cristã ideal exigiria a abstinência mais absoluta, mas como era inatingível, Deus criou o casamento, mas com o propósito único da procriação – têm moldado a compreensão ocidental sobre o tema até hoje.

Mesmo antes de Agostinho, porém, a visão conservadora da sexualidade foi constituída pelas circunstâncias em que os primeiros cristãos viviam. Esperando por um fim dos tempos iminente, Jesus e seus seguidores não encorajavam sexo, casamento ou procriação, pois seu foco residia em preparar-se para a nova vida. Em Mt 19,12, Jesus disse: "De fato, há homens castrados, porque nasceram assim; outros, porque os homens os fizeram assim; outros, ainda, se castraram por causa do Reino do Céu. Quem puder entender, entenda", algo que pode ser interpretado como uma sugestão de adoção da abstinência como preparação para o Reino de Deus que se aproximava.

Não surpreende, portanto, que a Cristandade tenha uma das visões mais restritivas a respeito do sexo e da sexualidade que se conhece. Como o judaísmo que o precedeu, o cristianismo exige que as crianças sejam concebidas e criadas no casamento, um dos fundamentos da maioria dos sistemas legais que determinam como a propriedade é transmitida de geração a geração. Para além disso, contudo, cristãos, muçulmanos e judeus pregam castidade aos jovens, encorajam a heterossexualidade e desestimulam o sexo pré-marital e o adultério. O judaísmo ortodoxo, o Islã e diversas vertentes do cristianismo vão ainda mais além e afirmam que o sexo só deve ser realizado com fins reprodutivos (razão pela qual o controle de natalidade é proibido para os católicos), e masturbação (conhecida entre os judeus como "secretar sêmen em vão"), sexo oral, anal e homossexualidade são todos vistos como pecaminosos. Além disso, nas mais diferentes tradições conservadoras e ortodoxas cristãs, judaicas e muçulmanas, trajes recatados são estimulados ou exigidos das mulheres, mas não dos homens. Mesmo os médicos, embora tenham formação universitária, compartilham muitas dessas visões promovidas pelas igrejas, e até bem recentemente tendiam a enxergar a sexualidade "excessiva" como anormal e prejudicial, capaz de causar "esgotamento nervoso", enquanto a masturbação e a libido feminina eram especialmente perigosas para a saúde (e a moral).

Hoje em dia, cristãos e judeus progressistas veem a sexualidade de modo bem diferente, e o sexo pré-marital, homossexualidade e masturbação já não são condenados. O Islã, contudo, continua a condenar a homossexualidade.

Religiões orientais como o budismo e o hinduísmo, por sua vez, têm abordagens sobre sexo e sexualidade bastante distintas: a expressão sexual tem sido encorajada nas religiões hindus, e embora os ascetas se abstenham do sexo, o fato do *Kama sutra*, um manual sexual do começo da nossa era, ser considerado um texto religioso indica que a sexualidade não é exclusivamente malvista, mas também bem-recebida – ao menos por certas correntes do hinduísmo.

A divisão corpo/alma

Um dos temas que até aqui perpassou todo este capítulo é que, em diferentes tradições religiosas, o corpo é algo perigoso, complicado ou imprevisível; logo, precisa ser controlado. Práticas religiosas como jejum, mortificação corporal e abstinência sexual são, todas, exemplos de como é perturbador e carece de disciplina. Já observamos que em diversas fés, as mulheres são particularmente poluídas, e que em muitas culturas são associadas ao corpo físico, enquanto os homens o são à mente. Este é, certamente, o caso do cristianismo, em particular pela atenção que confere ao pecado de Eva e ao estado degradado da humanidade, em que o corpo (especialmente o feminino) é causa de grande ansiedade. O cristianismo herdou dos antigos gregos e romanos a dualidade corpo/alma (o filósofo estoico Epiteto disse certa vez: os humanos nascem com "o corpo, que compartilham com os animais, e a razão e a mente, que compartilham com os deuses"), e dessa noção veio a ideia de que esta deve ser celebrada e almejada, enquanto aquele deve ser rejeitado e negado. Quanto mais física, material (ou corporal) a pessoa, tanto mais deve merecer condenações.

Essa é uma das razões por que a idolatria (a adoração de ídolos ou objetos) é tão condenada por boa parte do cristianismo, e por que a abstinência é de tal modo reverenciada. A idolatria é um exemplo do mundo material, corpóreo, enquanto a religião deve voltar-se para o sagrado, o imaterial; pois, afinal de contas, após a morte o corpo desaparece, enquanto a alma permanece. Uma exceção a essa regra é encontrada na tradição católica de reverência às **relíquias** (ossos ou outras partes do corpo de santos ou pessoas veneradas ou beatificadas), igualmente encontrada em outras religiões.

Outro exemplo é a distinção entre o carnal, que deve ser negado, e o espiritual, a ser exaltado. O reformador protestante Martinho Lutero descreveu os três níveis da humanidade: espiritual, mental e corporal (dos três, o menos importante). Muitos fundamentalistas protestantes (e de outras religiões) contemporâneos proíbem ou rejeitam diversas atividades corporais que carecem de justificação imediata, como dançar, usar maquiagem, beber álcool ou cafeína. Para o teólogo reformador francês João Calvino, a única função do corpo é conduzir a alma.

Também o budismo se baseia no conceito da dualidade corpo/alma, e para alcançar a iluminação (e, portanto, a libertação do sofrimento que envolve nascimento, morte e renascimento), é necessário não estar preso ao corpo – ou mesmo à própria vida. Para os budistas, o corpo é o inimigo, mas, por outro lado, é também um veículo que pode ajudar o praticante a cumprir seu percurso espiritual e estar a serviço dos outros.

Práticas corporais

Como vimos, o tratamento do corpo é um elemento central a diversas práticas religiosas. Como a carne está sujeita à impureza e à poluição, ações voltadas à sua purificação são encontradas nas mais variadas crenças, de que é exemplo a **lavagem dos pés**, parte mais imunda do corpo, dado o contato direto com a terra.

Os muçulmanos tradicionalmente lavam os pés três vezes (*wudhu*) antes das preces (mas também mãos, rostos e cabelos). A razão para essa prática islâmica é que sem purificar o corpo, é impossível purificar a mente, e como os muçulmanos realizam orações cinco vezes ao dia (inclusive nas escolas, no trabalho e em espaços públicos), para que os fiéis não precisem lavar seus pés nas pias, lavatórios são comuns nos países predominantemente islâmicos, podendo ser encontrados também em comunidades com grande número de muçulmanos.

Na Índia, é costume que os pais da noiva lavem os pés do noivo como forma de demonstrar respeito pelo homem que irá cuidar de sua filha. No budismo, água para lavar os pés é uma das oito oferendas tradicionalmente apresentadas ao Buda, que permitem ao praticante purificar o carma e alcançar o corpo de Buda.

Na Cristandade, por sua vez, o lava-pés tem um significado ligeiramente diverso: o Novo Testamento informa que Jesus lavou os pés de seus discípulos como forma de servi-los durante a Última Ceia. Naquele tempo, realizar essa ação cabia aos servos, de modo que a decisão de Jesus em fazê-la foi um modo de ensinar humildade e submissão.

De acordo com os evangelhos, na noite da Última Ceia, os apóstolos estavam discutindo sobre quem ocuparia a posição mais elevada no Reino de Deus, uma demonstração de vaidade. O lava-pés (uma tarefa humilde, servil, normalmente atribuída aos subalternos) ensinou-lhes despojamento. Além disso, na tradição cristã os pés, amiúde, simbolizam o percurso pelo caminho espiritual, de modo que lavá-los com água (símbolo da Palavra de Deus e da purgação das crenças espúrias) pode também ser compreendido como uma mensagem de Jesus para seus discípulos, para que perseverassem no caminho da retidão após a sua morte. Os evangelhos nos dizem que Pedro se recusou a permitir que Jesus lavasse seus pés, ao que este respondeu: se não me permitires lavá-los, "não terás parte comigo".

Hoje em dia, certos grupos cristãos continuam a praticar o lava-pés, seguindo os ensinamentos de Jesus. Na Igreja Católica, durante a Semana Santa, padres e prelados lavam os pés de doze pobres, representando os apóstolos. Para aqueles que mantêm essa prática, ela se destina a aproximá-los de Jesus e enchê-los com senso de humildade e serviço, conceitos esses que, espera-se, serão reforçados por outros meios de acolhimento à comunidade.

Uma outra forma de purificação corporal que envolve a água é o **batismo**, ritual cristão em que um bebê ou, em algumas tradições, um adulto convertido à fé, é aspergido ou mergulhado em água para que seja recebido na igreja. É um dos sete sacramentos da Igreja Católica.

O batismo provém da história de João Batista, narrada no Novo Testamento, que pode ter sido primo de Jesus e o batizou nas águas do Rio Jordão. Naquele tempo, ele batizava os judeus como forma de purgar seus pecados, e daí em diante o batismo tornou-se um ritual primário, por meio do qual as pessoas se convertiam ao cristianismo. É provavelmente

Figura 13.3 – Maria segurando Jesus após a crucificação. O corpo de Cristo é um ponto fulcral para boa parte da Cristandade. Foto: cortesia de Robin Montgomery.

derivado da antiga prática de lavar as mãos antes das refeições, bem como de rituais de purificação encontrados em todo o mundo antigo, inclusive no judaísmo. É citado nos evangelhos e nos Atos dos Apóstolos, onde se lê que, após a ressurreição, Jesus instruiu seus apóstolos a batizarem as nações em seu nome.

Atualmente, a prática do batismo varia entre as várias denominações cristãs. Muito embora os batizados fossem originalmente adultos, com o tempo a prática voltou-se para crianças e, por fim, para os bebês, durante a Idade Média. A maioria dos grupos católicos e protestantes faz uso da efusão, derramar água-benta sobre a cabeça do seguidor, mas também podem aspergir ou borrifar. A imersão em um corpo d'água é praticada entre os mórmons, e a submersão (quando mergulha-se o corpo inteiro) nas Igrejas ortodoxas, pelos adventistas e em inúmeras grupos evangélicos e nascidos de novo. Hoje, a maioria dos cristãos batiza crianças, mas batistas, pentecostais, mórmons e diversas tradições de nascidos de novo só batizam adultos ou crianças mais crescidas, pois somente então podem professar sua fé em Jesus. Da mesma forma, esses grupos não acreditam que o batismo é capaz de lavar os pecados, sendo pura e simplesmente um sinal visível da fé.

Outras formas pelas quais os corpos são purificados ou consagrados durante rituais religiosos incluem esfregar manteiga, gordura, leite ou outras substâncias no corpo e na face dos participantes. Homens e mulheres da Igreja Ortodoxa, por exemplo, são ungidos com óleo em diversas ocasiões, dentre as quais durante o batismo, a confirmação, ou quando enfermos. No hinduísmo, uma das substâncias mais preciosas é o *ghee*, a manteiga clarificada, usada numa variedade de rituais, como untar os corpos antes da cremação ou para purificar alguém que esteja temporariamente impuro. É capaz, inclusive, de purificar alimentos impuros ou preparados por pessoas impuras, que passam a ser apropriadas para o consumo de pessoas de alta casta. Entre os cristãos, na Quarta--feira de Cinzas, primeiro dia da quaresma (período de quarenta dias antes da Páscoa, quando os devotos jejuam ou se privam de algo como forma de penitência pelos seus pecados e preparação para a celebração da ressurreição de Jesus), os fiéis são ungidos na testa com uma cruz feita de cinzas e óleo consagrado para expiar os pecados. Esse ato rememora a antiga prática médio-oriental de sentar nas cinzas, ou salpicá-las sobre si, como sinal de luto ou arrependimento.

Da mesma forma, hábitos dietários ou a interdição a determinadas formas de trabalho são meios de corporificar a fé. Seja com o jejum da quaresma, o descanso no Shabat ou a proibição de comer carne de porco, os corpos são estruturados e disciplinados conforme princípios da fé.

Em um nível muito mais simples, a maneira como mantemos ou movemos nossos corpos durante serviços religiosos é também exemplo de como a fé e os códigos de conduta religiosos conduzem nossos corpos. Como já observamos, os muçulmanos rezam cinco vezes ao dia. Após se assegurarem que o ambiente e suas roupas estão limpos, eles precisam limpar a si mesmos com água, e só então realizam um certo número de posturas, todas direcionadas a Meca, que vão de ficar em pé à **prostração** no solo. Outras formas de oração encontradas noutras religiões incluem bater palmas, segurar ou levantar as mãos e baixar a cabeça. No catolicismo, a **genuflexão**, ajoelhar-se, é exigida em certos momentos, como diante da Sagrada Eucaristia. Os católicos fazem o sinal da cruz ao entrarem numa igreja, tocando a testa, o tórax e os ombros direito e esquerdo com a mão direita, e ao fazê-lo professam sua fé, demonstram ser discípulos de Cristo, protegem-se contra o mal e aceitam o sofrimento. Fiéis das Igrejas ortodoxas prostram-se voltados para o leste, fazem o sinal da cruz e curvam-se profundamente – todas formas de expressão de sua devoção. Em algumas crenças, a **impostação de mãos**, quando os participantes põem suas mãos sobre alguém, é usada para invocar o Espírito Santo, curar doenças, abençoar ou como confirmação de membros da igreja. É praticada por judeus, ortodoxos, católicos, mórmons e diversos outros grupos.

Certas religiões adotam práticas corporais muito mais extremas. Na Tailândia existe uma festividade taoista chamada Festival Vegetariano de Phuket, que dura nove dias e atrai a comunidade chinesa do país. Nela, os participantes (homens e mulheres virgens) renunciam ao consumo de carne, entram num estado de transe e furam suas bochechas e línguas com espetos. Diz-se que não sentem qualquer dor durante o processo por estarem possuídos ou comandados por espíritos, uma prática conhecida como *mah song*, que significa "montar um cavalo".

Possessão espiritual, estigmas e ressurreição: milagres dos fiéis

Possessão espiritual se refere à prática em que uma pessoa, geralmente um xamã ou alguém preparado, é possuída ou tomada por um espírito, que pode ser bom, neutro ou mau. Algo que pode ser tanto culturalmente institucionalizado quanto considerado uma perversão. Em tradições como o xamanismo, o vodu haitiano, dentre outras, é parte normal da cultura: um devoto entra em transe, amiúde por meio de cânticos, jejuns, drogas ou privação de sono, e nesse momento (ou como dizem os haitianos, "montado") é possuído pelo espírito e se comporta de modo bastante diverso do normal, conforme as normas daquela entidade específica. No xamanismo, pede-se a ajuda dos espíritos para uma variedade de problemas, tais como saúde, sorte, proteção e previsão do futuro. Os antropólogos classificam essas entidades como espíritos tutelares, quando servem de guias ou protetores para a um xamã, ou espíritos protetores, que auxiliam os humanos em determinadas tarefas. Eles podem ser antropomórficos (tomam a forma de pessoas vivas ou mortas) ou teriomórficos (com forma de animais). Embora a possessão espiritual seja em geral vista negativamente no cristianismo, ocorre em algumas denominações pentecostais norte-americanas. Nesse caso, as pessoas são tomadas pelo Espírito Santo, que se manifesta por meio da **glossolalia**, o falar em línguas. Muitos católicos acreditam em possessões demoníacas, quando alguém é possuído por um demônio, e nesse caso um exorcista precisa ser trazido para removê-lo do corpo.

Em diversas culturas, os xamãs, usuários regulares da possessão, descobrem seu dom por meio de doenças, angústias ou deficiência. Essa posição geralmente não é uma questão de escolha: muitos são oriundos de grupos socialmente marginalizados, e suas aflições (interpretadas como possessões espirituais) são, ao menos em parte, respostas a essa condição. Por meio das práticas xamânicas eles conseguem reverter, temporariamente que seja, seu *status* marginal, e se se tornarem particularmente bons em controlar os espíritos que os afligem podem vir a ser xamãs, uma figura poderosa. Eles dizem que pessoas que levam uma boa vida raramente são invocadas pelos espíritos. Em certas culturas são precisamente os marginalizados e necessitados, muitos dos quais mulheres, que participam daquilo que os antropólogos chamam de "**cultos de aflição**", no qual diversas pessoas são possuídas, às vezes ao mesmo tempo. Essa participação reverte, no mínimo provisoriamente, seu *status* marginal, de modo que as vítimas podem fazer exigências que, noutras circunstâncias, seriam ignoradas. Eventualmente, se o modo como lidam com os espíritos for especialmente bom, tornam-se xamãs – ou nas palavras do antropólogo I. M. Lewis (1971), vão "da doença ao êxtase". A antropóloga Aihwa Ong (1987) estudou um interessante caso de possessão espiritual em massa, em que todo um grupo de jovens operárias da Malásia era regular e conjuntamente possuído por espíritos conhecidos como *weretigers* ("tigreomens", pessoas que se transformavam em tigres), e interpretou essas experiências (ocorridas de tempos em tempos) como uma forma de protesto físico e espiritual pelas condições degradantes em que trabalhavam. Infelizmente, ainda que as possessões tenham trazido algum alívio (a fábrica podia ser momentaneamente fechada enquanto as trabalhadoras eram mandadas para casa e medicadas com o ansiolítico Valium; eventualmente um xamã era trazido para fazer a limpeza espiritual do local); jamais chegaram a lidar com a fonte desse estresse, os maus-tratos, que permanece até hoje.

A possessão espiritual é um exemplo de êxtase religioso, um estado alterado de consciência no qual a percepção do mundo físico é reduzida ou transtornada, pois a pessoa se encontra em transe (ou, eventualmente, em êxtase). Associada a tradições místicas de crenças religiosas do mundo inteiro, pode ser despertada por intermédio de meditação, cânticos, danças, consumo de drogas ou outras condições capazes de alterar o corpo mental e fisicamente.

Estigmas são uma outra maneira pela qual o mundo espiritual se manifesta no corpo físico, e se referem a marcas ou feridas da crucificação de Jesus Cristo presentes em seu corpo, mas também a marcas ou feridas místicas surgidas em cristãos devotos, que se acreditam corresponder àquelas do próprio Jesus. Muito embora, nos casos registrados, essas chagas tendam a aparecer nas mãos e pulsos, pés e calcanhares dos fiéis (correspondendo assim aos pontos onde Cristo foi pregado à cruz), elas também podem surgir na testa (a coroa de espinhos), nas costas (os açoites) e demais áreas do corpo. Eventualmente, os estigmas podem ser doloridos, mas invisíveis, como também podem emitir um cheiro conhecido como odor de santidade, um perfume adocicado que emana dos santos. Quando a chaga está visível, é comum que o estigmatizado entre em estado de transe ou êxtase. Em seu sentido greco-romano original, contudo, a palavra significava marca ou tatuagem.

Ainda que os casos de cristãos reportando possuir as chagas de Cristo não tenham vindo à tona antes do século XIII, há referências muito mais antigas ao fenômeno na literatura cristã. Em Gl 6,17, por exemplo, temos: "De agora em diante ninguém mais me moleste, pois trago em meu corpo as marcas de Jesus". O uso do termo, neste caso como em escritos cristãos ainda mais antigos, refere-se tanto às chagas visíveis de Cristo quanto à prática romana da tatuagem. E ainda que Paulo o utilize aqui em termos metafóricos (não há nada a sugerir que o apóstolo fosse tatuado, ou que encorajasse tatuagens nos fiéis), isso ilustra como o termo para tatuagem, vulgar no Império Romano, estava ganhando um novo sentido, centrado no cristianismo. É igualmente perceptível a conexão entre as chagas e as tatuagens, amplamente utilizadas no mundo antigo como forma de punição – de fato, os romanos, e os gregos antes deles, tatuavam criminosos na testa, e até a conversão do Imperador Constantino à fé cristã, e junto com ele todo o Império, também os cristãos eram marcados dessa forma. Logo, uma tatuagem na testa de um romano cristão devoto podia ser vista como um sinal de fé e vinculada às chagas de Cristo.

A primeira pessoa a supostamente apresentar as chagas de Cristo (isto é, o termo "estigma" em seu uso moderno) foi São Francisco de Assis, e o Padre Pio foi canonizado em 2002 também por apresentar os mesmos sinais. A medievalista Caroline Walker Bynum (1991) observa que a maior parte dos estigmatizados é composta de mulheres – assim como a maioria dos jejuadores. Além disso, os estigmas femininos seriam os únicos a sangrar. Mary Rose Ferron foi a primeira estigmatizada documentada na América do Norte, fotografada com uma coroa de espinhos sangrando na testa. Atualmente, não há consenso a respeito das causas ou veracidade dos estigmas; alguns cientistas acreditam que resultam de automutilação, ou que têm algo a ver com os jejuns espirituais aos quais estão frequentemente associados. É fato que, no decorrer da história do cristianismo, inúmeras mulheres se automutilaram como sinal de sua devoção a Cristo e como uma maneira de estar mais próximas dele ou do seu martírio. Como as experiências místicas encontradas nos cultos de aflição de outras culturas, também essas mulheres combinaram sofrimento e êxtase.

Os estigmas derivam daquilo que é, no cristianismo, o maior de todos os milagres: a ressurreição de Cristo. Segundo essa crença, o corpo de Jesus reergueu-se três dias após a morte. É interessante que, muito embora a maioria dos cristãos acredite na dualidade corpo/alma que discutimos anteriormente, a ressurreição (e antes dela a crucificação) seja um exemplo da fisicalidade de Cristo como ponto central do sistema religioso. Ainda que torturado na cruz, o seu corpo é veículo do sofrimento, compartilhado pelos fiéis, e do sacrifício: Jesus foi martirizado por causa dos nossos pecados. Mas este mesmo corpo é, igualmente, símbolo da redenção e do perdão daqueles pecados, afinal de contas Ele ressuscitou, não somente em espírito, mas também em seu corpo físico, completo com os buracos dos pregos em suas mãos e seus lados, como informa o Evangelho de João (20,24-29). Além disso, a ressurreição de Jesus é central à ideia de que os próprios cristãos serão ressuscitados após o Apocalipse: em 1Cor 15,22, Paulo escreveu: "Como em Adão todos morrem, assim em Cristo todos receberão a vida".

O suplício de Cristo na cruz tem sido, durante séculos, um sinal central, e visível, de fé para os seus seguidores mais ardentes. No capítulo 14 veremos como a tortura tem sido usada desde há muito para punir e disciplinar os corpos, mas enquanto o sofrimento de Jesus serviu de base para uma religião mundial, a dor e a sevícia de condenados em outros contextos frequentemente passam despercebidas.

Termos fundamentais

ascetismo	imposição de mãos
autoflagelação	lavagem dos pés
batismo	maniqueísmo
bruxaria	pecado original
castas	poluição ritual
cultos de aflição	possessão espiritual
estigmas	prostração
Eucaristia	quaresma
êxtase	relíquias
feitiçaria	Sikhs
genuflexão	Talibãs
glossolalia	*tebowing*
hijab	

Leituras complementares

Bell, R. M. (1985). *Holy anorexia.* University of Chicago Press.

Bottomley, F. (1979). *Attitudes to the body in Western Christendom.* Lepus Books.

Brown, P. (1990). *Corpo e sociedade – O homem, a mulher e a renúncia sexual no início do cristianismo.* Zahar.

Bynum, C. W. (1995). *The resurrection of the body in Western Christianity, 200-1336.* Columbia University Press.

Coakley, S. (1997). *Religion and the body.* Cambridge University Press.

PARTE VI

REGULAÇÃO ESTATAL E CORPORATIVA DO CORPO

14
CORPOS TORTURADOS, PUNIDOS E CONDENADOS

A maioria dos norte-americanos acredita que seu país se opõe à tortura e não a pratica, dado que ela é proibida tanto pela legislação nacional quanto internacional – os Estados Unidos são signatários da Terceira e da Quarta das **Convenções de Genebra**, bem como da Convenção Contra a Tortura e Outros Tratamentos ou Penas Cruéis, Desumanos ou Degradantes das Nações Unidas. Ainda assim, desde o 11 de setembro de 2001, e das guerras subsequentes no Afeganistão e no Iraque, a linha entre a tortura inaceitável e as condutas aceitáveis foi borrada, e tanto oficiais de inteligência quanto agentes militares têm praticado algo previamente considerado como tortura. Atualmente, muitas pessoas ponderam que a necessidade de extrair informações dos suspeitos no contexto da nova "Guerra ao terror" se impõe a preocupações humanitárias. Práticas como o **afogamento simulado** (*waterboarding*) e a privação do sono, até então tidas como formas típicas de tortura, foram recentemente redefinidas nos Estados Unidos como "**técnicas aprimoradas de interrogatório**"; termos como **extradição irregular** (*extraordinary rendition*) entraram no vocabulário daquele país, e a série de televisão *24 Horas* transformou em herói o personagem ficcional Jack Bauer, que diversas vezes salvou a nação, não raro por meio de tortura.

O modo como o Estado controla condenados, suspeitos, prisioneiros de guerra e escravizados – noutras palavras, corpos perigosos – é um tópico rico em termos de material histórico e extremamente relevante para o mundo em que vivemos. Neste capítulo trataremos dos métodos de confinamento de corpos desviados e perigosos, bem como dos meios usados para identificá-los, marcá-los e puni-los por meio de práticas como castração, tortura, tatuagem, marcação a ferro e pena de morte.

Sinalizando o desvio: marcação, castração e tatuagem

Em sociedades ao redor do mundo, mas especialmente naquelas estatais, criminosos têm sido comumente marcados de alguma forma pelo Estado, seja para puni-los pelos seus crimes, identificá-los como infratores ou estigmatizá-los para o resto da vida. Da mesma forma, o **castigo corporal**, no qual o corpo é o local da penalidade (via chibatadas, remoção de um membro ou mesmo a morte) é uma outra maneira pela qual a punição literalmente marca o corpo.

Há quem trace a evolução dessas práticas aos tempos bíblicos, quando Deus marcou Caim, o primeiro assassino, na testa, sinalizando-o como um pária social e um criminoso, mas os castigos corporais foram praticados ao longo das histórias egípcia e greco-romana, sem contar que essas culturas também utilizavam a tatuagem e a marcação a ferro como forma de punição e identificação de criminosos, algo que permaneceu em uso na civilização ocidental, na Europa e nas Américas.

Por exemplo, a origem da marcação humana no Ocidente está ligada à posse de escravizados, algo visto no mundo greco-romano e igualmente utilizado pelos traficantes europeus de escravizados. Os gregos marcavam seus escravizados com a letra Δ de *doulos* (escravo), enquanto os romanos marcavam os fugidos com a letra F de *fugitivus*. Ladrões recebiam a mesma marca, indicando a palavra *fur* (furto), e os homens sentenciados aos trabalhos nas minas, bem como os condenados aos jogos gladiatoriais, eram marcados (ou, quem sabe, tatuados) com identificações na testa.

As primeiras sociedades que reconhecidamente usaram a tatuagem como forma de punição foram os trácios, persas, gregos e romanos, que tatuavam criminosos e escravizados fugidos. Os persas tatuavam seus escravizados e prisioneiros com o nome de seu captor, senhor ou, eventualmente, do xá, enquanto os escravizados romanos eram marcados na face com o crime ou o castigo recebido (em geral ser enviado para as minas) até que o Imperador Constantino proibiu a tatuagem facial no século IV d.C.

A tatuagem e a marcação punitivas viajaram do Império Romano à Europa, sendo utilizadas em países como Alemanha, Inglaterra e França para estigmatizar escravizados, prisioneiros, adúlteros, desertores etc. Desertores do exército britânico recebiam a letra D e do século XVIII em diante os britânicos passaram a usar a marcação a ferro frio para criminosos de alta periculosidade. O roubo e diversos outros crimes eram punidos

Figura 14.1 – Sam Rosenzweig, sobrevivente de Auschwitz, mostra sua tatuagem de identificação. Foto: Rudy Purificato, Força Aérea Americana. Imagem via Força Aérea Americana.

com marcação, geralmente a letra T (*theft*). Na França, escravizados e condenados das galés podiam receber as letras TF de *travaux forcés* (trabalhos forçados) até 1832. Também as colônias americanas herdaram a prática, e os senhores escravocratas das Colônias Inglesas e das Índias Ocidentais costumavam tatuar ou marcar seus escravizados para identificá-los ou punir os insubordinados ou fugitivos. Essas formas eram as preferidas de castigo por servirem a uma dupla função: não só provocavam dor como proclamavam pública e permanentemente o crime cometido, seja por meio das letras utilizadas, ou simplesmente porque testas marcadas eram associadas à criminalidade.

Na Índia, outra colônia europeia, a partir de 1797 criminosos tinham seu *status* marcados em si, de modo que posteriormente a palavra para tatuagem em hindi veio a significar, no século XIX, marca de criminosos.

Figura 14.2 – Uma das formas de punição na China – um prisioneiro Boxer. Beijing, China.
Foto: B. L. Singley, cortesia da Biblioteca do Congresso.

Diversos infratores indianos eram por vezes marcados com a palavra inglesa para "bandido", e muitos deles tentavam ocultá-la, removê-la ou cobri-la usando cabelos compridos ou turbantes sobre o rosto.

Na China antiga, os Han (grupo étnico majoritário) usavam tatuagens, e também o exílio, como castigo para os criminosos. É possível que assim procedessem porque tribos não Han, consideradas bárbaras e selvagens, costumavam tatuar-se. Essa prática punitiva chinesa influenciou o Japão (que também possuía uma minoria étnica, os Ainu, que praticava a tatuagem), que começou a marcar assim seus criminosos. Mais tarde, as tatuagens foram de punição a ornamento, à medida que os condenados desenvolveram formas e desenhos elaborados para cobrir suas marcas de criminosos. De fato, a prática moderna dos presos tatuarem-se nas cadeias e presídios deriva, provavelmente, das tatuagens punitivas, de modo que os condenados transformavam o sinal de criminalidade em uma insígnia de honra.

Um outro método que tem sido usado tanto para marcar quanto para punir criminosos é a castração, uma prática que, entre os humanos, quase que certamente se desenvolveu após o surgimento da agricultura e da pecuária, tecnologias que forneceram o impulso para o desenvolvimento das civilizações estatais e das técnicas para o procedimento. Sua história é longa e perpassa muitos dos primeiros estados, que a empregaram com fins punitivos, religiosos ou para controlar certas categorias de servos e escravizados. Conquanto tecnicamente o termo "castração" se refira à remoção dos testículos, em alguns estados antigos, como a China, removia-se não apenas as gônadas masculinas, mas também o pênis e o saco escrotal (os eunucos chineses preservavam seus órgãos em jarros, que seriam enterrados consigo para que pudessem renascer como homens completos). Nas civilizações mediterrânicas e médio-orientais, era comumente empregada como castigo para os crimes de estupro, homossexualidade ou adultério. Em tempos mais recentes, os nazistas eventualmente a utilizaram como forma de controle de populações "inaptas". Ao longo da história, também foi usada durante as guerras: exércitos invasores castravam os prisioneiros ou mesmo os corpos dos caídos em combate, no intuito de demonstrar sua vitória sobre os conquistados, efetuar limpeza étnica e, eventualmente, como forma de tortura. Frequentemente, a castração dos homens ocorria junto ao estupro das mulheres, algo visto na Pérsia, Egito, Assíria e Etiópia antigos, entre os hebreus, normandos e chineses; mais recentemente, dizia-se que os vietcongues castravam prisioneiros e dissidentes, e que a milícia Janjawid, atuante na guerra civil sudanesa, fazia o mesmo com os homens e estuprava as mulheres.

Conquanto a castração involuntária seja algo muito raro no mundo moderno, alguns estados europeus e americanos permitem a castração química voluntária de agressores sexuais. O **tratamento de inibição da testosterona**, não raro por meio de injeções de Depo Provera (contraceptivo hormonal usado por mulheres) é uma forma de reduzir temporariamente a libido nesses homens, muito embora os índices de sucesso desse procedimento sejam questionáveis e as aplicações precisem ser continuadas. E mesmo que a castração cirúrgica seja mais efetiva do que a química na eliminação do desejo sexual, em ambos os casos há riscos, pois homens pós-puberdade frequentemente permanecem com desejo mesmo após o procedimento, e o impulso para o estupro não é exclusivamente (ou mesmo primordialmente) sexual.

Questões interessantes: as Convenções de Genebra

Como definido pelas Convenções de Genebra, a tortura é "uma forma extrema de tratamento cruel e desumano e não se estende a formas inferiores de tratamento ou punição cruéis, desumanos ou degradantes". Para que seja definido como tortura, um ato precisa conter todos os seguintes elementos:

1) Causar dor ou sofrimento severo, seja físico ou mental;
2) Ser intencionalmente provocado;
3) Infligido com um objetivo proscrito;
4) Ser infligido por (ou sob a ordem de, ou com o consentimento ou aquiescência de) autoridade oficial que detém a custódia da vítima;
5) Não pode advir de sanções legais.

Tortura, estupro e outras formas de punição corporal

Tortura se refere ao uso da dor, ou da ameaça da dor, para forçar alguém a se entregar ao seu captor ou torturador, mas segundo a teórica literária Elaine Scarry, em seu livro *The body in pain* (1985), é mais do que provocar sofrimento ao corpo: significa erradicar a dignidade humana, e seu propósito é permitir a regimes políticos que mantenham poder e controle. Historicamente, tem sido usada por autoridades estatais e religiosas para extrair confissões ou informações comprometedoras de supostos criminosos ou prisioneiros de guerra que, de outra forma, jamais falariam. Também tem sido utilizada para a conversão forçada a uma nova religião e para doutrinar e "reeducar" presos e ativistas políticos. Seu emprego visa desumanizar os torturados e pode ser uma forma de punição para os acusados de crimes seriíssimos, como a heresia. Durante as caças às bruxas europeias, entre os séculos XV e XVIII, foi igualmente empregada para fazer as acusadas de bruxaria confessarem, dado que as autoridades sentiam que a confissão voluntária era inválida. Da mesma forma, em Roma não se admitia que os escravizados fossem confiáveis o bastante para que confessassem de livre e espontânea vontade, logo eram torturados com esse fim.

Entre os métodos de tortura temos exercícios forçados, quebra de ossos, remoção de unhas, língua ou dentes, amarrar o corpo, queimar as solas dos pés com carvão em brasa, marcação, açoite, queimaduras, castração, ferimentos, torturas com água, chicotadas nos pés, partir o joelho, amputação de membros, estupro, privação de alimentos, além de diversas outras formas de tortura psicológica. Na Europa Medieval, diversas ferramentas especializadas foram criadas para torturar as vítimas, incluindo o cavalete, a bota, a roda de Santa Catarina, chicotes, cadeados, troncos, anjinhos (esmagadores de polegares) e a dama de ferro.

A tortura também tem sido utilizada como castigo uma vez que o suspeito já tenha sido condenado por um crime. No mundo clássico, por exemplo, empregava-se a crucificação, uma forma de punição capital e também de tortura, dado o sofrimento infligido ao condenado. Em verdade, por milhares de anos os estados têm usado métodos de punição capital, nos quais as vítimas sofrem terrivelmente antes de morrerem, métodos esses usualmente reservados para os piores crimes. Transgressões mais leves em geral recebiam punições mais brandas, mas igualmente violentas, como espancamentos públicos. Segundo o filósofo Michel Foucault (1987), execuções e torturas públicas eram comumente empregadas por dois motivos: para que o público testemunhasse o reflexo da violência do crime original no corpo do condenado e para inscrever fisicamente, nesse mesmo corpo, a vingança do Estado. Além disso, culturas em que a escravidão era praticada sempre usaram práticas associadas à tortura – açoite, estupros, mutilações – no intuito de controlar e disciplinar os escravizados. Eventualmente, contudo, a maioria das nações acabou por afastar-se desses meios visíveis, públicos e corporais de punição, muito embora mais de trinta países ainda pratiquem alguma de suas formas, tais como as vergastadas (Singapura), chicotadas (Sudão) ou amputações (Arábia Saudita).

A amputação também tem sido usada como forma de punição. Por exemplo, no século XVII Don Juan de Oñate, conquistador espanhol do Novo México, castigou o povo indígena Acoma pela Rebelião de Popé (Po'pay) de 1680, assassinando cerca de oitocentas pessoas, escravizando centenas de mulheres e crianças e amputando o pé direito de todos os homens sobreviventes. Em 1998, aniversário dos quatrocentos anos de sua chegada, a estátua de bronze em sua homenagem em Española, Novo México, foi vandalizada: serraram-lhe o pé direito e o responsável deixou um bilhete: o justo é justo.

Desde há muito o estupro é uma ferramenta utilizada para controlar pessoas em contextos belicosos. Além de servir como meio para humilhar e dominar mulheres, os **estupros de guerra**, conduzidos por exércitos majoritariamente masculinos, visam também destruir laços familiares e sociais. Durante a Segunda Guerra Mundial, soldados japoneses foram responsáveis pela violação de dezenas de milhares de chinesas na cidade de Nanjing, e sequestraram e transformaram em prostitutas entre 80.000 e 200.000 coreanas, a quem chamavam de "mulheres de conforto". Além disso, milhares de mulheres, a maioria alemã, foram estupradas por tropas russas nos últimos meses da Segunda Guerra, enquanto nazistas violentavam judias nos campos de concentração. Mais recentemente, 20.000 garotas e mulheres muçulmanas foram estupradas por sérvios durante a Guerra da Bósnia, no começo dos anos 1990, e durante a Guerra Civil de Ruanda até meio milhão de mulheres Tutsi foram violentadas e frequentemente mortas por Hutus.

Em 2004, os norte-americanos ficaram chocados após o aparecimento das fotos da Prisão de Abu Ghraib, no Iraque. Nelas, militares dos Estados Unidos torturavam, estupravam e humilhavam prisioneiros iraquianos, e ainda que os soldados envolvidos tenham enfrentado a corte marcial e alguns dentre eles tenham ido para a prisão, muitos críticos acreditam que seu comportamento não foi um desvio, mas sim que procediam segundo a política militar ou, no mínimo, conforme o ambiente militar que salienta dominância e agressão. A situação foi particularmente incomum porque boa parte dos abusos envolveu humilhação sexual e feminização dos prisioneiros, muito embora três dos militares implicados fossem mulheres. A maioria das pessoas pensa as mulheres como "naturalmente sensíveis", de modo que o procedimento delas foi particularmente chocante.

De fato, é sempre chocante para o público tomar conhecimento de pessoas "normais" envolvidas em tortura, um tema que o psicólogo Stanley Milgram explorou em um dos seus famosos estudos sobre a obediência, na década de 1960. Neles, dizia-se aos sujeitos estudados que eles administrariam potentes choques elétricos em outros sujeitos (que eram, em verdade, atores contratados) quando dessem respostas erradas a perguntas. Cada vez que o questionado errava a resposta, a voltagem subia e ele (supostamente) sentia mais dor. No experimento, 65% dos sujeitos continuaram a dar choques até o fim do experimento, mesmo se isso significasse matar o questionado, enquanto 35% não conseguiram completá-lo e o abandonaram na metade. O que levaria alguém a ferir continuamente outra pessoa, ainda que claramente não o desejasse? Parte significativa dos resultados de Milgram apontam para a intimidação sofrida por pessoas comuns quando diante da autoridade: elas tendem a cumprir o que são ordenadas, mesmo com consciência de que é errado, quando alguém em posição de autoridade ordena. Para os soldados nazistas, uma consequência advinda da não participação no comportamento abjeto em que se engajaram era, com certeza, a morte nas mãos dos comandantes.

Desde o final da Segunda Guerra Mundial, quando as atrocidades do Holocausto vieram à luz, muitas nações assumiram uma postura rígida de oposição à tortura como forma de castigo e como meio para extração de informações de suspeitos. Não obstante, como dito no início deste capítulo, isso ainda ocorre em diversos países: a Anistia Internacional descobriu (por volta de 2014) que 81 estados (incluídos aí os Estados Unidos) praticavam a tortura presentemente. Elaine Scarry (1985) escreveu que, atualmente, a tortura permanece sendo utilizada pelos regimes politicamente mais voláteis no intuito de assegurar o controle sobre uma população que já não aceita mais ser controlada.

Pena capital

A pena de morte, a despeito de toda controvérsia que suscita atualmente, é uma das formas de punição mais antigas do mundo. Usualmente reservada para os piores crimes de uma sociedade (mas que até finais do século XIX incluía contravenções menores, como o roubo), culturas grandes e pequenas executaram assassinos, bruxos e guerreiros fugidos – algumas continuam a fazê-lo nos dias de hoje. Em sociedades tribais, era frequentemente empregada como modo de compensação do derramamento de sangue – quando um membro do clã ou grupo matava alguém de outro grupo, os membros deste último tinham o direito de por fim à vida do perpetrante.

Os métodos de execução são muitos, geralmente baseados na severidade do crime. Na Europa Renascentista, por exemplo, considerava-se a decapitação pela guilhotina como um meio rápido e indolor de execução, logo visto como uma opção clemente para infratores cujo crime não fosse tão grave. Na China, por sua vez, reservava-se a decapitação para as infrações mais gravosas, enquanto o estrangulamento (conquanto mais lento e doloroso) era a opção para crimes mais leves, pois os chineses acreditavam que o corpo precisava estar inteiro após a morte. Já os criminosos, cujas violações eram particularmente hediondas, eram parcialmente enforcados, incinerados e esquartejados. Da mesma forma, outras culturas optavam por métodos reconhecidamente causadores de dor extrema antes da morte – como crucificação, esmagamento, apedrejamento, morte por mil cortes (*lingchi* em chinês) ou estripamento – para os crimes mais terríveis.

Em diversas culturas que aplicam a pena de morte, as execuções eram públicas, pois a população precisava ver a vítima perecer para que o ato funcionasse como dissuasão. Além disso, em lugares como a China e a Inglaterra, a cabeça do executado ficava exposta, não raro na ponta de uma estaca em praça pública, para educar ainda mais os cidadãos. O **castigo**

infamante compreendia pendurar ou exibir os restos mortais de um criminoso (ou às vezes ele ainda vivo) para servir de aviso aos outros. Ironicamente, contudo, tais exibições notórias frequentemente incitam violência entre os espectadores. Nos Estados Unidos, o último caso desse tipo de execução ocorreu em 1936.

Com o tempo, os países que ainda aplicam a pena capital afastaram-se de métodos violentos e dolorosos e adotaram outros considerados mais humanos. Nos Estados Unidos, por exemplo, práticas antes usadas incluíam queimaduras, roda da tortura, esmagamento, pelotão de fuzilamento e a forca. No século XIX, tornou-se popular a cadeira elétrica, junto com o enforcamento e o fuzilamento, enquanto no século XX surgiu a câmara de gás. Embora esses métodos sejam ainda tecnicamente legais, a morte por injeção letal, introduzida originalmente em 1982, tornou-se a forma de execução mais comum nos Estados Unidos atualmente.

Hoje em dia, a pena capital é algo relativamente raro no mundo, e há mais países que a aboliram do que permanecem a empregá-la. Os Estados Unidos são a única nação moderna ocidental que ainda permite a execução de seus cidadãos (mas apenas em 33 estados; outros 17 já a aboliram); outros dois grandes países que ainda a utilizam são a China e a Índia.

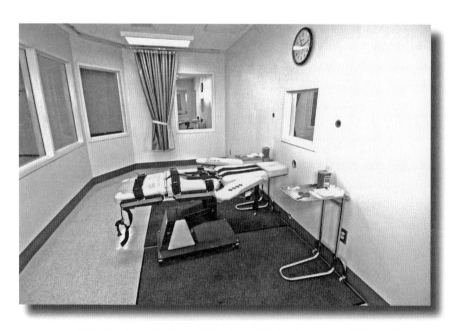

Figura 14.3 – Sala de injeção letal na Prisão Estadual de San Quentin, concluída em 2010.
Foto cortesia do Departamento Correcional e de Reabilitação da Califórnia.

Defensores da pena de morte argumentam que ela exerce uma importante ação dissuasória sobre os crimes violentos e tira criminosos perigosos das ruas. Já seus opositores a consideram cruel e inumana, e que como o sistema judiciário não é à prova de erros, inocentes podem (e efetivamente foram) sentenciados à morte. Estudos têm mostrado que especificamente nos Estados Unidos, homens não brancos são mais sentenciados à morte do que os brancos, e que no caso de a vítima ser branca, a probabilidade de o réu receber a pena capital é maior do que se ela for negra ou hispânica.

A ascensão das prisões e o confinamento dos criminosos

Segundo Michel Foucault, as nações ocidentais começaram a se afastar dessas formas de punição públicas e viscerais no século XVIII não graças a preocupações humanitárias relativas às execuções públicas violentas, mas sim porque estas geralmente despertavam simpatia pública pelos condenados. Além disso, continua Foucault, o Estado tornou-se gradualmente mais preocupado com a ordem, e o aprisionamento em presídios era uma forma mais previsível e ordeira de lidar com o crime e suas consequências. Mas ainda que a pena de morte e a tortura sejam meios evidentes, visíveis, de punir o corpo, o Estado encontrou novas maneiras igualmente efetivas de usar o corpo: por exemplo, o uso de prisioneiros acorrentados em obras públicas (que ainda existe em diversas partes do mundo, incluindo os Estados Unidos, onde geralmente recolhem lixo nos acostamentos das estradas), desenvolvido para exibir ao público os corpos criminosos, a um só tempo punindo os transgressores e demonstrando publicamente tanto a natureza do crime quanto a punição respectiva – algo semelhante ao método romano de forçar criminosos, como os cristãos, a trabalhar nas minas.

Com o advento das prisões como forma predominante de punição (ao invés de simples forma de confinamento, até que o encarcerado fosse torturado, açoitado ou morto) no século XIX, a observação, controle e registro cuidadosos dos corpos dos condenados assumiu o lugar central. Os edifícios foram pensados com o intuito de maximizar o controle estatal sobre os corpos dos prisioneiros, bem como permitir sua monitoração rigorosa pelos funcionários prisionais, eventualmente empregando circuitos fechados de câmeras e televisores.

Atualmente, os Estados Unidos têm a maior população prisional do mundo, com mais de dois milhões de cidadãos seus atrás das grades, graças à maior influência federal nas condenações (incluindo sentenças mínimas obrigatórias), penas mais duras para crimes relacionados a drogas e mais recursos públicos destinados ao policiamento e à construção de presídios. Um dos resultados desse aumento da população prisional, combinado à natureza racista do sistema judiciário, é a grande discrepância entre grupos étnicos nas prisões. Ainda que, em termos estatísticos, homens e mulheres não brancos sempre tenham constituído a maioria da população carcerária norte-americana, desde meados dos anos 1980, quando o Governo Reagan aprovou algumas das legislações antidrogas mais duras jamais vistas naquele país, o número de afro-americanos presos explodiu até chegar a ser dez vezes superior ao dos brancos, e atualmente um quarto dos homens negros jovens está preso ou em liberdade condicional.

Marcas do desvio: identificando os criminosos

Como vimos, o Estado tem marcado criminosos por milhares de anos, geralmente com tatuagens ou marcações, práticas essas que os punem, mas que também os estigmatizam permanentemente, facilitando seu reconhecimento ao longo da vida.

A identificação dos criminosos tem sido uma preocupação para os governos e agentes da lei, de modo que diversos métodos foram desenvolvidos com tal função. O mais comum hoje em dia são as impressões digitais, que podem ter sido utilizadas até na antiga Babilônia, na China e na Pérsia, mas que só se tornaram o modo padrão para identificar criminosos em finais do século XIX, na Europa. Por essa época, já era utilizada há cerca de vinte anos na Índia, e uma das razões para sua popularidade é que as autoridades coloniais britânicas eram incapazes de reconhecer os cidadãos locais a partir de suas fisionomias. Hoje em dia, o FBI (Departamento Federal de Investigação dos Estados Unidos) possui mais de 55 milhões de impressões digitais em seu principal banco de dados.

Outro método para a identificação de criminosos é por meio de medições. O antropólogo francês Alphonse Bertillon criou um sistema chamado **assinalamento antropométrico**, que envolvia medir a cabeça e o corpo de um suspeito e registrar os dados em cartões indexados, organizados por medidas. Por meio desses cartões, agentes legais poderiam buscar por indivíduos a partir de sua altura ou do comprimento dos seus dedos, por exemplo, para checar se eles já haviam sido presos alguma vez.

Mas já houve outros métodos para identificar criminosos. Acreditava-se que tendências criminais ou desvios de personalidade poderiam ser reconhecidas a partir da análise da aparência física de alguém: a forma do crânio, traços fisionômicos e mesmo tatuagens poderiam ser utilizados para determinar a presença de inclinações criminosas. O criminologista Cesare Lombroso foi um defensor dessa abordagem, e no século XIX examinou os corpos de centenas de criminosos no intuito de determinar as características físicas, e tatuagens, por eles compartilhadas.

A associação entre tatuagens e criminalidade vai muito além de Lombroso. Na Índia Colonial, por exemplo, as autoridades britânicas perceberam que diversas populações tribais costumavam tatuar-se, e como compartilhavam da teoria lombrosiana de que a criminalidade era algo inato, consideraram que deveriam catalogar as tatuagens usadas pelos diferentes grupos indianos para demonstrar sua propensão ao crime. Além disso, sob a Lei das Tribos Criminosas [Criminal Tribes Act] de 1871, centenas de populações tribais, tatuadas ou não, eram tidas como delinquentes pelas autoridades coloniais, que eram legalmente autorizadas a investigá-las, registrá-las e controlá-las.

Na Austrália do século XIX, ingleses condenados e degredados para as colônias penais lá existentes tinham suas tatuagens catalogadas ao partirem e quando da chegada ao destino, uma forma de identificar criminosos anterior às impressões digitais e de recapturar eventuais fugitivos. Como esses condenados frequentemente se tatuavam a bordo dos navios que os levavam, para espantar o tédio ou como forma de sofrimento coletivo (e provavelmente graças à proximidade com os marinheiros tatuados que os cercavam), suas novas tatuagens eram uma forma de subversão contra a autoridade britânica, pois esses desenhos corporais seriam diferentes daqueles de quando haviam deixado a Inglaterra. Isso demonstra uma prática conhecida já em tempos romanos: infratores que tatuavam a si mesmos para apagar ou cobrir as marcas criminais feitas neles, ou que as destacavam, encarando-as como insígnias de honra.

Atualmente, os serviços policiais continuam a fichar tatuagens de ex-criminosos, membros de gangues e detidos pelos mais variados crimes. Esses bancos de dados incluem fotos digitais, descrições de milhares de contraventores e de, literalmente, qualquer um que já tenha sido preso por cometer um crime. Arquivos desse tipo auxiliam os agentes a identificar suspeitos e eventualmente associá-los a organizações criminosas. Outros aspectos individuais, como cicatrizes, traços faciais, reconhecimentos da íris e outras formas de **dados biométricos**, são igualmente registrados. Esses novos arquivos eletrônicos, que lembram o método bertillon de assinalamento antropométrico, têm preocupado os especialistas em liberdades individuais, que temem que essas tecnologias assinalem o crescimento de uma sociedade de vigilância total, em que todos os cidadãos poderão ser monitorados a partir de seus dados físicos e pessoais, ou mesmo das suas próprias movimentações.

Atualmente, o método mais recente (e com maior potencial de exatidão) para identificar suspeitos é o exame de DNA. Quando um crime é cometido hoje em dia, investigadores forenses coletam sangue, sêmen, amostras de cabelo, dentre outras amostras biológicas, e todo esse material é testado em busca de informações genéticas que, espera-se, levarão à prisão e à condenação do perpetrador. Essa impressão genética, contudo, somente resulta em prisão quando a polícia já possui cadastrado o DNA do suspeito; sem essa primeira amostra, não há como estabelecer comparações com material coletado em cenas de outros crimes. Defensores desse método desejam que a coleta do DNA de suspeitos se torne algo obrigatório, para expandir o banco de dados e ajudar a solucionar delitos futuros. Os Estados Unidos já possuem o maior desses bancos, que em 2007 continha mais de cinco milhões de registros, mas muita gente se preocupa com o fato de o Estado controlar informações tão íntimas sobre tantas pessoas. Além disso, como o governo norte-americano pode coletá-las sub-repticiamente, muitos nem sequer têm ideia de que seu DNA já esteja arquivado. No Reino Unido, por sua vez, uma lei de 2004 tornou ilegal essa coleta involuntária.

Nos Estados Unidos, que têm mais de seus próprios cidadãos encarcerados do que qualquer outra nação no planeta, o que fazer com essa população e como tratá-la é um tópico amplamente debatido. E mais, diante de uma "Guerra ao terror" que já dura mais de duas décadas, a discussão sobre o que fazer com os prisioneiros da prisão de Guantánamo, e se a tortura e as técnicas aprimoradas de interrogatório são ou não legais, apropriadas ou eficientes, permanece aberta e relevante. Como veremos no capítulo 15, alguns países como a China optaram por novos métodos para lidar com alguns desses questionamentos.

Questões interessantes: fotos de registro criminal

Uma foto de registro criminal (em inglês mugshot) é aquela tirada logo após a prisão de alguém detido em flagrante. A primeira delas foi tirada no século XIX, por um detetive chamado Allan Pinkerton, que usava retratos dos criminosos em cartazes de "procura-se" distribuídos em todo o oeste dos Estados Unidos. O termo em inglês deriva de duas gírias para face ("mug") e fotografia ("shot"). Atualmente, policiais e demais agentes legais as utilizam para rastrear a fisionomia de aprisionados e condenados. Além disso, em tempos recentes, mugshots de celebridades presas têm vazado para as mídias, de que são exemplos Hugh Grant (preso em 1995 por ato obsceno com uma prostituta), James Brown (preso em 2004 por violência doméstica) e O. J. Simpson (preso em 1994 por duplo homicídio), todos pessoas bem conhecidas, cujas fotos foram para o registro criminal. Como esses retratos estão fortemente associados à ideia de criminalidade, e como as pessoas detidas geralmente não estão no seu melhor momento quando fotografadas, as próprias fotografias podem levar o público, a imprensa e, mais importante, os membros de júris populares a pensar que a simples existência delas já indica culpabilidade. Por causa disso, muitos estados norte-americanos aprovaram leis destinadas a desencorajar procuradores a mostrá-las aos jurados durante os julgamentos. Quando O. J. Simpson foi preso após o assassinato de duas pessoas em 1994, a revista Time pôs em sua capa uma versão digitalmente alterada de sua foto policial, deixando-a muito mais escura e sombria do que era na realidade. Críticos argumentaram que a publicação destacava o fato de Simpson ser afro-americano, tirando proveito dos medos raciais norte-americanos. Em um caso mais recente, em 2011, Jared Loughner foi indiciado por ter atirado em vinte pessoas, incluindo uma deputada, e matado seis delas do lado de fora de um supermercado no Estado do Arizona. Sua mugshot, que mostra um homem careca, de olhar alucinado e com um sorriso estranho, foi exibida pela imprensa sob manchetes que diziam "a face do mal" ou "os olhos loucos de um assassino". A maioria das pessoas que vê essa foto enxerga alguém a um só tempo desafiador, insano e, o mais importante, mau. Ainda que Loughner tenha eventualmente se declarado culpado por dezenove casos de assassinato e tentativa de assassinato, e ao fazê-lo evitou um julgamento demorado e a pena de morte, se tivesse ido ao júri popular, os advogados de defesa indiscutivelmente argumentariam que sua foto de registro criminal seria um elemento prejudicial ao caso.

> **Termos fundamentais**
> assinalamento antropométrico
> castigo corporal
> castigo infamante
> Convenções de Genebra
> dados biométricos
> estupros de guerra
>
> extradição irregular
> técnicas aprimoradas de interrogatório
> tratamento de inibição da testosterona

Leituras complementares

Foucault, M. (2014). *Vigiar e punir: Nascimento da prisão*. Vozes.

Lombroso, C. (2017). *O homem delinquente*. Ícone.

15
CORPOS MERCANTILIZADOS

Em 2005, começou a circular um e-mail com o título "fábrica de processamento de partes humanas na Rússia" contendo uma série de fotos bastante explícitas que aparentemente mostravam dezenas de corpos nus empilhados no chão e em mesas de um cômodo imundo, enquanto outras exibiam homens vestindo aventais ensanguentados esquartejando os cadáveres. O e-mail alertava que essa tal fábrica russa coletava órgãos de corpos não reclamados e os vendia a universidades e farmácias. Ainda que tanto a mensagem eletrônica quanto as fotos fossem boatos (para que sejam clinicamente efetivas, coletas de órgãos precisam ser feitas em um ambiente esterilizado, de um morto muito recente ou com morte cerebral), sua credibilidade aponta para o temor social generalizado que cerca a doação de órgãos.

No Brasil, esse temor manifestou-se em notícias amplamente difundidas a partir dos anos 1980 de crianças que eram supostamente sequestradas e mortas e para que seus órgãos fossem exportados para países ricos, como os Estados Unidos e o Japão. A antropóloga Nancy Scheper-Hughes (1993) soube desses boatos enquanto trabalhava no Brasil, e de como eles levaram muitos brasileiros pobres a evitar hospitais (onde poderiam ser mortos), opor-se à adoção de crianças por estrangeiros (elas seriam usadas com o mesmo propósito) e até mesmo a atacar turistas norte-americanos. Muito embora nenhuma comprovação desses misteriosos sequestros jamais tenha aparecido, a realidade é que *existe*, de fato, um **mercado clandestino de órgãos humanos**, cujas mercadorias *provêm*, em larga medida, de gente pobre como a que vive nas favelas brasileiras. A razão para a existência desse mercado ilegal tem a ver tanto com o crescimento da demanda pela doação de órgãos ao redor do mundo quanto com as realidades econômicas. Aqueles que podem lucrar com os corpos alheios frequentemente o fazem, e frequentemente pessoas desesperadas aceitam vender seus próprios corpos, ou partes deles, para aliviar um pouco seu sofrimento. Desse modo, os corpos têm valor econômico – estejam eles vivos ou mortos.

A escravidão e a posse de seres humanos

Escravidão refere-se à prática de ter pessoas como propriedades e forçá-las ao trabalho sem que recebam qualquer compensação. Ainda que a maioria dos norte-americanos pense na escravização dos africanos nas Américas quando o tema é abordado, o fato é que a escravidão tem sido praticada desde a Antiguidade, no mundo inteiro, pelas mais diferentes sociedades – e em algumas continua ocorrendo ainda hoje. Na civilização ocidental, sua origem pode ser rastreada até a Jericó neolítica, uma comunidade agrícola primitiva que existiu no Oriente Médio há 10.000 anos atrás. Praticou-se a escravidão na Mesopotâmia, Egito, Grécia, Israel, Pérsia, Roma e Bizâncio, bem como entre chineses, maias, astecas, indianos e diversas populações africanas, polinésias e melanésias.

Historicamente, houve diversas formas de escravização. Muitos nascem na escravidão, outros são escravizados após guerras, seja como prisioneiros ou órfãos. Outro modo pelo qual era possível possuir a força de trabalho de outras pessoas foi a colonização, e a **escravidão por dívida** é um tipo muito antigo de escravização, em que um parente ou mesmo um dos pais empenha alguém, geralmente uma criança, em troca de um pagamento. A vítima precisa, então, trabalhar até pagar o empréstimo e poder voltar para casa, uma possibilidade geralmente inalcançável, dados o valor do débito e o fato de os novos senhores descontarem mensalmente certos montantes (alimentação, aluguel, serviços, "proteção") tão altos que a dívida jamais é paga. Em algumas culturas, culpados por certos crimes, ou seus familiares, podem ser vendidos como escravizados para compensar suas vítimas.

Os escravizados não têm direito aos próprios corpos, tampouco controlam a própria força de trabalho ou mesmo sua reprodução. Nos Estados Unidos antes da Guerra de Secessão, por exemplo, os africanos escravizados eram não somente forçados ao trabalho como quando uma mulher dava à luz filhos (provenientes tanto de relações consensuais com parceiros, pois em geral não se permitia que casassem legalmente, quanto de violações pelos senhores), estes podiam ser retirados dela e vendidos. Nos anos iniciais do regime escravista norte-americano, a reprodução não era estimulada, e a média de vida dos escravizados era de seis anos após chegarem ao continente americano – quando morriam, eram simplesmente repostos por novos cativos trazidos da África. Quando o **Tráfico Transatlântico de Escravizados** foi abolido, em 1808, porém, os senhores escravistas não tiveram outra opção que não a de encorajar a reprodução dos seus escravizados, ou mesmo reproduzi-los intencionalmente como animais, vendendo algumas das crianças, a "mão de obra excedente", para outras plantações e gerando algum lucro. Claro está que esses senhores desempenharam um papel fundamental na geração de crianças escravizadas com base na fertilidade extremamente alta das escravas, em especial dada a alta taxa de mortalidade infantil. Sobre essas mulheres, escreveu a socióloga Barbara Omolade:

> Sua vagina, usada para o prazer sexual [do senhor], era o portal para o útero, lugar de investimento do seu capital – investimento esse o ato sexual, e a criança resultante o superávit acumulado que valia dinheiro no mercado de escravizados (1983, p. 54).

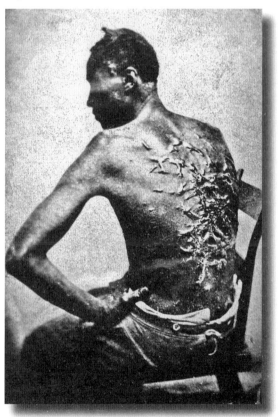

Figura 15.1 – Esta fotografia tirada em 1863 mostra Peter, um ex-escravizado e as cicatrizes das chicotadas que levou dos seus feitores. Ela foi amplamente divulgada como evidência da crueldade do regime escravagista. Cortesia do National Archives and Records Administration.

As mulheres livres não trabalhavam nem nos campos nem em casa, e o cuidado dos seus filhos cabia às escravas, mas enquanto estas estivessem vulneráveis à violência sexual por parte dos senhores, aquelas tinham sua sexualidade rigorosamente controlada: só podiam fazer sexo com os maridos e *certamente* não podiam manter relações com seus escravizados.

Como os escravizados eram propriedades, seus donos marcavam seus corpos a ferro ou com tatuagens, demonstrando sua reivindicação de posse. Noutros tempos, tinham suas cabeças raspadas para que fossem visualmente distintos dos não escravizados. Em quase todas as sociedades, podiam ser fisicamente punidos pelos seus donos, sendo marcados, açoitados, castrados ou até mesmo assassinados. À medida que a ciência racializada era desenvolvida no século XIX, crânios e traços fisionômicos dos africanos escravizados foram medidos por cientistas, que usaram tais informações para provar a inferioridade deles. Às vezes, quando já não tinham mais serventia, os escravizados chegavam a ser devorados pelos seus donos, como acontecia entre os Tupinambás do Brasil.

Ainda que em diversas regiões a escravidão não tivesse base racial, nas Américas teve, de modo que "preto" e "escravo" tornaram-se sinônimos, convergência essa que desempenhou um importante papel na consolidação das práticas raciais e do racismo no continente americano, um legado que ainda nos persegue até hoje. Uma das muitas justificativas para a escravização dos africanos era, em verdade, a ideia de que não somente eles e os europeus haviam sido criados diferentemente (conceito conhecido como poligenia), mas também que os europeus eram mais fortes. Considerava-se que os africanos eram menos sensíveis à dor (justificando assim os espancamentos), mas, ao mesmo tempo, mais suscetíveis a doenças como o tétano, gripes e problemas respiratórios, uma noção advinda da baixa expectativa de vida dos escravizados, creditada à suposta falta de aptidão biológica, e não às terríveis condições em que viviam e trabalhavam. Seja como for, essa aparente inferioridade física e intelectual indicava que os africanos seriam inclinados à escravidão. Num tempo bem mais recuado, também Aristóteles afirmou que escravos tinham nascido para serem escravos, sem aptidão para qualquer outra coisa.

Hoje em dia, a escravidão continua a ser praticada em diversos países, embora não seja legalizada em parte alguma. A forma mais comum é a escravidão por dívida, em que crianças e mulheres são usadas como garantia de empréstimos, ou mais simplesmente vendidos para saldar débitos, precisando prostituir-se ou assumir outros serviços. Essas pessoas vêm de famílias muito pobres e de países muito pobres, e podem ser escravizadas em suas próprias nações ou traficadas para o estrangeiro. É possível que haja cerca de vinte milhões de escravizados no mundo atualmente, em lugares como o Sudão, em que populações tribais são escravizadas pelos árabes; na Índia, onde frequentemente os intocáveis trabalham sem receber; na Costa do Marfim, onde crianças são forçadas a trabalhar nas plantações de cacau; na Tailândia, onde existem garotas escravas sexuais; e na Califórnia, do onde garotas indianas trabalham sem receber em hotéis e restaurantes.

Prostituição, tráfico sexual, turismo sexual

Geralmente conhecida como "profissão mais antiga no mundo", na prostituição homens e mulheres vendem acesso sexual aos seus corpos por um certo preço. Entre os gregos e sumerianos da Antiguidade, praticava-se o sexo pago, mas havia também a **prostituição sagrada**, ocorrida em templos e que não envolvia troca de valores. Embora essa prática não tenha sobrevivido ao cristianismo, a prostituição em si foi frequentemente tolerada pela Igreja: na Idade Média europeia, destinavam-se às prostitutas lugares específicos, fora dos muros da cidade, para exercerem seu ofício, pois entendia-se que comprar e vender sexo era menos vergonhoso do que a masturbação ou a sodomia.

Sander Gilman (2008) observa que durante o século XIX, período em que os grupos raciais estavam sendo medidos e classificados, as prostitutas eram sujeitas ao mesmo tipo de análise. Por exemplo, com base nos estudos antropológicos de então, que avaliavam peso, tamanho dos crânios, anormalidades faciais e *background* familiar das mulheres, Freud afirmou que algumas delas apresentavam "aptidão para a prostituição".

Em certos países (e nos Estados Unidos em alguns condados no Estado de Nevada), existem formas legais de prostituição. Em geral, onde a prática é legalizada, como na Europa, na Austrália e na Nova Zelândia, existe regulação, ocorre em bordéis onde as prostitutas fazem exames regulares para identificar DSTs, os clientes precisam usar preservativos, as condições de trabalho são seguras e as prostitutas recebem o suficiente para viver. Já o *trottoir*, a prostituição nas ruas, é tipicamente ilegal (normalmente são as mulheres que vão presas, enquanto seus clientes permanecem livres), bem como a **cafetinagem**, pois esta envolve coerção e controle sobre corpos alheios. Interessante que no Japão, sexo vaginal pago é ilegal, mas o oral não é.

Nos lugares em que o *trottoir* acontece, mulheres e homens (chamados michês ou **gigolôs**) tendem a ser jovens que muitas vezes abandonaram a família (ou foram abandonados), são viciados em drogas e não raro foram coagidos a se prostituir. Eles levam uma vida perigosa – em termos de mortalidade ocupacional, a prostituição nas ruas é mais arriscada do que qualquer outra ocupação com presença majoritariamente feminina – e correm o risco de serem agredidos ou mortos por cafetões, clientes (em sua maioria homens casados) e outros que atacam os mais vulneráveis. Da mesma forma, são os mais propensos a se contaminarem com doenças sexualmente transmissíveis.

Mas mesmo onde a prostituição é voluntária e relativamente segura, há muitos argumentos contrários à prática, pois pela própria natureza do ofício, ela explora as mulheres e as torna em objetos que existem para satisfazer sexualmente os homens. Além disso, muitas feministas observam que a noção mesma de "prostituição voluntária" é ilusória, pois ninguém, mulher ou homem, se prostituiria sem que estivesse, para começar, bastante desesperado.

Além disso, ainda que existam lugares como nos Países Baixos, em que a prostituição regulamentada que ocorre nos bordéis resulta em bons pagamentos para as mulheres que exercem grande controle sobre seus corpos e condições de trabalho, eles não deixam de ser exceções.

Na Tailândia, por exemplo, onde a prostituição é tecnicamente ilegal, mas extremamente comum, garotas e mulheres trabalham em bordéis onde servem diariamente inúmeros homens e ganham quase nada; boa parte dessa renda vai para pagar as dívidas de suas famílias, além dos gastos com alimentos e outras despesas essenciais. Elas são, em geral, traficadas de países como Mianmar e encontram-se à mercê dos cafetões que as possuem, dos clientes que fazem sexo com elas e dos policiais que as vitimizam. Virgens são vendidas por até 1.000 dólares (quantia que as meninas jamais receberão), mas logo depois seu valor cai abruptamente.

O **tráfico de pessoas** é uma prática muito antiga que envolve forçar mulheres e crianças ao trabalho forçado e à servidão sexual. É geralmente associado às guerras, quando exércitos vencedores geralmente matam os homens das nações derrotadas, mas trazem consigo mulheres e crianças como espólios de guerra e as escravizam. Durante a Segunda Guerra Mundial,

Figura 15.2 – Uma prostituta de Tijuana. Cortesia de Tomas Castelazo via Wikimedia Commons.

centenas de milhares de coreanas e japonesas foram sequestradas e escravizadas pelo exército imperial japonês e forçadas a servir sexualmente os soldados, as chamadas "**mulheres de conforto**", um exemplo de estupro de guerra. Comumente, essas práticas visam tanto recompensar os soldados quanto aterrorizar a população e humilhar os inimigos, destruindo no processo os laços familiares. É também uma forma de **limpeza étnica**, como na Guerra da Bósnia, em que mais de vinte mil muçulmanas foram estupradas (muitas das quais ficaram grávidas) por soldados sérvios, num programa de genocídio étnico e cultural. É, igualmente, um exemplo de como a prostituição e a guerra há muito tempo têm estado interligadas.

É comum instalar bordéis junto a bases militares durante conflitos armados, não raro com apoio explícito dos comandantes, para servir às necessidades dos soldados. Foi o caso da Guerra da Coreia (1950-1953), em que garotas daqueles país serviram como prostitutas, ou mulheres de conforto, para os fuzileiros norte-americanos. Os bordéis foram instalados como parte do tratado de defesa mútua entre a Coreia do Sul e os Estados Unidos. Durante a Guerra do Vietnã, oficiais norte-americanos organizaram espaços na vizinha Tailândia onde os soldados podiam escapar das agruras da guerra, descansar e se divertir – algo que incluía sexo com mulheres locais. Os Estados Unidos investiram em cidades como Bangkok, exigindo como contraparte que o governo tailandês criasse oportunidades "recreacionais" para seus soldados – origem do moderno comércio sexual daquele país. Como ocorreu com as mulheres de conforto durante a Guerra da Coreia, as que se prostituíram durante a Guerra do Vietnã eram miseráveis e sonhavam com a oportunidade de casar com um dos seus clientes e se mudar para os Estados Unidos depois da guerra. Chamadas "esposas menores", algumas delas até conseguiram viajar até os Estados Unidos, mas a maioria foi deixada para trás, às vezes com filhos, e sendo essas crianças mestiças, eram frequentemente rejeitadas e enviadas para orfanatos, onde eram criadas por freiras, ou adotadas por casais no exterior. Com o fim da Guerra do Vietnã (1975), a infraestrutura de prostituição desenvolvida para os soldados foi reorganizada para atender ao turismo sexual internacional.

Atualmente, o tráfico de pessoas é a forma de escravidão que mais cresce, e, segundo o Departamento de Estado norte-americano, é a segunda indústria criminal, em tamanho e crescimento, especialmente no Sudeste Asiático e no Leste Europeu. Os traficantes abordam as pobres e desesperadas, que buscam por uma saída da miséria e acreditam que poderão ter uma vida melhor se forem com homens que prometem mandar dinheiro para suas famílias. Elas são enviadas para o estrangeiro, organizadas segundo beleza e idade, e conduzidas a destinos onde podem ser compradas e usadas. Algumas acreditam que vão se tornar empregadas domésticas, ou até mesmo modelos, mas ao invés disso, tornam-se prostitutas, e quando descobrem a nova situação em que estão envolvidas, elas (ou suas famílias) são ameaçadas com violência se tentarem fugir.

Crianças prostituídas, populares entre turistas ocidentais que vão a lugares como a Tailândia praticar turismo sexual, levam uma vida particularmente difícil, fazendo sexo com uma dezena ou mais de homens todo dia, geralmente sem qualquer proteção, e vivenciando gestações indesejadas e doenças sexuais numa frequência alarmante. Segundo a Unicef, cerca de 1,2 milhão de crianças são traficadas anualmente, boa parte delas para servirem de prostitutas. A organização norte-americana Centro Nacional para Crianças Desaparecidas e Exploradas estima que 2,8 milhões de menores fogem de casa todo ano, e desses um terço acaba caindo na prostituição infantil.

Segundo a socióloga Jacqueline Sanchez Taylor (2006, 2009), o que atrai esses homens que fazem turismo sexual é o fato de as mulheres e garotas serem estrangeiras, exóticas e, preferencialmente, asiáticas. Muitos desses clientes aparentemente nem sequer consideram que o que fazem se constitui em prostituição, e sim que elas simplesmente querem fazer sexo com eles. As trocas sexuais são orientadas por estereótipos raciais e sexuais, segundo os quais as brancas são metidas, demasiadamente independentes ou sexualmente conservadoras, enquanto as asiáticas seriam submissas, solícitas e sexualmente vorazes. Esses homens fecham os olhos ao fato de que a pobreza e a miséria formam o alicerce da indústria internacional do sexo.

Graças ao ativismo das organizações de defesa dos direitos das prostitutas, atualmente a maior parte dos grupos femininos assumiu a posição de que nem toda prostituição é, necessariamente, exploratória, e que as formas verdadeiramente voluntárias deveriam ser descriminalizadas e reguladas, de modo que as trabalhadoras do sexo estejam protegidas, enquanto todas formas de coerção devem ser eliminadas.

Questões interessantes: virgindade à venda

Em 2012, uma brasileira de 20 anos chamada Catarina Migliorini leiloou sua virgindade, arrematada por um japonês que ofereceu um lance de 780.000 dólares, valor que, segundo Migliorini, foi usado na construção de casas para os pobres de sua cidade natal. O vencedor precisou fazer exames para DSTs e usar preservativo durante o ato. O leilão, que durou um mês, foi feito como parte de um documentário chamado Virgins Wanted, que acompanhou Migliorini em seu voo até a Austrália (para contornar as leis referentes à prostituição o intercurso ocorreu em um avião), onde foi filmada antes e depois do "encontro". Para ela, como ganhou dinheiro para fazer sexo uma única vez, isso não a tornou uma prostituta. Certamente, ela não foi a primeira mulher a vender sua virgindade: em 2010, uma jovem de 22 anos, que dizia chamar-se Natalie Dylan, pediu um milhão de dólares pela sua virgindade no Moonlite Bunny Ranch, em Nevada. Segundo ela, pretendia juntar recursos para pagar sua pós-graduação, após ter se formado em estudos femininos. Em 2011, um serviço de acompanhantes australiano de nome MyOutCall anunciou a virgindade de uma garota chinesa de 19 anos por 15.000 dólares, um valor que daria ao cliente o direito de passar quatro dias com ela. Na Austrália a prostituição é legalizada, e serviços de acompanhantes geralmente embolsam 50% do valor cobrado, de modo que 7.500 dólares do trabalho da moça ficariam com a agência.

Vendendo amor: encomendando noivas pelo correio

O negócio das **noivas por encomenda** está relacionado à indústria internacional do sexo. Conhecidas como noivas migrantes, são mulheres de países pobres da América Latina, Leste Europeu e, principalmente, da Ásia que usam sites (antes revistas e jornais) para postar anúncios em busca de maridos, geralmente da Europa e dos Estados Unidos. Os casamentos são arranjados por agências internacionais especializadas em encontrar as mulheres e apresentá-las a homens ocidentais, e cada arranjo bem-sucedido pode render até 5.000 dólares para o corretor. Um anúncio de jornal apresentava a foto de quatro lindas garotas vietnamitas e a seguinte legenda: "Compre uma esposa vietnamita por apenas 6.000 dólares. 1. Virgindade garantida. 2. Entrega garantida dentro de 90 dias. 3. Nenhuma cobrança extra. 4. Se ela fugir dentro de um ano, ganhe outra DE GRAÇA".

Casamentos assim podem ser vistos, ao menos em parte, como trocas econômicas: belas moças, afligidas pela miséria, oferecem sua beleza e juventude em troca da oportunidade de viver com um marido de classe média num país ocidental. Já os homens têm a chance de possuir uma jovem e adorável esposa, exótica e frequentemente submissa, que por conhecer pouco do idioma que a rodeia é dependente em tudo. Muitos desses homens podem ter dificuldade em se casar em seus países, seja por terem *status* sociais relativamente inferiores, trabalhos malremunerados, ou então por não serem muito atraentes, mas para uma pobre jovem vietnamita, malásia, ou russa já está de bom tamanho. Além disso, muitos deles sentem que as mulheres ocidentais se tornaram excessivamente arrogantes, e que o feminismo as deixou independentes demais, de modo que ter uma esposa que saiba como cuidar bem de um homem é uma qualidade desejável – eis o porquê de as asiáticas serem tão cobiçadas.

E ainda que o casal possa, eventualmente, se apaixonar, o amor não é, de modo algum, prerrequisito para o relacionamento: os homens precisam viajar até o país de sua escolha, selecionar a noiva, casar-se com ela e voltar para casa no prazo de uma semana. Assim que ela tiver recebido o visto e se reunir ao novo marido no país dele, deve assimilar-se à nova cultura, ser amorosa e tolerante. Governos e ONGs que trabalharam com noivas migrantes descobriram que após o casamento, muitas delas ficam isoladas, solitárias e eventualmente sofrem abusos físicos e emocionais – algumas chegam a ser induzidas à prostituição, ou coisa pior.

Como o mesmo tipo de condições econômicas (pobreza, miserabilidade) que leva as mulheres ao comércio do sexo as encaminha também a ingressar no mercado internacional de casamentos arranjados, o estoque de jovens noivas por encomenda continua a crescer: segundo a Organização Internacional para as Migrações da ONU, só no Vietnã, entre 2005 e 2010, 133.000 mulheres casaram-se com estrangeiros.

Questões interessantes: turismo de romance

Enquanto o turismo sexual é bem conhecido, quando não abertamente discutido, a atividade internacional que Deborah Pruitt e Suzanne LaFont (1995) chamaram de turismo de romance é bem menos comentada. Trata-se da prática de mulheres europeias ou norte-americanas tirarem férias sexuais ou românticas. Seus destinos mais importantes são o sul da Europa, o Caribe, o Havaí, algumas partes da África e as praias da Tailândia. Diferentemente do turismo sexual, em que os homens vão a bares e pagam para ter sexo, as mulheres encontram seus parceiros nas praias ou em outros locais turísticos, e ao invés de pagarem pela relação sexual, compram-lhes presentes, convidam para jantar e passeiam com eles. Elas são atraídas por esses homens por serem exóticos, mas também românticos e atenciosos, e conversarem com elas de um modo que europeus e norte-americanos não fazem. Eles obtêm vantagens econômicas, e os mais sortudos podem até conseguir um relacionamento fixo e vir para os Estados Unidos casados. Como o turismo sexual, o turismo de romance se baseia em estereótipos e na exploração econômica, e não raro termina em desapontamento, mas para ambas as partes resta a fantasia e a esperança da satisfação afetiva ou econômica.

Corpos pornográficos

Outra maneira em que os corpos são mercantilizados é por meio da pornografia, a representação explícita de corpos nus ou de atividade sexual voltada para o prazer sexual, que pode ser *softcore* ou *hardcore*, a depender da ocorrência de penetração ou ejaculação.

A pornografia, como outros tantos conceitos neste livro, é basicamente um construto social. Mesmo que a representação do corpo humano, e do sexo, exista há muito tempo e possivelmente em todas as culturas, foi somente no século XIX, quando os arqueólogos descobriram as ruínas da cidade romana de Pompeia, na Itália, que o termo foi empregado pela primeira vez. Destruída por uma erupção vulcânica em 79 d.C., Pompeia foi redescoberta em 1860, quando então os cientistas descobriram grande número de pinturas e esculturas de teor sexual, tão chocantes que precisaram ser escondidas dos olhos do público, e foi por essa época que as primeiras leis antiobscenidade foram aprovadas.

Pela primeira vez tornou-se ilegal ver material de natureza obscena, ainda que, na realidade, os homens das classes altas continuassem a colecionar e apreciar ilustrações e afins, enquanto as mulheres e as classes trabalhadoras deveriam ser privadas do acesso a tais coisas.

Figura 15.3 – "Elisabeth". Há milhares de anos, homens gostam de olhar para corpos femininos nus. Cortesia de Laurence Nixon.

À medida que novas mídias eram desenvolvidas, formas diferentes de pornografia também apareciam. Da imprensa (que popularizou não somente a *Bíblia*, mas também os livros *Gargântua* e *Pantagruel*, de Rabelais) à fotografia (que capturou as primeiras imagens tanto dos campos de batalha da Guerra de Secessão dos Estados Unidos quanto de corpos nus) e o papel barato (que tornou possíveis novelas populares, violentas e, claro, revistas pornográficas), os meios de comunicação sempre estimularam o desenvolvimento de novas formas da pornografia. Com os filmes, surgiram as primeiras imagens em movimento de pessoas em pleno ato sexual, inaugurando assim a era dos cinemas pornôs; com as tevês a cabo veio o primeiro canal destinado à pornografia. Mais tarde, com os videocassetes, as pessoas puderam assistir os filmes explícitos no conforto dos seus lares – mais que isso, com os controles remotos era possível acelerar a fita, passando do diálogo direto para as partes interessantes, o que levou ao desenvolvimento de todo um gênero de filmes compostos inteiramente por cenas de sexo. A mais recente inovação tecnológica, claro, é a internet, que trouxe consigo a pornografia on-line. Diz-se que a rede mundial existe para dois propósitos, mostrar vídeos de gatinhos e pornografia, e no que tange a esta última há uma variedade infinita de conteúdos disponíveis: das fotos de mulheres e homens nus a toda sorte de fetiches (pés, bundas, anões, amputados, obesos mórbidos); dos vídeos pornôs profissionais aos amadores e até aos *pro-am* (vídeos profissionais que parecem feitos por amadores); e as webcams caseiras, onde é possível dirigir a *performance* dos atores de acordo com o seu próprio desejo. De fato, a internet nos deu tudo o que é possível desejar em termos de satisfação sexual, menos alguém de verdade para fazer sexo.

Atualmente, na maioria dos países a pornografia é legal, embora com certos limites: pornografia infantil, por exemplo, é normalmente proibida. Nos Estados Unidos, porém, materiais passam pelo **Teste de Miller**, e são considerados obscenidades, ilegais portanto, se:

1. O homem comum, aplicando padrões comunitários contemporâneos, considerar o material apelativo a interesses lascivos;
2. Apresentam, de modo claramente ofensivo, relações sexuais ou funções excretoras.
3. Carecer de sério valor literário e/ou artístico, político ou científico.

A pornografia representa uma ameaça aos seus opositores por diversas razões. Muitas feministas a consideram aviltante, pois, como é feita primordialmente por e para homens, trata os corpos femininos como objetos que existem unicamente para o prazer deles – afinal de contas, o ponto alto do filme não é o orgasmo da mulher, mas sim o do homem. Além disso, as mulheres são frequentemente rebaixadas ou humilhadas na pornografia, e a violência contra elas é glamourizada. Conservadores religiosos, por seu turno, opõem-se à pornografia pelo incentivo ao sexo não marital (muito embora casais lancem mão dela para apimentar o casamento), por encorajar o vício em sexo e os comportamentos autodestrutivos, e talvez por incentivar a violência sexual no mundo real (ainda que esta última afirmação tenha sido claramente desmentida por estudos científicos).

Alguns críticos culturais sugerem que os políticos se opõem à pornografia por vê-la como uma ameaça ao controle social – sob esse ângulo, ela pode ser vista como uma das vozes do povo, pois não só tem sido utilizada, há muito tempo, como crítica aos poderosos como, amiúde, foi proibida para os pobres, mas acessível para os ricos. Segundo Laura Kipnis, crítica dos meios de comunicação, o maior propósito da pornografia tem sido chocar, desafiar limites e inverter normas sociais. Além disso, a mesma legislação (as chamadas Leis de Comstock) que bane a pornografia nos Estados Unidos era igualmente empregada para proibir o controle de natalidade (ou mesmo informações sobre o tema), comprovando que os políticos desejam, e não é de hoje, usar seus próprios padrões de moralidade para controlar nossos corpos.

Quer você seja um consumidor de pornografia, quer não, não pode negar que ela transformou nossa cultura. A escritora Ariel Levy (2005) falou da **pornificação** da cultura norte-americana, que não só tem agido como ferramenta de ensino para gerações de garotos e adolescentes (muitos dos quais nem sequer tinham ouvido falar de um clítoris antes de assistir um vídeo pornô), como ajudou, concomitantemente ao lançamento da pílula anticoncepcional na década de 1960, a dar a partida na **Revolução Sexual**. O lançamento de *Garganta profunda* em 1972, filme pornográfico assistido por milhões de norte-americanos, primeiro desse gênero a receber ampla distribuição em cinemas convencionais, gerou uma grande discussão sobre sexo como jamais havia ocorrido. Com a popularidade da série de vídeos *Girls gone wild*, em que moças bêbadas são estimuladas a mostrar os seios para a câmera, muitas jovens conquistaram um sentimento novo de que se despir, mostrar os próprios seios ou participar de concursos das camisetas molhadas era "empoderador". E ainda que todas essas atividades tenham sido vistas como degradantes ou safadas há apenas uma geração, atualmente tornaram-se perfeitamente normais. O mesmo ocorre com os implantes de mamas e a depilação íntima, tanto um quanto outra tornados populares pela pornografia. Por fim, a popularidade crescente do sexo anal pode ser igualmente atribuída à sua prevalência na pornografia, bem como a noção de que o papel feminino no sexo deve ser servir aos homens e dar-lhes prazer.

Quanto valem os corpos? E as suas partes?

O uso científico dos corpos não é um fenômeno recente. Por séculos, médicos têm dissecado cadáveres humanos para entender anatomia e enfermidades e desenvolver técnicas cirúrgicas. Os antigos gregos praticavam a dissecação e outras técnicas em animais, mas também em pessoas, tanto mortas quanto vivas (geralmente escravizados ou prisioneiros): Herófilo de Calcedônia, por exemplo, dissecava tanto corpos mortos quanto criminosos vivos. A dissecação praticada em pessoas vivas, em larga medida, deixou de existir após a ascensão do cristianismo no mundo romano, mas a utilização de seres humanos como cobaias para testar medicamentos ou outras substâncias permaneceu – inclusive, era comum que médicos e inventores experimentassem em si mesmos ou em suas famílias.

Muito embora os testes em humanos tenham sido trocados pela experimentação em animais, eles reapareceram, de forma infame, durante a Segunda Guerra Mundial, quando o médico nazista Josef Mengele, entre 1941 e 1945, empregou seres humanos (em sua maioria judeus, russos e ciganos) presos nos campos de concentração em suas experiências, e quando os japoneses usaram chineses nas décadas de 1930 e 1940. Também nos anos 1940, o exército norte-americano, junto com o Departamento de Medicina da Universidade de Chicago, infectou com malária quatrocentos presos de um presídio daquela cidade no intuito de testá-los com novas drogas; da mesma forma, tanto o exército quanto a CIA conduziram numerosos experimentos em soldados, prisioneiros e outros, boa parte deles sem consentimento dos sujeitos. É provável que o mais terrível de todos esses estudos tenha começado em 1932, quando médicos da Faculdade de Medicina de Tuskegee, Alabama, realizaram testes não consentidos em pacientes de um programa de pesquisa da sífilis. Durante décadas, homens afro-americanos pobres que padeciam da doença foram analisados pelos médicos para descobrir como ela se comportava em pessoas sem tratamento. Os sujeitos, muitos dos quais morreram ao longo da pesquisa e cujas esposas e filhos foram infectados, não receberam nem a informação de que tinham a doença, nem o devido tratamento (a penicilina era amplamente disponível para esse fim desde 1947), até que notícias da existência desse programa vazaram e o estudo foi finalmente encerrado em 1972.

Após a Segunda Guerra Mundial, quando as atrocidades nazistas vieram à luz, foi desenvolvido o **Código de Nuremberg**, que estabeleceu as linhas mestras para experimentos em humanos, incluindo a obrigatoriedade do consenso voluntário e informado; a ausência da coerção e de sofrimento; risco mínimo para os sujeitos e óbvio ganho científico, tanto para eles quanto para a sociedade em geral. Graças a esse código, a maior parte dos testes em humanos vivos limita-se a experimentos clínicos.

Humanos mortos, por sua vez, são um assunto inteiramente diverso. Cabeças doadas são usadas para ensinar técnicas de cirurgia plástica a cirurgiões, enquanto corpos inteiros são empregados nas aulas de anatomia das faculdades de medicina. Mas antes da era atual, dos corpos e órgãos doados, médicos e anatomistas já necessitavam ter acesso a esses materiais, e como não estavam facilmente disponíveis (não era costumeiro doar corpos à ciência porque acreditava-se ser um sacrilégio desmembrar o corpo de alguém), utilizaram-se métodos nefastos. Até 1836, o único meio legal disponível era conseguir cadáveres de criminosos executados (na Europa, em verdade, parte da pena capital era o enforcamento seguido de dissecação). Para contornar essa limitação, médicos contratavam ladrões de túmulos – ou podiam ir eles mesmos aos cemitérios e fazer o serviço. Aqueles que tinham recursos, certificavam-se de serem enterrados em tumbas ou mausoléus que não fossem facilmente violáveis. Dois **ladrões de corpos** desse período, William Burke e William Hare, ao perceberem como o mercado dos cadáveres era lucrativo, terminaram matando gente pobre para vender seus corpos aos anatomistas. Nos Estados Unidos, além dos cadáveres dos executados, os médicos eventualmente recebiam também escravizados mortos.

Por fim, os mais miseráveis, que faleciam em seus casebres ou nos orfanatos, podiam ser dados às escolas de medicina após a morte. Ser pobre a ponto de morrer e não ter nenhum familiar para reclamar o corpo e sepultá-lo em um cemitério era um destino quase mais terrível que a morte em si.

Atualmente, nos Estados Unidos, graças à Lei da Doação Anatômica Uniforme [Uniform Anatomical Gift Act], após a morte é possível doar os próprios corpos à ciência, quando chegam a valer 200.000 dólares. Se

Figura 15.4 – Execução de William Burke, notório assassino que fornecia cadáveres ao Dr. Knox (Edimburgo, Escócia, 1829). A execução por enforcamento ocorre em um patíbulo no meio de uma rua metropolitana lotada. Pessoas se debruçam nas janelas, sentam nos telhados e se acotovelam nos espaços próximos ao patíbulo e mais atrás. Foto: cortesia da National Library of Medicine.

os órgãos estiverem em boas condições, é igualmente possível doá-los a pessoas que deles necessitam. Em 1983, a droga imunossupressora ciclosporina foi lançada e facilitou em muito a aceitação de órgãos doados por pessoas sem ligações familiares (antes disso, o organismo dos receptores frequentemente os rejeitava). Daí em diante, a busca por órgãos para transplante tem explodido, pois há mais vidas que podem ser salvas por órgãos transplantados do que doadores, sejam eles vivos ou mortos. Nos Estados Unidos, onde efetivamente há muitos doadores, um único desses recém--falecidos pode prover órgãos para salvar as vidas de até oito pacientes. Saber que um ente querido salvou a vida de outra pessoa é um importante fator que encoraja os familiares sobreviventes a permitir a remoção dos órgãos. Por outro lado, muitos transplantados buscam saber mais sobre seus doadores, alguns até entram em contato com as famílias e agradecem pelo "dom da vida" que receberam. Outros chegam a sentir que, além de um coração ou um par de pulmões, receberam também um pouco da personalidade do doador.

Cento e quinze mil pessoas só nos Estados Unidos estão à espera de corações, fígados, rins, pulmões, córneas e outras partes saudáveis, mas a verdade é que não há órgãos suficientes para todas – nem sequer para a maioria delas. Às vezes as pessoas simplesmente não acreditam em doação de órgãos: no Japão, por exemplo, preceitos morais tradicionais impedem os cidadãos daquele país de fazerem a doação após a morte. O prazo de espera por um rim é de, em média, dez anos, período em que cerca de dezoito pessoas morrem diariamente aguardando o transplante. Além disso, já está bem claro que um rim vindo de um doador vivo é capaz de ampliar a vida do transplantado pelo dobro do tempo daquele oriundo de um cadáver – ou seja, doadores vivos são mais necessários do que nunca. Eis por que o comércio ilegal de órgãos para transplante está em plena expansão.

Ainda que esse mercado seja ilegal na maior parte dos países, graças ao risco óbvio da exploração, ele existe, em especial naquelas nações mais pobres, como a Índia. Nesse comércio, as partes (geralmente rins) viajam do sul para o norte, dos pobres para os ricos, e dos negros ou pardos para os brancos. Com a mais absoluta certeza, aqueles que vendem seus órgãos não teriam condições de comprá-los para si mesmos, tampouco de custear as cirurgias ou as drogas imunossupressoras que os manteriam vivos posteriormente. A Organização Mundial da Saúde (OMC) estima que pelo menos um quinto de todos os rins transplantados anualmente foram conseguidos ilegalmente, algo que chega a ocorrer até mesmo nos Estados Unidos, onde cidadãos pobres eventualmente vendem seus órgãos para os ricos.

Na Índia, onde a lei proibindo a venda de órgãos só foi aprovada em 1994, "doadores" recebem cerca de 2.000 dólares pelos seus rins (posteriormente revendidos por 150.000 dólares), usados para pagar dívidas ou bancar dotes matrimoniais, transação que famílias com uma filha "em excesso" são particularmente impulsionadas a realizar. Trata-se de uma situação tão grave que, em 2008, diversas pessoas foram presas na Índia, no que se tornou conhecido como o *Escândalo dos rins de Gurgaon*, em que os órgãos foram retirados de cerca de 500 vítimas, todas pobres, muitas das quais foram drogadas e cirurgiadas sem consentimento, e cujas partes foram colocadas em pacientes de outros países, como os Estados Unidos.

No Brasil, onde a antropóloga Nancy Scheper-Hughes trabalhou, as transferências de órgãos ocorrem localmente, com vendedor e comprador fazendo de conta que são amigos ou parentes, ainda que este seja claramente rico e aquele obviamente pobre. Para pôr fim a esse mercado, o país aprovou uma lei determinando que todos os brasileiros, após a morte, são automaticamente doadores, a não ser que afirmem o contrário num documento oficial. Dessa forma, deverá haver oferta de órgãos suficiente para todos os necessitados, e ninguém terá de vender partes suas. Infelizmente, pessoas pobres acreditam que serão exploradas e mortas por seus órgãos, de modo que o número dos que têm optado pela negativa é mais alto do que o esperado – enquanto isso, pobres continuam a vender seus órgãos para os ricos.

Além disso, os muito ricos são capazes de, usando atravessadores, localizar órgãos retirados de pessoas mortas (em geral prisioneiros executados) em países como China e Singapura, prática essa proibida pela Associação Médica Mundial (AMM), mas que continua acontecendo, especialmente na China, onde cirurgiões removem órgãos de prisioneiros antes mesmo da execução e os enviam para pacientes endinheirados de Hong Kong ou outros países, que viajam até a China para realizar suas operações, algo conhecido como **turismo médico**. A Anistia Internacional tem acusado a China de aumentar o número de crimes puníveis com a pena capital para expandir o estoque de órgãos à venda, e a Human Rights Watch estima que 90% de todos os órgãos do país provêm de prisioneiros – pelo menos 2.000 a cada ano.

Isso significa que gente pobre e condenados (em geral partes do mesmo grupo) frequentemente valem mais mortos do que vivos, e são mais importantes na qualidade de repositórios de órgãos do que como seres viventes. A escritora Rebecca Skloot (2010) escreveu sobre o caso de Henrietta Lacks, uma mulher afro-americana que teve câncer cervical e faleceu em 1951. Durante o tratamento, realizado na Universidade Johns Hopkins, um dos médicos retirou uma amostra do tumor; as células cancerígenas se reproduziram e se tornaram a base da linhagem celular HeLa, uma linhagem imortal que vem sendo utilizada em inúmeras pesquisas, dentre as quais os testes da vacina contra a pólio. Como escreveu Anne Enright (2000, p. 8), "em termos de biomassa, existe mais dela hoje do que jamais existiu enquanto viva". A família de Henrietta jamais foi avisada da existência dessa linhagem, do seu uso terapêutico e do dinheiro que os médicos ganharam utilizando-a desde os anos 1950. Um caso semelhante envolveu um paciente chamado John Moore, cujos médicos patentearam uma linhagem celular chamada de "Mo" tirada do seu baço afligido pelo câncer. Quando soube que seu próprio médico lucrava com suas células, Moore levou o caso à justiça, mas de nada adiantou: a Suprema Corte da Califórnia já havia decidido que não temos direitos de propriedade sobre células retiradas de nossos corpos e, posteriormente, patenteadas como linhagens celulares, mesmo quando geram bilhões de dólares em produtos.

A quem pertencem nossos corpos?

Até certa medida, todos possuímos nossos próprios corpos, mas o que fazemos com eles está sujeito às leis dos estados-nações em que vivemos. Podemos vendê-los para relações sexuais? Se o caso for prostituição, sim, mas somente se vivemos em um país ou entidade subnacional que a permita. Por outro lado, se o objetivo for fazer um filme, então é bem provável que seja possível, contanto que já estejamos em idade de consentimento. Podemos vender nossos órgãos? Se estamos falando de sangue, plasma, esperma ou óvulos, nos Estados Unidos a resposta é afirmativa. É proibido vendermos embriões, mas podemos dá-los, do mesmo jeito que fazemos com os bebês. Se falamos de rins, não é possível vendê-los legalmente, a não ser que vivamos no Irã, onde é permitido por lei. Quando fora da lei, porém, tudo é exequível, e nesse caso possivelmente seremos explorados e pagos com uma fração do preço da venda final do órgão. E ainda assim, profissionais médicos, hospitais, cadastros de transplantes e agências de suprimento irão, todos, lucrar em cima desse ato – a única pessoa que não usufruirá desse lucro é o fornecedor do órgão.

Termos fundamentais

cafetinagem	pornificação
Código de Nuremberg	prostituição sagrada
escravidão por dívida	Revolução Sexual
ladrões de corpos	Teste de Miller
limpeza étnica	tráfico de pessoas
mercado clandestino de órgãos	Tráfico Transatlântico de Escravizados
michês	turismo de romance
mulheres de conforto	turismo médico
noivas por encomenda	turismo sexual

Leituras complementares

Fox, R. C., & Swazey, J. P. (1992). *Spare parts: Organ replacement in society.* Oxford University Press.

Griffin, S. (1981). *Pornography and silence: Culture's revenge against nature.* Harper.

Phoenix, J. (2001). *Making sense of prostitution.* Palgrave.

Rouselle, A. (1984). *Pornéia – Sexualidade e amor no mundo antigo.* Brasiliense.

Williams, L. (1989). *Hard core: Power, pleasure and the frenzy of the visible.* University of California Press.

16
CORPOS ANIMAIS

Em meados de 2011, um jornal britânico publicou que laboratórios biomédicos britânicos já haviam produzido mais de cento e cinquenta embriões híbridos humano-animais, criados a partir da mistura de células de animais humanos e não humanos. Não havia nenhuma intenção de que sobrevivessem – pelo contrário, os experimentos foram (e são) conduzidos no intuito de desenvolver novas técnicas a serem empregadas no tratamento de doenças humanas. Mas sua simples produção (e a indignação pública que frequentemente se segue à difusão de trabalhos como esse) traz à baila questões interessantes e, não raro, perturbadoras. Além desses híbridos, os cientistas já tinham criado animais geneticamente modificados – por exemplo, camundongos com DNA humano, amplamente utilizados na pesquisa científica atual.

Muitos se perguntam até onde tais experimentos nos levarão, e alguns consideram o filme *Planeta dos macacos: A origem* [*Rise of the planet of the apes*] (2011), em que cientistas criam um novo tipo de chimpanzé a partir de células humanas, como um sinal de alerta. No filme, esses símios ficcionais, produzidos atipicamente inteligentes por meio do uso de neurônios humanos, revoltam-se contra seus captores e terminam por dominar o mundo. Já os defensores dos direitos dos animais enumeram cenários em que tais pesquisas resultarão em exploração ainda maior dos animais não humanos pelos humanos. Claramente, investigações dessa natureza prosseguirão, e corpos humanos e animais começarão a misturar-se entre si de maneiras cada vez mais interessantes – e problemáticas.

Neste capítulo veremos como os corpos de animais não humanos estão sujeitos a controles humanos, estatais e corporativos; abordaremos a história desse controle, incluindo a domesticação, a reprodução seletiva, as alterações corporais, as **modificações genéticas,** a clonagem, além das implicações advindas de todas essas práticas. Também discutiremos alguns dos aspectos das relações humano-animais, como os laços que se estabelecem entre as espécies e o futuro dessas nossas relações.

Parentesco humano-animal: elos evolutivos

Em meados do século XIX, a **Teoria da Seleção Natural das Espécies**, do naturalista Charles Darwin, representou um revolucionário desafio a concepções religiosas e filosóficas milenares, segundo as quais humanos e animais haviam sido criados separadamente – sendo, portanto, categoricamente distintos. Os escritos de Darwin (*A origem das espécies*, 1859, e *A descendência do homem*, 1871) desafiaram a noção de que os seres humanos são uma criação especial e situou-os numa mesma categoria: a de animais. Conquanto a animalidade fosse, desde há muito, definida como inferior à humanidade, Darwin afirmou peremptoriamente que nós *somos* animais.

Mas ele não foi o primeiro a fazer tal afirmação: em sua obra *Systema naturae* (1758), o biólogo Carl Lineu situou os humanos na ordem Primata, o que lhe valeu uma reprimenda do seu arcebispo. No século XVII, o anatomista Edward Tyson usou a dissecação para demonstrar as similaridades entre humanos e símios (1699). Mas foi somente com Darwin que surgiu uma teoria científica que desse conta da relação entre as espécies: não apenas animais humanos e não humanos são semelhantes como compartilham tais similaridades graças à descendência comum de um mesmo ancestral.

Mas não só isso: Darwin afirmou não existirem diferenças fundamentais entre os humanos e os "animais superiores" em termos de suas capacidades mentais, algo que novamente desafiava a premissa básica sobre a qual repousava boa parte da distinção entre as espécies. Ficou provado que não só os humanos e os demais animais são aparentados, mas que todos têm sofrimentos, apresentam emoções e possuem memória, razão e imaginação. Ao invés de percebê-los como categoricamente distintos, Darwin demonstrou que todos os animais, humanos incluídos, compartilham um *continuum* de capacidades mentais e emocionais. Claro, ainda que sua maior obra, *A origem das espécies*, fosse publicada em 1859, ela não seria completamente aceita durante mais de cem anos, e foi somente no final do século XX, com a ascensão da moderna **etologia**, que a ideia de que animais vivenciam emoções ou possuem racionalidade seria levada a sério.

Atualmente, os etologistas que estudam mentes e comportamentos de animais não humanos demonstram que, como Darwin teorizara, inexiste uma ruptura radical entre as capacidades mentais e emocionais de humanos e demais animais, e aqueles que trabalham com grandes símios, golfinhos, papagaios e uma variedade de outras criaturas, permanecem encontrando mais e mais exemplos dessa continuidade. Sabemos hoje que diversos deles podem sentir e experimentar muito daquilo que costumávamos considerar emoções "humanas", que dispõem de autorreconhecimento e autopercepção, que podem comunicar-se entre si (e conosco) por meio de sofisticados sistemas comunicativos (até mesmo linguagens), produzir e utilizar ferramentas e são capazes de demonstrar empatia, enganar, brincar, planejar e compreender passado e futuro.

Da mesma forma, dos tempos de Darwin para cá, a ciência da genética vem demonstrando quanto material genético compartilhamos com outros animais, em especial os grandes símios: mais de 98% dos nossos genes estão presentes nos chimpanzés, por exemplo, que são mais próximos de nós do que dos gorilas. Por fim, as pesquisas na área da **paleoantropologia** comprovaram sem sombra de dúvida que os humanos compartilhamos um ancestral comum com o chimpanzé, que viveu por volta de oito milhões de anos atrás – um tempo relativamente curto em termos de história evolutiva.

Podemos, assim, dizer que desde o século XIX as fronteiras entre os corpos humanos e animais vem se estreitando rapidamente. Por meio das novas descobertas nos campos da genética, paleoantropologia, neuropsicologia, sociobiologia e etologia, aprendemos que somos física, comportamental e emocionalmente mais próximos dos demais animais do que jamais pensamos ser. No que cientistas, teólogos e filósofos do passado se esforçavam em superestimar as diferenças entre nós e subestimar, ou mesmo ignorar, as similitudes, os cientistas de hoje vêm reduzindo a distância entre as espécies.

Questões interessantes: transformação humano-animal

*Por milhares de anos, seres humanos têm se transformado em animais, e vice-versa – ao menos no contexto das histórias e canções folclóricas de culturas do mundo inteiro. O tanuki (ou cão-guaxinim) é um canídeo japonês cuja pelagem lembra a de um guaxinim, e que nas histórias do folclore nipônico figura, com alguma frequência, como um **metamorfo**, um ser que pode tornar-se humano (ou mesmo objetos inanimados) para conseguir o que deseja. Segundo* *essas histórias, é comum que virem monges budistas para pedir comida. Os lobisomens, por sua vez, são exemplos de mutação de humano para animal e, em seguida, novamente humano. Suas histórias eram comuns nas culturas eslavas e na chinesa, e amiúde envolviam uma maldição que fazia com que uma pessoa se transformasse em fera. Em o* Bicho-da-Seda, *um conto folclórico coreano, uma princesa cujo reino se encontrava em guerra promete ao pai que se casará com o primeiro homem que conseguir matar o comandante inimigo, feito aparentemente alcançado por um cavalo e que leva à vitória no conflito. Coerente com a promessa feita, a princesa declara que se casará com o animal, probabilidade que deixa o rei horrorizado, de tal maneira que ele ordena a morte e o subsequente esfolamento do cavalo. A princesa, contudo, tomada pela dor, enrola-se no couro e transforma-se num bicho-da-seda. O monarca pega o inseto e entrega seus ovos para o povo, e todos passam a se beneficiar dos lindos fios de seda que produzem. Nas histórias escocesas, os* selkies *são focas que, após despeladas, tomam a forma humana e se casam com gente. Em geral, os cônjuges só vêm a descobrir suas verdadeiras identidades ao encontrarem a pele da foca, e descartá-la significa que o selkie não poderá jamais retornar ao mar. Na China e no Japão, é comum que raposas virem mulheres e seduzam homens para se casar com eles. Essas donzelas vulpinas, contudo, podem ser detectadas por outros animais, e quando capturadas precisam retornar à forma original e abandonar seus maridos humanos. Ideia similar está por trás do conto japonês* A mulher do grou, *no qual um pobre pescador e sua mulher se casam logo após o homem tratar, e libertar, um grou ferido. Ela recebe o dom mágico de tecer velas para que o marido venda, passando assim a viver uma vida confortável. Um dia, porém, o pescador espreita por trás de uma cortina e assusta o pássaro, que vai embora para nunca mais voltar.*

Domesticação e cruzamento seletivo: a criação dos corpos animais

Muito embora a maioria dos animais criados ou mantidos por humanos hoje em dia tenha sido domesticada milhares de anos atrás, o processo de cruzamentos seletivos permanece em utilização. Na verdade, quando examinamos os avanços científicos advindos desde os anos 1990 (em especial no campo da ciência agrícola, além dos mais notáveis desenvolvimentos realizados na clonagem animal), podemos até chegar a pensar que o processo de domesticação se acelerou nessas últimas décadas, transformando a forma e os aspectos mais íntimos dos seres domesticados e criando assim um conjunto radicalmente novo de relações entre humanos e animais.

Como arqueólogos e historiadores têm notado há muito tempo, a domesticação dos animais (algo mais do que simplesmente domá-los) ocorreu originalmente há pelo menos 15.000 anos, com o cachorro (um companheiro de caça), seguida (ao menos 5.000 anos depois) pela domesticação dos primeiros animais de corte, tais como porcos, cabras, ovelhas e gado bovino. Posteriormente vieram os cavalos (inicialmente usados como alimento, mas depois tornados em bestas de carga), gatos, galinhas, lhamas, alpacas e camelos, seguidos, menos de 2.000 anos atrás, por criaturas menores, como coelhos e porquinhos-da-índia. Como demonstrado por inúmeros pesquisadores (Zeuner, 1963; Diamond, 1999), a maioria dos catorze maiores animais domesticados (e o gato é uma notável exceção) pode ser definida por um certo número de traços comportamentais, dentre os quais: a tendência a vasculhar em busca de comida, rápida taxa de crescimento, tamanho razoável, caráter tranquilo, habilidade para reproduzir-se em cativeiro, natureza gregária, disposição para viver em recintos com outros animais e vida social hierarquizada – tudo isso deixa seres como o cachorro e o cavalo mais suscetíveis a viver com os humanos em troca de sustento e cuidado. Claro, os próprios animais também tinham algo a oferecer aos humanos: alimento, vestimentas, habilidade para trabalhar como caçadores ou bestas de carga e, mais tarde, companhia.

Ainda que as espécies efetivamente domesticadas se enquadrem nos critérios descritos acima, tornando-as assim escolhas claras para o processo, a domesticação foi resultado de uma evolução natural e cultural. De início, a seleção natural favoreceu traços físicos ou comportamentais específicos de indivíduos animais que acompanhavam ou reviravam acampamentos humanos no processo de domesticação. Aqueles que demonstrassem menos temor e mais curiosidade em relação às pessoas (aspectos esses que tendem a ser encontrados em elementos juvenis), estariam entre os primeiros a se aproximar das sociedades humanas, e após se reproduzirem, esses mesmos traços permaneceriam em sua descendência. Depois, é muito provável que os humanos tenham adaptado seu próprio comportamento ao desses animais, incorporando-os às suas estruturas econômicas e sociais e, mais tarde, manipulando sua fisiologia e comportamento. Como veremos mais adiante, a domesticação no século XXI foi da seleção natural para a artificial, e tem sido quase que inteiramente moldada por mãos humanas.

A domesticação dos animais (em especial quando combinada com o cultivo de vegetais) representou um estágio verdadeiramente revolucionário no desenvolvimento das civilizações modernas, permitindo não apenas o desenvolvimento das primeiras cidades-estado (com sua complexa divisão de trabalho e altos graus de desigualdade), mas também a eventual dominação de um punhado de sociedades europeias e asiáticas sobre boa parte do mundo. Não obstante, os resultados desse processo para as relações humano-animais, e para os próprios animais, não foram menos impactantes: como apontou o antropólogo Tim Ingold (1994), entre as sociedades tradicionais de caçadores e coletores, esse relacionamento era frequentemente marcado pela confiança mútua, em que o ambiente e seus recursos eram compartilhados pelas espécies, e mesmo aqueles caçados pelos humanos eram entendidos como iguais. A domesticação mudou esse cenário, introduzindo a dominância e o controle à medida que os humanos assumiam o papel de senhores e os animais de propriedade, tornando-se itens que podiam ser possuídos e comerciados.

A domesticação produziu também consequências duradouras para os animais, pois sua natureza mais íntima foi transformada no decorrer do processo – geralmente não em seu favor. Criaturas até então selvagens tornaram-se crescentemente dependentes dos seres humanos, tanto física quanto emocionalmente. Como um punhado de traços encontráveis em indivíduos jovens das espécies foram selecionados para a domesticação (tais como curiosidade, destemor, vontade de experimentar coisas novas, mendicância por comida, servilidade etc.), aspectos físicos juvenis (faces mais curtas, gordura, cérebros e dentes menores, dentre outros) foram igualmente selecionados, levando às modernas criaturas domesticadas, física e comportamentalmente incapazes de viver por si mesmas – e que são, de fato, jovens perpétuos, uma condição conhecida como **neotenia**.

Desde que os primeiros animais foram domesticados para fornecer alimento, força de trabalho e peles, criaturas domésticas têm sido transformadas das maneiras mais diversas, tanto comportamental quanto fisicamente. A seleção natural favoreceu certos aspectos que fizeram de espécies específicas, e indivíduos específicos, bons candidatos à domesticação – destemor, curiosidade, tamanho menor, gregarismo, por exemplo – fazendo com que sua aparência e comportamento diferissem em muito dos seus parentes selvagens.

Quando os humanos começaram a realizar cruzamentos seletivos (eliminando corpos e temperamentos inapropriados) no intuito de enfatizar ou desencorajar determinados aspectos, os animais transformaram-se ainda mais, resultando em seres que são, em sua maior parte, menores (e mais

Figura 16.1 – Pepe, um chihuahua de três quilos, ilustra algumas das características mais extremas da neotenia. Ele é incapaz de sobreviver sem ajuda humana. Cortesia da autora.

carnudos), com colorações mais exuberantes e crânios mais arredondados, e cujas pelagens, orelhas e caudas são mais variados. São igualmente mais dóceis, amigáveis e dependentes dos humanos para seu próprio bem-estar.

Ao passo que fazendeiros (e mais tarde criadores profissionais) aprendiam mais sobre a hereditariedade desses traços, cruzavam seletivamente os animais para produzir características específicas, tais como tamanho geral, cor e textura das pelagens ou das lãs, forma das orelhas e cauda, e por aí vai. Chamado por Darwin de **seleção artificial**, esse processo levou à criação de centenas de raças caninas, por exemplo – o cão é um dos animais mais intensivamente selecionados do mundo, e nesse caso específico, raças foram desenvolvidas para atender desejos humanos: pegar patos durante caçadas, arrebanhar ovelhas, ou ainda ser corredoras. No caso do gado bovino e de outras espécies destinadas ao corte, a seleção artificial foi empregada para criar animais mais dóceis, fáceis de alimentar e controlar, tendo em vista uma meta final: criar animais cujo objetivo único é ser fonte de alimentação para seres humanos.

Alterando corpos animais

Com o advento, no século XX, dos métodos industriais de produção alimentar, as alterações nas raças dos animais destinados ao abate aceleraram, e eles se tornaram máquinas de produzir carne, fabricadas e mantidas com vistas à máxima lucratividade. Para produzir a maior quantidade de carne possível no tempo mais curto, companhias do agrobusiness modificaram animais como porcos e galinhas para que crescessem a taxas anormalmente rápidas, mudanças essas estimuladas pelos desenvolvimentos na ciência agrícola que visavam aprimorar a produtividade: por exemplo, o gado de corte norte-americano recebe regularmente hormônios para estimular o crescimento, o mesmo ocorrendo com as vacas leiteiras para incrementar a produção. Os corpos animais são encerrados em fazendas industriais (ou "operações de alimentação animal concentrada"), plantas enormes nas quais alimentação, água e temperatura são controladas, e movimentos "desnecessários" ou "ineficientes" são restringidos (ou até mesmo eliminados) pelos espaços minúsculos onde são confinados.

Desde o começo do século XX, pecuaristas têm experimentado criar novas raças por meio de cruzamentos seletivos meticulosos, com o objetivo de maximizar tamanho, proporção de gordura, produtividade, dentre outros fatores. Com o desenvolvimento da inseminação artificial e da habilidade de congelar sêmen, criadores de gado têm podido reproduzir seus valiosos touros e vacas premiados e replicar os melhores aspectos dessas matrizes.

Da mesma forma, as indústrias de animais de estimação e de raças para competição baseiam-se na seleção artificial (e hoje, seguindo os passos da indústria agropecuária, na inseminação artificial) para criar linhagens com traços mais favoráveis (aos humanos). Anos recentes têm visto uma escalada na variedade de cães, gatos e outros animais de companhia, desenvolvidos para agradar a consumidores exigentes.

Muito embora as primeiras raças caninas tenham sido criadas para realçar aspectos relacionados ao trabalho, as mais recentes têm se voltado para questões estéticas. Por outro lado, como os gatos não se destinam a uma ocupação específica, a maioria das raças felinas foi desenvolvida segundo propósitos estéticos: cor, tamanho, pelagem, cauda, orelha e formato corporal. Como resultado, temos centenas de raças de cães e dezenas de gatos, coelhos e outras espécies, todas elas produzidas por grandes ou pequenos criadores para serem comercializadas no mercado dos *pets*. Há também toda sorte de problemas de saúde associada a essas raças – os cães, em especial, estão sujeitos a doenças associadas às proporções estranhas do corpo, pernas e cabeça desenvolvidas em diversas dessas raças. Pastores alemães e golden retrievers são altamente propensos a desenvolverem displasia de desenvolvimento da anca, enquanto chihuahuas e outros "cães de brinquedo" são comumente afligidos por luxação patelar. Mesmo sem esses defeitos genéticos relacionados a raças específicas, muitos tipos de cães e gatos são incapazes de sobreviver sem atenção humana. Ainda que a dependência tenha sido estimulada nos animais domésticos desde os primeiros momentos da domesticação, ela tem-se acelerado nos últimos tempos, com a produção de seres como os chihuahuas, temperamental e fisicamente inaptos a sobreviver fora dos ambientes mais protegidos.

Para terem melhor controle do produto final – os corpos animais produzidos – criadores de *pets* normalmente abatem os filhotes que não se conformam aos padrões da raça. Por exemplo, o código de ética do American Boxer Club proíbe que um membro do clube venda um exemplar de cão boxer americano cuja coloração esteja fora dos padrões da raça. Como 20% desses cães nascem brancos, essa determinação impõe a morte regular de um grande número de filhotes com essa coloração.

Outra forma de seleção artificial diz respeito à opção por traços deletérios no processo de reprodução, de que são exemplos as raças felinas bobtail japonês (cuja mutação genética resulta em animais com a cauda cotó), sphynx (pelados) e scottish fold (que têm as orelhas dobradas para baixo). Ainda mais perturbadores são os gatos conhecidos como twisty, squittens, ou kangaroo, dotados de anomalias genéticas que resultam em membros frontais drasticamente reduzidos, ou com patas que parecem nadadeiras ao invés das pernas dianteiras normais, e que estão sendo reproduzidos por alguns criadores. São um remanescente dos dias dos circos de horrores e dos espetáculos grotescos, quando anormalidades genéticas (tanto humanas quanto animais) eram exibidas ao público com objetivo de educar, entreter e gerar lucro.

A manipulação genética de animais representa um novo desenvolvimento científico que mudou de forma irreversível aqueles corpos. Como porcos, gado bovino e galinhas são criados com um único propósito (consumo alimentício), seus genes foram alterados num sem-número de maneiras para atender esse objetivo, resultando, por exemplo, em suínos modificados para ter carne mais magra, sob medida para atender ao consumidor preocupado com o bem-estar. Atualmente, os suinocultores podem adquirir marcadores genéticos e modificar suas matrizes para controlar aspectos como a quantidade de bacorinhos nascida em cada ninhada, a eficiência com que os porcos processam os alimentos, a velocidade com que crescem e a quantidade e qualidade da gordura que possuem. Hoje em dia, genes de crescimento acelerado permitem aos porcos atingir o peso de mercado três dias antes do que os indivíduos sem os genes, aumentando assim os lucros dos produtores, enquanto os animais com o gene da magreza têm menos gordura no lombo e comem menos. Os produtores podem lançar mão da seleção genômica para diminuir a prevalência da síndrome do *stress* suíno (PSS), condição genética fatal desencadeada em situações de esgotamento extremo – facilmente encontráveis nas fazendas industriais. Ao fim e ao cabo, os suinocultores serão capazes de dar menos comida à sua criação, produzir mais filhotes, em menos tempo, com menos gordura e com carne mais rica em vitaminas.

Nesse ínterim, o Meat Animal Research Center dos Estados Unidos (centro de pesquisas localizado em Nebraska), patenteou um gene que produz "musculatura dupla" no gado, produzindo mais carne magra num corpo do mesmo tamanho. O gado belga azul é resultante desse processo, e graças ao enorme volume dos seus músculos (relativamente ao tamanho dos ossos), está suscetível a grande número de complicações médicas, tais como a língua inchada (que interfere na habilidade dos bezerros para mamar); rigidez articular congênita; enfermidade crônica que impede novilhos de ficarem em pé; problemas respiratórios que podem ser fatais; complicações no parto que acabam por demandar cesarianas em 90% dos casos.

Outrossim, animais geneticamente modificados estão se tornando mais populares entre os cientistas que experimentam ou testam produtos. Ratos e camundongos modificados são particularmente apreciados, pois permitem aos pesquisadores estudar o modo como os genes se expressam e como sofrem mutações. A engenharia genética atingiu até o universo dos animais de estimação, com a produção de um gato hipoalergênico (que custa entre 12.000 e 28.000 dólares), criado por meio da manipulação dos genes que produzem agentes alergênicos, e o *glofish*, peixes-paulistinhas (*Danio rerio*) que receberam genes de anêmonas para que brilhassem.

Em termos de reprodução, a clonagem de animais é a onda do futuro, aquela que permitirá aos humanos o maior nível de controle sobre os corpos animais. Até agora, as fazendas industriais têm sido as mais ativas na utilização desse processo, clonando matrizes para garantir alta produtividade ao copiar somente os exemplares mais produtivos, mas a técnica é igualmente encontrada nas indústrias de vivissecção e animais de estimação. Cientistas estão clonando ratos, coelhos e outras cobaias de laboratório para garantir que os indivíduos usados nas pesquisas sejam geneticamente idênticos e controlar eventuais imperfeições. No mundo dos *pets*, a clonagem tem sido menos bem-sucedida, mas um punhado de companhias já oferece o procedimento a um custo que pode chegar até 150.000 dólares por animal. A clonagem de cachorros tem sido a mais controversa até agora – 12 animais são necessários para produzir um único filhote, e na Coreia do Sul, onde esses cães são produzidos, os doadores são frequentemente abatidos para o consumo logo em seguida. Segundo os relatos publicados de estudos sobre clonagem, 3.656 embriões clonados, mais de 319 óvulos "doadores" e 214 ventres caninos de aluguel foram utilizados para produzir meros cinco cães e onze gatos clonados, que conseguiram sobreviver trinta dias após o nascimento.

Outro modo pelo qual os corpos animais têm sido transformados são os procedimentos cirúrgicos. Como o controle da reprodução é fundamental à manutenção das populações de animais domésticos, a castração tem sido utilizada há milhares de anos, garantindo que exemplares indesejáveis não reproduzam, ou para aumentar tamanho ou temperamento de certos animais. Os métodos incluem elásticos (colocados em volta da base dos testículos, interrompendo a circulação sanguínea e, eventualmente, fazendo com que o escroto morra e caia após duas semanas), alicates (os funículos espermáticos são esmagados por uma ferramenta chamada burdizzo) e a cirurgia (em que os testículos são removidos do saco escrotal com uma faca ou bisturi). Com o crescimento da popularidade dos animais de estimação no século XX, desenvolveram-se técnicas cirúrgicas para a remoção de úteros e ovários de fêmeas, de modo que a esterilização se tornou uma operação extremamente comum para essas criaturas, embora raramente seja executada em animais destinados ao corte.

Há outras formas de modificação cirúrgica bastante usuais, em especial nos rebanhos de criação e nos animais de estimação de raça pura. No século que nos precedeu, por exemplo, surgiram diversos procedimentos destinados aos animais de criação, resultado do confinamento exigido pelas fazendas industriais. A **debicagem** das galinhas (amputação sem anestesia da ponta do bico) é comum na indústria avícola, que confina as aves em gaiolas tão apertadas que elas podem passar a atacar-se mutuamente, devido ao estresse ou à superlotação. Mas mesmo naquelas situações em que os animais não são mantidos tão intensamente confinados, os fazendeiros costumam remover certas partes dos seus corpos para simplificar o manejo. Uma prática que tem se tornado corriqueira é o **corte da cauda** (caudectomia) de ovelhas e vacas leiteiras (sem anestesia e geralmente usando elásticos), em que os produtores cortam dois terços do rabo desses animais, via de regra sem a administração de analgésicos. O mesmo é feito com os porcos, para evitar a prática do canibalismo entre indivíduos em confinamento intensivo. O **amochamento**, ou **descorna**, do gado também está se tornando crescentemente popular, posto que bovinos mochos (sem chifres) ocupam menos espaço no cocho onde se alimentam, são mais fáceis de se lidar e não podem ferir-se entre si – feridas resultam em carne machucada, que é mais difícil de ser vendida.

No segmento dos *pets*, diversos animais de estimação passam por cirurgias para manter-se dentro dos padrões artificiais exigidos das raças, que exige, por exemplo, que certos cães tenham o rabo cortado e/ou as orelhas aparadas. Além disso, muitos bichos são submetidos a operações destinadas a controlar comportamentos indesejados (pelos humanos): algumas pessoas mandam retirar as cordas vocais de seus cachorros para que eles não latam, e muitos criadores de gatos pedem a extração das garras de seus felinos (o que envolve amputar as pontas dos dedos) para evitar que eles estraguem a mobília.

Corpos animais também são marcados com símbolos mais explícitos de propriedade. A marcação a ferro é a forma mais antiga de registrar a posse sobre corpos animais, e tem sido utilizada desde os tempos dos gregos, egípcios e romanos, que marcavam tanto a criação quanto seus escravizados. Ainda muito popular entre os criadores de gado, é utilizada para evitar o roubo, identificar animais perdidos, demarcar a propriedade e distinguir indivíduos. Outros métodos utilizados atualmente incluem a **criogênica** (marcação a frio, que ao invés de queimar, congela o couro); etiquetas nas orelhas; tatuagens e a inserção de microchips, empregados em rebanhos, animais de laboratório e nos de estimação.

Por fim, no campo da biomedicina, animais não humanos têm sofrido enormes alterações físicas. Ratos e camundongos geneticamente modificados são "ferramentas de pesquisa" particularmente populares, que permitem aos pesquisadores estudar como os genes se expressam e quais as mu-

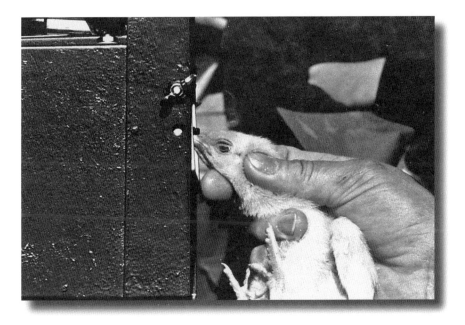

Figura 16.2 – Num processo chamado debicagem, pintinhos têm parte de seus bicos cortada numa lâmina quente, para evitar que piquem uns aos outros quando amontoados nas gaiolas em bateria. Cortesia de Mercy for Animals.

tações por que passam. Cientistas estão clonando camundongos, coelhos e demais animais de laboratório para garantir que os indivíduos usados nos estudos sejam geneticamente idênticos e evitar quaisquer "imperfeições" eventuais. Por fim, esses seres substituem os humanos, pois podem ser submetidos a níveis mais altos de manipulação genética e se tornarem mais semelhantes a eles – ao menos no que diz respeito ao valor como ferramentas de pesquisa.

Controle corporal

Modificar o corpo é, em si, um ato profundamente humano. Nenhum outro animal é capaz de modificar seus corpos do modo como fazemos, e não há evidência que sugira que animais desejem modificar sua aparência. Ainda assim, desde a aurora da domesticação, seres humanos têm modificado, por vezes radicalmente, os corpos animais, às vezes provisoriamente, mas no geral em definitivo. Esse processo serve a propósitos diversos das modificações corporais entre humanos: incorpora os animais à cultura, mas como *propriedades*, não como pessoas. Seja pela lei ou pelo costume,

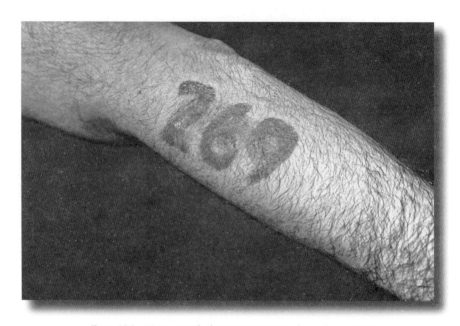

Figura 16.3 – Marca tatuada do Project 269. Em 2 de outubro de 2012, Dia Mundial dos Animais de Fazenda, três ativistas israelenses dos direitos dos animais foram marcados com esse número, de forma semelhante aos animais de criação. Essa marca havia sido designada a um vitelo que eles haviam encontrado em uma fazenda industrial de Israel. Cortesia de Sasha Boojor e Tamir Bar Yehuda.

seus corpos são tratados como objetos que podem ser possuídos ou controlados; é possível reproduzi-los, comprá-los ou vendê-los; usá-los como força de trabalho, alimento ou entretenimento; e como um conjunto de recursos separáveis e comercialmente transferíveis. Seus corpos são patenteados, manipulados, desmantelados e modificados, tanto a nível físico quanto genético.

Uma das primeiras razões por que os humanos modificamos seus próprios corpos é para se diferenciar dos (outros) animais – marcar a cultura em nossos próprios corpos. Essa mesma motivação subjaz todas os modos pelos quais mudamos forma, aparência, função e, em verdade, a natureza mesma dos corpos animais, nos esforçando, desde a **Revolução Neolítica**, para torná-los menos selvagens e naturais. Ainda que o objetivo não seja fazê-los humanos (muito embora pode-se dizer que a maneira como muitos donos vestem seus *pets* é, precisamente, uma tentativa de humanizá-los), age para colocá-los sob controle humano e cultural. Tatuar, marcar, inseminar artificialmente, debicar, mochar, modificar geneticamente e clonar são, todos, procedimentos que servem para remover dos animais sua natureza descontrolada, bravia, e muito de sua própria agência, substituindo-as pelo controle humano, em geral com o intuito de gerar lucros. Com injunções desse tipo, transformamos os animais em produtos de nossa fabricação, destinados a satisfazer nossos desejos.

Uma das maneiras que usamos para justificar o controle que exercemos sobre os corpos animais não humanos é afirmando que eles são qualitativamente distintos de nós – existem na natureza, não na cultura, logo seus comportamentos, afirma-se, derivam do natural. Quanto aos humanos, não somente transcendemos a natureza como a suplantamos (e com ela a animalidade). Desse modo, a prática de marcar e modificar corpos humanos serve como um óbvio símbolo visual de que nós *não* somos animais, mas sim seres culturais. E que não somos meros corpos, mas sim corpos dotados de mente, alma e identidade. Já os animais, como vimos, carecem desses elementos-chave, de modo que as modificações corporais podem ser vistas como ferramentas para marcar visualmente e reforçar a fronteira que separa as espécies.

Embora o corpo humano atual esteja sujeito a uma porção de práticas comerciais (prostituição; comercialização de órgãos, sangue e plasma; pesquisa com células-tronco; patenteamento de produtos produzidos com tecidos humanos), resiste ainda a suposição profundamente enraizada, e legalmente fundamentada, de que a pessoa que habita um corpo deve ter a última palavra sobre o que acontece com ele. Ainda que, mesmo neste caso, seja possível encontrar ressalvas – leis que proíbem ou restringem o aborto; a prática contemporânea da escravidão; o tráfico de órgãos humanos roubados –, continua a existir um consenso relativamente amplo sobre a noção de que um ser humano é a única pessoa com direitos sobre seu próprio corpo e seu destino.

Os animais não humanos, porém, são questão inteiramente diversa. Como não lhes foi conferido nenhum dos direitos legais da pessoalidade, em última instância seus corpos não lhes pertencem. Cada animal tem um dono (legal), seja pessoa, corporação ou entidade estatal – até mesmo os animais selvagens pertencem aos estados. Mais: seus corpos não são simplesmente objetificados, mas também mercantilizados, e as formas de modificação corporal a que estão sujeitos são incorporadas àquelas práticas.

Embora a maioria das pessoas não pare para pensar sobre como transformamos os corpos animais (em prejuízo deles mesmos), algo que verdadeiramente causa indignação pública é a utilização desses corpos de modos que desafiam as fronteiras humano-animais. O **xenotransplante**, uso de órgãos animais em seres humanos, perturba muita gente precisamente por turvar aquelas fronteiras, de que são exemplos os híbridos humano-animais mencionados no começo deste capítulo. Muito embora os animais sejam considerados corpos – e *apenas* corpos – justificando assim o modo como podem ser reproduzidos, vendidos, confinados, manipulados, desmantelados e, até mesmo, consumidos, os humanos não somos simples corpos. Somos mais do que isso. Animais podem, e são, usados como um agrupamento de partes, mas quando estas são inseridas em corpos humanos, aquelas fronteiras tão duramente estabelecidas começam a se esvair.

Questões interessantes: a relação entre violência contra os animais e violência contra humanos

Existe hoje um amplo consenso a respeito da existência de forte conexão causal, conhecida como "o elo", entre as violências contra animais e contra humanos. Os casos de serial killers que começaram suas carreiras torturando animais são bem-documentados, e estudos recentes sobre crueldade contra crianças e contra animais têm demonstrado que metade dos atiradores que atacaram escolas apresentava histórico de crueldade animal (Verlinden, Hersen, & Thomas, 2000), e uma pesquisa de 1985 (Kellert, & Felthous) descobriu que 25% dos criminosos violentos haviam praticado essa mesma violência, enquanto entre os não violentos o número cai para 6%. Um estudo canadense descobriu que 70% das pessoas presas por crueldade animal possuíam histórico de violência contra pessoas, e que a maioria dos que cometiam abusos contra animais voltou a cometer crimes em até dez anos após a prisão. Outra pesquisa apontou que 36% dos assassinos sexuais também haviam abusado (em geral sexualmente) de animais durante a infância. Hoje em dia, a Associação Norte-Americana de Psiquiatria considera a "crueldade contra animais" como sintoma de transtorno de conduta, referindo-se a um padrão de comportamento antissocial que pode persistir até a vida adulta. Usualmente, as próprias crianças haviam sofrido abusos, muitas vezes sexual, ou podem ter sido vítimas, ou mesmo praticado, de bullying *(Henry, Sanders, 2007). Cerca de 88% das famílias com casos de abuso infantil também registraram casos de crueldade animal (Deviney, Lockwood, 1983); uma pesquisa (Duncan, Miller, 2005) encontrou que crianças que abusaram de animais têm duas vezes mais probabilidade de terem sido abusadas ou, inversamente, terem presenciado abusos contra animais, em geral cometidos pelo pai ou outra figura adulta. Presenciar atos de violência contra pai ou mãe é outro fator causal que pode levar a criança a maltratar animais. Os elos são dúplices – não apenas as crianças oriundas de lares violentos têm maior risco de cometer violência, como também estão mais sujeitas a serem feridas se viverem numa casa em que um adulto agride outro adulto ou um animal. Infelizmente, ainda que o conhecimento científico afirme claramente que o abuso doméstico está correlacionado aos abusos contra animais, não existem leis determinando que agressores de animais sejam apresentados à polícia, de modo que potenciais sinais precoces de alerta são amiúde ignorados.*

Um tipo diferente de híbrido

Durante boa parte da história ocidental, a noção de que humanos e animais são categoricamente diferentes tem sido um componente fundamental do pensamento religioso, filosófico e científico, algo que retroage até os filósofos gregos e teve continuidade nos escritos de teólogos cristãos como Santo Agostinho e Santo Tomás de Aquino. Especialmente na Europa, considerava-se que os animais haviam sido criados com o objetivo expresso de serem explorados pelos seres humanos: pensava-se a natureza como uma força a ser domada, e o clero cristão era particularmente inclinado a enfatizar que éramos tanto radicalmente diversos de todas as outras criaturas quanto superiores a todas elas.

Situada a **animalidade** em local inferior à humanidade, algo a ser conquistado e explorado, os europeus do início da Idade Moderna esforçaram-se para manter distinções estritas entre si mesmos e os animais, e nesse contexto a bestialidade era um crime grave, não raro considerado como digno da pena capital. Tal preocupação com a fronteira humano-animal tem sido igualmente utilizada para explicar o pavor medieval dos lobisomens, bem como a preocupação com monstros e feras míticos, especialmente aqueles metade humanos, metade animais.

O advento dos espetáculos grotescos itinerantes na Europa imperialista esteve ligado a tais preocupações. Dentre as muitas aberrações, algumas das mais populares eram pessoas ou animais nascidos com doenças desfigurantes e as *gafes*, criaturas artificiais criadas a partir de pedaços de múltiplos outros seres. Aberrações desse gênero eram particularmente aterrorizantes – logo, atrativas, e dentre os exemplos documentados mais antigos estava a Sereia de Fiji (alardeada como o corpo mumificado de uma sereia, mas provavelmente confeccionada a partir dos corpos de um peixe, um macaco e, possivelmente, um orangotango), apresentada pela primeira vez em 1822, e a duradoura atração *What Is It?* (O que é isso?) de P. T. Barnum, em que dois homens, um nascido com pernas bem curtas e o outro mentalmente retardado com uma testa fortemente inclinada, representavam o "selvagem" ou o "elo perdido" entre homens e animais.

Em todos esses casos, a aberração era esquisita precisamente por turvar a fronteira humano-animal. Híbridos extravagantes como meninos-lagosta (com ectrodactilia, deformidade em que dedos das mãos ou dos pés são fundidos), garotas com cara de cachorro (condição conhecida como hirsutismo, que provoca crescimento excessivo de pelos na face) e homens-jacaré (que sofriam de ictiose) eram os mais impressionantes e levaram à criação da ciência da teratologia (estudo dos monstros) no século XIX. Por fim, após Darwin, tais criaturas foram explicadas como os "elos perdidos" entre humanos e animais.

A descoberta dos grandes símios pelos europeus é um outro exemplo de como foi desconfortável encontrar criaturas que claramente desafiavam a fronteira que distinguia homens e animais. Muito antes de Darwin, achava-se que chimpanzés e, especialmente, gorilas eram humanos ou semi-humanos selvagens, cuja existência gerou grande ansiedade e excitação desde que foram embarcados da África para serem exibidos na Europa. Por exemplo, quando Hanão, navegador e explorador cartaginês do século V a.C., encontrou gorilas pela primeira vez, considerou que fossem uma estranha tribo de mulheres selvagens e peludas, às quais chamou de *gorillai*, a partir de uma palavra que lhe fora dita por informantes africanos. Mesmo hoje, cento e cinquenta anos após a publicação de *A origem das espécies*, inúmeras pessoas ainda se sentem desconfortáveis com a noção de que são aparentadas aos primatas. Quanto mais os primatologistas descobrem a respeito do seu uso de ferramentas, de sua linguagem e de sua autopercepção, tanto mais os antievolucionistas mais fervorosos continuam a lutar para manter humanos e símios em campos distintos.

Mas há também aqueles que querem borrar, ou mesmo erradicar, a fronteira que separa humanos dos animais. Certas práticas de modificação corporal, como a pintura, normalmente utilizadas para marcar *status* transicionais em cerimônias de culturas tradicionais, conferem às pessoas a aparência animalesca. Nos festivais realizados em Papua-Nova Guiné, por exemplo, homens das tribos vestem-se como animais, usando elaborados adornos de cabeça bem como pinturas corporais, para aplacar os espíritos e garantir prosperidade. Os papuásios também perfumam seus septos nasais e orelhas, e os homens prendem chifres, ossos e presas nessas aberturas. O povo Kangi usa ossos de morcegos e batatas-doces no nariz, enquanto outras populações preferem presas de porcos, que deixam os homens parecendo ferozes, animalescos e preparados para o combate.

Outra exceção intrigante à noção de que os seres humanos modificamos nossos corpos para apartar-nos dos animais é a prática, ainda relativamente rara na comunidade das modificações corporais, de pessoas que transformam seus corpos para que pareçam mais animalizados. É possível retroceder esse costume até os anos 1930, quando o artista de circo Horace Ridler realizou tatuagens de corpo inteiro, preenchimentos dentários e *piercings* faciais, e sob o nome artístico de Zebra Man ou Great Omi apresentou-se em espetáculos junto a indígenas ou animais selvagens.

Subverter o impulso humano dominante de separar-se dos animais (ou da "*animalidade*", termo da pesquisadora de estudos culturais Annie Potts, 2007), permite aos humanos acessar o desejo de entrar em contato com seus animais interiores. Na modificação corporal, a animalidade está vinculada ao crescimento do primitivismo como uma filosofia que afirma os humanos, especialmente os ocidentais, como destituídos do contato com o meio ambiente, fisicamente destrutivos, violentos e representantes de tudo de ruim que há no mundo. Noutros círculos, porém, todos os humanos são vistos como maus, e a única maneira de remediar o prejuízo causado é emulando os animais, percebidos como bons, equilibrados, sãos, conectados com a natureza etc. Da mesma forma que primitivos modernos consideram os povos primitivos como representantes de um mundo puro, pacífico e ambientalmente correto, para outros os animais são, atualmente, o ideal mais alto a ser aspirado, a suprema criatura autêntica.

Exemplos desse desejo de morfar do humano para o animal incluem Lizard Man (Eric Sprague); Katzen, the Tiger Lady; Stalking Cat (Dennis Avner) e Jocelyn Wildenstein (*socialite* suíça cujas diversas operações plásticas a deixaram com aspecto felino). Todos eles empregaram diversas técnicas cirúrgicas, tatuagens e *piercings* no intuito de se tornarem mais parecidos com animais.

Outro exemplo de transformação humano-animal são os chamados *furries*, pessoas que celebram personagens animais antropomórficos da arte e da literatura. Embora a maioria deles viva sua vida normalmente, na sociedade dominante, em privado ou quando se reúnem em grupos, frequentemente assumem seus totens animais, internalizando alguns dos seus supostos aspectos e, ocasionalmente, vestindo-se como eles, seja por satisfação pessoal ou por laços sociais. Ambos os casos de humanos-animais são, não por acaso, considerados aberrações pela sociedade moderna (no caso específico do Lizard Man, ele de fato ganha a vida se apresentando em *freak shows*).

No final das contas, a animalidade pode ser vista como algo mais que a simples imitação do animal. Sob a ótica da moderna ciência biomédica, corpos humanos e animais vêm se sobrepondo de tal maneira que a linha, antes tão dura e definida, que separava humanos e outras espécies está sendo borrada. Avanços como xenotransplante, engenharia genética e a criação de embriões humano-animais são, todos, fronteiras para o desenvolvimento de uma animalidade científica, conceitos que serão mais bem discutidos no capítulo 17.

Parentesco humano-animal: reunindo-se

Como vimos, há milênios os humanos têm usado corpos animais por sua carne, peles, couros, força muscular e companhia. É precisamente este último campo o mais promissor em termos de relacionamentos humano-animais mais positivos. Por exemplo, o crescimento recente da **zooterapia**, ou Terapia Assistida por Animais (TAA) não poderia ter ocorrido se já não estivesse claro que a presença dos animais beneficia os humanos de maneiras não estritamente utilitárias. Cães de assistência empurram cadeiras de roda ou ajudam os cegos pelas ruas, mas também fazem as pessoas se sentirem menos solitárias e mais conectadas social e emocionalmente. Cães militares efetivamente detectam bombas e vigiam instalações, mas também trazem conforto aos soldados em tempos extremamente estressantes. A abundância de pesquisas sobre o poder dos laços humano-animais nos informa que os benefícios que eles podem nos trazer vão muito além do que podíamos supor.

E não somente isso: seu poder terapêutico não é meramente anedótico. Já foi muito bem-documentado. Sabemos, por exemplo, que são capazes de encorajar seus companheiros humanos nos exercícios, resultando numa saúde melhor. Idosos que têm cachorros precisam ir menos ao médico do que os que não têm (Siegel, 1990) e lidam melhor com os estresses da vida sem recorrer ao sistema de saúde. Donos de animais de estimação apresentam pressão sanguínea e taxas de colesterol e triglicerídeos mais baixas (Anderson, Reid, & Jennings, 1992), menos problemas leves de saúde (Friedman, Thomas, & Eddy, 2000), reduzida mortalidade advinda de ataques cardíacos (Friedmann, Katcher, Thomas, & Lynch, 1980), e taxas de sobrevida de um ano de doenças cardíacas coronarianas mais altas (Friedmann *et al.*, 1980). Crianças expostas a animais no primeiro ano de vida apresentam frequência mais baixa de rinite alérgica e asma.

Os benefícios emocionais da convivência com companheiros animais são igualmente mensuráveis: diminuição da solidão (Sable, 1995); auxílio à adaptação infantil nos casos de enfermidades sérias e mortes na família; aumento do bem-estar psicológico e da autoestima. Animais de estimação proveem conforto e apoio emocional a crianças cujos pais estão se divorciando e a idosos vivenciando perdas familiares (Hart, 1995), e caminhar na rua ou compartilhar a residência com cães faz seus donos sentirem-se menos vulneráveis ao crime. A presença de um cachorro durante consultas médicas, julgamentos ou audiências judiciais reduz o estresse infantil e fornece apoio (Hansel *et al.*, 1999). Animais ajudam crianças a ter mais

Figura 16.4 – Olivia Montgomery brinca de pegar com Sheba. Cortesia de Robin Montgomery.

atenção, melhoram o desenvolvimento cognitivo, exercem efeito tranquilizador e contribuem para a frequência escolar, o respeito à autoridade, o aprendizado e a retenção de informação. Alguns estudos demonstram que o contato com *pets* desenvolve comportamento acolhedor em crianças, que poderão vir a ser adultos mais calorosos. Pacientes com HIV/aids que criam animais têm menos depressão e menos estresse (Allen, Kellegrew, & Jaffe, 2000).

Os benefícios à saúde física e emocional de quem vive com animais de estimação são tão fortes que, desde os anos 1990, têm surgido organizações para ajudar pessoas com deficiências físicas ou problemas sérios a manter companheiros animais. Conhecidas como serviços de apoio humano-animal, essas agências oferecem suporte financeiro ou prático para que seus atendidos possam criar *pets*, de que é exemplo o grupo Pets Are Wonderful Support (PAWS) de São Francisco, que auxilia pessoas vivendo com HIV/aids por meio de cuidados veterinários, rações ou transporte para clínicas veterinárias. Os voluntários da PAWS visitam os pacientes em suas casas para garantir que seus animais companheiros dispõem de tudo o que precisam para manterem seus cuidadores felizes e saudáveis.

Por fim, viver com animais traz benefícios sociais igualmente documentados. Eles são conhecidos como "lubrificantes sociais", pois aumentam nossa habilidade de nos aproximarmos dos outros estimulando a conversação e reduzindo os sentimentos de ansiedade. Estimulam a interação social, conversação e o entrosamento nas mais diversas situações (McNicholas & Collis, 2000; Wells, 2004). Quando presentes em casas de saúde, por exemplo, incrementam interações sociais e verbais entre os residentes (Bernstein, Friedman, & Malaspina, 2000), e crianças autistas que têm bichos de estimação desenvolvem comportamentos mais pró-sociais e menos autísticos (como o autoisolamento). Crianças que vivem com *pets* envolvem-se mais em atividades como esportes, passatempos, clubes ou tarefas diárias, e apresentam respostas significativamente mais positivas em questões como empatia e orientação pró-social. Claro está que sua presença na vida humana pode até ter sido, de início, uma questão primordialmente utilitária, mas certamente evoluiu para algo que chega ao cerne mesmo de como funcionamos e sentimos.

O que os animais levam desse relacionamento conosco? Para aqueles companheiros bem-cuidados e amados, a resposta é óbvia. Infelizmente, ainda não se fez nenhuma pesquisa sobre se as condições cardíacas dos animais melhoram quando eles são acariciados, ou se seu comportamento social melhora graças à sua relação com os humanos, como acontece entre nós. Já para os bilhões de outros que vivem e morrem nas indústrias da alimentação, biomédica ou peleteira, o relacionamento humano-animal é muito menos benéfico.

Termos fundamentais

amochamento, descorna	modificação genética
animalidade	neotenia
caudectomia (corte da cauda)	operações de alimentação animal concentrada
clonagem	
debicagem	paleoantropologia
etologia	Revolução Neolítica
evolução por seleção natural	seleção artificial
furries	xenotransplante
híbridos humano-animais	zooterapia (Terapia Assistida por Animais, TAA)
metamorfo	

Leituras complementares

DeMello, M. (2012). *Animals and society: An introduction to human-animal studies.* Columbia University Press.

Fudge, E., Gilbert, R., & Wiseman, S. (orgs.). (1999). *At the borders of the human: beasts, bodies and natural philosophy in the early Modern Period.* St Martin's Press.

Henninger-Voss, M. (2002). *Animals in human histories: The mirror of nature and culture.* University of Rochester Press.

Tattersall, I. (1998). *Becoming human: Evolution and human uniqueness.* Oxford University Press.

PARTE VII

CORPOS DO FUTURO

17
CONCLUSÃO: CORPOS DO FUTURO

No romance *Admirável mundo novo* (1932), de Aldous Huxley, os humanos já não nascem mais naturalmente: a população é limitada a dois bilhões de pessoas e os bebês são selecionados, criados em chocadeiras e, posteriormente, em centros de condicionamento. A vida, apresentada no livro como uma utopia é, em verdade, uma **distopia**. Inúmeros filmes de ficção-científica já lidaram com esse tema (o nascimento e/ou a morte controlados pelo Estado) e mostram que a intervenção estatal na reprodução humana jamais termina bem. Por exemplo, em *Fuga no século 23* [*Logan's run*] (1976), a sociedade é controlada e os recursos mantidos por um Estado que mata todos os cidadãos que chegam aos 30 anos de idade. Mais recentemente, algo semelhante foi abordado na produção *O preço do amanhã* [*In time*] (2011), em que as pessoas param de envelhecer aos 25 anos – os pobres são mortos, mas todos com recursos para comprar mais tempo vivem tanto quanto puderem pagar (há um certo sentido de verdade nisso: a riqueza, de fato, pode nos comprar mais vida). Num cenário ligeiramente diverso, na série pós-apocalíptica *Jogos vorazes* [*The hunger games*] (iniciada em 2012), a nação de Panem promove um evento anual em que um grupo de adolescentes vindos dos distritos mais pobres são levados a lutar até a morte num combate televisionado (e fraudado) destinado a entreter os ricos.

Em todos esses casos, os escritores imaginaram futuros nos quais a tecnologia permitiu aos humanos criar um mundo onde as condições mais básicas de nossas vidas são controladas pela ciência, via Estado, num modo que deveria favorecer a sociedade como um todo, mas que em verdade beneficia unicamente as elites.

Ainda que a tecnologia ainda não tenha chegado a esse estágio, estamos atingindo um ponto em que cientistas, líderes religiosos e bioeticista já levantam questões sobre quais serão os limites da ciência no que tange aos corpos humanos. Deve existir algum? E a quem cabe a decisão de estabelecê-los? Como vimos no capítulo 4, já é possível ir a um banco de esperma e escolhermos um pai com as cores "certas" de pele, olhos e cabelos, formação universitária e habilidades musicais e atléticas. Podemos optar por uma doadora de óvulo com qualificações semelhantes e, se acreditarmos que personalidade, emoções e inteligência são geneticamente transmissíveis, criar uma criança com os tipos "certos" de características. É possível requisitar um diagnóstico genético pré-implantação no intuito de descobrir quaisquer doenças antes de implantarmos nossos óvulos cuidadosamente elaborados e escolher o sexo do bebê. No futuro, à medida que a tecnologia avança, não é absurdo pensar que será possível escolher ainda outros aspectos. Quem sabe até onde isso vai?

Corpos ciborgues

Nos anos 1970, uma das séries mais populares da televisão norte-americana era o *Homem de seis milhões de dólares*, inspirada no livro *Cyborg* (1972), escrito por Martin Caidin. Nela, o astronauta Steve Austin sofre um acidente ao retornar ao planeta e tem seu braço direito, pernas e olho esquerdo substituídos por partes **biônicas**, ou seja, mecanismos que imitam, e aprimoram, órgãos biológicos. Graças a elas, esse "homem biônico" ganhou força e sentidos sobre-humanos, tornando-se um agente secreto que combatia crimes a serviço do governo. A primeira prótese membro humano biomecânico, que usava **mioeletricidade**, foi desenvolvida na década de 1940, mas só viriam se tornar acessíveis vinte anos depois. Elas são ligadas ao corpo de forma a permitir que sinais elétricos viajem dos músculos até o membro, fazendo-o mover-se. Os nervos do braço ou perna são cirurgicamente alterados para controlar os movimentos de músculos que receberam biossensores capazes de captar o movimento muscular, enviá-lo ao controlador na prótese que, quando flexionado, força-a a mover-se.

A mão i-Limb é um desses artefatos, um órgão inteiramente mecânico que, ao custo de quarenta mil dólares, permite a cada dedo mexer-se independentemente. Mioelétrica, ela recebe os sinais provenientes da porção remanescente do braço que permitem o movimento dos dedos. Dispositivos como esse, ou a Bebionic 3, fazem com que seus usuários descasquem vegetais, apanhem moedas, ou até mesmo digitem. Os pacientes podem ainda optar por uma cosmese, uma pele artificial feita sob medida, para cobrir a mão e deixar sua aparência mais natural – muito embora haja soldados que, aparentemente, preferem a aparência cibernética do membro artificial, sem essa cobertura.

Outro equipamento moderno são as próteses de fibra de carbono usadas por atletas que perderam as pernas. Nos Jogos Olímpicos de 2012, pela primeira vez na história, permitiu-se que um duplo amputado, Oscar Pistorius, concorresse. Sua *performance* nas provas de 200 e 400 metros foi tornada possível graças ao uso de próteses em forma de foice conhecidas como Cheetahs, mas alguns dos seus adversários sentiram que o uso desses implementos conferiu-lhe uma vantagem injusta, podendo até torná-lo mais veloz que os atletas "normais". Ele chegou em último lugar nas semifinais dos 400 metros, calando ao menos alguns dos seus críticos. Por outro lado, em 2014 Pistorius foi considerado culpado por, em fevereiro do ano anterior, ter matado a tiros sua namorada, Reeva Steenkamp, ação supostamente efetuada durante um acesso de fúria provocado por esteroides. Claro, todos os atletas de nível olímpico fazem uso da mais recente tecnologia em seus sapatos, roupas e equipamentos para terem a maior vantagem possível em relação aos seus oponentes, e também não é segredo para ninguém que muitos usam drogas anabolizantes. Logo, como estabelecer o limite entre as vantagens consideradas aceitáveis e as inaceitáveis?

A nova fronteira em termos de tecnologia prostética é o desenvolvimento de um membro artificial capaz de ser controlado simplesmente pelo cérebro do amputado, algo que seria o mais próximo de um ser verdadeiramente biônico, capaz de imitar à perfeição as funções do membro ausente e, até quem sabe, melhorar suas capacidades originais. Essa tecnologia vem sendo particularmente desenvolvida pelas Forças Armadas norte-americanas por causa do grande número de soldados que retorna dos *fronts* do Iraque e Afeganistão após ter perdido membros graças a artefatos explosivos improvisados. Em 2006, por exemplo, a ex-fuzileira Claudia Mitchell, que perdeu um braço devido a um acidente de motocicleta, tornou-se a primeira mulher a receber um membro verdadeiramente biônico – no sentido de ser controlado pela mente. Com seu novo braço mecânico, desenvolvido no Rehabilitation Institute de Chicago, ela só precisa pensar em algo para que o membro execute a ação. Seu funcionamento usa mais do que a mioeletricidade: os músculos peitorais de Mitchell foram não somente religados às partes restantes dos nervos que iam até o braço, como também a pele sobre seu seio esquerdo foi igualmente "religada", para que, quando a área fosse estimulada, enviasse uma mensagem ao cérebro informando que a nova mão devia se mover. Essa técnica baseia-se na ideia de que, quando os amputados tentam movimentar seus membros inexistentes, seus cérebros permanecem enviando impulsos pela medula espinhal que chegam até o final do membro.

Em novembro de 2012, Zac Vawter, que perdera a parte inferior da perna direita num acidente de motocicleta, testou a primeira perna verdadeiramente biônica ao subir as escadas em um evento de caridade em Chicago. Esse novo membro foi desenvolvido pelos engenheiros do mesmo Rehabilitation Institute, financiado pelo Departamento de Defesa norte-americano, contém dois motores e foi projetado para responder aos sinais elétricos da coxa, vindos diretamente do cérebro. Quando ele pensa em erguer a sua perna, ela se ergue. O teste do membro (que não estará disponível no mercado até que sua *performance* seja aperfeiçoada) foi significativo porque até então não existiam pernas artificiais controladas pela mente acessíveis ao público, o que deixava essas pessoas amputadas com menos opções de escolha.

Outra tecnologia experimental, dessa vez voltada não aos amputados, mas àqueles que perderam o controle sobre os membros ou mesmo do corpo inteiro, envolve o implante de microchips nos cérebros dessas pessoas gravemente feridas e que passam a ser conectadas sem fios a equipamentos robóticos capazes de serem controlados pelo pensamento. Em 2004, por exemplo, o tetraplégico Matthew Nagle teve um mecanismo chamado BrainGate implantado em seu cérebro e conectado para fora do crânio e daí a um computador que lê seus padrões de pensamento. Esse sistema o permitiu realizar uma série de atividades, como controlar a tevê, ver sua caixa de e-mail e controlar uma mão prostética. Nagle usou o equipamento durante um ano, como parte de um protocolo de testes, vindo a falecer de uma infecção pouco depois de tê-lo retirado.

Nas palavras da crítica cultural Donna Haraway, nós já somos ciborgues. Vivemos com marcapassos, membros artificiais (incluindo os Cheetahs usados por Pistorius e que podem deixá-lo mais rápido que outros atletas), implantes para liberação de medicamentos, pele artificial, implante de córneas etc. Nos hospitais somos mantidos vivos por monitores cardíacos, incubadoras, máquinas de diálise, respiradores e sistemas de suporte vital. Como traçar a linha entre as melhorias tecnológicas de que já dispomos e os corpos biônicos do futuro – o Homem de Seis Milhões de Dólares e seu subproduto, a Mulher Biônica? Segundo Haraway, não faz sentido estabelecer esse limite, pois nos tornaremos, cada vez mais, ciborgues.

Outro exemplo: em tempos recentes, as modificações corporais têm se tornado não somente mais sofisticadas, mas também têm permitido aos seus usuários tornar-se tecnologicamente mais avançados. É possível usar tatuagens animadas, em que um tatuador desenha em alguém um Código QR (Quick Response code) que pode ser lido por um celular e permite acesso a um conteúdo on-line que aparece na tela como a imagem em movimento da tatuagem de um site previamente criado para abrigá-la, um procedimento realizado pela primeira vez pelo artista francês Karl Marc em 2011. Isso significa que, embora tenha sido inicialmente usada para "animar" uma tatuagem específica, qualquer tatuador pode tatuar em alguém um código qualquer que, ao ser escaneado, levará a qualquer tipo de site ou imagem.

Em março de 2012, a multinacional holandesa Nokia patenteou um dispositivo capaz de tatuar ou afixar material magnético na pele de uma pessoa e que poderia, então, ser pareado com um celular. Quando o telefone toca, a tatuagem vibra, alertando o usuário sobre chamadas, mensagens de texto ou quaisquer outras notificações, cada uma das quais podendo receber um tipo diferente de vibração. Seus criadores sugerem também que a tatuagem pode servir como uma forma de identificação, que permitiria ao usuário (e a ele somente) abrir ou utilizar seu aparelho. Em ambos os casos, a tecnologia é transformada em tatuagem que transforma o ser humano em uma obra de arte ambulante, no primeiro caso, ou num sistema móvel de identificação, no segundo.

Muito embora a ficção científica esteja repleta de corpos e mundos nos quais humanos e máquinas são combinados – tais como os romances de William Gibson e Philip K. Dick, os *cyclons* de *Battlestar Galactica* ou os ciborgues da série *Exterminador do futuro* – a verdade é que isso está se tornando cada vez mais possível. Há tempos **implantes cocleares** são colocados nas orelhas de pessoas surdas para que possam escutar, mas atualmente existem outros tipos de implantes que podem ser inseridos no cérebro e permitem a algumas pessoas cegas resgatar um pouco da visão. Um homem daltônico chamado Neil Harbisson usa um mecanismo chamado *eyeborg* em sua cabeça e consegue escutar as cores. Em 2010, ele fundou a Cyborg Foundation com o intuito de promover o conceito de ciborgues e auxiliar outras pessoas que desejam tornar-se um deles.

Figura 17.1 – Neil Harbisson, primeiro ciborgue oficial do mundo. Foto: ©Dan Wilton e Red Bulletin, cortesia da Cyborg Foundation.

Corpos virtuais

Há uma nova tecnologia que abre novos caminhos para a interação entre nossos corpos, a tecnologia e o mundo que nos cerca: a **realidade virtual**, ou a criação de meios ambientes ativados por computadores que permitem às pessoas sentir-se como se estivessem num outro mundo. Explorada em filmes como *Tron* ou *Matrix* e com presença destacada na tecnologia dos *games* e nos programas de treinamento para soldados ou pilotos das Forças Armadas, ela tem-se tornado cada vez mais realista. Ainda que a maioria de nós possa estar familiarizada com essa tecnologia por usarmos óculos que nos permitem ver mundos gerados por computador (os Google Googles foram um exemplo disso), uma outra forma de realidade virtual diz respeito ao teletransporte, abordado na década de 1960 na série televisiva *Star Trek*, em que a tripulação da Enterprise podia ser virtualmente enviada da nave para outros planetas e depois voltar. Nesse caso, o personagem entrava em um teletransportador, tinha sua matéria transformada em energia que era posteriormente rematerializado no destino final.

Em 2008, um programa do canal a cabo CNN tentou uma versão moderna desse processo ao transformar a repórter Jessica Yellin (que estava em Chicago) em um **holograma** para que pudesse interagir com o âncora Wolf Blitzer nos estúdios da emissora em Nova York. Esse feito foi viabilizado filmando a repórter com 35 câmeras situadas em ângulos diversos e reunindo as informações em computadores que criaram sua imagem em pé defronte a Blitzer, um efeito que teve pouco a ver com Spock e Kirk sendo teletransportados de um lugar para outro em *Star Trek*, e mais com a Princesa Leia aparecendo no Holodeck do primeiro *Star Wars* (1977).

Em 2012, a tecnologia do teletransporte tornou possível que cientistas projetassem uma pessoa em uma gaiola com um rato, para que ambos interagissem, pela primeira vez na história, na mesma escala.

Ainda que a pessoa não estivesse efetivamente dentro da gaiola, controlava um robô do tamanho do um rato que operava no ambiente de uma gaiola virtual. Enquanto isso, o rato controlava outro robô com proporções humanas que interagia com o humano no próprio ambiente virtual dele. Como ambos se encontravam em seus próprios ambientes virtuais e interagiam com robôs que pareciam consigo, um rato e um homem, os dois participantes tiveram a oportunidade de interagir com a outra espécie de um jeito que normalmente seria impossível, dadas as barreiras intraespeciais que nos separam. Mandayam Srinivasan, um dos cientistas envolvidos no projeto, sugere que essa tecnologia permitirá aos cientistas estudarem virtualmente animais e habitats de modos mais autênticos e menos perigosos que os atualmente empregados, um pouco como os personagens humanos da ficção científica *Avatar* (2009), que interagem com os Na'vi, povo nativo do Planeta Pandora, por meio de híbridos humano-Na'vi geneticamente modificados.

Claramente, essa é uma nova maneira de tentar *ser* o animal, pois ao passo que o humano se move, seu robô repete o movimento, ao que o rato responde e, ao fazê-lo, move seu próprio avatar. Ambos, humano e rato, respondem mutuamente, aprendendo com e através do outro e, de certa forma, *tornando-se* o outro.

Corpos híbridos

De certa maneira, hoje podemos nos tornar o que quisermos. No capítulo 16 vimos como algumas pessoas, por intermédio de formas extremas de modificação corporal, optavam por tornar-se animais – Dennis Avner, por exemplo, que chamava a si mesmo Stalking Cat, dedicou boa parte da vida a se transformar em um felino por meio de uma série de procedimentos radicais de transformação corporal. Com origem parcialmente nativo-americana (Huron e Lakota), Avner afirmou que um curandeiro indígena o aconselhara a "seguir os passos do tigre", e ele decidiu se tornar seu totem animal, começando a se comportar como um gato, caçando seu próprio alimento e, eventualmente, comendo carne crua. Essa transformação teve início em 1981, quando tinha 23 anos, e quando de sua morte, em novembro de 2012, possuía listas e escamas de peixes tatuadas em sua pele e rosto; a linha capilar cirurgicamente alterada; orelhas moldadas e nariz achatado por meio de operações; preenchimentos de silicone em seus lábios, bochechas e queixo; seis aplicações subcutâneas de silicone em sua testa, supercílio e ao longo do nariz; dezoito implantes transdermais sobre os lábios para colocar bigodes; o lábio superior fendido e presas. A maioria dessas modificações foi realizada por Steve Haworth, um artista da transformação corporal, muito embora ele também tenha viajado para o México e realizado cirurgias com profissionais daquele país. Avner também usava lentes de contato verdes com íris em forma de cortes e orelhas biônicas destacáveis, e pretendia implantar permanentemente orelhas de gato em seus ouvidos e pelagem em sua pele. Infelizmente, suicidou-se em finais de 2012, antes de concluir sua transformação final.

Antes de tudo, em nossos dias o corpo humano é moldável, maleável. Podemos transformá-lo ao bel-prazer, chegando a libertá-lo das restrições que a biologia impõe – se tivermos dinheiro para isso. Ele é também intercambiável (como vimos no capítulo 15), de modo que é possível trocar ou vender órgãos, embriões ou até mesmo bebês (como vimos no capítulo 4). O corpo e as partes que o compõem podem não apenas ser vendidos, mas, também, patenteados – o caso das linhagens celulares HeLa e Mo e de inúmeros animais não humanos, a começar pelo OncoMouse, primeiro animal vivo a ser patenteado pela DuPont em 1988. Ainda que corpos de norte-americanos (mas não as suas células) ainda não possam ser patenteados, graças à Décima Terceira Emenda à Constituição dos Estados Unidos, que proíbe a posse de seres humanos, o Instituto Europeu de Patentes (IEP) já recebeu pedidos desse gênero. Para além dos Estados Unidos, populações tribais dos países em desenvolvimento têm descoberto que o sangue que doaram está sendo transformado em linhagens celulares imortais patenteadas, propriedade de empresas farmacêuticas que lucram com elas. Oriundas de **bioprospecção**, essas linhagens são potencialmente até mais lucrativas quando retiradas de pessoas cujos genes porventura contenham anticorpos desconhecidos capazes de lidar com doenças de difícil tratamento, algo que as torna ainda mais suscetíveis à exploração capitalista.

A **plastinação** é um outro modo de transformar os corpos em algo mais que simples corpos, tornando-os criações artísticas ou mercadorias. Trata-se de um processo no qual cadáveres humanos ou animais são preservados com plástico e podem ser permanentemente postos em exibição, inteiros ou seccionados, ou com pele, músculos ou órgãos retirados. Seu desenvolvimento deveu-se ao anatomista alemão Gunther von Hagens e tem sido utilizado para criar modelos para estudantes de medicina e, de forma mais controversa, mostrados como parte da exposição *Body worlds*, *shows* itinerantes que atraem amplas audiências em busca de entretenimento. Ainda que os corpos apresentados nessas mostras tenham sido doados a Hagens com esse fim, seu maior concorrente, *Bodies: The exhibition*, controlado por uma companhia chamada Premiere Exhibitions, usa corpos "não reclamados" doados pelo governo chinês (após uma investigação conduzida pelo procurador-geral de Nova York em 2006, as mostras *Bodies: The exhibition* incorporaram um aviso em seu site: não têm como "atestar independentemente" que aqueles corpos "não procedem de criminosos executados").

Outro modo pelo qual os corpos humanos têm se tornado mais maleáveis é o **xenotransplante**, ou o uso de órgãos de animais não humanos em seres humanos. Graças à demanda planetária por órgãos para transplante (que discutimos no capítulo 15), mais de 92.000 norte-americanos aguardavam na fila do transplante em 2012, e mais da metade deles morreu nessa espera; como resultado, temos um crescente mercado clandestino de partes humanas, bem como a coleta ilegal de órgãos e tecidos. Enquanto a maioria dos grupos de apoio à doação de órgãos se esforça para atrair novos doadores ou melhorar as redes de busca para dar conta dessa demanda crescente e propõem incentivos aos doadores em potencial, há na comunidade biomédica suporte para o uso de órgãos provenientes de animais não humanos nas cirurgias.

Há décadas os cientistas vêm se esforçando para aperfeiçoar os métodos de xenotransplante. E ainda assim, noves fora a preocupação ética relativa à criação de "fazendas de órgãos", em que os animais são criados

Figura 17.2 – Corpo humano plastinado na exposição *Body worlds*, no Museu de História Natural de San Diego, 2009. Cortesia de Patty Mooney, Crystal Pyramid Productions, San Diego, California, via Wikimedia Commons.

para produzir órgãos, de uma perspectiva médica essa prática tem sido, até agora, um completo fracasso. Desde 1964, quando médicos puseram em um homem o coração de um chimpanzé, até 1984, quando o coração de um babuíno foi transplantado para uma criança, e 1994, quando o fígado de um porco foi colocado em uma mulher, os resultados têm sido sempre os mesmos: os pacientes vêm a óbito pouco depois do procedimento cirúrgico. Esses insucessos demonstram que mesmo diferenças genéticas relativamente pequenas, como as que separam humanos de chimpanzés, por exemplo, são particularmente grandes demais quando se trata da capacidade dos órgãos de uma espécie sobreviverem noutra, mesmo com parentesco próximo.

Como observaram os biólogos Lynda Birke e Mike Michael (1998), a habilidade para criar e matar animais não humanos no intuito de usar partes deles em nossos corpos só é possível porque consideramo-nos não somente diferentes dos demais animais, mas também superiores. Somos especiais. E ainda assim, aqueles órgãos só poderão funcionar se formos semelhantes o bastante para que a barreira que separa as espécies seja rompida – afinal de contas, é assim que funciona a biomedicina. Com esse rompimento, criaremos enfim uma espécie híbrida, um desafio à noção fundamental do que é ser humano.

Corpos digitais

Nos últimos anos, nossos corpos têm crescentemente tomado forma e interagido on-line. Por meio do Twitter, Facebook, *games* e mesmo da pornografia on-line, seres humanos abandonam seus eus corpóreos e assumem avatares internéticos que visitam outros mundos, assumem outras personalidades e se envolvem em relações virtuais.

Um site cada vez mais popular entre usuários é o **Reddit**, um site de notícias em que usuários cadastrados publicam novidades, fotos e demais itens, que podem receber likes, ou não, de outros membros. Nele, há centenas de subreddits voltados a todo tipo possível de interesse, que atraem a todo e qualquer tipo de usuário. Alguns são extremamente controversos, apresentam corpos de vários tipos e possuem títulos como *jailbait*, *creepshots*, *creepsquads*, *chokeabitch*, *misogyny* e *incest*; outros dedicam-se a exibir fotos de crianças ou bebês mortos, mulheres sendo agredidas, acidentes automobilísticos violentos e animais mutilados.

Em verdade, a internet é, hoje, o lugar em que os corpos antes considerados tabus em quase todos os espaços estão expostos e acessíveis a todos. Qualquer um pode buscar no Google "acidente da Princesa Diana" ou "execução de Saddam Hussein", e essas fotos estarão imediatamente disponibilizadas. Qualquer forma de pornografia, não importando quão repulsiva ou ilícita, está à mão. Anos atrás, o *trailer* de um filme pornográfico brasileiro chamado *Hungry Bitches* viralizou na internet: com o título *2 Girls 1 Cup*, duas mulheres nuas comiam fezes, vomitavam e depois comiam o próprio vômito. Imediatamente depois da postagem, começaram a surgir *reacts*, vídeos em que alguém assistia ao *trailer* supostamente pela primeira vez e a câmera gravava suas estarrecidas (quando não hilárias) reações. Mas por mais repulsivo que o *trailer* possa ser, não falta à internet materiais chocantes e, frequentemente, perturbadores: corpos nus e/ou mortos, vídeos sexuais de celebridades, cirurgias cardíacas, operações de mudança de sexo, partos, execuções, fetiches pornográficos, abate de animais, e assim por diante. Em termos simples, não há limites à quantidade de sofrimento, destruição ou degradação que corpos humanos e não humanos são capazes de suportar, tampouco para o número de interessados em assisti-la.

Para aqueles interessados em modificações corporais, o site mais indicado era o **BME.com** (Body Modification Ezine), uma revista on-line dedicada à documentação de práticas de modificação corporal, cujo foco residia em histórias e fotografias dos leitores. O site abrigava um fórum em que compartilhavam suas histórias pessoais sobre como haviam conseguido suas transformações e o impacto que a ação tivera em suas vidas desde então. Como um dos objetivos principais do site era encorajar o desenvolvimento de uma comunidade, havia anúncios pessoais, listagens e a IAM. bmezine Community, que exigia a participação dos membros. O site era voltado para adultos, pois apresentava conteúdos sexuais explícitos e também fotos de atividades perigosas ou mesmo fatais, tais como amputações voluntárias, autoflagelação e tortura. Na homepage, um aviso destacado alertava aos leitores sobre os possíveis riscos de algumas das atividades ali documentadas, e declarava que o site não era legalmente responsável por nenhuma delas[7].

Este livro iniciou discutindo a centralidade do corpo nos filmes de terror, uma tecnologia de princípios do século XX, e termina tratando de tecnologias do século XXI, mas o corpo permanece um elemento central. Segundo o site satírico *The Scoop News*, a internet é composta por 80% de pornografia, 15% por vídeos de gatinhos, 4% por comentários mal-escritos e 1% de conteúdos desconhecidos. Ainda que muitos argumentem que a percentagem dos vídeos de gatinhos seja significativamente maior, não há dúvida de que a pornografia tem sido um elemento importantíssimo do universo on-line. Mas outros tipos de corpos, especialmente os chocantes, subversivos e tabus são, como vimos, igualmente populares, talvez graças à natureza sem censuras ou filtros da internet. Enquanto espaços como o Reddit e o BME existirem, promovendo a liberdade internética e permitindo fotos explícitas que deixam as pessoas desconfortáveis, os corpos permanecerão um elemento destacado do futuro do universo on-line.

Por fim, a preponderância dos corpos na internet diz muito sobre a preponderância dos corpos nos filmes de terror, na sociedade e, sem dúvida, nos estudos que você tem realizado. Como discutimos no capítulo 1, o corpo é o símbolo primordial pelo qual comunicamos nossos valores

---

7. Desde 2022, com a morte de Rachel Larratt, líder do BME.com, o site encontra-se fora do ar, e um anúncio avisa que "não podemos determinar se ou quando o site principal será restaurado" [N.T.].

e normas culturais, a forma física sobre a qual se inscreve a sociedade, e o veículo pelo qual vivenciamos o mundo e nossas relações mútuas. Ele serve de intersecção entre o físico e o social, o cultural e o histórico. E como tal, permanecerá sendo moldado pelas futuras tecnologias, e continuará a ser uma superfície flexível na qual inscrevemos nossos desejos e vontades.

Termos fundamentais

avatares
biônico
bioprospecção
BME.com
ciborgue
distopia

implantes cocleares
mioeletricidade
plastinação
realidade virtual
Reddit

Leituras complementares

Featherstone, M., & Burrows, R. (orgs.) (1995). *Cyberspace/Cyberbodies/cyberpunk: cultures of technological embodiment*. Sage.

Haraway, D. (1991). *Simians, cyborgs and women: The reinvention of nature*. Routledge.

Haraway, D. (1993). "The biopolitics of postmodern bodies." In Lindenbaum, S., & Lock, M. (orgs.). *Knowledge, power and practice*. University of California Press.

Haraway, D. (1997). *Modest witness @ second millennium – FemaleMan meets oncomouse: feminism and technoscience*. Routledge.

BIBLIOGRAFIA

Agar, N. (2005). *Liberal eugenics: In defence of human enhancement.* Blackwell.

Ahmed, S. (2000). *Strange encounters: Embodied others in postcoloniality.* Routledge.

Alcoff, L. M. (2006). *Visible identities, race, gender, and the self.* Oxford University Press.

Allen, J. M., Hammon Kellegrew, D., & Jaffe, D. (2000). The experience of pet ownership as a meaningful occupation. *Canadian Journal of Occupational Therapy 57*(4), p. 271-278.

Alsop, R., Fitzsimons, A., & Lennon, K. (2002). *Theorising gender.* Polity.

Alter, J. (1992). *The wrestler's body: Identity and ideology in Northern India.* University of California Press.

Alter, J. (2000). *Gandhi's body: Sex, diet, and the politics of nationalism.* University of Pennsylvania Press.

Althaus, F. A. (1997). Female Circumcision: Rite of Passage or Violation of Rights? *International Family Planning Perspectives 23*(3), p. 130-133.

Angel, J. L., & Hogan, D. P. (1991). The demography of minority populations. In *Minority elders: Longevity, economics and health, building a public policy base* (p. 1-13). Gerontological Society of America.

Armstrong, D. (1985). *The political anatomy of the body.* Cambridge University Press.

Arnold, D. (1993). *Colonizing the body: State medicine and epidemic disease in nineteenth-century India.* University of California Press.

Arnup, K., Andree Leveque, A., & Pierson, R. R. (orgs.). (1990). *Delivering motherhood: Maternal ideologies and practices in the nineteenth and twentieth centuries.* Routledge.

Asad, T. (1997). Remarks on the Anthropology of the Body. In S. Coakley (org.), *Religion and the body: Comparative perspectives on devotional practices* (p. 42-52). University of Cambridge Press.

Atkinson, M. (2003). *Tattooed: The sociogenesis of a body art.* University of Toronto Press.

Bakhtin, M. (2010). *A cultura popular na Idade Média e no Renascimento: o contexto de François Rabelais.* Hucitec.

Balsamo, A. (1992). On the cutting edge: Cosmetic surgery and the technological production of the gendered body. *Camera Obscura 28*, p. 206-237.

Banks, I. (2000). *Hair matters: Beauty, power and black women's consciousness*. New York University Press.

Banner, L. (1983). *American beauty*. University of Chicago Press.

Barker, F. (1984). *The tremulous private body: Essays on subjection*. Methuen.

Barley, N. (1995). *Grave matters*. Henry Holt & Company.

Bass, S. A., Kutza, E. A., & Torres-Gil, F. M. (orgs.) (1990). *Diversity in aging*. Scott, Foresman.

Baudrillard, J. (1995). *Simulacra and simulation: The body, in theory: Histories of cultural materialism*. University of Michigan Press.

Becker, G. (2000). *The elusive embryo: How Men and women approach new reproductive technologies*. University of California Press.

Bell, R. M. (1985). *Holy anorexia*. University of Chicago Press.

Berger Jr., H. (1987). Bodies and texts. *Representations 17*, p. 144-166.

Berger, J. (1972). *Ways of seeing*. BBC.

Bernstein, P. L., Friedman, E., & Malaspina, A. (2000). Animal-assisted therapy enhances resident social interaction and initiation in long-term care facilities. *Anthrozoös 13*(4), p. 213-224.

Birke, L. (1999). *Feminism and the biological body*. Rutgers University Press.

Birke, L., & Michael, M. (1998). The heart of the matter: Animal bodies, ethics, and species boundaries. *Society & Animals 6*(3), p. 245-261.

Bishop, K. W. (2010). *American zombie gothic: The rise and fall (and rise) of the walking dead in popular culture*. McFarland.

Blacking, J. (org.) (1977). *The anthropology of the body*. Academic Press.

Blanchard, P. (2008). *Human zoos: Science and spectacle in the age of colonial empires*. Liverpool University Press.

Bleir, R. (1984). *Science and gender: A critique of biology and its theories on women*. Pergamon.

Bobel, C., & Kwan, S. (2011). *Embodied resistance: Challenging the norms, breaking the rules*. Vanderbilt University Press.

Bogdan, R. (1988). *Freak show*. University of Chicago Press.

Bolin, A. (1992). Vandalized Vanity: Feminine Physiques Betrayed and Portrayed. In M. L. Frances & P. Sharpe (orgs.), *Tattoo, torture, mutilation, and adornment: The denaturalization of the body in culture and text*. State University of New York Press.

Bond, S., & Cash, T. F. (1992). Black beauty: Skin color and body images among African-American college women. *Journal of Applied Social Psychology 22*(11), p. 874-888.

Bourdieu, P. (2011). *A distinção: Crítica social do julgamento*. Zouk

Bourdieu, P. (1994). Structures, habitus, power: Basis for a theory of symbolic power. In N. Dirks, G. Eley & S. Ortner (orgs.), *Cultures, power, history: A reader in contemporary social theory*. Princeton University Press.

Bourdieu, P. (1998). *Practical reason: On the theory of action*. Stanford University Press.

Bordo, S. (1989). The body and the reproduction of femininity: A feminist appropriation of Foucault. In A. M. Jaggar & S. R. Bordo (orgs.), *Gender/body/knowledge: Feminist reconstructions of being and knowing*. Rutgers University Press.

Bordo, S. (1990). Reading the slender body. In M. Jacobus, E. F. Keller & S. Shuttleworth (orgs.), *Body politics: Women and the discourses of science*. Routledge.

Bordo, S. (1993). *Unbearable weight: Feminism, Western culture, and the body*. University of California Press.

Bordo, S. (1999). *The male body: A new look at men in public and private*. Farrar, Straus & Giroux.

Bornstein, K. (1994). *Gender outlaw: On men, women, and the rest of us*. Routledge.

Bottomley, F. (1979). *Attitudes to the body in Western Christendom*. Lepus.

Bourgois, P., & Schonberg, J. (2007). Intimate Apartheid: Ethnic dimensions of habitus among homeless heroin injectors. *Ethnography 8*(1), p. 7-31.

Braidotti, R. (1994). *Nomadic subjects: Embodiment and sexual difference in contemporary feminist theory*. Columbia University Press.

Brain, R. (1979). *The decorated body*. Harper & Row.

Braziel, J. E., & LeBesco, K. (2001). *Bodies out of bounds: Fatness and transgression*. University of California Press.

Breckenridge, C. A., & Vogler, C. (2001). The critical limits of embodiment: disability's criticismo. *Public Culture 13*(3), p. 349-357.

Brown, P. (1990). *Corpo e sociedade – O homem, a mulher e a renúncia sexual no início do cristianismo*. Zahar.

Bruch, H. (1973). *Eating disorders: Obesity, anorexia nervosa, and the person within*. Basic Books.

Brumberg, J. J. (1997). *The body project: An intimate history of American girls*. Random House.

Burgett, B. (1998). *Sentimental bodies: Sex, gender and citizenship in the early republic*. Princeton University Press.

Burton, J. W. (2001). *Culture and the human body: An anthropological perspective*. Waveland Press.

Butler, J. (2019). *Corpos que importam: Os limites discursivos do sexo*. N-1 Edições.

Butler, J. (2003). *Problemas de gênero: Feminismo e subversão da identidade*. Civilização Brasileira.

Butler, J. (2004). *Undoing gender*. Routledge.

Bynum, C. W. (1991). *Fragmentation and redemption: Essays on gender and the human body in medieval religion*. Zone Books.

Butler, J. (1995a). *The resurrection of the body in Western Christianity, 200-1336*. Columbia University Press.

Butler, J. (1995b). Why all the fuss about the body: A medievalist's perspective. *Critical Inquiry 22*(1), p. 1-33.

Butler, J. (1995c). Women mystics and Eucharistic Devotion in the thirteenth century. In M. Lock & J. Farquhar (orgs.), *Beyond the body proper: Reading the anthropology of material life*. Duke University Press.

Byrd, A., & Tharps, L. L. (2002). *Hair story: Untangling the roots of black hair in America*. St. Martin's Press.

Campbell, F. K. (2009). *Contours of ableism*. Palgrave Macmillan.

Camphausen, R. C. (1997). *Return of the tribal: A celebration of body adornment: piercing, tattooing, scarification, body painting*. Park Street.

Campos, P. (2004). *The obesity myth: Why America's obsession with weight is hazardous to your health*. Gotham.

Caplan, J. (org.) (2000). *Written on the body: The tattoo in European and American history*. Reaktion.

Carey, J. W. (1993). Distribution of culture-bound illness in the Southern Peruvian Andes. *Medical Anthropology Quarterly 7*, p. 281-300.

Chapkis, W. (1986). *Beauty secrets: Women and the politics of appearance*. South End.

Chaufan, C. (2009). The elephant in the room: The Invisibility of poverty in research on type 2 diabetes. *Humanity & Society 33* (fev.-mai.), p. 74-98.

Chernin, K. (1981). *The obesession: Reflections on the tyranny of slenderness*. Harper & Row.

Clover, C. J. (1987). Her body, himself: Gender in slasher film. *Representations 20. Special Issue: Misogyny, misandry, and misanthropy*, Fall, p. 187-228.

Coakley, S. (1997). *Religion and the body*. Cambridge University Press.

Coates, T. (2012, set.). Fear of a black president. In *The Atlantic*. http://www.theatlantic.com/magazine/archive/2012/09/fear-of-a-black-president/309064/

Cohen, P. (2011, 11 jan.). Creating care vacuums as nursing homes close. *Huffington Post*.

Comaroff, J., & Comaroff, J. (1992). Medicine, colonialism, and the black body". In J. Comaroff & J. Comaroff (orgs.), *Ethnography and the historical imagination*. Westview.

Conboy, K., Medina, N., & Stanbury, S. (1997). *Writing on the body: Female Embodiment and feminist theory*. Columbia University Press.

Cooper, C. (2007). *Headless fatties.* http://www.charlottecooper.net/docs/fat/headless_fatties.htm

Corbin, A. (1986). *The foul and the fragrant: Odor and the French social imagination.* Harvard University Press.

Corea, G. (1985). *The mother machine: Reproductive technologies from artificial insemination to artificial wombs.* Harper & Row.

Crawford, R. (1984). A cultural account of health: Control, release, and social body. In J. McKinlay (org.), *Issues in the political economy of health care.* Tavistock.

Cregan. K. (2006). *The sociology of the body: Mapping the abstraction of embodiment.* Sage.

Crossley, N. (2001). *The social body: Habit, identity, and desire.* Sage.

Crossley, N. (2004). Fat is a sociological issue: Obesity in late modern, body-conscious societies. *Health and Social Theory 2*(3), p. 222-253.

Csordas, T. (1990). Embodiment as a paradigm in anthropology. *Ethos 18*, p. 5-47.

Crossley, N. (1993). Somatic modes of attention. *Cultural Anthropology 8*(2), p. 135-156.

Crossley, N. (org.) (1994). *Embodiment and experience: The existential ground of culture and self.* Cambridge University Press.

Dain, B. R. (2002). *A hideous monster of the mind: American race theory in the early republic.* Harvard University Press.

Darwin, C. (1859/1985). *On the origin of species.* Penguin.

Darwin, C. (1871/1981). *The descent of man.* Princeton University Press.

Davis, K. (1995). *Reshaping the female body: The dilemma of cosmetic surgery.* Routledge.

Davis, K. (1997). *Embodied practices: Feminist perspectives on the body.* Sage.

Davis-Floyd, R. (1992). *Birth as an American rite of passage.* University of California Press.

De Beauvoir, S. (1970). *The second sex.* Jonathan Cape.

De Beauvoir, S. (1972). *The coming of age.* Putnam.

Dean-Jones, L. (1994). *Women's bodies in classical Greek science.* Oxford University Press.

Delaney, C. (1991). *The seed and the soil: Gender and cosmology in Turkish village society.* University of California Press.

Delaney, J. (1988). *The curse: A cultural history of menstruation.* University of Illinois Press.

Demand, N. (1994). *Birth, death, and motherhood in classical Greece.* Johns Hopkins University Press.

DeMello, M. (1995). The carnivalesque body: Women and. In D. E. Hardy (org.), *Pierced hearts and true love: A century of drawings for tattoos* (catálogo). The Drawing Center.

DeMello, M. (2000). *Bodies of inscription: A cultural history of the modern tattoo community.* Duke University Press.

DeMello, M. (2007). *Encyclopedia of Body Adornment.* Greenwood.

DeMello, M. (2012). *Animals and society: An introduction to human-animal studies.* Columbia University Press.

D'Emilio, J., & Freedman, E. B. (1997). *Intimate matters: A history of sexuality in America.* 2. ed. University of Chicago Press.

Deviney, E., Dickert, J., & Lockwood, R. (1983). The care of pets within child abusing families. *International Journal for the Study of Animal Problems 4*(4), p. 321-329.

Diamond, J. (1999). *Guns, germs and steel: The fate of human societies.* W.W. Norton.

Diedrich, L. (2001). Breaking down: A phenomenology of disability. *Literature and Medicine 20*(2), p. 209-230.

Diprose, R. (1994). *The bodies of women: Ethics, embodiment and sexual difference.* Routledge.

Dixon, L. S. (1995). *Perilous chastity: Women and illness in pre-Enlightenment art and medicine.* Cornell University Press.

Douglas, M. (1966). *Purity and danger: An analysis of concepts of pollution and taboo.* Praeger.

Douglas, M. (1973). *Natural symbols: Explorations in cosmology.* Vintage.

Dreger, A. D. (1998). *Hermaphrodites and the medical invention of sex.* Harvard University Press.

Dubois, P. (1988). *Sowing the body: Psychoanalysis and ancient representation of women.* University of Chicago Press.

Duden, B. (1991). *The woman beneath the skin: A doctor's patients in 18th-century Germany.* Harvard University Press.

Duden, B. (1993). *Disembodying women: Perspectives on pregnancy and the unborn.* Harvard University Press.

Duncan, A., Thomas, J. C., & Miller, C. (2005). Significance of family risk factors in development of childhood animal cruelty in adolescent boys with conduct problems. *Journal of Family Violence 20*, p. 235-239.

Dutton, D. B. (1986). Social class, health, and illness. In L. H. Aiken, & D. Mechanic (orgs.), *Applications of social science to clinical medicine and health policy.* Rutgers University Press.

Dworkin, A. (1974). *Woman hating.* Dutton.

Edmonds, A. (2007). "The poor have the right to be beautiful": Cosmetic surgery in neoliberal Brazil. *Journal of the Royal Anthropological Institute 13*(2), p. 363-381.

Edwards, J. *et al.* (1999). *Technologies of procreation: Kinship in the age of assisted conception*. 2. ed. Routledge.

Ehrenreich, B. (2004). *Miséria à americana*. Record.

Ehrenreich, B. (2007). Welcome to Cancerland. In V. Taylor, N. Whittier & L. Rupp (orgs.), *Feminist frontiers*. McGraw Hill.

Elias, N. (1978). *The civilizing process*. Urizen Books.

Elliott, D. (1999). *Fallen bodies: Pollution, sexuality, and demonology in the Middle Ages*. University of Pennsylvania Press.

Elshtain, J. B., & Cloyd, J. T. (orgs.) (1995). *Politics and the human body*. Vanderbilt University Press.

Emmett, S. W. (org.) (1985). *Theory and treatment of anorexia nervosa and bulimia: biomedical, sociocultural and psychological perspectives*. Brunner; Mazel.

Enright, A. (2000, 13 abr.). What's left of Henrietta Lacks? *London Review of Books*.

Entwistle, J., & Wilson, E. (2001). *Body dressing*. Berg.

Epstein, J., & Straub, K. (orgs.) (1991). *Body guards: The cultural politics of gender ambiguity*. Routledge.

Etcoff, N. (1999). *Survival of the prettiest: The science of beauty*. Anchor Books.

Falk, P. (1996). *The consuming body*. Sage.

Fallon, P., Katzman, M., & Wooley, S., (orgs.) (1994). *Feminist perspectives on eating disorders*. Guilford.

Fan, H. (2013). *AIDS: Science and society*. Jones & Bartlett Learning.

Fanon, F. (1963). *Black skins, white masks*. Grove.

Faris, J. C. (1972). *Nuba personal art*. Duckworth.

Farmer, P. (1999). *Infections and inequality: The modern plagues*. University of California Press.

Fausto-Sterling, A. (1985). Gender, race, and nation: The comparative anatomy of 'hottentot' women in Europe, 1815-17. In J. Terry & J. Urla (orgs.), *Deviant bodies: Critical perspectives on difference in science and popular culture*. Indiana University Press.

Fausto-Sterling, A. (1992). *Myths of gender: Biological theories about women and men*. Basic Books.

Fausto-Sterling, A. (2000a). The five sexes: Why male and female are not enough. *The Sciences 33*(2), p. 20-25.

Fausto-Sterling, A. (2000b). *Sexing the body: Gender politics and the construction of sexuality*. Basic Books.

Fausto-Sterling, A. (2005). Bare bones of sex: Part I, sex & gender. In *Signs 30*(2), p. 491-528.

Featherstone, M. (1991). The body in consumer culture. In M. Featherstone, M. Hepworth & B. Turner (orgs.), *The body: Social process and cultural theory.* Sage.

Featherstone, M. (org.) (2000). *Body modification.* Sage.

Featherstone, M., & Burrows, R. (orgs.) (1995). *Cyberspace/cyberbodies/cyberpunk: Cultures of technological embodiment.* Sage.

Featherstone, M., Hepworth, M., & Turner, B. (orgs.) (1991). *The body: Social process and cultural theory.* Sage.

Fee, E. et al. (2002). The effects of the corset. *American Journal of Public Health 92*, p. 1.085.

Feher, M. (org.) (1989). *Fragments for a history of the human body.* Zone Books.

Feinberg, L. (1997). *Transgender warriors: Making history from Joan of Arc to Dennis Rodman.* Beacon.

Fiske, J. (1989). *Understanding popular culture.* Routledge.

Foster, G. A. (2000). *Troping the body: Gender, etiquette, and performance.* Southern Illinois University Press.

Foster, S. (org.) (1995). *Corporealities: Body, knowledge, culture, power.* Routledge.

Foucault, M. (2020). *História da sexualidade.* Vol. 1: A vontade de saber. Paz & Terra.

Foucault, M. (1980a). *Power/knowledge: Selected interviews and other writings. 1972-77.* Harvester.

Foucault, M. (2014). *Vigiar e punir: Nascimento da prisão.* Vozes.

Fox, R. C., & Swazey, J. P. (1992). *Spare parts: Organ replacement in society.* Oxford University Press.

Frank, A. W. (1991). For a sociology of the body: An analytical review. In M. Featherstone, M. Hepworth & B. Turner (orgs.), *The body: Social process and cultural theory.* Sage.

Frank, G. (1986). On embodiment: A case study of congenital limb deficiency in American culture. *Culture, Medicine, and Psychiatry 10*, p. 189-219.

Franklin, S. (1997). *Embodied progress: A cultural account of assisted conception.* Routledge.

Franklin, S., & Ragoné, H. (orgs.) (1988). *Reproducing reproduction: Kinship, power and technological innovation.* University of Pennsylvania Press.

Freund, P. (1982). *The civilized body: Social domination, control and health.* Temple University Press.

Freund, P. (1988). Bringing society into the body: Understanding socialized human nature. *Theory and Society 17*, p. 839-364.

Friedmann, E., Katcher, A. H., Thomas, S. A., & Lynch, J. J. (1980). Animal companions and one-year survival of patients after discharge from a coronary care unit. *Public Health Rep. 95*(4), p. 307-312.

Friedmann, E., Thomas, S. A., & Eddy, T. J. (2000). Companion animals and human health: Physical and cardiovascular influences. In A. L. Podberscek, E. S. Paul & J. A. Serpell (orgs.), *Companion animals and us: Exploring the relationships between people and pets*. Cambridge University Press.

Fudge, E., Gilbert, R., & Wiseman, S. (orgs.) (1999). *At the borders of the human: Beasts, bodies and natural philosophy in the early Modern Period*. St. Martin's Press.

Furth, G., & Smith, R. (2000). *Amputee identity disorder: Information, questions, answers and recomendations about self-demand amputation*. Author-house.

Gaines, J. (1990). Fabricating the female body. In J. Gaines & C. Herzog (orgs.), *Fabrications: Costume and the female body*. Routledge.

Gaines, J., & Herzog, C. (orgs.). *Fabrications: Costume and the female body*. Routledge.

Gallagher, C., & Laqueur, T. W. (orgs.) (1987). *The making of the modern body: Sexuality and society in the nineteenth century.* University of California Press.

Gallop, J. (1988). *Thinking through the body*. Columbia University Press.

Gans, E. (2000). The body sacrificial. In T. Siebers & A. Arbor (orgs.), *The body aesthetic: From fine art to body modification*. University of Michigan Press.

Garber, M. (1992). *Vested interests: Cross dressing & cultural anxiety*. HarperCollins.

Garland Thompson, R. (1997). *Extraordinary bodies: Figuring physical disability in American culture and literature*. Columbia University Press.

Garland Thompson, R. (org.) (1996). *Freakery: Cultural spectacles of the extraordinary body*. New York University Press.

Gatens, M. (1996). *Imaginary bodies: Ethics, power and corporeality*. Routledge.

Gay, K. (2002). *Body marks: Tattooing, piercing, and scarification*. Millbrook.

Gemzoe, L. (2005). Heavenly. In D. Kulick & A. Menely (orgs.), *Fat: The anthropology of an obsession*. Jeremy P. Tarcher, Penguin.

Gil, J. (1998). *Metamorphoses of the body. Theory out of bounds*. University of Minnesota Press.

Gilman, S. (1985). *Difference and pathology: Stereotypes of sexuality, race, and madness*. Cornell University Press.

Gilman, S. (1988). *Disease and representation: Images of illness, madness to AIDS*. Cornell University Press.

Gilman, S. (1989). *Sexuality: An illustrated history: Representing the sexual machine and culture from the middle ages to the age of AIDS*. Wiley

Gilman, S. (1991). *The Jew's body.* Routledge.

Gilman, S. (1995). *Picturing heath and illness: Images of identity and difference*. Johns Hopkins University Press.

Gilman, S. (1999). *Making the body beautiful: A cultural history of aesthetic history.* Princeton University Press.

Gilman, S. (2000). Imagined ugliness: A history of the psychiatric response to aesthetic surgery. In T. Siebers & A. Arbor (orgs.), *The body aesthetic: From fine art to body modification*. University of Michigan Press.

Gilman, S. (2003). *Jewish frontiers: Essays on bodies, histories, and identities*. Palgrave Macmillan.

Gilman, S. (2008a). *Fat: A cultural history of obesity*. Polity Press.

Gilman, S. (2008b). The hottentot and the prostitute: Toward and iconography of female sexuality. In C. Malacrida & J. Low (orgs.), *Sociology of the body: A reader*. Oxford University Press.

Ginsburg, F. D. (1990). *Contested lives: The abortion debate in an American community*. University of California Press.

Girard, R. (2000). Hunger artists: Eating disorders and mimetic desire. In T. Siebers & A. Arbor (orgs.), *The body aesthetic: From fine art to body modification*. University of Michigan Press.

Glassner, B. (1992). *Bodies: Overcoming the tyranny of perfection*. Lowell House.

Glenn, E. N. (2009). *Shades of difference: Why skin color matters*. Stanford University Press.

Goffman, E. (1959). *The presentation of self in everyday life*. Anchor.

Gould, S. J. (1991). *A falsa medida do homem*. Martins Fontes.

Graham, E. (2002). *Representations of the post/human: Monsters, aliens and others in popular culture*. Rutgers University Press.

Greenberg, D. F. (1988). *The construction of homosexuality*. University of Chicago Press.

Gremillion, H. (2003). *Feeding anorexia: Gender and power at a treatment center*. Duke University Press.

Gremillion, H. (2005). The cultural politics of body size. *Annual Review of Anthropology 34*, p. 13-32.

Griffin, S. (1978). *Woman and nature: The roaring inside her*. Harper & Row.

Griffin, S. (1981). *Pornography and Silence: Culture's Revenge against Nature*. Harper & Row.

Griggs, C. (2004). *Journal of a sex change: Passage through Trinidad*. McFarland.

Grimm, V. E. (1996). *From feasting to fasting, the evolution of a sin: The development of early Christian ascetism*. Routledge.

Grosz, E. (1990). Inscriptions and body maps: Representations and the corporeal. In T. Threadgold & A. Cranny-Francis (orgs.), *Feminine, masculine and representation*. Allen & Unwin.

Grosz, E. (1994). *Volatile bodies: Toward a corporeal feminism*. Indiana University Press.

Grosz, E. (1995). *Space, time and perversion: Essays on the politics of bodies.* Routledge; Allen & Unwin.

Grosz, E. (2005). *Time travels: Feminism, nature, power (next wave).* Duke University Press.

Hacking, I. (1995). Making up people. In M. Lopck & J. Farquhar (orgs.), *Beyond the body proper: Reading the anthropology of material life.* Duke University Press.

Haiken, E. (1997). The Michael Jackson factor: Race, ethnicity, and cosmetic surgery. In E. Haiken (org.), *Venus envy: A history of cosmetic surgery.* Johns Hopkins University Press.

Halberstam, J. (1998). *Female masculinity.* Duke University Press.

Hall, R. E. (2008). *Racism in the 21st century: An empirical analysis of skin color.* Springer.

Halliburton, M. (2002). Rethinking anthropological studies of the body: manas and bodham in Kerala. *American Anthropologist 104*(4), p. 1.123-1.134.

Hansen, K. M., Messinger, C. J., Baun, M. M., & Megel, M. (1999). Companion animals alleviating distress in children. *Anthrozoos 12*(3), p. 142-148.

Haraway, D. (1990). *Primate visions.* Routledge.

Haraway, D. (1991). *Simians, cyborgs and women: The reinvention of nature.* Routledge.

Haraway, D. (1993). The biopolitics of postmodern bodies. In S. Lindenbaum & M. Lock (orgs.), *Knowledge, power and practice.* University of California Press.

Haraway, D. (1997). *Modest witness @ second millennium. FemaleMan meets oncomouse: feminism and technoscience.* Routledge.

Haraway, D. (2003). *The companion species manifesto: Dogs, people and significant otherness.* Prickly Paradigm.

Hart, L. A. (1995). The role of pets in enhancing human wellbeing: effects for older people. In I. Robinson (org.), *The Waltham book of human-animal interaction: Benefits of pet ownership.* Pergamon.

Hebidge, D. (1979). *Subculture: The meaning of style.* Routledge.

Henninger-Voss, M. (2002). *Animals in Human Histories: The Mirror of Nature and Culture.* University of Rochester Press.

Henry, B., & Sanders, C. E. (2007). Bullying and animal abuse: Is there a connection? *Society & Animals 15*(2).

Herdt, G. (1994). *Third sex, third gender: Beyond sexual dimorphism in culture and history.* Zone Books.

Herring, C., Keith, V., & Horton, H. D. (2004). *Skin deep: How race and complexion matter in the "color blind" era.* University of Illinois Press.

Hewitt, K. (1997). *Mutilating the body: Identity in blood and ink.* Bowling Green State University Popular Press.

Heywood, L.(1998). *Bodymakers: A cultural anatomy of women's body building.* Rutgers University Press.

Hicks, E. K. (1987). *Infibulation: Status through mutilation.* Erasmus University.

Hiltebeitel, A., & Miller, B. D. (orgs.) (1998). *Hair: Its power and meaning in Asian cultures.* State University of New York Press.

Hong, F. (1997). *Foot binding, feminism and freedom: The liberation of women's bodies in modern China.* Frank Cass.

Hooks, B. (1990). *Yearning: Race, gender and cultural politics.* South End.

Howson, A. (2004). *The body in society: An introduction.* Polity Press.

Hummer, R. A. (1996). Black-white differences in health and mortality: A review and conceptual model. *Sociological Quarterly 37*(1), p. 105-126.

Hunt, L. (org.) (1990). *Eroticism and the body politic.* Johns Hopkins University Press.

Hyde, A. (1996). *Bodies of law.* Princeton University Press.

Inahara, M. (2009). *Abject love: Undoing the boundaries of physical disability.* VDM.

Ingold, T. (1994). From trust to domination: An alternative history of human-animal relations. In A. Manning & J. Serpell (orgs.), *Animals and human society.* Routledge.

Ingold, T. (org.) (1988). *What is an animal?* Routledge.

Irigaray, L. (1985). *Speculum of the other women.* Cornell University Press.

Ingold, T. (1993). *An ethics of sexual difference.* Cornell University Press.

Irvine, J. M. (1990). *Disorders of desire: Sex and gender in modern American sexology.* Temple University Press.

Jackson, J. (1994). Chronic pain and the tension between the body as subject and object. In T. J. Csordas (org.), *Embodiment and experience: The existential ground of culture and self.* Cambridge University Press.

Jackson, M. (2002). Familiar and foreign bodies: A phenomenological exploration of the human-technology interface. *Journal of the Royal Anthropological Institute 8*(2), p. 333-346.

Jaggar, A., & Bordo, S. (orgs.) (1989). *Gender/body/knowledge.* Rutgers University Press.

James, J., McKechnie, S., & Swanberg, J. (2008). Predicting employee engagement in an age-diverse retail workforce. *Journal of Organizational Behavior 32*(2), p. 173-196.

James, J. B., McKechnie, S., P., Ojha, M. U., Swanberg, J., & Werner, M. (2008). *CitiSales study: Jobs that work.* http://www.issuelab.org/permalink/resource/8677

Jaquart, D., & Thomasset, C. (1988). *Sexuality and medicine in the Middle Ages.* Princeton University Press.

Jeffreys, S. (2005). *Beauty and misogyny: Harmful cultural practices in the West*. Routledge.

Johnson, M. (1987). *The body in the mind: The bodily basis of meaning, imagination, and reason*. University of Chicago Press.

Johnson, W. (1999). Reading bodies and marking race. In W. Johnson (org.), *Soul by soul: Life inside the antebellum slave market*. Harvard University Press.

Joralemon, D. (1995). Organ wars: The battle for body parts. *Medical Anthropology Quarterly 9*, p. 335-356.

Kahn J. (2007, jul.). Race in a bottle. *Scientific American*.

Kang, M. (2010). *The managed hand: Race, gender, and the body in beauty service work*. University of California Press.

Kasson, J. (2001). *Houdini, Tarzan, and the perfect man: The white male body and the challenge of Modernity in America*. Hill & Wang.

Kastenbaum, R. (2001). *Death, society, and human experience*. 7. ed. Allyn & Bacon.

Kaw, E. (1997). Opening faces: The politics of cosmetic surgery and Asian American women. In M. Crawford & R. Under (orgs.), *In our own words: Readings on the psychology of women and gender*. McGraw-Hill.

Kellert, S. R., & Felthous, A. R. (1985). Childhood cruelty toward animals among criminals and noncriminals. *Human Relations 38*(12), p. 1.113-1.129.

Kessler, S. J. (1998). *Lessons from the intersexed*. Rutgers University.

Kessler, S. J., & McKenna, W. (1978). *Gender: An ethnomethodological approach*. University of Chicago Press.

Kilbourne, J. (1999). *Deadly persuasion: Why women and girls must fight the addictive power of advertising*. Free Press.

Kilbourne, J. (2000). *Can't buy my love: How advertising changes the way we think and feel*. Simon & Schuster.

Kimbrell, A. (1993). *The human body shop*. HarperCollins.

Kimmel, M. (2000). *The gendered society*. Oxford University Press.

Kimmel, M. (org.) (1990). *Men confront pornography*. Meridian-Random House.

King, H. (1998). *Hippocrates' women: Reading the female body in Ancient Greece*. Routledge.

Kipnis, L. (1992). (Male) desire and (female) disgust: Reading Hustler. In L. Grossberg, C. Nelson & P. Treichler (orgs.), *Cultural studies*. Routledge.

Kirk, M. (1981). *Man as art: New Guinea body decoration*. Thames & Hudson.

Klinenberg, E. (2001). Dying alone: The social production of urban isolation. *Ethnography 2*(4), p. 501-531.

Ko, D. (2005). *Cinderella's sisters: A revisionist history of foot binding*. University of California Press.

Kosut, M., & Moore, L. J. (2010). *The body reader: Essential readings.* New York University Press.

Kulick, D. (1997). Gender of Brazilian transgendered prostitutes. *American Anthropologist 99*(3), p. 574-585.

Kulick, D., & Meneley, A. (orgs.) (2005). *Fat: The anthropology of an obsession.* Jeremy P. Tarcher; Penguin.

Kunzle, D. (1982). *Fashion and fetishism: A Social history of the corset, tight-lacing and other forms of body sculpture in the West.* Rowman & Littlefield.

Lachmund, J., & Stollberg, G. (orgs.) (1992). *The social construction of illness: Illness and medical knowledge in past and present.* Steiner.

Lambert, A. (2003). *Russian prison tattoos: Codes of authority, domination, and struggle.* Schiffer.

Lang, S., Jacobs, S., & Thomas, W. (1997). *Two spirit people: Native American gender identity, sexuality, and spirituality.* University of Illinois Press.

Laqueur, T. W. (1990). *Making sex: Body and gender from the Greeks to Freud.* Harvard University Press.

Latimer, J., & Schillmeier, M. (2009). *Un/knowing bodies.* Blackwell.

Leder, D. (1990). *The absent body.* University of Chicago Press.

Lennon, K. (2004). Imaginary bodies and worlds. *Inquiry* 47, p. 107-122.

Levenkron, S. (2001). *Anatomy of anorexia.* W.W. Norton.

Levy, A. (2005). *Female chauvinist pigs: Women and the rise of raunch culture.* Free Press.

Lewis, I. M. (1971). *Ecstatic religion.* Routledge.

Lock, M. (1993a). *Encounters with aging: Mythologies of menopause in Japan and North America.* University of California Press.

Lock, M. (1993b). The politics of mid-life and menopause: Ideologies for the second sex in North America and Japan. In S. Lindenbaum & M. Lock (orgs.), *Knowledge, power and practice.* University of California Press.

Lock, M. (1998). Perfecting society: Reproductive technologies, genetic testing and the planned family in Japan. In M. Lock & P. A. Kaufert (orgs.), *Pragmatic women and body politics.* Cambridge University Press.

Lock, M. (2001a). The Alienation of body tissue and the biopolitics of immortalized cell lines. *Body & Society 7*(2-3), p. 63-91.

Lock, M. (2001b). *Twice dead: Organ transplants and the reinvention of death.* University of California Press.

Lock, M., & Farquhar, J. (1995). *Beyond the body proper: Reading the anthropology of material life.* Duke University Press.

Lombroso, C. (2017). *O homem delinquente.* Ícone.

Lorber, J., & Moore, L. J. (2007). *Gendered bodies: Feminist perspectives.* Roxbury.

Lowe, M. R. (1998). *Women of steel: Female bodybuilders and the struggle for self-definition.* New York University Press.

Lowy, I. (org.) (1993). *Medicine and change: Historical and sociological studies of medical innovation.* Libbey; Institut National de la Sante et de la Recherche Medicale.

Lupton, D. (1994). *Medicine as culture: Illness, disease and the body in Western societies.* Sage.

Lynch, W. (1982). *Implants: Reconstructing the human body.* Van Nostrand Reinhold.

McClintock, A. (1995). *Imperial leather: Race, gender and sexuality in the colonial contest.* Routledge.

McLaren, A. (1978). *Birth control in nineteenth century England.* Holmes & Meier.

McMillen, S. G. (1990). *Motherhood in the Old South: Pregnancy, childbirth, and infant rearing.* Louisiana State University Press.

McNicholas, J., & Collis, G. (2000). Dogs as catalysts for social interactions: Robustness of the effect. *British Journal of Psychology 91*, p. 61-70.

McRobbie, A. (1991). *Feminism and youth culture.* Unwin Hyman.

Maguire, H. (1996). *The icons of their bodies: Saints and their images in Byzantium.* Princeton University Press.

Mairs, N. (1990/1997). Carnal acts. In K. Conboy, N. Medina & S. Stanbury (orgs.), *Writing on the body.* Columbia University Press.

Malacrida, C. J. L. (2008). *Sociology of the body: A reader.* Oxford University Press.

Mansfield, A., & McGinn, B. (1993). Pumping irony: The muscular and the feminine. In S. Scott & D. Morgan (orgs.), *Body matters.* Falmer.

Martin, E. (2006). *A mulher no corpo.* Garamond.

Mansfield, A., & McGinn, B. (1991). The egg and the sperm: How science has constructed a romance based on stereotypical male-female roles. *Signs 16*(3), p. 485-501.

Mansfield, A., & McGinn, B. (1992). The end of the body? *American Ethnologist 19*(1), p. 121-140.

Mansfield, A., & McGinn, B. (1995). *Flexible bodies: Tracking immunity in American culture from the days of polio to the age of AIDS.* Beacon.

Martinez, R. (1993). On the semiotics of torture: The case of the disappeared in Chile. In C. B. Burroughs & J. D. Ehrenreich (orgs.), *Reading the social body.* University of Iowa Press.

Martinez-Alier, V. (1974). *Marriage, class and colour in nineteenth century Cuba.* Cambridge University Press.

Mascia-Lees, F. (org.) (2011). *A companion to the anthropology of the body and embodiment*. Wiley-Blackwell.

Mascia-Lees, F., & Sharpe, P. (orgs.) (1992). *Tattoo, torture, mutilation, and adornment: The denaturalization of the body in culture and text*. State University of New York Press.

Mauss, M. (1979). *Sociology and psychology: Essays*. Routledge, Kegan Paul.

Merleau-Ponty, M. (1962). *Phenomenology of perception*. Humanities.

Messner, M. (1992). *Power at play: Sports and the problem of masculinity*. Beacon.

Messner, M. (2002). *Taking the field: Women, men, and sports*. University of Minnesota Press.

Messner, M., & Kimmel, M. (2009). *Men's lives*. Macmillan.

Mitchell, T. (1991). After we have captured their bodies. In *Colonising Egypt*. University of California Press.

Mizumoto Posey, S. (2004, out.-inv.). Burning messages: Interpreting African American fraternity brands and their bearers. *Voices, the Journal of New York Folklore 30*.

Momoh, C. (2005). *Female genital mutilation*. Radcliffe University Press.

Moore, L. J., & Kosut, M. (2010). *The body reader: Essential social and cultural readings*. New York University Press.

More, K., & Whittle, S. (orgs.) (1999). *Reclaiming genders: Transsexual grammars at the fin de siecle*. Cassell.

Morini, S. (1972). *Body sculpture: Plastic surgery from head to toe*. Delacorte.

Mulvey, L. (1975). Visual pleasure and narrative cinema. *Screen 16*(3), p. 6-18.

Murphy, R. F. (1987). *The body silent*. Henry Holt.

Myers, J. (1992). Nonmainstream body modification: Genital piercing, branding, burning and cutting. *Journal of Contemporary Ethnography 21*(3), p. 267-306.

Nanda, S. (1998). *Neither man nor woman: The hijras of India*. Wadsworth.

Nettleton, S. (2013). *The sociology of health and illness*. Polity.

Noske, B. (1997). *Beyond boundaries: Humans and animals*. Black Rose.

O'Brien, M. (1981). *The politics of reproduction*. Routledge & Kegan Paul.

Omolade, B. (1983). Hearts of darkness. In A. Snitow, C. Stansell & S. Thompson (orgs.), *Powers of desire: The politics of sexuality*. Monthly Review.

Ong, A. (1987). *Spirits of resistance and capitalist discipline: Factory women in Malaysia*. State University of New York Press.

O'Neill, J. (1985). *Five bodies: The shape of modern society*. Cornell University Press.

Ortner, S. B. (1974). Is female to male as nature is to culture? In M. Z. Rosaldo & L. Lamphere (orgs.), *Woman, culture, and society*. Stanford University Press.

Oudshoorn, N. (1994). *Beyond the natural body: An archaeology of sex hormones.* Routledge.

Outram, D. (1989). *The body and the French Revolution: Sex, class, and political culture.* Yale University Press.

Paige, J., & Paige, K. (1981). *The politics of reproductive ritual.* University of California Press.

Parry, J. (1989). The end of the body. In M. Feher, R. Naddaff & N. Tazi (orgs.), *Fragments for a history of the human body, part two.* Zone Books.

Patterson, C. (2002). *Eternal Treblinka: Our treatment of animals and the Holocaust.* Lantern Books.

Pedersen, S. (1991). National bodies, unspeakable acts: The sexual politics of colonial policy making. *Journal of Modern History 63*(4), p. 647-680.

Pernick, M. S. (1998). Back from the grave: Recurring controversies over defining and diagnosing death in history. In R. M. Zaner (org.), *Death: Beyond whole-brain criteria.* Kluwer.

Perutz, K. (1970). *Beyond the looking glass: America's beauty culture.* William Morrow.

Pfeffer, N. (1993). *The stork and the syringe: A political history of reproductive medicine.* Polity; Blackwell.

Phillips, K. A. (2005). *The broken mirror: Understanding and treating body dysmorphic disorder.* Oxford University Press.

Phoenix, J. (2001). *Making sense of prostitution.* Palgrave.

Pitts, V. (1988). "Reclaiming" the female body: Embodied identity work, resistance and the grotesque. *Body & Society 4*(3), p. 67-84.

Pitts, V. (2003). *In the flesh: The cultural politics of body modification.* Palgrave Macmillan.

Polhemus, T. (1978). *The body reader: Social aspects of the human body.* Pantheon.

Polhemus, T., & Housk, R. (1996). *The customized body.* Serpent's Tail.

Porter, R. (1990). Barely touching: A social perspective to mind and body. In G. Rousseau (org.), *Languages of psyche: Mind and body in Enlightenment thought.* University of California Press.

Porter, R. (1991a). Bodies of thought: Thoughts about the body in 18th-century England". In J. H. Pittock & A. Wear (orgs.), *Interpretation and cultural history.* Macmillan.

Porter, R. (1991b). History of the body. In P. Burke (org.), *New perspectives on historical writing.* Polity.

Porter, R. (org.) (1985). *The anatomy of madness: Essays in the history of psychiatry.* Tavistock.

Porter, R., & Teich, M. (orgs.) (1994). *Sexual knowledge: Sexual science: The history of attitudes to sexuality.* Cambridge University Press.

Potts, A. (2007). The mark of the beast: Inscribing "animality" through extreme body modification. In P. Armstrong & L. Simmons (orgs.), *Knowing animals.* Brill.

Pouchelle, M. (1990). *The body and surgery in the Middle Ages.* Rutgers University Press.

Price, J., & Shildrick, M. (orgs.) (1999). *Feminist theory and the body: A reader.* Edinburgh University Press.

Proctor, R. N. (1991). Eugenics among the social sciences: Hereditarian though in Germany and the United States. In J. Brown & D. K. Van Keuren (orgs.), *The estate of social knowledge.* Johns Hopkins University Press.

Prosser, J. (1998). *Second skins: The body narratives of transsexuality.* Columbia University Press.

Pruitt, D., Lafont, S. (1995). For love and money: Romance tourism in Jamaica. *Annals of Tourism Research 22*(2), p. 422-440.

Qureshi, S. (2011). *Peoples on parade: Exhibitions, empire and anthropology in nineteenth-century Britain.* University of Chicago Press.

Rapp, R. (1999). *Testing women, testing the fetus: The social impact of amniocentesis in America.* Routledge.

Reddit (2013). http://www.reddit.com/r/funny/comments/109cnf/im_not_sure_what_to_conclude_from_this/?sort = new#c6bmnym

Reilly, P. R. (1991). *The surgical solution: A history of involuntary sterilization in the United States.* Johns Hopkins University Press.

Reiss, B. (2001). *The showman and the slave: Race, death, and memory in Barnum's America.* Harvard University Press.

Rich, A. (1979). *Of women born, motherhood as experience and institution.* Virago.

Ripa, Y. (1990). *Women and madness: The incarceration of women in 19th-century France.* Polity.

Ritenbaugh, C. (1982). Obesity as a culture-bound syndrome. *Culture, Medicine, and Psychiatry 6*, p. 347-361.

Roach, M. (2015). *Curiosidade mórbida: A ciência e a vida secreta dos cadáveres.* Paralela.

Robinson, P. (1989). *The modernization of sex: Havelock Ellis, Alfred Kinsey, William Masters and Virginia Johnson.* Cornell University Press.

Rosenberg, C. E. (1989). Body and mind in 19th-century medicine: Some clinical origins of the neurosis constructo. *Bulletin of the History of Medicine 63*, p. 185-197.

Rosenblatt, D. (1997). The antisocial skin: Structure, resistance, and 'modern primitive' adornment in the United States. *Cultural Anthropology 12*(3), p. 287-334.

Rouselle, Aline (1984). *Pornéia – Sexualidade e amor no mundo antigo*. Brasiliense.

Rubin, A. (org.) (1998). *Marks of civilization: Artistic transformations of the human body*. Museum of Cultural History, University of California.

Russell, K., Wilson, M., & Hall, R. (1993). *The color complex: The politics of skin color among African Americans*. First Anchor.

Russett, C. E. (1989). *Sexual science: The Victorian construction of womanhood*. Harvard University Press.

Russo, M. (1985). *Female grotesques: Carnival and theory*. Center for Twentieth Century Studies, University of Wisconsin-Milwaukee.

Ruthrof, H. (1997). *Semantics and the body: Meaning from Frege to the postmodern*. Melbourne University Press.

Sable, P. (1995). Pets, attachment, and well-being across the life cycle. *Social Work 3*(3), p. 443-342.

Salecl, R. (2001). Cut in the body: From clitoridectomy to body art. In S. Ahmed & J. Stacey (orgs.), *Thinking through the skin*. Routledge.

Samuel, G. (1990). *Mind, body and culture: Anthropology and the biological interface*. Cambridge University Press.

Sanchez-Taylor, J. (2006). Racism and child sex tourism in the Caribbean and Latin America. *Revista SER Social 18*, p. 189-208.

Sanchez-Taylor, J., & O'Connell Davidson, J. (2009). Unknowable secrets and golden silence: Reflexivity and research on sex tourism. In R. Ryan-Flood & R. Gill (orgs.), *Secrecy and silence in the research process: Feminist reflection*. Routledge.

Sanday, P. R. (1981). *Female power and male dominance: On the origins of sexual inequality*. Cambridge University Press.

Sanders, C. (1989). *Customizing the body: The art and culture of tattooing*. Temple University Press.

Sault, N. (1994). *Many mirrors: Body image and social relations*. Rutgers University Press.

Sawday, J. (1995). *The body emblazoned: Dissection and the human body in Renaissance culture*. Routledge.

Scarry, E. (1985). *The body in pain: The making and unmaking of a world*. Oxford University Press.

Scheper-Hughes, N. (1979). *Saints, scholars, and schizophrenics: Mental illness in rural Ireland*. University of California Press.

Scheper-Hughes, N. (1993). *Death without weeping: The violence of everyday life in Brazil*. University of California Press.

Scheper-Hughes, N., & Lock, M. (1987). The mindful body: A prolegomenon to future work in medical anthropology. *Medical Anthropology Quarterly 1*(1), p. 6-41.

Schiebinger, L. (1986, primavera). Skeletons in the closet: The first illustrations of the female skeleton in Eighteenth-century anatomy. *Representations 14*, p. 42-82.

Schiebinger, L. (1989). *The mind has no sex? Women in the origins of modern science.* Harvard University Press.

Schiebinger, L. (org.) (2000). *Feminism and the body.* Oxford University Press.

Schilder, P. (1935/1950). *The image and appearance of the human body: Studies in the constructive energies of the psyche.* International Universities Press, Inc.

Schillin, C. (org.) (2007). *Embodying sociology: Retrospect, progress and prospects.* Blackwell.

Schleidgen, S., Jungert, M., Bauer, R., & Sandow, V. (orgs.) (2011). *Human nature and self design.* Mentis.

Scott, S., & Morgan, D. (orgs) (1993). *Body matters: Essays on the sociology of the body.* Falmer.

Scranton, P. (2011). *Beauty and business: Commerce, gender, and culture in modern America.* Routledge.

Scruton, R. (2009). *Beauty.* Oxford University Press.

Seidman, S. (1990). The power of desire and the danger of pleasure: Victorian sexuality reconsidered. *Journal of Social History 24*, p. 47-67.

Sennett, R. (1994). *Flesh and stone: The body and the city in Western civilization.* W.W. Norton.

Shapiro, A. (1989). Disordered bodies/disorderly acts: Medical discourse and the female criminal in 19th-century Paris. *Genders 4*, p. 68-86.

Sharp, L. A. (1995). Organ transplantation as a transformative experience: Anthropological insights into the restructuring of the self. *Medical Anthropology Quarterly 9*, p. 357-389.

Shell-Duncan, B., & Hernlund, Y. (orgs.) (2000). *Female "circumcision" in Africa: Culture, controversy, and change.* Lynne Rienner.

Shildrick, M., Price, J. (1998). *Vital Signs: Feminist Reconfigurations of the Bio/logical Body.* Edinburgh University Press.

Shilling, C. (1993). *The body and social theory.* Sage.

Shorter, E. (1983). *A history of women's bodies.* Penguin.

Siebers, T. (org.) (2000). *The body aesthetic: From fine art to body modification.* University of Michigan Press.

Siegel, J. M. (1990). Stressful life events and use of physician services among the elderly: The moderating role of pet ownership. *Journal of Personality and Social Psychology 58*(6), p. 1.081-1.086.

Silliman, J., & Bhattacharjee, A. (orgs.) (2002). *Policing the national body: Race, gender and criminalization.* South End.

Silverman, K. (1986). Fragments of a fashionable discourse. In T. Modleski (org.), *Studies in entertainment: Critical approaches to mass culture*. Indiana University Press.

Small, M. F. (1998). *Our babies, ourselves: How biology and culture shape the way we parent*. Anchor.

Smith, R., & Furth, G. (2002). *Amputee identity disorder*. Ist BooksLibrary.

Snyder, S. L., & Mitchell, D. T. (2001). Re-engaging the body: Disability studies and the resistance to embodiment. *Public Culture 13*(3), p. 367-389.

Sontag, S. (1979). The double standard of aging. In J. H. Willians (org.), *Psychology of women*. W.W. Norton.

Sontag, S. (1989). *AIDS and its metaphors*. Farrar, Strauss & Giroux.

Sontag, S. (1991). *Illness as metaphor*. Farrar, Strauss & Giroux.

Spiegel, M. (1996). *The dreaded comparison: Human and animal slavery*. Mirror Books.

St. Martin, L., & Gavey, N. (1996). Women's bodybuilding: Feminist resistance and/or femininity's recuperation. *Body & Society 2*(4), p. 45-57.

Stafford, B. M. (1991). *Body criticism: Imaging the unseen in Enlightenment art and medicine*. MIT Press.

Stallybrass, P., & White, A. (1986). *The politics and poetics of transgression*. Cornell University Press.

Stanworth, M. (org.) (1987). *Reproductive technologies: Gender, motherhood and medicine*. Polity.

Steele, V. (1995). *Fashion and eroticism: Ideals of feminine beauty from the Victorian era to the jazz age*. Oxford University Press.

Steele, V. (2001). *The corset: A cultural history*. Yale University Press.

Steinem, G. (1978, out.). What if men could menstruate? *Ms. Magazine*.

Steward, S. (1990). *Bad boys and tough tattoos: A social history of the tattoo with gangs, sailors and street-corner punks, 1950-1965*. Harrington Park.

Suleiman, S. R. (org.) (1986). *The female body in Western culture*. Harvard University Press.

Sullivan, N. (2001). *Tattooed bodies: Subjectivity, textuality, ethics, and pleasure*. Praeger.

Sweetman, P. (1999). Only skin deep? Tattooing, piercing and the transgressive body. In M. Aaron (org.), *The body's perilous pleasures: Dangerous desires and contemporary culture*. Edinburgh University Press.

Sweetman, P. (2000). Anchoring the (postmodern) self? Body modification, fashion and identity. In M. Featherstone (org.), *Body modification*. Sage.

Tattersall, I. (1998). *Becoming human: Evolution and human uniqueness*. Oxford University Press.

Taylor, G. (2000). *Castration: An abbreviated history of western manhood*. Routledge.

Terry, J., & Urla, J. (orgs.) (1995). *Deviant bodies*. Indiana University Press.

Tew, M. (1990). *Safer childbirth: A critical history of maternity care*. Chapman & Hall.

Thevóz, M. (1984). *The painted body*. Rizzoli International.

Thomas, C. (2002). The 'disabled' body. In M. Evans & E. Lee (orgs.), *Real bodies: A sociological introduction*. Palgrave.

Thomas, C. (1999). *Female forms: Experiencing and understanding disability*. Open University Press.

Thompson, B. W. (1996). *A hunger so wide and so deep: A multiracial view of women's eating problems*. University of Minnesota Press.

Thompson, M. (1992). *Leatherfolk: Radical sex, people, politics, and practice*. Daedalus.

Tine Cohen-Kettenis, P. (2003). *Transgenderism and intersexuality in childhood and adolescence: Making choices*. Sage.

Troyabsky, D. G. (1989). *Old age in the old regime: Image and experience in 18th century France*. Cornell University Press.

Turner, B. S. (1984). *The body and society: Explorations in social theory*. Basil Blackwell.

Turner, B. S. (1991). Recent developments in the theory of the body. In M. Featherstone, M. Hepworth & B. S. Turner (orgs.), *The body: Social process and cultural theory*. Sage.

Turner, B. S. (1992). *Regulating bodies: Essays in medical sociology*. Routledge.

Turner, B. S. (1999). The possibility of primitiveness: Towards a sociology of body marks in cool societies. *Body & Society* 5(2-3), p. 39-50.

Turner, T. (1980). The social skin. In J. Cherfas & R. Lewin (orgs.), *Not work alone: A cross-cultural view of activities superfluous to survival*. Sage.

Turner, T. (1994). Bodies and anti-bodies: Flesh and fetish in contemporary social theory. In T. In Csordas (org.), *Embodiment and experience*. Cambridge University Press.

Turner, T. (1995). Social body and embodied subject: Bodiliness, subjectivity and sociality among the Kayapo. *Current Anthropology 10*(2), p. 143-170.

Tyson, E. (1972). *A philological essay concerning the pygmies of the ancients*. Books for Libraries Press.

Urla, J., & Swedlund, A. C. (1995). The anthropometry of Barbie: Unsettling ideals of the feminine body in popular culture. In J. Terry & J. Urla (orgs.), *Deviant bodies: Critical perspectives on difference in science and popular culture*. Indiana University Press.

Vale, V., & Juno, A. (1989). *Modern primitives*. Re/Search.

Verlinden, S., Hersen, M., & Thomas, J. (2000). Risk factors in school shootings. *Clinical Psychology Review 20*, p. 3-56.

Vertinsky, P. (1990). *The eternally wounded women: Women, doctors and exercise in the late 19th century*. Manchester University Press.

Virel, A. (1979). *Decorated man: The human body as art/text*. Henry Abrams.

Wacquant, L. (1995, mar.). Pugs at work: Bodily capital and bodily labor among professional boxers. *Body and Society 1*(1), p. 65-94.

Wacquant, L. (1998, 3 nov.). The prizefighter's three bodies. *Ethnos 63*, p. 325-352.

Wacquant, L. (2004). *Body and soul: Notebooks of an apprentice boxer*. Oxford University Press.

Wallerstein, E. (1980). *Circumcision: An American health fallacy*. Springer.

Waskul, D. D., & Vannini, P. (2006). *Body/embodiment: Symbolic interaction and the sociology of the body*. Ashgate.

Weideger, P. (1976). *Menstruation and menopause: The physiology and psychology, the myth and the reality*. Knopf.

Weinberg, T. S. (1995). *S&M: Studies in dominance & submission*. Prometheus.

Weiss, G. (1999). *Body images: Embodiment as intercorporeality*. Routledge.

Weitz, R. (1998). *The politics of women's bodies*. Oxford University Press.

Wells, D. L. (2004). The facilitation of social interactions by domestic dogs. *Anthrozoös 17*, p. 340-352.

Wendell, S. (1996). *The rejected body: Feminist philosophical reflections on the disabled body*. Routledge.

Wijngaard, M. V. D. (1997). *Reinventing the sexes: Biomedical construction of femininity and masculinity*. Indiana University Press.

Williams, L. (1989). *Hard core: Power, pleasure and the frenzy of the visible*. University of California Press.

Williams, S. J. (1997). Modern medicine and the 'uncertain body': From corporeality to hyperreality? In *Social Science & Medicine 45*(7), p. 1.041-1.049.

Wilson, E. (1987). *Adorned in dreams: Fashion and Modernity*. University of California Press.

Wilson, M. (1980). Body and mind from the Cartesian point of view. In R. Rieber (org.), *Body and mind: Past, present, future*. Academic Press.

Wilson, T. C. (1996). Ambiguous identity in an unambiguous sex/gender structure: The case of bisexual women. *Sociological Quarterly 37*(2), p. 449-464.

Wolf, N. (1991). *The beauty myth: How images of beauty are used against women*. W. Morrow.

Wray, M., & Newitz, A. (orgs.) (1997). *White trash: Race and class in America.* Routledge.

Young, I. M. (2005). *On female body experience: "Throwing like a girl" and other essays.* Oxford University Press.

Zeuner, F. E. (1963). *A history of domesticated animals.* Hutchinson.

Zito, A., & Barlow, T. E. (orgs.) (1994). *Body, subject, and power in China.* University of Chicago Press.

Bibliografia usada nesta tradução

Bíblia Sagrada – Edição pastoral (1990). Paulinas.

Santana, J. S. (2016). *"Aqui eu grito tudo o que sofro calada". #thinspiration, construção digital do corpo anorético feminino. Thinspiration.* Dissertação apresentada ao Programa de Pós-graduação em Comunicação e Cultura Contemporâneas da Faculdade de Comunicação da Universidade Federal da Bahia – UFBA.

Stein, R. L., & Stein, P. L. (2023). *Antropologia da religião, magia e feitiçaria.* Vozes.

ÍNDICE REMISSIVO

2 Girls 1 Cup (*trailer*) 375
24 Horas (série televisiva) 303
Aborto 47, 91, 94-95
   diagnóstico pré-natal 108
   feticídio feminino 61
   restrição do acesso ao 187, 353
   terapêutico 57
Abstinência 187, 288
Abu Ghraib (torturas na prisão de) 310
Achatamento dos seios 173
Acompanhamento psicológico para o processo transexualizador 183
Açúcar 240, 253, 254-256
Acupuntura 53
Admirável mundo novo (livro) 365
Afeganistão 282
África
   aids na 62-65
   beleza 222
   circuncisão 164
   colonialismo na 139-140
   cultura do estupro 196
   escarificações 264
   escravização 320, 322
   leis suntuárias 211
   mortalidade infantil 112
   obesidade 250-251
   práticas funerárias 125-126, 131
   turismo de romance 329
Afro-americanos
   aids 66, 149
   animalização dos 151-153
   cabelo 145-146
   caso Trayvon Martin 138
   causas de mortes 113
   clareamento da pele 61, 227-228
   desordens alimentares 250
   DSTs 149
   e manicures coreanas 206
   esterilização 97-98
   marcação a ferro 266
   pesquisa da sífilis na Faculdade de Medicina de Tuskegee 333
   população prisional 314
   práticas funerárias 128
   presidência Obama 135-136
   racismo biológico 146-148
   sexualidade 144-145
   uso de cocaína por 210-211, 213
Agorafobia 48-49
Agostinho, Santo 290, 355
Aids 50, 62-66, 112-113, 149, 360
Al Megrahi, Abdelbaset 85
Álcool 209-210, 212-213
Alemanha 57, 59, 116-117, 150, 153-154, 165, 304
Alimentadores (*feeders*) 251
Alimentados (*feedees*) 251
Alma 292
Amamentação 103-104
Amas-secas 103
América Latina 52, 188, 328
Amish 167
Amochamento (descorna) 350
Amputação 32, 54, 308-309, 367-368, 376
Animais 72, 339-361
   carniceiros 131

controle corporal 351-354
cruzamento seletivo 342-345
de companhia 345, 347, 358-361
de estimação (*pets*) 346-347, 350, 358-361
de laboratório (cobaias) 351
de pesquisa 350-351
domesticação dos 342-345
fronteiras humano-animais 355-358
modificando corpos dos 346-351
parentesco humano-animal 340-341, 358-361
ritos funerários 125-126
violência contra os 354-355
xenotransplante 354, 358, 373
Animalidade 355-358
Animalização 151-154
Anime 221, 233
Aniquilação simbólica 73
Anorexia 41, 49, 53, 248-249, 289
Apaches 163
Apotemnofilia 32
Arábia Saudita 283
Aristóteles 159, 322
Armstrong, Lance 60, 175
Ascetismo 288, 309
Ásia
　beleza 222
　blefaroplastia 232-233
　colonialismo 139-140
　crenças sobre deficientes 52
　domesticação de animais 342-345
　noivas por encomenda 328-329
　teorias da desarmonia 53
　ulzzang 234
Assinalamento antropométrico 314
Assistência à saúde 47, 66, 67, 68, 79, 113, 148
Astecas 265, 320
Atratividade 26, 56, 82, 145, 222, 229-230
　Cf. tb. Beleza
Austrália 104, 117, 164, 315, 323, 327
Autoflagelação 286-289

Automutilação 299
Avatar (filme) 371
Avner, Dennis 357, 372
　Cf. tb. Stalking Cat

Baartman, Saartje 143
Baby Boomers 70-71, 79
Baixa autoestima 244
Bakhtin, Mikhail 37, 41, 202-203
Barbie (boneca) 17, 224
Barganha patriarcal 162
Barnum, P. T. 141, 356
Barrigas de aluguel 106-107
Batismo 294-295
Battlestar Galactica (série) 369
BDSM 192-193, 266-267, 271-273, 275
Bears (subcultura *gay*) 169
Beauvoir, Simone de 81
Bebês de proveta 87
　Cf. tb. Fertilização *in vitro*
"bebês do *crack*" 98
Beleza 25-26, 28, 60, 61, 219-236, 244, 250
　ciência da 220-223
　diferenças de gênero 160-161
　e classe social 215
　e o sucesso 229
　modificações corporais 262, 265, 266
　mulheres mais velhas 73-74, 81-82
　racializada 231
　Cf. tb. Atratividade
Berry, Halle 140
Bertillon, Alphonse 314, 316
Beyoncé 145
Bicicletas fantasmas (*ghost bikes*) 129
Biologia criminal 149
Biomedicina 52
Biopoder 183
Bioprospecção 373
Birke, Lynda 88, 374
Bishop, Kyle William 111
Bissexualidade 188, 191

Blefaroplastia 232-233, 234-235
Blitzer, Wolf 371
Blogs 242-243
Bloomberg, Michael 240
BME.com 376
Bodes expiatórios 241
Body Horror 24
Bootylicious ("bundelicioso") 144
Bordo, Susan 39, 49, 158-159
Bourdieu, Pierre 36-37, 201-202
Bourgeois, Philippe 36
BrainGate 368
Branquitude 228
Brasil 53, 168, 176, 319, 322, 327, 336
Brown, James 317
Brown, Louise 87
Bruxaria 285-286, 308
Bryant, Lane 254
Budismo 288, 291, 292, 293
Bulimia 248, 249
Burke, William 334
Burton, John 25
Bush, George W. 121, 266
Bush, Jeb 121
Butler, Judith 38, 40, 88
Bypass gástrico 246-247

Cabanas menstruais 88
Cabelos 26, 145, 167, 280
Cadáveres 333-335
Cães 346-350, 358-359
    xoloitzcuintle 126
Cafetinagem 323
Caiapós 265
Calçados 161, 194, 211-212, 213-214
Calvino, João 288, 292
Camarões 173
Camboja 119
Camper, Petrus 146
Campos, Paul 241
Câncer 50, 60, 61-62, 175

Câncer de mama 49, 61
Canetas *Bic* 173
Capacitismo 59
Capital
    cultural 36
    físico 36
Capitalismo 34, 215, 274
Carroll, Jean 272
Casas de saúde 80, 115, 360
Caso Roe *vs.* Wade (1973) 94
Caso Spanner 275
Castas, sistema de 284
Castigo infamante 311-312
Castigos corporais 304, 308-309
Castração 197-198, 306-307, 322
    de animais 349
Categorias sociais 42
Catolicismo 122, 291, 292, 295-297
    Cf. tb. Cristianismo
Caudectomia 350
CD_4 112
Celebridades 238, 246-247, 317
Cemitérios 115, 126-130, 334
    campos santos 126
    covas/tumbas 81, 125-127, 334
    para animais de estimação 129
    Necrópole do Cairo 127
    saques aos cemitérios indígenas 148
Cesarianas 102
Chan, Jackie 232
Chaufan, Claudia 209
Chegou Honey Boo Boo! (programa
    televisivo) 216, 253
Chernin, Kim 244
Chimpanzés 339, 356, 374
China
    amamentação 104
    castração 197
    contos folclóricos com animais
    341-342
    couvade 101
    doação de órgãos 337
    escravidão 320-322

feticídio feminino 61
impressões digitais 314
leis suntuárias 221
mensageiros da morte 123
pena capital 311
pés de lótus 170-171
Política do filho único 97, 99-100
punição aos criminosos 306
tatuagem 263
Chubby chasers 251
Ciência 30, 38, 365
   Cf. tb. Racismo biológico
Cinderela 170
Cinema
   ciborgues 366
   distópico 365
   papéis atribuídos a mulheres não magras 243-244
   pornográfico 329-332
   realidade virtual 370
   terror 23-25, 162
   Cf. tb. Filmes
Circuncisão 163-166, 280
Cirurgias
   em animais 348-349
   bariátrica 246-248
   deficientes 59
   modificações corporais 261
   redesignação sexual 182, 183-185
   Cf. tb. Cirurgias cosméticas
Cirurgias cosméticas (operações plásticas) 28, 60, 224-226, 232-236
   antienvelhecimento 75-76
   blefaroplastia 234-235
   homens 174
   Michael Jackson 219
   plásticas dos pés 170
   status 265
Clareamento da pele 61, 232
Classe social 28, 36-37, 200-216
   amamentação 103-104
   corpos moldados pela 201-204
   diagnóstico pré-natal 108
   e beleza 226, 231
   e consumo 207-211
   e morte 113-114, 127
   e tecnologias de reprodução assistida 107
   gordofobia 253
   invisibilidade dos corpos pobres 214-215
   leis suntuárias 211-213
   modificações corporais 265
   pink collars 206-207
   saúde e doenças 60, 66-68
   tatuagem 267
   trabalhos limpos e sujos 204-206
   uso do véu 282-283
Clinton, Hillary 162
Clitoridectomia 163-166
Clonagem 348-349
CNN 371
Coates, Ta-Nehisi 136
Coca-Cola 256
Código de Nuremberg 334
Códigos de vestimenta 206
Coleta de órgãos 319
Colonialismo 139-142, 232, 320
Comida 209, 240, 247, 249-250, 254-256, 288-289
Compressão da morbidade 79
Construtivismo 25, 29
Consumo 207-211
Contrainscrição 41-43, 203, 272
Controle
   de natalidade 47, 91-95, 187, 291, 332
   populacional 96-100
   social 33-34, 38, 42, 91, 332
Convenções de Genebra 303, 307
Cook, James (capitão) 269
Cooper, Charlotte 241
Corea, Gena 107
Coreia (do Sul) 220, 232-235, 326, 349
Corpo
   grotesco 37, 41
   "normal" 53
   político 35

Corporificação 25, 29-31, 41
Corpos
　ciborgues 366-369
　digitais 375-377
　híbridos 371-375
　subversivos 275-278
　Cf. tb. Cadáveres
Cosméticos 75-76, 224, 225
Costa do Marfim 323
Couvade 101
Craniometria 147
Cremação 130-131
Crianças
　crueldade contra animais 354
　escravização 321
　estupro de 64
　impacto dos animais de estimação nas 359-361
　intersexo 181-182
　mercado clandestino de órgãos 319
　morte de 112
　obesidade 239-242, 253, 256
　tráfico de 324-327
Criminosos 215, 266, 304-306, 308, 311-317, 333-334, 354
　sexuais 307
Cristianismo
　autoflagelação 286-288
　batismo 294-295
　cobertura das cabeças femininas 281
　cremação 130
　divisão corpo/alma 292-293, 299
　e os animais 355
　estigmas 299
　Eucaristia 289
　homossexualidade 192
　lava-pés 293-294
　missionários 142
　mundo romano 333
　oração 296
　poluição feminina 285
　possessão espiritual 297
　programas cristãos de emagrecimento 289-290

sexualidade 291
"*tebowing*" 187, 279
Cromossomos 180
Cruzamento seletivo 342, 344, 346
Culto à domesticidade 207
Cultos de aflição 297, 299
Cultura 25, 26, 33, 35-36
　amamentação 103-104
　do consumo 34, 208
　envelhecimento 72-74
　fertilidade 89
　gravidez 100
　homens associados à 158-159
　modificações corporais 262-265, 268-269, 278
　obesidade 250
　rituais funerários 124-130
　saúde e doença 48, 49-50, 52-53
　sexualidade 179, 188-190
　tabus menstruais 88
Cultura norte-americana da juventude 71, 74-76
Curva de Friedman (partograma) 102
Cuvier, Georges 146
Cypher, Larkin 276

Dados biométricos 316
Dálits ("intocáveis") 130, 205
Darwin, Charles 340-341, 345, 356
Davis-Floyd, Robbie 102
Debicagem 349, 352
Deficiências 26, 30, 53-54
　animais de companhia 359-360
　crenças culturais 52
　diagnóstico pré-natal 108-109
　espetáculos grotescos 57-59
　esterilização compulsória 97, 154
　população prisional 84-86
Deformação craniana artificial 265
Delaney, Carol 89
Dentes 67, 222
Depressão 60, 244, 360
Desertos alimentares (*food-deserts*) 209

Desigualdades 66-68, 113-114
Destino Manifesto 118
Determinantes sociais da saúde 66
Determinismo biológico 87, 161
Deus 50, 279-281, 287, 289, 291, 304
Diabetes 66, 113, 209, 239
Diagnóstico pré-natal 108-109, 366
Dick, Philip K. 369
Dietas (regimes) 209, 240, 253, 296
Direitos 353
    fetais 101
Dirge 128
Discriminação
    (contra) deficiências 55, 59
    (contra) homossexualidade 182
    (contra) idade 81, 83
    (contra) obesos 242, 252-253
    racial 138, 148, 207
Disforia de gênero 183
Disfunção erétil 76, 175
Disney 122, 153
Dissecação de cadáveres 333
Distinções enganadoras 119
Distopias 365
Divinação 52
DNA (identificação via) 316
Doação de órgãos 334-336, 338, 373
Doações de cadáveres 334
Doença 47-48
    culturalmente específica 52-53
    desigualdades 66-68
    gênero e 59-62
    HIV/aids 50, 62-66, 112-113, 149, 360
    morte pela 112-113
    racialização da 111
Doenças mentais 48, 51-52, 277
Dois-espíritos (berdaches) 176-177, 189
Domesticação dos animais 342-345
Doohan, James 130
Dote matrimonial 74
Douglas, Mary 33-34, 41, 118
Dove (sabonete) 228

Drogas
    antirretrovirais 62, 65, 112
    "bebês do *crack*" 98
    drogadictos 36, 95-96, 149
    classe social e uso das 209-210, 213-214
    medicação 50-51, 90
Dualismo corpo/mente 30, 292-293, 299
Dworkin, Andrea 219

Efeito contraste 226
Efeito de halo/auréola 228
Egito (antigo) 123, 197-198, 211, 263, 304, 307, 320
Ehrenreich, Barbara 49, 61, 205, 209
Elias, Norbert 34, 203
Embalsamamento 123-124
Embriões híbridos humano-animais 339
Emoções (experimentadas pelos animais) 340-341
Emprego 78-79, 204-206
Enright, Anne 337
Entwistle, Joanne 39
Envelhecimento 68, 70-86, 175, 235-236
    cultura da juventude 71, 74-76
    experiências de 82-84
    normas 80-82
    injustiças no processo de 73, 82-83
    população prisional 84-86
    problemas relativos aos idosos 77-80
    processo de 72-74
Epicanto da pálpebra (dobra epicântica) 137
Epiteto 292
Epstein, Cynthia Fuchs 158
Era Vitoriana 35, 50, 166, 172, 194, 198, 270
Escândalo do Tri-State Crematory da Geórgia (Estados Unidos) 131

Escarificações 160, 164, 222, 261, 262-266, 271, 274
Escócia 342
Escravidão 139, 140, 148, 151, 153, 320-323
   castração de escravizados 197-198
   comércio do açúcar 254-255
   cor da pele 232
   legislações antiescravistas 353
   marcação de escravizados 265, 304-306
   racismo biológico 146
   torturas em escravizados 307
   trabalho feminino 207
Escravidão por dívida 320, 322-323
Esforço corporal 206
Esforço emocional 206-207
Espartilho 41, 171-172, 174
Espermatogênese 89
Espetáculos grotescos (*freak shows*) 57-59, 269, 358
Esportes 76, 186
Esposas em conflito (filme) 23
Esquizofrenia 51
Essencialismo 26
Estados Unidos
   amamentação 104
   atenção à saúde 66, 67, 68
   bicicletas fantasmas 129
   câncer de mama 61
   cirurgias cosméticas 234-235
   controle de natalidade 92-93, 95-96
   cultura da juventude 71, 74-76
   deficiência 54-55, 56-57, 59
   desertos alimentares 209
   desigualdades 66-68
   doação de órgãos 334-336
   drogas 210, 212
   envelhecimento nos 70-71, 72-75, 77-80, 83-84
   escravidão 140, 320-323
   esterilização compulsória 97
   experimentos em humanos 333
   eugenia 153-154
   gays 188-189
   gravidez 101
   grupos étnicos 97-98
   Guerra do Vietnã 326
   HIV/aids 62-63, 65-66, 112, 149
   identificação via DNA 316
   indústria dos regimes 244, 245
   invisibilidade dos corpos pobres 214-215
   Lei de Remoção dos Indígenas 118
   leis suntuárias 211, 212
   morte 114-115, 116
   movimento anticircuncisão 165
   mulheres na menopausa 90-91
   noivas por encomenda 328-329
   obesidade 239-242, 245, 253
   pelos corporais 168-169
   pena de morte 311, 313
   população carcerária 84-86, 313-314
   pornografia 331, 332
   prostituição 323
   punição a criminosos 304
   raça 26, 28, 135, 136-138, 142, 144-145, 146, 148, 150, 231
   saúde e doença 47, 48-49
   sexualidade 181-183, 185, 186, 188-191
   tecnologias de reprodução assistida nos 104-105
   tortura 303, 310
   trabalhadoras domésticas 205
   transexuais 183-185
   transgêneros 175-176, 177
   tumbas 127-128
   Cf. tb. Afro-americanos, Indígenas
Esterilização 57, 95, 97-98, 150-151, 154
Estigmas 289, 298-299
Estresse 51, 53, 67, 224, 249, 358-360
Estudos Whitehall 67
Estupro 27, 195-197, 199
   cultura do estupro 196
   de escravas 321
   em tempos de guerra 307, 309, 325
   HIV/aids 64-65
Etarismo (ageísmo) 81

Etnoetiologias 52
Etologia 340
Eucaristia 289
Eugenia 57, 59, 96-98, 147, 150, 153-154, 216
Eunucos 197, 350
Europa
    açúcar 254-256
    animais 344, 355
    beleza 222
    bruxaria 285, 308
    calçados 213-214
    castração 197
    colonialismo 139-140
    noivas por encomenda 328-329
    pena capital 311-313
    prostituição 323
    racismo biológico 146
    tortura 308
    turismo de romance 270
Eutanásia 154
Eutanásia voluntária 121
Evolução por seleção natural 340, 343-344
Expectativa de vida 72, 113-114, 174
Exposições *Body Worlds* 373
Exterminador do futuro, O (filme), 369
Extradição irregular 303
Eyeborg 369

Falwell, Jerry 50
FAs (*fat admirers*) 251
Fat porn 251
Fausto-Sterling, Anne 30, 183
Featherstone, Mike 34, 208, 274
Feederismo 251
Feiras mundiais 140-141
Feitiçaria 285
Feminilidade 31, 42, 158, 168, 169, 194
    Cf. tb. Gênero, Mulheres
Feminismo 23, 35, 37-43, 159-160
    beleza 223-225, 228-230
    dualismo corpo/mente 30

Marchas das Vadias (*SlutWalks*) 198-199
    noivas por encomenda 328-329
    oposição à pornografia 331-332
    prostituição 323
Fenomenologia 30
Ferron, Mary Rose 299
Fertilidade 88-89, 97, 160, 163, 220-222, 230
Fertilização *in vitro* (FIV) 87, 105, 108
Fetiches 35, 192-195, 251
Feticídio feminino 61
Filipinas 113, 141, 222
Filmes
    ciborgues 369
    com papéis atribuídos a mulheres não magras 243
    distópicos 365
    pornográficos 331-332
    realidade virtual 370-371
    terror 23-25, 110-111
Fisiognomia 146-147, 314
Fiske, John 203
Fluke, Sandra 93
Flynt, Larry 203
Folhas de coca (mascar) 210
Fotos de registro criminal (*mugshots*) 317
Foucault, Michel 34-35, 38, 41, 42, 179, 203, 272, 309, 313
França 98, 283, 305
Freud, Sigmund 195, 323
Fuga no século 23 (filme) 365
Fumar 209
Funerais 124-126, 127-128
Furries 357

Gado bovino 343, 345, 347
Gaines, Jane 38
Galinhas 349
Galton, Francis 147
Gana 125
Garganta profunda (filme) 332
Gatos 343, 346-350, 372

Gays 29, 87, 188-191, 193, 197
   aids 65
   beleza 231
   caso Spanner 275
   "chubbies" 251
   gene *gay* 29, 191
   Holocausto 116
   subcultura *Bear* 169
   tatuagem 271, 277
   tecnologias de reprodução assistida 105
   Cf. tb. Homossexualidade
Geishas 232
Gêmeos xifópagos 56-59
Gemzoe, Lena 289
Gênero 28, 30, 156-178
   agressividade sexual 27-28
   aids 64
   circuncisão 163-166
   corpo masculino problemático 174-175
   corpos pequenos 170-173
   e gravidez 100-102
   ideais normativos sobre o 56
   modificações corporais 168, 271
   pelos 167-169
   reprodução 87
   saúde e doença 59-62
   transexuais 183-184
   Cf. tb. Feminilidade, Masculinidade
Genest, Rick 261
Genética (ciência) 341
Genitália 158, 180-181, 236
Genitália ambígua 181
Genocídio 116-117, 119, 325
Genocídio armênio 119
Genuflexão 296
Gerontocracias 76
Gibson, William 369
Gilman, Sander 323
Girls gone wild (filme) 186, 332
Glossolalia 297
Goffman, Erving 34
Good hair (filme) 145

Google Goggles 370
Gordofobia 238, 241-242, 253
"gordos sem cabeça" (*headless fatties*) 241
Gould, Stephen Jay 148
Grã-Bretanha 67, 117, 215, 275, 304
Graham, Sylvester 288, 289
Grant, Hugh 317
Gravidez 100-102, 186
Grécia 211, 220, 222, 282, 304, 323, 333, 350
Grimm, Bert 271
Grupos "pró-anas" 249
Guerra da Bósnia 119, 310, 325
Guerra da Coreia 325

Habitus 36, 201-202
Habitus ético 36
Hacking, Ian 42
Hagenbeck, Carl 141
Hanão, o navegador 356
Haraway, Donna 368
Harbisson, Neil 369
Hare, William 334
Haworth, Steve 372
Hebdige, Dick 41
Hefner, Hugh 74, 82
Hemsley, Sherman 124
Herdt, Gilbert 189
Hermafroditismo, hermafroditas 181
Heterossexualidade 186, 188-190, 191-192
Hijab 282
Hijras 176-177
Hinduísmo 130, 167, 176, 286, 288, 291, 295
Hipergamia 74
Hipodescente 140
Histeria 50, 166
Hitler, Adolf 116
HIV/aids 50, 62-66, 112-113, 149, 360
Holocausto 116-117, 119, 310

Holograma 371
"homem biônico" 366
Homem de seis milhões de dólares, O
   (série televisiva) 366
Homens
   beleza 221, 223, 230-231
   castração 197-198, 306-307, 322
   circuncisão 163-165, 280
   cirurgias plásticas 235
   controle da natalidade 92
   corpo masculino problemático 174-175
   couvade 101
   diferenças de gênero 157-162
   dualismo mente/corpo 30
   envelhecimento 73, 76, 82-83
   estupro 195-197
   HIV/aids 62-64, 65, 66
   ideais normativos sobre gênero 56
   michês (garotos de programa) 324
   modificações corporais 262-264, 267
   normas da masculinidade 31
   pelos 167, 168, 169
   reprodução 89-91
   saúde e doença 59-61
   sexualidade 27-28, 35
   sexualidade dos homens negros 144
   sobrepeso 245, 252-253
   tecnologias de reprodução assistida 107
   turismo de romance 329
   Cf. tb. Gênero, Masculinidade
Homossexualidade 29, 48, 188-192
   caso Spanner 275
   castração de homossexuais 197-198, 306-307
   HIV/aids 64-65
   ritual 164, 189
   tatuagem 270
   visões religiosas sobre a 291
   Cf. tb. Gays, Lésbicas
Hungry Bitches (filme) 375
Hustler (revista) 203
Huxley, Aldous 365

Ianomâmis 130
Ideais normativos 56
Identidade
   construção social da 48-51
   em conflito 54
   modificações corporais 277
   transexuais 183-184
Idosos 77-80, 81-82, 83-84, 115-116, 358, 359
   Cf. tb. Envelhecimento
Igrejas 126
Segunda Guerra Mundial 309
III Reich 116
Ilhas Carolinas 268
I-Limb (mão biônica) 366
Implantes 369
Implantes cocleares 369
Implantes de microchips 368
Imposição de mãos 296
Imposto da Junk-Food (Imposto do Twinkie) 240
Impressões digitais 314
Incas 198, 265
Índia
   autoflagelamento 287
   barrigas de aluguel 106-107
   beleza 222, 232
   criminosos 315
   doações de órgãos 336
   escravidão 320, 323
   feticídio feminino 61
   hijras 176-177
   impressões digitais 314
   intocáveis 205, 284, 323
   lavagem dos pés 293
   pena capital 311-312
   pessoas intersexo 182-183
   punição a criminosos 305-306
   sistema de castas 284
   tatuagem 263
   zoológicos humanos 142
Indian Removal Act (Lei de Remoção dos Indígenas) 118
Índice de massa corporal (IMC) 239, 241

Índice de reincidência 85
Indígenas
    autoflagelação 287
    beleza 222
    colonialismo 139
    disposição dos mortos 130
    Dois-espíritos 176-177, 189
    esterilização 97
    genocídio contra 117
    saque às tumbas 148
    racismo 113
    racismo biológico 146-148
    obesidade 251
    tatuagem 267-270
Indonésia 125, 222, 267
Infanticídio 61
Infertilidade 105
Infibulação 165
Ingold, Tim 344
Inteligência 228
Internet 331, 375-376
Intocáveis 205, 284, 323
Inuits 124, 265
Invisibilidade social 54
Irã 283, 338
Irigaray, Luce 41
Irlanda 51, 102, 117
Islã 130, 280-283, 285, 286, 288, 291, 293
    Cf. tb. Muçulmanos
Israel 98

Jackson, Michael 219, 236
Janjawid (milícias sudanesas) 119, 197, 307
Japão
    animalização 153
    anime 221, 233, 234
    beleza feminina 223
    clareamento da pele 232
    contos populares com animais 341-342
    cremação 130
    doações de órgãos 336
    envelhecimento 73-74
    estupros em tempos de guerra 309
    experimentos em prisioneiros de guerra 333
    Ilha de Itsukushima 122
    karoshi 113
    leis suntuárias 211
    menopausa 90
    prostituição 323-324
    saúde e doença 48
    tatuagem 263, 267, 306
    tráfico de mulheres 326
Jejum 286-289, 295
Jesus Cristo 290-291, 294-295, 298-300
Jogos vorazes (série de filmes) 365
Jones, Star 247
Judaísmo 280, 284, 286, 288, 291, 295
Judeu eterno, O (filme) 153
Judeus
    Alemanha nazista 98, 116-117, 150, 153-154, 212, 309-310
    cobertura de cabeças para mulheres 167, 281
    eugenia 147
    experimentos em 333
    imposição de mãos 296
    práticas funerárias 123, 125-126
    pronatalismo israelense 98
Justiça Reprodutiva (Movimento dos Direitos Reprodutivos) 99
Juventude
    cultura da 71, 74-75
    e a beleza 160-161, 220, 235
    padrão tendencioso do envelhecimento 82

Kanazawa, Satoshi 147
Kang, Miliann 206-207
Kardashian, Kim 145, 162
Kathoey 185, 189
Katzen 357
Kaur, Balpreet 169
Kaw, Eugenia 232
Kellogg, John Harvey 288, 289

Kilbourne, Jean 244
Kimmel, Michael 160
Kinsey, Alfred 187, 191
Kipnis, Laura 203, 332
Klinenberg, Eric 116
Kuwait 283

Labioplastia (ninfoplastia) 236
Labretes 265
Lacks, Henrietta 337
Ladrões de cadáveres 334
Lady Gaga 238, 261
LaFont, Suzanne 329
Latinas 144, 250
Lavagem dos pés 293-294
Lei de Reajustes Militares (G.I. Bill) 70
Leis antimiscigenação 151
Leis Comstock 92-93, 332
Leis de consciência 93
Leis de proteção fetal 101
Leis suntuárias 211-212
Lenin, Vladimir I. 124
Lésbicas 29, 87, 105, 116, 250, 270
   Cf. tb. Homossexualidade
Levy, Ariel 332
Lewis, I. M. 297
Limbaugh, Rush 93
Liminalidade 49
Limpeza étnica 325
Linchamentos 144
Lineu, Carl 146, 340
Lizard Man (Eric Sprague) 357-358
Lobas (*cougars*) 77
Lock, Margaret 36, 90
Lombroso, Cesare 147, 315
Lookismo 229
Lopez, Jennifer 145
Lord, Audre 40
Loughner, Jared 317
Luta livre 204
Lutero, Martinho 292

Madonna 81
Madrugada dos mortos (filme) 110
Magreza 28, 171-173, 208, 238, 244, 249
   Cf. tb. Seguir dietas
Maias 265, 287, 320
Malásia 222
Male gaze 37, 40, 282
Mangás 221
Mangold, Holley 31
Manipulação de impressão 34
Maniqueísmo 290
Manscaping 169
Maoris 117, 268
Marcação a ferro 265-266
   BDSM 192-193, 271
   corpos subversivos 275-276, 278
   de criminosos 304
   em animais 350
   em escravizados 322
   primitivos modernos 272-274
Marchas das Vadias 199
Marcha das Vadias de Toronto 198
Martin, Emily 38, 89
Martin, Trayvon 138-139
Martinez-Alier, Verena 143
Marx, Karl 201
Marxismo 34
Máscaras 124
Mascia-Lees, Francis 35
Masculinidade 31, 76, 158, 161
   beleza 230, 231
   corpo masculino problemático 174-175
   heterossexualidade 186
   pelos corporais 168, 169
   rituais da puberdade 164
   Cf. tb. Gênero, Homens
Masturbação 166, 291, 323
Materialidade 40, 88
Matrimônio
   hipergamia 74
   noivas por encomenda 328-329

poliginia 63, 74
sistema dual 143
visões religiosas sobre 290
Matrimônios de Boston (*Boston Marriages*) 191
Mauss, Marcel 36, 201
McDaniel, Anthony 54
McRobbie, Angela 203
Medicação 51, 90
Medicalização 50-51, 73
Medicare 66, 79-80, 245
Melanina 137
Memoriais de beira de estrada 128
Mengele, Josef 154, 333
Men throwing rocks with the other hand (filme) 31
Menopausa 73, 88, 90-91
Menstruação 88, 89-90, 283
Mercado clandestino de órgãos 319, 334-338, 353, 373
Mesoamérica 126, 265, 287
Merleau-Ponty, Maurice 30
Messner, Michael 186
Mexicano-americanos 213
México 66
Mianmar 112
Michês 324
Microchips implantados no cérebro 368
Mídia 213, 238, 243, 331
Cf. tb. Televisão
Migliorini, Catarina 327
Milgram, Stanley 310
Mioeletricidade 366
Mirren, Helen 82
Mitchell, Claudia 367
Moda 37-39, 42, 207, 213-214, 234, 242
Modelo social da deficiência 55
Modelos brasileiras 75
Modificações corporais 261-278, 351, 357, 369, 372
BME.com 376
corpos subversivos 275-278
culturas tradicionais 262-265, 268-269, 273
em animais 351-354
gênero e sexualidade 268-272
nos estados 265
novas tecnologias
primitivos modernos 272-274, 368-369
Cf. tb. Piercings, Tatuagem
Modificações genéticas 339, 348, 350-351, 358
Mooney, Paul 145
Moore, Demi 77
Moore, John 337
Moral sexual tendenciosa 186
Morgan, Alex 156
Mortalidade infantil 112
Morte 110-131
cerebral 120
disposição dos corpos 130-131
local da 114-116
medo da 84
momento da 120-121
movimento do direito à 121
rituais funerários 124-130
tratamento dos mortos 122-124
Morton, Samuel 147
Movimento pela aceitação dos gordos 242-243
Movimento pela pureza racial 150
Cf. tb. Eugenia
Muçulmanos
estupros durante a Guerra da Bósnia 310, 325
lavagem dos pés 293
na França 98
orações 293, 296
poluição das mulheres 283-285
práticas funerárias 122-123, 125-126
uso do véu 167, 280, 283
Cf. tb. Islã
Mulheres de conforto 325
Mulheres
aborto 47

Abu Ghraib (torturas na prisão de) 310
amamentação 103-104
agorafobia 48-49
atratividade 26, 82
autoflagelação 288
beleza 219-230, 231-237, 244
blefaroplastia 233
cabelos 167-169
câncer de mama 49, 61-62
cirurgias cosméticas 235, 236
classe trabalhadora 203-204
corpos pequenos 170-174
cultura do estupro 195-197
definidas pelos seus corpos 156-157
determinismo biológico 87
diferenças de gênero 157-162
dualismo corpo/alma 30
envelhecimento 72-75, 76, 78, 80-83
estigmas 299
expectativa de vida 72
escravidão 321-323
histeria 50
HIV/aids 62-64, 60
ideais normativos sobre gênero 56
lobas (*cougars*) 77
modificações corporais 264, 268-270
mutilação genital feminina 165-166
noivas por encomenda 328-329
pés 193-195
poluição e o corpo feminino 283-285
pornografia 331, 332
prostituição 323-328
punks 277
reprodução 87-108
rituais da puberdade 163
seguir dietas 243-245
saúde e doença 59-62
sexualidade 28, 143-145, 185-187
sobrepeso 243, 247, 252, 254
subversão 41-43
tecnologias de reprodução assistida 107
teorias sobre os corpos das 37-41
trabalhos do *pink collar* 206-207
tráfico de 326
transtornos alimentares 249
turismo de romance 329
uso do véu 280-283
visões religiosas sobre 292
Cf. tb. Feminilidade, Gênero
Mumificação 123
Murphy, Robert 54-55
Musafar, Fakir 273
Muscularidade 28, 174, 204
Mutilação genital 165-166, 261, 262
Mutilação genital feminina 165-166

Nagle, Matthew 368
Não conformidade de gênero 29, 177
Naturalização 26
Nazistas 98, 116-117, 147, 153-154, 197, 198, 307, 309, 310, 333-334
Neandertais 125
Neotenia 344
"nervoso" 53
Nigéria 250, 264
Noivas por encomenda 328
Nokia 369
Normas
  de gênero 38, 182, 189
  etárias 80-82
  não conformidade às 41
Nova Zelândia 117, 268, 323
Novo México 309
Nubas 39
Nudez 39

O'Neill, John 34
Oatman, Olive 270
Obama, Barack 135-136, 138, 140, 162
Obama, Michelle 240
Obesidade 26, 41, 66, 67, 208, 239-242
  cirurgia bariátrica 247
  comidas ricas em açúcar 255-256
  dietas 243, 245
  preconceito contra gordos 252-253
  preferências culturais pela 250-251

programas cristãos de emagrecimento 289-290
Olhos 232-234
Omolade, Barbara 321
OncoMouse 372
Ong, Aihwa 297
Operações de alimentação animal concentrada 346
Oração 296
Ordem social 33-37, 49, 202
Ortner, Sherry 159

Padaung 142
Paige, Jeffrey e Karen 101
Países Baixos (Holanda) 121, 324
Países em desenvolvimento 111, 113
Paleoantropologia 341
Pânicos morais 240, 242
Papel do doente 49
Papua-Nova Guiné 356
Paraolimpíadas 55, 59
Parentesco humano-animal 340-341, 358-361
Parker, Sarah Jessica 238
Parry, Albert 271
Parto 100, 101-102, 160, 283
Patentes 372-373
Pecado original 285, 287, 292
Pele 137-138, 139, 232
"pele social" 33
Pelos androgênicos 168
Pelos corporais 168-169
Pelos faciais 168-169
Pelos púbicos 158, 168
Pena capital (pena de morte) 309, 311-313, 334, 337
Pequenas Misses (série televisiva) 187-188
Pés 170-171, 193-195, 293
Pés de lótus 61, 170-171, 174, 194
Peso
   Cf. tb. obesidade

Pesquisa da sífilis na Faculdade de Medicina de Tuskegee 333
Pesut, Hanna 159
Piercings e perfurações 193, 267, 271, 274
   BDSM 149, 271-272
   corpos subversivos 275, 276, 278
   primitivos modernos 272-274, 275
   rituais religiosos 286-287, 295
Pina-Cabral, João de 288-289
Pintura corporal 262, 357
Pistorius, Oscar 55, 367-368
Pitts, Victoria 278
Planeta dos macacos: A origem (filme) 339
Plastinação 373
Pobreza/miséria 64, 65-66, 98-99
   amamentação 103
   dieta e saúde 209
   e raça 149
   falta de controle populacional ligada à 96-97
   invisibilidade dos corpos pobres 214-215
   mortes ligadas à 112-114
   obesidade ligada à 253
Podolatria 35, 193-194
Poligenismo 322
Poliginia 63, 74
Polinésia 267, 269, 320
Política do filho único 97, 99-100
Poluição 61, 66
   ritual 284-285
Pompeia 330
População prisional/carcerária 84-86, 313
Porcos 343, 346-348, 350
Pornificação 332
Pornografia 42, 224, 329-333
   classe e 203
   fat porn 251
   internet 375-377
   labioplastia (influência sobre a) 236
   na Era Vitoriana 35
Portugal 288
Possessão espiritual 296-297

417

Potts, Annie 357
Preço do amanhã, O (filme) 365
Preconceito contra gordos 252-253
Preservativos 91-92
Primitivismo 272-274, 275, 357
Primitivos modernos 272-274, 275, 357
Prisioneiros de guerra 308, 333
Prisioneiros no corredor da morte 85-86
Project Prevention (Projeto Prevenção) 95-96
Pró-natalismo 97-98
Proporção da Dependência dos Idosos 70
Propriedade sobre corpos 337
Prostituição 185, 212, 282, 323-329, 331
Prostituição sagrada 323
Prostração 296
Próteses 366-367
Protestantismo 288, 292, 295
  Cf. tb. Cristianismo
Pruitt, Deborah 329
Punição 304-314, 322
Punks 266, 276-277
Purdah 282
Purificação 293-295

Qi 53
QI (quociente de inteligência) 229
Quênia 164
Questões éticas 106-109, 346
Quinlan, Karen 121

Rabelais, François 37, 203, 331
Raça 26, 28, 135-154
  animalização de corpos não brancos 151-154
  colonialismo 139-140
  como construção social 136-138
  corpos racializados 140-145
  e beleza 231-233
  envelhecimento 72-73
  escravidão 322
  funerais 128
  idosos 83-85
  pena capital 313
  população carcerária 313-314
  questões reprodutivas 97-99
  racismo biológico 146-148
  saúde e 148-151
Racialização 139, 148, 231-232
Racismo 113, 135-136, 146-148, 149, 250
Racismo biológico 146-148
Rapp, Rayna 108
Razão áurea 223
Realidade virtual 370-371
Reality shows de perda de peso 247
Rebanho de criação 349-350
Reddit 375-376
Reducionismo 27-28, 31
Relacionamentos
  etário-estruturados 189
  igualitários 189
  gênero-estruturados 189
  ritualísticos 189
Relações de poder 26, 35, 42, 177, 179-180
Religião 279-300
  autoflagelação 286-289
  cremação 130-131
  divinação 52
  divisão corpo/alma 292-293, 299
  e o sexo 290-291
  estigmas 289, 298-299
  poluição do corpo feminino 283-285
  possessão espiritual 296-298
  práticas corporais 293-296
  ritos funerários 125, 127-128
  uso do véu 280-283
  Cf. tb. Budismo, Cristianismo, Hinduísmo, Islã, Judaísmo
Relíquias 292
Reprodução 59-60, 87-109, 159-160
  amamentação 103-104
  controle de natalidade 91-95
  controle populacional 96-100

diagnóstico pré-natal 108-10, 366
gravidez 100-102, 186
parto 100, 101-102, 160, 283
tecnologias de reprodução assistida 28, 104-108
Resistência 41, 203, 272
Retifismo 194
Revistas 244
Revolução Neolítica 352
Revolução Sexual 332
Rich, Adrienne 40
Ridler, Horace 357
Ripley, Robert 141
Ritos de passagem 84, 102, 163, 264, 266, 271, 274
Rituais
   amadurecimento 84
   automutilação 286
   batismo 294
   da puberdade 163
   e a menstruação 88
   e modificações corporais 262
   e a morte 122-123
   funerários 124-130
   primitivos modernos 274
Roberts, Julia 168
Robôs 371
Roker, Al 247
Romanos
   beleza 220, 231
   castração de escravizados 197-198
   criminosos 313, 315
   dualismo corpo/alma 292
   escravidão 320
   estigmas 298
   leis suntuárias 211-212
   marcação a ferro 350
   Pompeia 330
   tatuagem 266-267, 299, 304
   tortura 308
   uso do véu em mulheres 282
Roseanne (série televisiva) 200, 215
Rowe, Mike 204
Ruanda 119, 310

Rússia 101, 128, 319
Russo, Mary 41-42

Sacramentos finais 122
Sadhus 287
Samoa 264
Sanger, Margaret 93, 98
Sansão e Dalila 167
Saúde 47-68
   construção social da 48-51
   deficiência 53-57
   desigualdades 66-68
   determinantes sociais da 66
   dieta 209
   doenças culturalmente específicas 52-53
   e gênero 59-62
   HIV/aids 50, 62-66, 112-113, 149, 360
   idosos 77-78
   impacto dos animais sobre a saúde humana 358-360
   obesidade 239-242, 245
   raça e 148-151
Saúde bucal 67
Scarry, Elaine 308, 311
Scheper-Hughes, Nancy 36, 51, 53, 112, 319, 336
Schiavo, Terry 121
Schonberg, Jeff 36
Seguir dietas 174, 242-246, 253-254, 289-290
   Cf. tb. magreza
Seguridade social 70-72, 76, 79, 83
Seleção artificial 345-347
Seleção natural 340, 343, 344
Semenya, Caster 179
Sexualidade 28-29, 89, 162, 179-199, 322
   abstinência 187, 288
   BDSM 192-193
   castração 197-198
   circuncisão feminina 165
   diversidade de sexualidades 188-192

envelhecimento masculino 175
  estupro 195-197
  fetiches 193-195, 251
  formação do sexo 180
  Foucault sobre a 35
  homem e mulher 27, 185-186
  mulheres hindus 285
  pelos e 168
  raça e 143-145
  religião e 290-291
  tatuagem 267, 268-271, 277
  transexuais 92, 176, 177, 183-185
  Cf. tb. Heterossexualidade, Homossexualidade
Sexualização de meninas 187-188
Sharpe, Patricia 35
Sikhs 280
Silverman, Kaja 39, 42
Símios 339-341, 356
Simpson, O. J. 317
Síndrome das pernas inquietas 50
Sinfisiotomia 102
Singapura 309, 337
Sino-americanos 127, 148, 213
Sistema marital dual 143
Skloot, Rebecca 337
Sociologia 34
Somatização 53
Sonho americano, o 55
Sontag, Susan 49, 82
Spiegel, Marjorie 151
Sprague, Eric 357
Srinivasan, Mandayam 371
Stalin, Josef 124
Stalking Cat 357, 372
Star Trek (série televisiva) 370-371
Status de mestre 54, 192
Steinem, Gloria 90, 196
Steward, Samuel 270
Stopes, Marie 98
Subculturas 41, 266, 276-277
Subincisão 164
Sudão 119, 197, 250, 307, 309, 323

Suécia 57
Suicídio 60, 113
Suicídio assistido 121
Suleman, Nadya 106
Sundas, Samina 281
"susto" 52-53

Tabus 100-101, 104, 127
Tabus sexuais pós-parto 100
Tailândia
  couvade 101
  escravidão 322
  perfurações rituais 296
  prostituição 324, 326, 327
  turismo de romance 329
  transexuais 185, 189
  zoológicos humanos 142
Tamanhismo (*sizeism*) 241
Tanuki (cão-guaxinim) 341
Tanzânia 264
Tatuagem 35, 42, 261, 262, 266-267
  animais 350, 352
  BDSM 193, 271
  como castigo 266, 304-306
  corpos subversivos 275-276, 278
  criminosos 314-315
  culturas tradicionais 263-264
  de cristãos 298-299
  diferenças de gênero 159-160
  gênero e sexualidade 268-272
  novas tecnologias 369
  primitivos modernos 273
Tatuagens animadas 369
Taylor, Jacqueline Sanchez 327
Tebow, Tim 187, 279
Técnicas aprimoradas de interrogatório 303
Tecnologias 28, 365-366
  corpos ciborgues 366-369
  corpos digitais 375-377
  corpos híbridos 371-374
  corpos virtuais 370-371
  de reprodução assistida 28, 104-108
  reprodutivas 87

Telefones celulares 369
Televisão 111, 215, 224, 243, 254, 256, 331
Tempo livre 239
Teoria da atividade 83
Teoria da doença emocional 82
Teoria da doença naturalística 52
Teoria das doenças personalistas 52
Teoria do desengajamento 83
Teoria do elo perdido 58, 141, 151, 356
Teoria dramatúrgica 34
Teoria queer 35
Teorias da desarmonia 53
Teorias de diferenciação sexual 41
Terapia Assistida por Animais (TAA) 358
Terapia de reposição hormonal 90
Teratologia 58, 356
Teste de Miller 331
Testosterona 27-28, 179, 181, 220, 221, 307
Thevóz, Michel 28
Thinspiration 249
Thompson, Becky 250
Thomson, Rosemarie Garland 57
Tibet 130
Tightlacing 174
Titanic 114
Tomás de Aquino 355
Torajas 125
Tortura 303, 307-311, 312-313, 316, 376
Trabalhadoras domésticas 205
Trabalhadores
    de colarinho azul (*blue-collar*) 200, 204-205
    de colarinho branco (*white-collar*) 204-205
    de colarinho rosa (*pink collar*) 206
Traços faciais 26, 220-223
Tráfico 324-327

Tráfico transatlântico de escravizados
    Cf. tb. escravidão
Transgêneros 29, 157, 175-178, 189
Transexuais 32, 176-177, 183-185
Transtorno
    da compulsão alimentar periódica (TCAP) 249
    de ansiedade social 50-51
    de identidade de gênero (TIG) 183
    dismórfico corporal (TDC) 236, 273
    alimentares 60, 224, 242, 244, 248-250
Travestis 176, 185, 189
Trilha das Lágrimas 117-118
Turismo
    de romance 329
    médico 337
    sexual 326-327, 329
Turner, Bryan S. 34
Turner, Terence 33
Tyson, Edward 340

Uganda 250
Ulzzang 221, 234

Vácuos de tratamento 80
Valores 48, 376
Vampiros de almas (filme) 23
Van Gennep, Arthur 164
Vawter, Zac 368
Vergonha 282
Vestuário 38-39, 206, 207, 211-213, 266
Véu 280-283
Viciados em heroína 36
Vício (dependência) 149, 255
Vietnã 307, 326, 328-329
Violência 196, 354
    sexual 28, 64-65, 332
    Cf. tb. Estupro
Virgindade (leilão de) 327-328
Von Hagens, Gunther 373

Wacquant, Loic 37
Walker Bynum, Caroline 289, 299
Walking dead, The (série televisiva) 111
Walmart 78
Wendy's 256
White trash 216, 253-254
Wildenstein, Jocelyn 357
Wilkinson, R. G. 114
Wilson, Carnie 247
Winfrey, Oprah 145
Wodaabe 224
Wolf, Naomi 225
Woods, Tiger 140
Woodward, Irene "La Belle" 270
Wounded Knee 118

Xamanismo 297
Xenotransplante 354, 358, 373

Yellin, Jessica 371
Young, Iris Marion 30

Zimmerman, George 139
"Zombie Boy" 261
   Cf. tb. Rick Genest
Zoológicos humanos 141-142
Zooterapia (Terapia Assistida por Animais) 358
Zumbis 110-111, 119

Conecte-se conosco:

facebook.com/editoravozes

@editoravozes

@editora_vozes

youtube.com/editoravozes

+55 24 2233-9033

www.vozes.com.br

Conheça nossas lojas:

www.livrariavozes.com.br

Belo Horizonte – Brasília – Campinas – Cuiabá – Curitiba
Fortaleza – Juiz de Fora – Petrópolis – Recife – São Paulo

EDITORA VOZES LTDA.
Rua Frei Luís, 100 – Centro – Cep 25689-900 – Petrópolis, RJ
Tel.: (24) 2233-9000 – E-mail: vendas@vozes.com.br